Henry M. Stanley

Der Kongo und die Gründung des Kongostaates

Arbeit und Forschung

Henry M. Stanley
Der Kongo und die Gründung des Kongostaates
Arbeit und Forschung

ISBN/EAN: 9783742899996

Hergestellt in Europa, USA, Kanada, Australien, Japan

Cover: Foto ©ninafisch / pixelio.de

Manufactured and distributed by brebook publishing software (www.brebook.com)

Henry M. Stanley

Der Kongo und die Gründung des Kongostaates

DER KONGO

UND DIE GRÜNDUNG DES KONGOSTAATES.

ARBEIT UND FORSCHUNG.

Von

HENRY M. STANLEY.

AUS DEM ENGLISCHEN VON **H. VON WOBESER**.

AUTORISIRTE DEUTSCHE AUSGABE.

MIT ÜBER 100 ABBILDUNGEN, 2 GROSSEN UND MEHRERN KLEINERN KARTEN.

IN ZWEI BÄNDEN.

ZWEITER BAND.

LEIPZIG:
F. A. BROCKHAUS.

1885.

INHALT.

SECHSUNDZWANZIGSTES KAPITEL.
NACH DEM SCHWARZEN FLUSSE.

Der Handel von Bolobo. — Reichthum der Häuptlinge. — Manguru, der Rothschild von Bolobo. — Scenerie des obern Kongo. — Langeweile während der Fahrt. — Vergleich mit Reisen auf andern grossen Flüssen. — Keine Abwechselung der Speisen. — Wir verlieren den Weg. — „Ho, Weijansi, Angehörige von Lukolela!" — Ein kalter Empfang. — Ein improvisirter Markt. — Von den Eingeborenen gehänselt. — Ankauf eines Krokodils. — Herzlicher Empfang in Usindi. — Irebu, die Heimat der hervorragendsten Händler. — Der Häuptling Mangombo. — Grosse Handelskenntniss. — Der Krieg in Irebu. — Ich werde zur Friedensvermittelung aufgefordert. — Ursachen des Krieges. — Unterschied zwischen Stanley und Bula-Matari. — Mittel für das Wachsen des Reichthums. — Das Kochen des grossen Topfes. — Beschwerliche Erforschung. — Ein drohender Tanz. — „Der Fluss ist frei, kommt aber nicht an das Land!" — Die Batuki. — Gründung einer neuen Station. . . . . S. 1

SIEBENUNDZWANZIGSTES KAPITEL.
VOM SCHWARZEN FLUSSE NACH DEM STANLEY-POOL UND ZURÜCK NACH DER AEQUATOR-STATION.

Ein in Verlegenheit setzender Abschied. — Spanischer Pfeffer und Thränen. — Erfolg einer heuchlerischen List. — Kriegslärm. — Friedenstiftung. — Beendigung des Krieges. — Der Lukanga-Fluss. — Der

Mantumba-See. — Die Watwa-Zwerge. — Rettung einer schiffbrüchigen Mannschaft. — Abbé Guyot. — Der Löwe und seine Beute. — Leopoldville in Blüte. — Unruhen in Buabua-Ndjali's Dorf. — Ein selbstmörderischer Offizier. — Lieutenant Janssen und Abbé Guyot ertrunken. — Unannehmlichkeiten in Kimpoko. — Unruhen in Bolobo. — Die Station niedergebrannt. — Es wird auf uns geschossen. — Krieg. — Ich lasse ein Krupp'sches Geschütz holen. — Schwache Wirkungen des Musketenfeuers. — Der Friede wiederhergestellt. — Festsetzung der Entschädigung. — Veranschaulichung der Gewalt des Geschützes. — „Ich und meine Leute werden Bolobo für immer verlassen." — Der Bunga-Fluss. — Lukolela. — Ein prächtiger Wald. — Der Aberglaube der Iuka. — Ausgezeichneter Zustand der Aequator-Station. — Mein Ideal verwirklicht. . . . . S. 40

ACHTUNDZWANZIGSTES KAPITEL.

NACH DEM ARUWIMI ODER BIJERRE.

Ausrüstung für eine lange Fahrt. — Der Lulungu-Fluss. — Bolombo. — Bangala, das schreckliche. — Aufregende Erinnerungen. — Der Häuptling Boleko. — „Haltet den Dieb!" — Mata-Bwyki. — Ein moderner Hercules. — „Ist das Tandelay?" — Unbehagliche Augenblicke. — Die Aussprache Jumbila's. — „Bula-Matari und Mata-Bwyki sind jetzt eins!" — Ueppige Tropenlandschaft. — Ungeheuerer Reichthum des Waldes. — Ohne Schutz im Sturm. — Verlassene Districte. — Ngansa. — Alt-Rubunga. — Langa-Langa-Frauen. — Aenderung der Währung. — Ndobo. — Austernschalen ein Zeichen früherer Bevölkerung. — Bumba und der Häuptling Mjombi. — Der gefürchtete Ibansa. — Ein Streich mit einem Tigerfell. — Jambinga. — Der Itimbiri-Fluss. — Die Jalulima-Waffenschmiede. — Feindliche Eingeborene. — Kriegscanoes auf der Wacht. — Der Aruwimi. — Mokulu. — Eine wirksame Begrüssung. — „Bravo, Jumbila!". . . . . S. 76

NEUNUNDZWANZIGSTES KAPITEL.

DEN BIJERRE AUFWÄRTS.

Jumbila kehrt mit interessanten Neuigkeiten zurück. — Sklavenräuber, wahrscheinlich aus dem Sudan. — Geschickte Arbeit. — Umanch und Jakui. — Kegelförmige Hütten. — Der Lauf des Flusses. — Das hauptstädtische Jambumba. — Vorgebliche Hungersnoth. — Stromschnellen. — Wahrscheinliche Identität des Bijerre mit dem Uélle. — Gründe für diese Ansicht. — Araber in der Nachbarschaft. — Wieder auf dem Kongo. S. 120

DREISSIGSTES KAPITEL.

NACH DEN STANLEY-FÄLLEN.

Beutesüchtige Bahunga. — Seltsames Vertheidigungsmittel. — Verlassene Dörfer. — Eine ungeheuere Canoeflotille. — Gefahr vor uns. — Verheerungen der Araber. — „Der grausame Mensch hat sein Schlimmstes gethan." — Ruinen niedergebrannter Dörfer. — Eine fürchterliche Entdeckung. — Die arabischen Sklavenhändler überholt. — Betrachtungen über Wiedervergeltung. — Ausdehnung des von den Arabern verheerten Gebiets. — Das Elend der Gefangenen. — Eine bejammernswürdige Scene. — Die Gefangenen sämmtlich Frauen und Kinder; ihre Zahl. — Die Ursachen des Sklavenhandels. — Jangambi. — Der Tschofu-Fluss. — Die Wenja-Fischer. — Schlaue Politik der Araber. — Die Stanley-Fälle. — Beschreibung der Katarakte. — Die Stämme des Districts. — Ihre Fangmethode. — Eine gefährliche Fähre. — Trommelsignale. — Ein fleissiges Volk. — Fische. — Palaver. — Unsere entfernteste Station gegründet. — Binnie zum Chef ernannt und mit der Aufsicht beauftragt. — Heimwärts! . . . . S. 135

EINUNDDREISSIGSTES KAPITEL.

DEN KONGO HINAB NACH DEM STANLEY-POOL.

Mit der Strömung abwärts. — Die Araber geben uns ihre Vertrauten als Begleiter mit. — Schiffbarkeit des Lumami und Lubilasch. — Sinken des „Royal". — Das Schiff wird auf das Land geholt und reparirt. — Kalte Winde auf dem Flusse. — Iboko in Verwirrung. — Unverschämte Diebereien. — Ein Gefangener. — „Fest gebunden, fest gefunden." — Ein entsetzter Vater. — Ein Lösegeld abgelehnt. — Herzliche Aufnahme in Ukumira. — Mata-Bwyki in Wuth. — Mehr Gefangene. — Rückgabe der uns gestohlenen Gegenstände. — Freigebung der Gefangenen. — Eine schreckliche Metzelei. — Der junge Glave aus Yorkshire. — Die Bolobo-Station wiederum abgebrannt. — Nachrichten von den Missionaren. — Wieder in Leopoldville. — Unangenehme Nachrichten aus Vivi . . . . S. 169

ZWEIUNDDREISSIGSTES KAPITEL.

RÜCKKEHR NACH VIVI.

Aufbruch der Karavane. — Ein vielversprechendes Lebewohl. — Ngaljema's letzte Worte. — Ermuthigende Entschlüsse der Officiere. — Gastfreundschaft der Eingeborenen. — Die Nselo-Fähre. — Streit zwischen Ngombi und Mbimbi. — Friedenstiftung. — Wortlaut unserer Verträge mit den eingeborenen Häuptlingen. — Liste der Districte und ihrer Häuptlinge. — Der Halsabschneider Lutete bessert sich. — Eine sich ausdehnende und gefährliche Spalte. — Lava bei den Kalulu-Fällen. — Woher stammt dieselbe? — Manjanga „durcheinander". — Gastfreundschaft bei Herrn und Frau Ingham im Missionshause. — Eine hübsche Station. — Die Luima- und Lunionso-Thäler. — Klima und Gesundheit. — Kongo la Lemba. — Ansicht von Vivi. — Unangenehme Betrachtungen über seine Vernachlässigung. . . . . . . S. 190

DREIUNDDREISSIGSTES KAPITEL.

NACH OSTENDE.

Klima und Verhalten. — Vivi in Verwirrung. — Ein Mittel gegen vorgebliche Krankheit. — Verlegung der Station. — Beschreibung der Veränderungen in Vivi. — General Gordon's wahrscheinliche Absichten. — Ich schiffe mich auf dem „Kinsembo" ein. — Loango. — Sette Camma. — Der Küstenhandel. — Der Golf von Gabun. — Fernando Po. — Kamerun. — Duke-Town. — Erforschung des grossen Oelflusses. — Eingeborene Häuptlinge kaufen eiserne Häuser. — Bonny. — Lagos. — Quettah. — Sierra Leone. — Meine Ankunft in London. — Bericht an Se. Maj. den König der Belgier. . . . S. 225

VIERUNDDREISSIGSTES KAPITEL.

EUROPÄER IN AFRIKA.

Europäische Ansichten über afrikanisches Leben. — Zurückgestossen durch den Mangel an Bequemlichkeiten. — „Amour-propre" und Empfindlichkeiten. — Wenige Helden der Arbeit. — Uebertriebene Hoffnungen. — „Bah, wir sind nicht hergekommen um zu arbeiten." — Typus der vernachlässigten und blühenden Stationen. — Vorgebliche Krankheiten. - Unverständige Arbeiter. — „Es geht nichts über Whisky." — Sich von der Arbeit drücken. — Ein angenehmeres Thema. — Die wirklichen Arbeiter der Expedition. — Neue Aspiranten. — Jugendliche abenteuerlustige Offiziere. — Ein trauriges Ereigniss. — Unser Arzt. — Eine muthige Art. — Das Mittel, um sich einen guten Ruf zu erwerben. . . . . S. 245

FÜNFUNDDREISSIGSTES KAPITEL.

DAS KLIMA.

Der Werth verlässlicher Kenntniss. — Das dem jungen Mann gebotene Willkommen in den Tropen und dessen Folgen. — Nasse Unter-

Inhalt. IX

kleidung und Fieber. — Unmässigkeit. — Sorglosigkeit in Europa. — Prüfung der Krankheitsursachen auf den Stationen am Kongo. — Die Fälle einiger unserer Invaliden. — Die besten Lagen zum Bauen. — Kapitän Burton's Rath: „Fleisch und Bier." — Europäische Ansicht über Afrika im Vergleich zu afrikanischer Ansicht über Europa. — Bansa-Manteka: eine Missionsstation. — Gefahren der niedrig gelegenen Orte. — Ein todbringender Park. — „Beobachte die Gebräuche der Eingeborenen." — Krankheit nicht allein durch Miasma verschuldet. — Die Zahl der Todesfälle bei der Expedition. — Beispiele, auf welche Weise dieselben erfolgten. — Dringender Rath an diejenigen, welche in den Tropen zu gedeihen wünschen. . . . . S. 288

SECHSUNDDREISSIGSTES KAPITEL.

DAS KLIMA.

(FORTSETZUNG.)

Dr. von Danckelman's Beobachtungen. — Definition der Hitze. — Kälte. — Exponirung. — Vortheile der Sonnensegel. — Gleichmässige Körperwärme. — Temperatur in Südamerika. — Ungleichmässigkeit des Klimas am Kongo. — Lange Märsche und das Trinken kalten Wassers. — Ein kühler Ort. — „Er scherzt nur." — „Das Grab des weissen Mannes." — Rath für Aerzte. — Essen und Trinken. — Die tägliche Lebensweise. — Arznei. — Krankheit. — Meteorologische Tabellen. . . . . S. 321

SIEBENUNDDREISSIGSTES KAPITEL.

DER KERN DES GANZEN.

Ausdehnung des Kongoflusses. — Die schiffbaren Flussstrecken. — Die Seeregion. — Die Gebirgsregion. — Höhen, Vegetation und Production. — Bevölkerung. — Das innere Becken des obern Kongo; seine Ausdehnung und Höhe. — Schiffbarkeit der Nebenflüsse. — Tabellen über Länge der schiffbaren Gewässer. — Das von den Flüssen entwässerte Areal. — Tabellen über die Bevölkerung des obern Kongobeckens. — Ansichten von Dr. Pogge und Lieutenant Wissmann, Tippu-Tib und Dr. Schweinfurth. — Landesproducte. — Vegetabilischer und animalischer Reichthum. — Mineralien. — Ausdehnung der Lualaba-Section. — Schiffbarkeit des Lualaba. — Charakteristik des Lualaba-Landes. — Dr. Livingstone's Schilderung. — Das Tanganjika-Gebiet. — Die Märkte von Udjidji. — Uebersicht über das gegenwärtig bekannte Kongobecken, sein Areal und seine Bevölkerung. — Möglichkeiten des Handels. — Zusammenstellung des Werthes der afrikanischen Producte in Liverpool. — Aussichten der Factoreien. — Vortheile einer

Inhalt.

Eisenbahn. — Bemühungen, das äquatoriale Afrika zu civilisiren. — Vergleich mit andern Ländern. — Seine zukünftige Entwickelung und Grösse. — Entfernungen und Zeittafal zwischen Banana-Point und den Stanley-Fällen. . . . . . S. 352

ACHTUNDDREISSIGSTES KAPITEL.

DIE BERLINER CONFERENZ.

Verstärkung des Baues. — Präcedenzfälle. — Die Verträge mit den Häuptlingen und ihre Gültigkeit. — Der englisch-portugiesische Vertrag. — Das Vorgehen der Vereinigten Staaten. — Fürst Bismarck's Ansichten. — Die Stellung Grossbritanniens. — Deutsche und französische Interessen. — Handelsfreiheit. — Die Berliner Conferenz. — Liste der Bevollmächtigten. — Berathungen und Beschlüsse der Conferenz. — Die Acquisitionen Frankreichs und Portugals. — Freihandel. — Eine sichere Jurisdiction. — Der königliche Gründer. . . . . . S. 394

ANHANG.

Seite

I. Das Handelsbecken des Kongo, wie es von dem Verfasser der Berliner Conferenz beschrieben worden ist. 426
II. Protokoll Nr. 9. 433
Erklärungen, ausgetauscht zwischen den Vereinigten Staaten von Amerika und der Internationalen Gesellschaft des Kongo. 438
Uebereinkunft zwischen dem Deutschen Reich und der Internationalen Gesellschaft des Kongo. 440
Erklärungen, ausgetauscht zwischen der Regierung Ihrer Britannischen Majestät und der Internationalen Gesellschaft des Kongo. 442
Uebereinkunft zwischen der Regierung Ihrer Britannischen Majestät und der Internationalen Gesellschaft des Kongo. 443
Uebereinkunft zwischen den Niederlanden und der Internationalen Gesellschaft des Kongo. 447
Uebereinkunft zwischen der Regierung der Französischen Republik und der Internationalen Gesellschaft des Kongo. 451
Uebereinkunft zwischen Portugal und der Internationalen Gesellschaft des Kongo. 453
Erklärungen, ausgetauscht zwischen der Belgischen Regierung und der Internationalen Gesellschaft des Kongo. 456
III. Protokoll Nr. 10. 457
IV. General-Akte der Berliner Conferenz. 464
Register. 489

ABBILDUNGEN IM TEXT.

	Seite
Typus eines Beijansi	3
Ein sehr armer Eingeborener aus Inganda	31
Eingeborener in Kriegsausrüstung	37
Blick abwärts auf den südlichen Arm des Stanley-Pool, vom obern Ende der Bamu-Insel aus	53
Eingeborener von Iboko	71
Plan der Ansiedelungen der Bangala	83
Ein Bangala	85
Eingeborener von Langa-Langa	103
Ein alter Häuptling mit von den Eingeborenen angefertigtem Hut	109
Ein Basoko	124
Stiller Hafen. Stanley-Fälle	165
Ansicht der Mposo-Station und des Kongo von Vivi aus	223
Herr del Commune	229
Der Dampfer „Ville d'Anvers"	231
Kapitän Haussens	234
Landana	236
Von Ambris bis Kamerun	237
Die Factoreien am Alt-Calabar bei Duke-Town	239
Vom Niger bis Ostende	243
Lieutenant Valcke	271
Lieutenant Vangelé	273
Lieutenant Coquilhat	275
Lieutenant Janssen	276
Lieutenant Parfoury	277
Lieutenant Grang	278
Dr. Allard	279
Lieutenant Liebrechts	286
Die trichterförmige Schlucht des untern Kongo	300
Plan zur Erklärung, wie die Schlucht die Winde bei Leopoldville entleert	301
Politische Eintheilung des Kongobeckens	378

SEPARATBILDER.

	Seite
Henry M. Stanley. 1885. (Titelbild.)	
Verhandlung vor dem Hause des Häuptlings in Wangata	38
Tod des Lieutenant Janssen und des Abbé Guyot	56
Die Aequator-Station	72
Die Ufer des obern Kongo	97
„Schliesslich kam der «Ibansa» wirklich in Sicht."	108
Ansicht von Bondeh	127
An unserer Station bei den Stanley-Fällen; in der Ferne der siebente Katarakt	159
Eine Strassenscene in Iboko	174
Hinrichtung von Sklaven bei den Wakuti, in der Nähe der Aequator-Station	183
Die Station Kinschassa am Stanley-Pool	187
Der Kongo oberhalb der Einmündung des Lubamba	193
Der Kongo fast gegenüber von Isangila	219
Frauen und Kinder unserer farbigen Arbeiter	227
Sanatorium in Boma am untern Kongo	235
A. B. Swinburne, Chef der Station Kinschassa	265
Fortschaffung des zerlegbaren Dampfschiffs „Le Stanley" aus der Vivi-Bai	272
Profil des Landes zwischen dem Meer und Ruanda quer durch das Kongobecken	377

KARTEN.

Karte des Kongobeckens und der angrenzenden Gebiete, zugleich Darstellung der Ausdehnung des Kongostaates. In zwei Hälften.

SECHSUNDZWANZIGSTES KAPITEL.

NACH DEM SCHWARZEN FLUSSE.

Der Handel von Bolobo. — Reichthum der Häuptlinge. — Manguru, der Rothschild von Bolobo. — Scenerie des obern Kongo. — Langeweile während der Fahrt. — Vergleich mit Reisen auf andern grossen Flüssen. — Keine Abwechselung der Speisen. — Wir verlieren den Weg. — „Ho, Weijansi, Angehörige von Lukolela!" — Ein kalter Empfang. — Ein improvisirter Markt. — Von den Eingeborenen gehänselt. — Ankauf eines Krokodils. — Herzlicher Empfang in Usindi. — Irebu, die Heimat der hervorragendsten Händler. — Der Häuptling Maugombo. — Grosse Handelskenntniss. — Der Krieg in Irebu. — Ich werde zur Friedensvermittelung aufgefordert. — Ursachen des Krieges. — Unterschied zwischen Stanley und Bula-Matari. — Mittel für das Wachsen des Reichthums. — Das Kochen des grossen Topfes. — Beschwerliche Erforschung. — Ein drohender Tanz. — „Der Fluss ist frei, kommt aber nicht an das Land!" — Die Batuki. — Gründung einer neuen Station.

Wie Ibaka mir erzählte, kamen die Beijansi einer alten Tradition zufolge ursprünglich aus Ubangi, einem District am rechten Ufer, südlich und in der Nähe vom Aequator. Nach der grossen Zahl der Canoes zu urtheilen, die in Ubangi zu Hause waren und welche mir begegneten, muss dies ein sehr volkreicher Stamm sein. Ibaka war einmal mit einer Handelsexpedition dort gewesen und meinte, Ubangi sei eine Insel, „wo auf der einen Seite alles Wasser weiss und auf der andern Seite alles Wasser schwarz ist". Vielleicht und wahrscheinlich sogar erklärt sich dies damit, dass es in dem Dreieck an der Vereinigung zweier Flüsse liegt, dem Kongo und einem Nebenstrom mit weissem Wasser. Er sei, erzählte er, von der grossen Menge Wasser und den vielen Inseln ganz überrascht gewesen; — „das Wasser hatte kein Ende". Zwei Stunden Weges von Bolobo nach dem Innern liegt ein grosses Marktdorf, Mpumbu genannt, wo Hunde-, Krokodil- und Hippopotamusfleisch, Schnecken, Eidechsen, Fische und Rothholzpulver in grossen Mengen verkauft werden. Für Europäer und Leute verfeinerten Geschmacks ist hier jedoch wenig Brauchbares zu haben.

Bolobo ist ein wichtiges Centrum des Elfenbein- und Angolaholzhandels, hauptsächlich weil die Bewohner ausserordentlich unternehmend sind. Die eingeborenen Händler haben ihre Agenten am Stanley-Pool, denen das hier gesammelte Elfenbein überliefert wird, und welche die von der Küste kommenden Waaren so lange bei sich aufbewahren, bis sich Gelegenheit bietet, sie an die wohlhabenden Händler in Bolobo zu senden.

Aus der Dürftigkeit der Kleidung der Häuptlinge dieses Handelsdistricts darf man aber keineswegs voreilig schliessen, dass dieselben arm seien. Sie sind von Natur sparsam und müssen ausserdem erst einen gewissen Reichthum zu erwerben suchen, ehe sie im alltäglichen Leben das ihrem Range und ihrer Wohlhabenheit entsprechende Gewand anlegen. So ist der in Kintamo wohnende Mangi ein jüngerer Häuptling von Itimba in Bolobo; mit dunkelblauem Baumwollstoffe bekleidet kommt er täglich nach Leopoldville, und doch ist er Herr über drei Dörfer und besitzt wahrscheinlich ein Vermögen von 3000 Pfd. St. Lugumbila, Ibaka's Vezier und ältester Sklave, hat vielleicht ebenso viel; aber Manguru von Bolobo ist ein Nabob; wenn sein weltliches Besitzthum in Bolobo öffentlich meistbietend verkauft würde, dürfte dasselbe mindestens die doppelte Summe erzielen. Seine Canoes und Sklaven durchforschen jeden Bach und Fluss bis nach Irebu und Ubangi hinauf; in Kimbangu, auf der Südseite des Stanley-Pool, sowie in Malima, am Nordufer, hat er einen getreuen Vertreter, während er in Bolobo etwa 100 bewaffnete Sklaven hält. Und dennoch rudert der jetzt schon

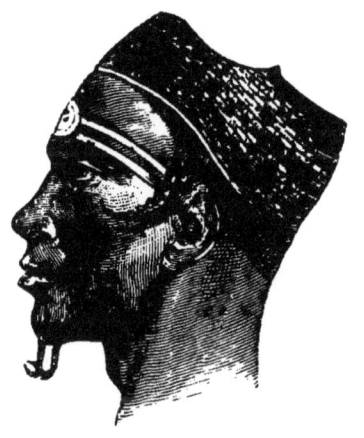

TYPUS EINES BEIJANSI.
(Nach einer Zeichnung von Herrn Glave.)

ziemlich in Jahren vorgerückte Manguru alltäglich sein Canoe selbst der Flussfronte des Districts entlang, um von einem Dorfe zum andern Handel zu treiben. Gerade dieser Rothschild von Bolobo war es, der Gatula rieth, unter zwei Uebeln — Krieg oder Bezahlen — das kleinere zu wählen, und ihn überzeugte, dass die Einbusse des Geldes immer noch besser sei, als der Verlust des Lebens und gesammten Eigenthums.

Am 28. Mai fuhr die Flotille in Begleitung von drei Führern — Msenne aus Msuata und zwei Sklaven Ibaka's, welche die Ujansi- und Ubangi-Länder genau kannten — von Bolobo ab, um am obern Kongo zwei Stationen anzulegen. Der obere Theil von Bolobo besitzt manche ausgezeichnete Plätze zur Anlage von Stationen mit weiter, schöner Aussicht, aber leider gestatten uns jetzt die Mittel nicht, sie zu erwerben. Wären wir in der Lage, dort gesunde Wohngebäude zu errichten, dann würden die Eingeborenen sicherlich uns ihre Märkte öffnen, und wenn wir in Bolobo eine Garnison von 100 Mann stationiren könnten, würde der Ort bald zum Handelsemporium werden. Mittlerweile sind wir jedoch gezwungen, Dörfer aufzusuchen, mit deren Häuptlingen wir in gegenseitiger Abhängigkeit leben können.

Jenseit Bolobo dehnt sich ein steil aufsteigendes Tafelland etwa 7—8 km weit in nordöstlicher Richtung aus; am obern Ende, wo dasselbe vom Flusse zurücktritt, lebt in einer kleinen Bucht ein Stamm der Wamumu, der sich beim Herankommen der Flotille sofort, nach ihren Bewegungen und Gesten zu urtheilen in wilder Wuth, am sandigen Strande aufstellte. Wie wir doch falsch beurtheilt wurden! Die armen Teufel hätten ihr wildes Kriegsgeheul bis zum Jüngsten Tage fortsetzen können, sie hätten von uns keine Unfreundlichkeit zu erwarten gehabt, solche unermessliche Zuneigung hegten wir zu ihnen.

Die Flotille hielt ein wenig vom Lande ab in tieferes Wasser und fuhr dann ruhig, und ohne dass Mannschaften und Passagiere die Eingeborenen irgendwie belästigten, beim Dorfe vorbei. Jenseit desselben war niedriges Land, mit Wald bedeckt, der entweder in hohen, schwarzen, undurchdringlichen Massen bis dicht an den Fluss herantrat oder im Halbkreise grosse Grasflächen einsäumte, auf denen nachts die Flusspferde ihrer Nahrung nachzugehen pflegten.

Der Kongo ist hier ausserordentlich breit und theilt sich

in fünf bis acht verschiedene Arme, welche von mehrern
Reihen von Inseln gebildet werden; auf den letztern, von
denen einige meilenlang sind, kommt die *Landolfia florida*
oder Kautschukpflanze vielfach vor, von deren Werth die
Eingeborenen bisjetzt jedoch noch nichts wissen. Im übrigen
bilden Tamarinden, Affenbrotbäume, Wollbäume, Rothholz, *Elaeïs guineensis*, Palmen, wilde Dattelpalmen, *Calamus indicus*, sowie der zähe Stinkbaum ein solch undurchdringliches Dickicht von Stämmen und Schlinggewächsen,
dass niemand Neigung verspürte, den Pflanzenreichthum
durch eine genauere Untersuchung des vegetabilischen Lebens auf diesen dunkeln Alluvialanschwemmungen mitten im
Kongo eingehender zu prüfen.

Wenige werden sich einen Begriff davon machen können, wie monoton die langsame Fahrt den Kongo aufwärts ist auf Dampfern, die stündlich nur $2^{1}/_{2}$ Knoten gegen die Strömung zurückzulegen vermögen. Im grossen
und ganzen ist die Scenerie am obern Kongo uninteressant;
doch hat zu diesem Eindrucke vielleicht die sehr langsame
Fahrt beigetragen, denn wir waren auch der Hochlande am
untern Kongo überdrüssig geworden und hatten uns von
dem Blick auf 180 m hohe nackte Klippen und fuchs-
rothe zerrissene Felsen ermüdet gefühlt. Ehe wir die runde
Erweiterung des Kongo am Stanley-Pool passirt hatten,
langweilten wir uns; als wir oberhalb derselben am Fusse
der hohen Bergketten nach Tschumbiri hinfuhren, sehnten wir
eine Veränderung herbei; und nun, da wir einen Monat lang
an kleinen Inseln, niedrigen Ufern, mit Gras bewachsenen
Ebenen oder mit Wald und dichter Vegetation bedeckten
Küsten vorüberkommen, droht uns dieselbe Langeweile. Aber
lasst uns gerecht sein. Das Gefühl des Ueberdrusses und
der Ermüdung rührt davon her, dass der Raum so beschränkt

ist, dass wir den ganzen langen Weg an einer Stelle sitzen oder stehen müssen und die Augen, das einzige arbeitende Organ, übersättigt werden. Die Langeweile entsteht nur durch die uns aufgezwungene Unthätigkeit, die Augen werden beständig von vielen Kleinigkeiten in Anspruch genommen, aber wir wissen selbst kaum, worin letztere bestehen: das Glitzern eines zarten Sonnenvogels, die zirpenden Webervögel neben ihren Nestern, das traurige Nicken des langen Calamus, der keine Stütze finden kann, aber wie das Geisblatt am besten gedeiht, wenn er einen festen hohen Stengel erhascht, an welchem er sich halten kann; das bambusartige Rohr, der schwankende buschige Kopf eines hohen Papyrus, das Vorbeitreiben einer *Pistia stratiotis*; ein Schwarm über uns hinwegfliegender kreischender Papagaien, ein grosses Flusspferd, das gähnend sich träge zum Hinabtauchen in die Tiefe vorbereitet, die einem Baumstamm ähnliche Gestalt eines Krokodils, das aus seinen Gedanken aufgestört sich nur ungern durch das Geklapper der Schaufelräder zwingen lässt, unter der Oberfläche zu verschwinden; behende Affen, die sich in ihrem blattreichen Heim vor dem zunehmenden Geräusch in Sicherheit bringen, weisshalsige Fischadler, welche die breiten Schwingen zur Flucht erheben, geschwinde Taucher und kleine Königsfischer, welche uns voraneilend unsere Ankunft melden zu wollen scheinen, eine Schar schwarzer Ibisse, die uns mit heiserm Gekreisch begrüssen, ein kleiner blauhalsiger Pfauenschwanz, welcher dort von einem gelbblühenden Akazienbusch weghuscht, kleine lebhafte Bachstelzen, die auf dem sandigen Strande am Waldrande umherhüpfen, eine dem Walde zufliegende Elster, langbeinige Flamingos auf jener Landspitze — und unzählige andere Kleinigkeiten, deren jede Minute neue bringt. Und wer will versuchen, die Phantasiegebilde zu ergründen, die hauptsächlich aus dem, was man auf den stetig vorbeigleitenden Ufern sieht, geschaffen werden? In rascher Aufeinanderfolge, in verschiedener Form und Gestalt ziehen sie im Geiste vorbei, unbeständig wie graue Wolken am westlichen Himmel, die sich zu Bastionen, Städten und Bergen aufthürmen, immer grösser werden und dennoch fortwährend schnellen und wechselnden Veränderungen der Form unterworfen sind. Der rasch dahinströmende Fluss, das ungeheuere Himmelsgewölbe, die drohenden Wolken am Horizont, das röthliche Blau, sowie die düstern geisterhaft erscheinenden Inselchen, das Grabesdunkel unter dem undurchdringlichen Laubwerk des Waldes, das schwankende Rohr, die grasbewachsene, grüne Ebene, die graue Thonbank, von den rothen Wurzeln irgendeines Gesträuchs durchzogen, der schmale Waldpfad — alles regt neue Gedanken, weitere Gebilde an, die aber ebenfalls nicht lange verfolgt werden, da sie stetig von andern, im nächsten Augenblick wieder wechselnden Ideen aus irgendeinem neuen Eindruck verdrängt werden.

Mit andern Augen würde man dagegen den Kongo betrachten, wenn man auf einem Dampfer stände, wie sie den Mississippi befahren, der mit einer Geschwindigkeit von zwölf Knoten den Strom durchschneidet und ein von einem bewährten Sonnensegel geschütztes Promenadendeck besitzt, auf welchem man auf und nieder schreiten kann, während in üppigster Weise auch für Kost und Logis gesorgt ist. Ich glaube, man würde dem Kongo den Vorzug vor allen andern bekannten Flüssen geben. Unwillkürlich stellt man Vergleiche an. Der Rhein? Nun, der Rhein ist selbst an seinen malerischsten Stellen nur ein mikroskopisches Miniaturbild des untern Kongo, aber um diesen gehörig zu sehen und zu würdigen, muss man auch den

Rheindampfer mit seinem Wein, seiner Tafel und bequemen Einrichtung haben. Der Mississippi? Der Kongo ist anderthalbmal länger und gewiss acht- oder zehnmal breiter als der Mississippi; man kann wol ein Dutzend Kanäle auswählen, an denen man eine hübschere Vegetation findet als an dem amerikanischen Strom. Es fehlt diesem die Palme und der Calamus, während jener ein Dutzend Palmenarten, Heerden von Flusspferden, unzählige Krokodile, am Ufer der Inseln und des Festlandes lustig umherspringende Affen, wie Schildwachen im Zwielicht des dunkeln Waldes stehende Elefanten, auf der reichen Grasebene weidende braune und schwarze Büffel, grosse Scharen von Ibissen, schwarze, grüne und weisse Papagaien und Perlhühner aufzuweisen hat. Der Mississippi ist ein ziemlich breiter Fluss von grauer Farbe, der zwischen niedrigen Ufern eingeengt wird und an dem hier und da Städte mit Holz- und Steinhäusern liegen; aber der Kongo ist auf seiner linken Hälfte theefarbig und auf seiner rechten fast kreideweiss. Man hat die Wahl, Thee oder Milch, Bordeaux oder Rheinwein. Und was Städte anlangt, so hoffe ich, dass diese auch noch entstehen werden, wenn die allgütige Vorsehung unser Werk segnet; vorläufig ist an seinen geräumigen Ufern Raum genug für sie und das halbe Europa und noch Platz übrig. Der Nil? Man frage die braven englischen Soldaten, welche sich über die Katarakte hinaufgearbeitet haben, wie sie über einen Festtagsausflug auf dem Nil denken. Die Donau? Sie kann hinsichtlich der Scenerie im Vergleich mit dem Kongo gar nicht genannt werden. Die Wolga? Noch weniger. Der Amazonenstrom? Auch nicht. Man muss den Amazonenstrom sehr weit hinauffahren, ehe man eine Landschaft findet, welche auch nur annähernd der Kongoscenerie gleichkommt.

Man muss also zugestehen, dass das Gefühl der Langeweile, von welcher man jetzt heimgesucht wird, weil das Schiff mit schneckenartiger Langsamkeit den Fluss hinauffährt und man keinen Raum hat, um sich zu bewegen, einer angenehmern und freudigern Stimmung Platz machen würde, wenn man sich den Kongo vom Deck eines bequemen, raschen Dampfers betrachten könnte.

Um 5 Uhr nachmittags schlagen wir gewöhnlich, nachdem wir eine Fahrt von 30—45 km zurückgelegt haben, das Lager auf; 45 km ist indessen eine ausnahmsweise lange Strecke an einem Tage, weil wir abends noch mit Aexten und Sägen Holz zu zerkleinern haben und grösstentheils bis 9 Uhr abends beschäftigt sind, um für den folgenden Tag Brennmaterial für die Maschinen zu spalten. Von 5—6$\frac{1}{2}$ Uhr abends sind alle Mann mit Ausnahme der Köche beim Einsammeln des Holzes, halb und ganz abgestorbener Bäume und Stämme, die an Ort und Stelle in tragbare Stücke für den Transport zum Lager zerschnitten werden müssen. Beim Eintritt der Dunkelheit wird ein grosses Feuer angezündet, bei dessen Beleuchtung die Holzfäller die Baumstämme in fusslange Stücke schneiden und spalten. Das Geräusch der emsig gehandhabten Aexte dringt durch den dunkeln Wald, hallt in den gegenüberliegenden Hainen wider und wird bis in grosse Entfernung über die stille Oberfläche des Flusses getragen; hin und wieder wird es von dem Gesang der Holzfäller begleitet, die einen Chor anstimmen, dessen anregender Rhythmus der Arbeit einen neuen Impuls gibt, sodass die Aexte mit verdoppelter Kraft und Geschwindigkeit geschwungen werden. Die geistlosen Weissen könnten aus den Bemühungen der ungebildeten Schwarzen, eine schwere Arbeit möglichst rasch zu vollenden, eine moralische Lehre ziehen!

Inzwischen haben sich nach Eintritt der Dämmerung die weissen Offiziere und Passagiere jedes Dampfers zum Mittagsmahl versammelt, das entweder auf dem Deck der Schiffe oder, wo der Zustand des Lagers es erlaubt, am Lande eingenommen wird. Das Lampenlicht gibt der gelben Farbe, welche die Sonne den Zügen eingeprägt hat, einen rosigern Schein.

An Lebensmitteln ist Ueberfluss vorhanden, aber keine Mannichfaltigkeit: Bohnen- oder Gemüsesuppe, geröstetes Tschikwanga (Cassavebrot), gebratenes, gebackenes oder geröstetes Geflügel, eine Keule von gebratenem Ziegenfleisch, getrocknete, oder wenn wir bei unsern Einkäufen Glück gehabt haben, süsse Kartoffeln oder Yams, geröstete Bananen, gekochte Bohnen, Reis und Curry, oder Reis mit Honig, oder Reis mit Milch, und zum Schluss Thee, Kaffee oder Palmwein.

Wenn man solche Kost drei Jahre lang zum Frühstück und Mittagessen bekommt, wird sie unschmackhaft; schon nach ein paar Monaten sehnt der Europäer sich nach seinem *petit verre*, Astrachaner Caviar, seiner Mockturtlesuppe, Rindslende, seinem Lachs mit Remouladensauce, vielleicht auch nach einer Pastete oder Poularde mit Compot und Salat, denn wie könnte ein Deutscher ohne sein beliebtes Compot leben? Und wie schön würden seiner Ansicht nach Früchte, Käse und Dessert am Kongo schmecken! Welch wundervollen Eindruck würde man vom Leben am Kongo gewinnen, wenn man durch ein Glas Champagner in eine lustige Stimmung versetzt ist.

Ich glaube wirklich, das ewige „Geflügel" des Kongo und die unvermeidlichen Scheiben Tschikwanga, womit unsere jungen Offiziere gefüttert werden, verdienen drei Viertel der Vorwürfe, die man in so reichem Maasse gegen das

„mörderische Afrika" erhebt. Nur ein grossartiger moralischer Muth, wie derjenige Livingstone's, erhebt sich über diese kleinlichen Nichtigkeiten eines continentalen Magens. Man denke an die 32 Jahre, welche er in Afrika gelebt hat, während unsern unbedeutenden Männlein der Jetztzeit, wenn sie kaum drei Monate draussen gewesen sind, bei der Erinnerung an ein europäisches Restaurant beinahe die Thränen in die Augen treten.

Wenn der Magen mit schwerem Tschikwanga gefüllt ist, stockt die Conversation bald, und da wir alle wissen, dass „das Menschenleben kurz, doch viel zu lang, es unnütz zu vergeuden", so begeben wir uns zeitig zur Ruhe, um es mit Schlafen besser hinzubringen und uns für die langweilige Fahrt des nächsten Tages den grossen afrikanischen Fluss hinauf zu stärken.

Oberhalb Bolobo verbrachten wir die erste Nacht in Ungende. Die Beijansi waren anfänglich sehr freundlich, allein gegen Sonnenuntergang brachte die Furcht bei ihnen einen Umschwung der Stimmung hervor, und sie beruhigten sich nicht eher wieder, als bis wir unsern Leuten befohlen hatten, ihre Schilflager in der Nähe der Dampfer zu bereiten.

Am folgenden Tage kamen wir an sehr hübschen Hügeln vorüber, auch brachten Dörfer, Bananenhaine, Palmengruppen und dichter grüner Wald angenehme Abwechselung. Dies waren die Levy-Berge, die in den grossartigen hohen rothen Felsen von Ijumbi endigen. Die Leute schauten uns in starrer Verwunderung aus dem Schatten ihrer Bananen nach, als wollten sie sagen: „Was ist nun für ein seltenes Dasein über uns gekommen? Wahrhaftig, es ist eine neue Epoche über uns hereingebrochen; aber wer kann uns erklären, was dies zu bedeuten hat?"

Wir dagegen, unter dem Zeltdach unsers Dampfers

hervorblickend, scheinen zu erwidern: „Ja, schaut nur, ihr Männer und Frauen, auf diese drei Symbole der Civilisation. Ihr seht heute Dinge, von denen die ältesten und weisesten Bewohner eueres Landes weder gehört, noch sich haben träumen lassen, und doch sind dies nur zarte Typen der sich selbst bewegenden Ungethüme, welche die wüthende See sowol bei Nacht, als auch bei Tage durchfurchen."

Zwei Stunden nachdem wir Ijumbi passirt hatten, verloren wir den Weg. Es waren hier zahlreiche Kanäle, und wir hielten uns deshalb oberhalb des genannten Ortes einer mit Schilf bewachsenen Bank entlang, um nicht das Festland aus dem Gesicht zu verlieren; dann steuerten wir in einen schmalen Bach hinein, dessen Richtung zwar etwas zu östlich war, der uns jedoch, wie wir erwarteten, wieder in den Kongo hineinführen würde. Es lief dort nur eine sehr träge Strömung, trotzdem setzten wir aber die Fahrt 25 km weit fort, bis der Bach sich verengerte und ein dichtes Röhricht dem Weiterkommen ein Ende machte, sodass wir dem Dorfe Ikulu gegenüber umkehren mussten.

Auf der Hinfahrt hatten wir nicht viele Dörfer bemerkt, bei der Rückkehr sahen wir jedoch etwa zwanzig Canoes uns entgegenrudern, welche offenbar irgendwo aus dem Röhricht hervorgekommen sein mussten. Sobald die Insassen uns erblickten, machten sie schleunigst kehrt, allein da wir sie um die richtige und beste Route befragen wollten, so warf der „En Avant" das Walfischboot, welches er im Schlepptau hatte, los und jagte mit aller Kraft hinter jenen her.

Indessen gelang es uns erst nach einer Fahrt von 7—8 km die fliehende Flotille zu überholen, deren Besatzung, wie sich nun zeigte, aus Frauen bestand, welche, als kein Entkommen mehr für sie war, die Canoes in das Rohr hineintrieben und plump in das ihnen bis an den Hals reichende Wasser sprangen, um das Ufer zu erreichen. Am Lande blieben sie stehen und betrachteten uns mürrisch, sprachen aber kein Wort. Da wir mit einer Geschwindigkeit von sechs Knoten liefen, kann man sich einen Begriff von der Schnelligkeit machen, bis zu welcher ihre Canoes getrieben werden können, obgleich dies nur blosse Fischerfahrzeuge waren; wären es Kriegscanoes gewesen, unser Dampfer würde bei der Wettfahrt wahrscheinlich geschlagen worden sein.

Am 31. Mai hatten wir eine ziemlich günstige Fahrt, nur blies der Wind den Fluss abwärts, wodurch sie etwas verzögert wurde. Wir holten unterwegs zwei Handelscanoes mit je zwanzig Ruderern ein, die während des übrigen Tages gleichen Schritt mit uns hielten und abends ganz gesellschaftlich in unserer Nähe auf einer parkartigen Terrasse lagerten, die in einem Halbkreise von dichtem dunkeln Walde umgeben und mit jungem weichen Grase bedeckt war. Die Beijansi-Canoeleute wollten nach Ubangi.

Am 1. Juni kamen wir nach neunstündiger Fahrt einem dichten Walde entlang wieder in die Nähe einer Ansiedelung. Mittlerweile hatte unser Proviant sehr stark abgenommen, denn 80 Farbige und 7 Europäer verzehren täglich mindestens 250 Pfund an Lebensmitteln; wir hatten mithin seit der Abfahrt von Bolobo etwa 1000 Pfund Nahrungsmittel verbraucht, sodass wir daran denken mussten, in dem vor uns liegenden Dorfe, das unsere Führer Lukolela nannten, weitern Proviant einzutauschen.

Die Ansiedelung lag einer halbmondförmigen Biegung des Flusses entlang auf einer steilen Thonbank, die sich $1\frac{1}{2}-7$ m über das Niveau des Flusses erhob, und in der Lichtung eines Waldes, wie ich ihn so schön noch nirgends gesehen hatte. Die Bäume waren nur zum Theil gefällt, sodass man ohne den grauen Schimmer der Hütten und den grünen Schein der Bananen schwerlich auf den Gedanken gekommen wäre, dass hier eine so grosse Niederlassung wie Lukolela sei. Auch die Inseln zeigten einen herrlichen Baumwuchs. Wir dampften langsam dem Ufer entlang, um bei dem ersten der Dörfer eine Bekanntschaft mit den Eingeborenen anzuknüpfen, erhielten indess keine Antwort, wenngleich die Gruppen der bronzefarbigen Bewohner immer zahlreicher und grösser wurden. Wir hielten ihnen hochrothen Savelist, bunte prächtige Taschentücher, gestreiften florentiner Atlas, ganze Stücke von blauem indischen Baftas und Hände voll Messingstangen hin, zeigten ihnen lange Halsbänder aus den schönsten, buntesten Perlen, während Msenne aus Msuata auf dem Kajütendeck des „En Avant" stand und, von allen gesehen und wegen seiner Haltung bewundert, den Eingeborenen eine Rede mit einer Stimme hielt, um die ihn jeder Auctionator beneidet haben würde.

„Ho, Weijansi, Angehörige von Lukolela, Söhne von Iuka und Mungawa, deren Namen mein Herr und Häuptling Gobila gern hört! Ho, ihr Leute! Kennt ihr Gobila nicht, Gobila von Msuata, den Freund der Weijansi? Gobila hat mir gesagt: «Hier, führe Bula-Matari, den einzigen Bula-Matari, den grossen Bula-Matari!»"

„Still, Msenne; so musst du nicht sprechen, du machst dich lustig über mich", rief ich, durch seine Worte in meiner Bescheidenheit verletzt.

„Das thut nichts, Msenne kennt den Weg zum Herzen der Weijansi. Ha, ich musste erst kommen, um ihre Hartnäckigkeit zu überwinden."

„Weijansi von Lukolela, hier sitzt Bula-Matari. Er ist hierher gekommen, um euer Freund zu werden. Er braucht Lebensmittel. Er wird sie euch gut bezahlen. Jetzt ist die

Zeit für Iuka und Mungawa da, um sich als gute Freunde
von Bula-Matari zu zeigen."
Dann sprang Ibaka's Sklave auf und sprach:
„Seht her, Leute von Lukolela, wir sind die Diener
von Ibaka — Ibaka von Bolobo. Ibaka hat Brüderschaft
mit Bula-Matari geschlossen. Ibaka hat uns befohlen, Bula-
Matari zu euch zu bringen. Lasst euere Häuptlinge Iuka
und Mungawa herauskommen und das gute Wort sprechen."
Die Dampfer hielten an, und die Stentorstimme Msenne's
übertönte selbst das Ablassen des Dampfes und schallte weithin über das Ufer. Bei jedem Dorfe wurden die Tücher
und Zeuge auseinandergerollt, allein erst beim dritten kam
eine Antwort: alle Häuptlinge seien todt, die Pocken hätten
die Eingeborenen decimirt und die Uebriggebliebenen würden durch Hungersnoth vernichtet!
„Schrecklich", entgegneten wir, „allein die Menschen
am Ufer sehen doch zu wohlgenährt aus, als dass sie Hunger
leiden sollten."
Schliesslich erreichten wir das obere Ende der Ansiedelung, die eine Länge von 7—8 km hat, und eine halbe Stunde
später gelangten wir an eine Verengerung des Flusses, wo
derselbe aber trotzdem noch die sehr stattliche Breite von
$2^1/_4$ km von Ufer zu Ufer hatte. In der Hoffnung, dass die
Eingeborenen uns folgen würden, wenn wir hier das Lager
aufschlügen, fuhren wir ans Land und trafen unsere Vorbereitungen, um die Nacht im Walde zuzubringen.
Unserer Erwartung entsprechend stellten die Eingeborenen sich bald darauf ein und brachten Hühner, Ziegen, reife
und grüne Pisangs und Bananen, Cassavebrot, Cassavemehl,
süsse Kartoffeln, Yams, Eier und Palmöl in solchen Mengen
mit, dass wir rasch Vorrath für zwei oder drei Tage ein-
tauschten. Da wir indess nicht wussten, wie weit wir noch

fahren mussten, bis wir einen andern Markt treffen würden, so beschlossen wir, am folgenden Morgen noch weitere Einkäufe zu machen.

Bei Sonnenaufgang am nächsten Tage kam ein Canoe nach dem andern, und alle brachten so viele Lebensmittel mit, dass wir bald drei Dutzend Hühner, vier Ziegen, ein Schaf, sowie vollständige Rationen auf acht Tage für unsere sämmtlichen farbigen Arbeiter in unsern Besitz gebracht hatten. Die Furcht der Eingeborenen vor den ihnen fremden Dampfern war inzwischen zur lebhaftesten Bewunderung geworden, und niemand war mehr der Ansicht, dass sie unheilschwangere Ungethüme seien, vielmehr war jeder zu der Ueberzeugung gekommen, dass die Schiffe mit lauter „guten Dingen" beladen seien. Gestern hätten sie uns erklärt, dass sie fast vor Hunger gestorben seien, heute aber sei wieder Ueberfluss bei ihnen eingekehrt, ihre Häuptlinge lebten, und ihr Stamm sei auch nicht durch eine Landplage oder Pest decimirt.

Als wir uns vorsichtig erkundigten, was die Ursache dieser merkwürdigen Veränderung sei, erwiderten sie:

„Weshalb denkt ihr noch daran, was wir in der Furcht vor euch gesagt haben? Weder unsere ältesten Leute noch deren Väter haben je (nach den Dampfern zeigend) solche Dinger gesehen oder von ihnen gehört."

Da dies eine ausgezeichnete Position für eine Station war, so deuteten wir ihnen zart an, dass wir bei unserer Rückkunft wol noch ausführlicher mit ihnen zu reden haben würden.

Vor etwa 20 Jahren wohnten die Lukolela-Leute am rechten Ufer des Kongo; aber es entstand Streit mit den Irebu-Kriegern, die den Fluss herabkamen, das Dorf angriffen und niederbrannten; als der Friede dann wiederhergestellt war, setzten erstere über den Strom und siedelten sich dem Fluss entlang in dem prächtigen Walde am linken Ufer an.

Eine zweistündige Fahrt um die Mittagszeit des 2. Juni brachte uns durch eine lange und seltsame Verengerung des Kongo; auf dem linken Ufer erhebt sich ein etwa 30 m hoher Hügel, reich mit dem prächtigsten Bauholz bestanden, während die rechte Seite ebenfalls erheblich höher als das Land oberhalb und unterhalb dieser einem Engpasse ähnlichen Verengerung des Stromes ist und sich auch durch herrlichen Baumwuchs auszeichnet. Uns beständig an der linken Seite nahe am Lande haltend, fuhren wir in einen schmalen Kanal zwischen Inseln hinein, die mit dem üppigsten Walde bedeckt sind; die niedrigen Ufer zeigen abwechselnd prairieartige Ebenen und zum Flusse abfallende flache waldbedeckte Rücken.

Wir passirten hier drei Dörfer, welche Kundschafter zu uns schickten, um frische Fische zu verkaufen und über die seltsamen Fahrzeuge, die ein so eigenthümliches Geräusch machten, Erkundigungen einzuziehen. Die Weiler waren jedoch zu klein und unbedeutend, um uns zur Unterbrechung unserer Fahrt zu veranlassen.

Als wir am Abend dieses Tages in einem verlassenen Dorfe etwa zwei Stunden oberhalb des letzten jener Weiler unser Lager vorbereiteten, sahen wir 14 Züge kleiner Vögel vom rechten nach dem linken Ufer hinüberfliegen, denen bis zum Anbruch der Dunkelheit grosse Scharen anderer Vögel von der Grösse von Krähen folgten, jedoch hielten dieselben sich so hoch, dass ich nicht im Stande war, sie zu unterscheiden.

Für den nächsten Abend wählten wir unsern Lagerplatz ein paar Kilometer unterhalb Ngombe aus; gleich darauf erschienen zwei Canoes, deren Insassen mit ausgezeichneter

Aussprache beständig den Namen „Stanley" riefen. Sie hatten denselben durch irgendeinen mir unerklärlichen Zufall erfahren und würden wahrscheinlich jeden andern Weissen in derselben Weise angeredet haben. Sie wollten uns Fische und junge Krokodile verkaufen. Unsere Maschinisten liessen sich aus Spass auf den Handel ein und kauften ein junges Krokodil, dessen Charakter wir noch kennen zu lernen Gelegenheit hatten, ehe dasselbe desertirte. Der Krokodilcharakter, den wir an ihm entdeckten, würde einen feinen Charakter für einen Roman abgegeben haben. Trotz aller ihm bewiesenen Freundlichkeit ergriff das undankbare kleine Thier, das an einem kräftigen Baumstamme in der Nähe des Flusses angebunden war, noch in derselben Nacht die Flucht. In Lukolela betrachtet man die Züchtung von Krokodilen als eine sehr gewinnbringende Beschäftigung. Entdecken die Eingeborenen ein Nest, so nehmen sie die Eier heraus und vergraben sie an einer ungestörten Stelle in den Sand; sobald die Jungen die Schale zerbrechen und auskriechen, werden sie in einen mit einem Netz überspannten Teich gesetzt, in welchem sie gefüttert werden, bis sie ein gewisses Gewicht und eine bestimmte Grösse haben, um dann an Markttagen verkauft zu werden.

Am 4. Juni passirten wir mehrere volkreiche Districte, zunächst Ngombe, das an einer ähnlichen Verengerung des Kongo liegt wie Lukolela. Unterhalb und oberhalb Ngombe ist der Fluss 6—9 km breit; bei der Ansiedelung vereinigen sich die sämmtlichen Kanäle zu einem Arm, der von Land zu Land fast 3 km misst und eine starke Strömung hat. Ngombe liegt am linken Ufer hoch und trocken etwa 12 m über dem Niveau des Flusses auf einer Ebene, die einen grossen Reichthum von Bananengruppen zeigt und auch sonst sehr fruchtbar zu sein scheint.

Einige Kilometer oberhalb der Strasse von Ngombe gelangt man an den District Nkuku, dessen Bewohner grosse Neigung zum Handeln zeigten; sie folgten uns eine weite Strecke und boten uns eine Menge Artikel zum Verkauf an,- aber ohne Erfolg, bis sie uns schliesslich ein paar Bisamenten zeigten, die wir zum Preise von etwa 1 s 4 d pro Stück erwarben.

Zwei Stunden später erreichten wir Butunu, wo die Eingeborenen uns mit lautem Schreien, das ihrer Freude Ausdruck verleihen sollte, begrüssten. „Malamu, malamu!" (Gut, gut!") tönte es von einem Ende des Ortes bis zum andern.

Eine Stunde jenseit Butunu gelangten wir nach dem volkreichen District Usindi, dessen Bewohner den Beifall und Lärm über unser Kommen fast übertrieben; ihre Freude war so ausserordentlich, dass unsere herzliche Erwiderung ihnen noch nicht genug schien, vielmehr bemannten etwa hundert ihre Canoes, kreischten und jauchzten und stürmten in der freundschaftlichsten Weise auf uns los, bis wir schliesslich anhielten. Elf von den Burschen sprangen sofort auf den „En Avant", drängten sich an jeden heran, schüttelten allen, weiss und schwarz, alt und jung, die Hand und betrachteten dann den schwarzen Kessel so ernsthaft, dass man glauben konnte, sie wollten denselben ebenfalls umarmen. Es würden noch mehr von diesen gedankenlosen, unwiderstehlichen Schlingeln an Bord gekommen sein, wenn wir dies zugegeben hätten, allein da wir schon von einer genügend grossen Zahl in Beschlag genommen waren, so dampften wir, ihrem Wunsche Folge leistend, nach dem Landungsplatze in Usindi zurück, wobei die elf Schwarzen so stolz aussahen, wie wenn sie eine Heldenthat verübt hätten, die in Europa mit einer Tapferkeitsmedaille oder dem Eisernen Kreuz belohnt wird.

Bei der Landung wurden wir von einem allgemeinen Ausbruch der Freude bewillkommnet und begrüsst. Es waren ganz merkwürdige Leute! In Nkuku lächelte man uns an, in Butunu begrüsste man uns als Freunde, aber in Usindi schoss man auf den Strom hinaus, um uns zu umarmen! Mehrere Stunden wunderten wir uns über diese bemerkenswerthe plötzliche Entwickelung der Freundschaft bei Leuten, die 450 km oberhalb des Stanley-Pool leben, bis wir schliesslich von ihnen erfuhren, dass viele ihrer Leute in Leopoldville und Kintamo gewesen seien und unser grosses Haus, die Wagen und die Boote im Hafen gesehen hätten.

Der Empfang in Usindi war ein so warmer und freundschaftlicher, dass wir bis zum Mittag des 5. Juni dort blieben und eine sehr angenehme Zeit verlebten. Der Häuptling Iuka würde uns sein halbes Dorf und alles, was wir verlangt hätten, gegeben haben, wenn wir nur bleiben und bei ihnen eine Station bauen wollten. Sie waren sehr höfliche Leute und bemühten sich allseitig, wie ich bemerkte, nicht die leiseste Veranlassung zur Besorgniss und Beleidigung zu geben, indem sie namentlich alle Waffen ausser Sicht hielten. Ich kann wol sagen, es war dies die erste ausserhalb der Civilisation belegene Gegend, wo ich so taktvolle Rücksicht fand. Im Vertrauen auf ihre eigene Stärke hielten sie es wahrscheinlich nicht für nothwendig, die barbarische Gewohnheit des Terrorisirens auszuüben.

Eine Fahrt von 70 Minuten brachte uns von Usindi in einen tiefen etwa 300 m breiten Kanal, der auf der einen Seite von einer anscheinend mit Rohr bewachsenen Insel, auf der andern von einer noch grössern Ansiedelung oder Gruppe von Dörfern als die eben verlassene begrenzt war. Das Ufer war in seiner ganzen Länge von Hunderten von bronzefarbigen Gestalten eingefasst, allein wir hörten keine Stimme, welche

uns einen freundlichen Gruss zurief. Wir hielten dies für ein
Zeichen des Mistrauens und beabsichtigten deshalb, die Fahrt
fortzusetzen, allein kaum waren wir einige Kilometer weit in
den Kanal hineingelaufen, als wir bemerkten, dass wir verfolgt wurden. Wir hielten deshalb an und liessen die Canoes
herankommen, die uns, wie die Insassen erklärten, eine Einladung Mangombo's, des Häuptlings von Irebu, ihn zu besuchen, überbringen sollten.

Wir wussten natürlich, dass wir uns hier bei dem volkreichen District Irebu befänden, der Heimat der hervorragendsten Händler vom obern Kongo, mit denen, was Zahl
und Unternehmungsgeist betrifft, nur die Ubangi am rechten
Ufer wetteifern können. Die Irebuhändler waren, wie sie
selbst eingestanden, in Canoes den Fluss hinabgefahren und
hatten die Eingeborenen von Lukolela überwältigt; sie hatten
das stark bevölkerte Ngombe besiegt, Nkuku, Butunu und
Usindi in Schrecken versetzt und sogar, wie ein unbestimmtes Gerücht wissen wollte, die wilden Bangala gelehrt, die
Irebuhändler mit Achtung zu behandeln. Der District war
thatsächlich ein Venedig des Kongo, das sich, stolz auf
seine grossen Scharen und seine Macht, zwischen den dunkeln Gewässern des Lukanga und den dunkelbraunen Kanälen des Mutterstroms angesiedelt hat.

An der kleinen Bucht von Ober-Irebu standen Hunderte
von Leuten, Männer, Frauen und Kinder, steinalte Grauköpfe und kleine nackte kupferfarbene Gassenbuben, die Ankunft der Flotille eifrig erwartend. Trotz der grossen Scharen
entstand doch instinctmässig unter der Menge ernstes Schweigen, als die Maschinen anhielten und die Fahrzeuge langsam
an den Landungsplatz am Ufer glitten. Erst als die Mannschaften mit den Ankern von den Schiffen an das Land
sprangen und die Ketten durch die metallenen Hemmklötze

auszulaufen aufhörten, wurde die Stille unterbrochen, und es erhob sich ein allgemeines Beifallsgemurmel, indem einer dem andern seine bewundernden Bemerkungen über die Schiffe zuflüsterte.

Vor der Menge stand Mangombo selbst, ein Mann von vielleicht 60 Jahren, sehr lebhaft und wesentlich jünger aussehend, bereit, mich zu begrüssen. Er trug einen etwa $2^3/_4$ m langen seltsamen Stab, an dessen einem Ende ein kleiner Spaten aus Messing von ähnlicher Form wie ein Brotschieber der Bäcker befestigt war. Er schüttelte mir kräftig die Hand, und dasselbe geschah seitens einer Anzahl seiner angesehensten Leute, worauf wir uns in den Schatten eines am Ufer stehenden Baumes begaben, um uns zu unterhalten.

Mir fielen besonders die intelligenten Züge der Leute auf, die sich um mich gruppirt hatten; man sah ihnen an, dass sie Weltkenntniss und Reiseerfahrungen besassen, während von der dummen, staunenden Verwunderung, der wir sonst überall begegnet waren, nichts zu entdecken war.

Diese Eingeborenen schienen in Wirklichkeit mit vielen Ländern am obern Kongo vertraut zu sein, und ebenso kannten sie zwischen Stanley-Pool und Upoto, eine Entfernung von über 900 km, jede Landspitze auf beiden Ufern des Flusses. Alle Vorkommnisse des wilden ungebundenen Lebens, alle Gewinn- und Verlustchancen beim Tauschhandel und alle die diplomatischen Künste, welche die schlauen Eingeborenen dabei ausüben, waren ihnen ebenso geläufig wie uns das Alphabet. Sie kannten alles ganz genau, die verschiedenen Längen der Sina („Länge" Zeug), die Zahl der Matako (Messingstangen), welche jene werth sind, die Preise von Savelist, Atlas, ungebleichtem Baumwollstoff, gestreifter und geköperter Leinwand, des Zwillichs, des blauen und weissen Baftas, den Werth der Perlen pro 1000 Schnüre, ferner der ungeschnittenen Stücke Zeug, der Fässchen Pulver und kurzen und langen Steinschlossgewehre. Auch konnten sie durch einfaches Wägen auf der Hand genau bestimmen, wieviel Nutzen sie an einem in Langa-Langa gekauften Elefantenzahn beim Verkauf am Stanley-Pool haben würden!

Kein Wunder, dass diese kaufmännischen Kenntnisse und Erfahrungen ihre Spuren auf den Gesichtern zurückgelassen hatten. Es geht ihnen in dieser Beziehung ebenso wie in Europa. Wie man dort den Offizier, den Juristen oder Kaufmann, den Bankier, Künstler oder Dichter erkennen kann, so vermag man auch in Afrika, und besonders am Kongo, wo die Leute mehr als in andern Gegenden sich mit Handel beschäftigen, den Kaufmann leicht zu erkennen. Und doch ist nur ein geringer Unterschied in den Zügen oder eigentlich in den Geberden des Gesichts des einen festen Wohnsitz habenden Händlers und des handeltreibenden Schiffers. Ersterer ist vielleicht ein sehr tüchtiger Geschäftsmann, aber sein ganzes Wesen ist mehr bäuerisch, harmlos und schlicht, während das Benehmen der Weijansihändler aus Usindi, Butunu, Ubangi und Irebu gemessener und selbstbewusster und in ihrer Sprache eine gewisse freimüthige geschäftsmässige Bestimmtheit, Einfachheit und Offenheit erkennbar ist. Gleichzeitig sind sie aber auch Barbaren genug, um bei passender Gelegenheit einem Kampfe nicht abgeneigt zu sein. Es überraschte mich, als ich nach sorgfältigem Studium und genauer Analysirung ihrer Züge von ihnen erfuhr, dass sie gerade jetzt im Kriege begriffen seien. Ober-Irebu befehdete Unter-Irebu! Man hörte in der Ferne auch die Gewehre knallen, obgleich ich bisher keine Ahnung davon gehabt hatte, dass sie im Kampfe waren.

Bei den Kongostämmen wird der erste Tag der neuen Bekanntschaft gewöhnlich mit Plaudern hingebracht, indem der eine die Grundsätze und Ansichten des andern auszuforschen und kennen zu lernen sucht. Auch bringt der Häuptling seinem Gaste Geschenke an Lebensmitteln, Ziegen, Fischen, Bier u. s. w.; erst am folgenden Tage beginnt das Geschäft und werden die Gegengeschenke gegeben. So geschah es auch in Irebu.

Mangombo überreichte mir vier haarige, dünnschwänzige Schafe, zehn wunderschöne Bündel Bananen, zwei grosse Krüge mit Bier und die üblichen kleinern Nebengeschenke.

Am folgenden Tage schlossen wir Blutsbrüderschaft. Der Fetischmann stach uns beide mit einer Nadel in den rechten Arm, presste Blut heraus, streute eine Kleinigkeit von meinem Ladestock abgekratzten Staub, etwas Salz und von einer langen Schote abgeschabten Staub, alles zusammengemengt, über die Wunde und rieb die Arme eine Zeit lang aneinander; dann berührte er uns mit der Schote am Nacken, Kopf, an Armen und Beinen, wobei er zugleich in schnellem Tempo seine Beschwörungslitanei murmelte. Was von der Medicin noch übriggeblieben war, wickelten Mangombo und ich sorgfältig in ein Bananenblatt, um es zusammen ehrfurchtsvoll nach einer nahen Bananengruppe zu tragen, unter deren Schatten der Staub begraben wurde.

Mangombo, nunmehr durch den geheiligten Austausch des Blutes mein Bruder, der mir jetzt in derselben Weise Dienste zu leisten gezwungen war, wie ich mich durch das Zaubermittel verpflichtet hatte, ihm zu helfen, vertraute mir auch alsbald seine Schwierigkeiten an und bat um meine Unterstützung. Nachdem alle Edlen von Irebu sich um uns versammelt hatten, begann Mangombo mir im wesentlichen Folgendes zu erzählen:

„Vor einiger Zeit schickte ich drei Canoes nach Iboko (Bangala). Meine Leute machten gute Geschäfte, hatten eine werthvolle Ladung Elfenbein erhalten und wollten gerade heimkehren, als plötzlich Streit zwischen den Bangala und Irebu entstand. Unsere Leute befanden sich am Lande; sie kämpften hartnäckig, um ihr Elfenbein zu retten; von 70 Mann wurden 33 getödtet, den übrigen 37 gelang es, ein paar Elefantenzähne zu retten, eins der Canoes zu besteigen und fortzurudern, um uns Nachricht von dem unglücklichen Ausfall der Expedition zu bringen. Selbstverständlich wurde aller Handel abgebrochen. Von den 33 im Kampfe Erschlagenen waren 28 aus meiner Stadt, 5 aber gehörten zu Unter-Irebu. Du musst wissen, dass der District Irebu in drei Theile zerfällt: Ober-, Unter- und Mittel-Irebu. Maguala ist der Häuptling von Unter-Irebu, Mpika der von Mittel-Irebu, und ich bin Herr des obern Districts. Maguala und Mangombo sind die bedeutendsten Häuptlinge; ja, ehe das Unglück passirte, von dem ich dir jetzt erzählen will, wurde ich als der oberste von allen betrachtet. Einige Monate nach der Niedermetzelung unserer jungen Leute in Iboko sahen wir eine Flotille von Bangala-Canoes auf der Reise nach Ngombe den Fluss hinabfahren. Mpika hörte ebenfalls davon, verfolgte dieselbe und nahm ein Canoe mit 8 Bangalaleuten gefangen. Mpika, der ganz vergessen zu haben schien, dass ich 28 Mann und er nur 5 Mann verloren hatte, hielt es nicht für nöthig, mir meinen Theil von den Gefangenen abzugeben, sondern antwortete, als ich ihn aufforderte, gerecht zu sein: «Nein, es waren meine Leute, welche die Gefangenen gemacht haben. Ich werde diese aus Rache für meine verlorenen fünf Leute behalten. Geh selbst hin und mache es ebenso, denn ich werde dir keinen einzigen meiner Gefangenen geben.» Als ich mich darauf an Maguala wendete, erwiderte derselbe, Mpika habe vollständig recht und müsse behalten, was er mit Waffengewalt erlangt habe. Meine Leute waren jedoch damit nicht zufrieden; unser Verlust war noch zu neu und zu gross, und sie zwangen mich deshalb, den Krieg zu erklären. Vor etwa zehn Tagen hat derselbe begonnen. Ich habe in vier Schlachten sechs weitere Leute verloren, und mehr als zwanzig meiner Unterthanen sind verwundet. Auch Magnala und Mpika haben schwere Verluste erlitten. Irebu hat die Hand gegen Irebu erhoben; Freunde und Brüder erschlagen sich gegenseitig. Aller Handel hat aufgehört. Wir gehen und kommen nur bei Nacht. Die Weiber von Irebu trauern täglich, und wenn dieses Unglück, das viel schlimmer ist als die Blattern, noch lange dauert, dann wird Irebu nicht mehr als der stärkste Stamm an diesem grossen Flusse bekannt sein.

„Nun bist du, Bula-Matari, gerade zur richtigen Zeit gekommen, um uns von dem gegenseitigen Gemetzel zu erretten. Wir haben schon vor Jahren von dir gehört. Tschumbiri hat uns gesagt, dein Name sei Stanley. Als du mit deinen vielen Canoes den Fluss herabkamst, lagen wir hinter jener grossen Insel auf der Lauer, aber wir haben dich nicht angegriffen. Wir haben von Bula-Matari gehört, dass derselbe in Kintamo, in Msuata und Bolobo Städte baue, aber wir wussten nicht, wer Bula-Matari sei, bis Ibaka uns vor einigen Monaten erzählt hat, Bula-Matari sei Stanley. Du gehörst jetzt zu Irebu und musst es vor Tod und Vernichtung retten."

„Mangombo", erwiderte ich, „ich würde das gern thun, aber ich habe andere Arbeit vor mir. Ich muss erst nach Ikengo gehen, und bei meiner Rückkehr will ich versuchen, was ich thun kann. Inzwischen hört mit dem Kriege auf."

„Ach, das ist leicht gesagt! Aber Magnala und Mpika

müssen auch mit dem Kriege aufhören. Willst du mit ihnen sprechen?"

„Ich werde ein Boot hinschicken und ihnen sagen lassen, dass Mangombo mich aufgefordert habe, den Krieg zu beendigen, dass ich augenblicklich aber nicht bleiben könne. Ich will sie bitten, meine Rückkehr zu erwarten, damit ich dann Frieden stifte."

Da ich fast Mangombo's eigene Worte angeführt habe, so ist, soweit es zum Verständniss dieses Werkes nothwendig ist, genügend über den mörderischen Krieg gesagt, der damals in einem der blühendsten und bevölkertsten Districte des obern Kongo wüthete. Meinem Versprechen gemäss fuhr ich in meinem Boote bis in die Nähe der Landungsplätze von Mpika und Magnala und erbot mich zum Vermittler zwischen den streitenden Parteien unter der Bedingung, dass dieselben sich 15 Tage aller Feindseligkeiten enthalten wollten. Mpika war sofort damit einverstanden, da sich glücklicherweise herausstellte, dass er der Blutsbruder von Lieutenant Janssen in Msuata und der ursprüngliche Eigenthümer des grossen Canoes war, welches jetzt längsseite des „Royal" geschleppt wurde. Magnala war weniger bereit, sich auf den Waffenstillstandsvertrag einzulassen, wurde aber schliesslich doch von seinem Freunde Mpika dazu überredet.

Da in der Bucht von Ober-Irebu kein Strom lief, so nahm ich an, dass in der Nachbarschaft irgendwo ein See sein müsse; auf Befragen erfuhr ich denn auch, dass einige Stunden Fahrt den Lukanga hinauf ein „grosses Wasser" sei; aber die Kongostämme sehen täglich so grosse Mengen Wasser, dass ihnen die Nachbarschaft eines Sees als nichts Ausserordentliches erscheint. Nur die Völker im Innern rühmen sich ihrer Seen. Daher ist es auch bei den am

Flusse lebenden Stämmen ungewöhnlich schwer, ihnen so viel Interesse einzuflössen, dass sie genaue Informationen geben. Bei ihnen heisst es immer „viel Wasser", „grosses Wasser", „grosser Fluss", doch weiss ich aus Erfahrung, dass sie diese Ausdrücke auch auf Gewässer anwenden, die kaum tief und breit genug sind, um die Canoeschiffahrt zu gestatten.

Das Wasser des Lukanga ist von derselben schwarzen Farbe wie dasjenige des Mfini und des Leopold II.-See; einige Irebu erzählten mir, man könne auf dem Lukanga nach dem Mantumba-See und von diesem auf einem Fluss nach dem Leopold II.-See gelangen und auf dem Mfini Gankabi's Dorf erreichen. Das reizte meine Neugier ganz ausserordentlich, jedoch musste ich die Erforschung der Wahrheit dieses Gerüchts bis zu meiner Rückkehr vom Aequatordistrict aufschieben, weil ich nicht die Mittel besass, 30 Leute unnützerweise zu füttern.

Mit einem Führer Mangombo's und Msenne aus Msuata setzten wir am Nachmittage des 6. Juni die Fahrt von Ober-Irebu und der Mündung des Lukanga den Kongo hinauf fort.

Zu den Gegenständen, welche ich von den Gruppen gewöhnlichen Volks am Landungsplatze zu Irebu erörtern hörte, gehörte auch der Unterschied zwischen Stanley und Bula-Matari. Die Majorität behauptete, wenn auch Stanley der erste „Mundele" gewesen, der auf dem Flusse erschienen sei und mit jedem gekämpft habe, der ihn aufzuhalten versuchen wollte, so sei es doch Bula-Matari, welcher jenen geschickt habe, um das Land erst zu erforschen, und der alle die Canoes und Leute besitze. „Denn seht, Stanley hatte nur Canoes, wie wir sie auch haben, während Bula-Matari nur ein einziges Canoe hat; die andern sind Boote, wie wir sie nirgends sonst gesehen haben. Nein, Stanley muss Bula-Matari's Vezier oder grosser Kapitän sein, denn Bula-Matari hat viele Städte und tausend und abertausend Ballen Zeuge. Stanley gab uns das richtige Maass von Messingstangen; wenn wir nach Kintamo gehen, werden wir Stanley's Messingstangen fordern, denn die sind um die Hälfte länger, als diejenigen der Bateke am Pool."

Die Edlen von Irebu verlangten dringend eine Medicin von mir, um ihren Reichthum rasch wachsen zu machen. Ich versuchte ihnen eine Lection bezüglich des Handelsgeschäfts zu geben, doch wiesen sie diesen Rath mit Zorn und Verachtung zurück; wie sie Handel treiben müssten, wüssten sie gut genug, aber ihr Vermögen nähme trotzdem nicht zu.

„Du musst", sagten sie, „ein Zaubermittel besitzen, durch welches du deine Vorräthe ohne Mühe vermehrst. Wir haben in Kintamo gesehen, dass deine Regale an einem Tage sämmtlich leer waren, und als wir am nächsten Morgen kamen, waren sie alle von unten bis oben gefüllt. Wir möchten dieses Geheimniss auch kennen."

Die Sklaven Ibaka's rühmten sich, dasselbe zu kennen; ihre Hütte war infolge dessen beständig von Wissbegierigen belagert, und sie verdienten durch diese ausserordentliche Charlatanerie fast 200 Messingstangen.

Ein anderes interessantes Thema der Unterhaltung bei den Irebu war: was eigentlich die Schaufelräder des „En Avant" drehe? Das war jedoch ein höchst schwieriges Räthsel für sie. Einige meinten, es seien etwa 20 Mann irgendwo im Raume des Schiffes verborgen; andere bestritten das und behaupteten, das Geheimniss läge in dem „grossen Topf" (Kessel), denn weshalb würde der Koch (Maschinist) sonst immer in der Nähe bleiben und das Feuer im Innern im

Gange halten. Was kochte aber der Mann so ungeheuer eifrig? Das war ein weiteres Räthsel!

„Was es auch sein mag", meinten sie, „es dauert lange, bis es gar ist. Der Maschinist hat schon den ganzen Tag gekocht und ist noch nicht fertig. Es muss doch eine starke Medicin sein: der ganze Haufen Holz ist verbrannt worden. Die beiden andern Boote haben ähnliche Töpfe, in welche die Köche beständig Brennholz hineinschieben. Wenn wir vielleicht auch solch grosse Töpfe in unsern Canoes und etwas von der Medicin des weissen Mannes hätten, dann würden wir uns nicht mehr mit müden Armen bei unserm Rudern abzumühen brauchen und in den Schultern Schmerz und Pein leiden."

Am 8. Juni, 10 Uhr morgens, erreichten wir das 75 km oberhalb Irebu gelegene Ikengo. Das Ufer war auf dem ganzen Wege ein fast ununterbrochener grüner Wald von den herrlichsten Bäumen, wie Teak-, Mahagoni-, Guajak-, Roth- und Gelbholz-, Gummi-, Pisang- und Wollbäumen, oft von ganz enormem Umfange. Die langen Inseln waren ebenfalls von üppigen, hohen Hainen bedeckt und an den Seiten von dichtem, niedrigerm Gehölz und Dickicht von verschiedenen Arten von Palmen und Rohr umgeben.

Beim Erscheinen der Flotille schossen die Canoes der Ikengo-Leute uns entgegen in den Strom hinaus; aus allen den unzähligen zierlichen Fahrzeugen wurden wir bewillkommnet und angerufen, indem jeder mit lauter Stimme sein Dorf anpries, gerade wie die Kundensucher der Hotels in der Levante.

„Komm nach Ikengo", riefen sie, „Ikengo ist reich, Ikengo hat reichlich Lebensmittel!" „Nein, komm nach Itumbu! Komm und sieh Inganda an! Inganda hat Elfenbein, Sklaven, Frauen, Ziegen, Schafe, Schweine. Inganda ist gesegnet mit Ueberfluss. Stanley, hast du uns vergessen, die wir schon vor Jahren mit dir gehandelt haben? Oh, Stanley, komm nach Ikengo! Es gibt reichlich Bier und Wein in Ikengo." Auf diese Weise hoben die merkwürdi-

EIN SEHR ARMER EINGEBORENER AUS INGANDA.

gen Leute die Vorzüge ihrer Dörfer hervor, und mit jedem Augenblick wurde das Gedränge und die unruhige Bewegung auf dem Flusse grösser.

Nach sorgfältiger Erwägung der verschiedenen Vortheile der Dörfer, unter welchen ich bald dasjenige wiedererkannte, welches uns im Jahre 1877 auf dem improvisirten Markte an einer der gegenüberliegenden Inseln mit Lebensmitteln erfreut hatte, wählte ich Inganda zum zeitweiligen Rastplatze.

Wie alle Weijansi vom Kwa-Flusse aufwärts hatten die Leute eine gesunde Bronzefarbe, jedoch trugen sie, ungleich jenen, Mützen aus Affen-, Otter-, Leoparden-, Ziegen- und Antilopenfellen, während ihre Schwerter an breiten Schulterriemen aus brauner Büffelhaut hingen. Baumwollstoffe sah man hier selten; die meisten trugen ein mehr oder weniger grobes Gewebe aus Grasfibern.

Ich erwählte Inganda als Lagerplatz, weil ich von hier aus, unter dem Vorgeben, die Vorbereitungen für meine Ansiedelung zu treffen, den schon in meinem Werke „Durch den dunkeln Welttheil" erwähnten grossen Nebenfluss des Kongo, den Ikelemba, zu erforschen beabsichtigte. Möglicherweise konnte ich an der Vereinigung der beiden Flüsse ein Gebiet erwerben. Waren die Eingeborenen dort zu wild, um eine Niederlassung zu gestatten, dann musste ich in Inganda bleiben und zunächst die Wirkung unsers zunehmenden Einflusses abwarten.

Auf zahlreiche Nachfragen bezüglich der Unterscheidungsmerkmale der beiden hier sich vereinigenden Flüsse erhielt ich die verwirrendsten Antworten. Der Ikelemba war „gross", aber wenn die Eingeborenen mir die Entfernung von Ufer zu Ufer an einem in der Nähe befindlichen Gegenstande deutlich machen sollten, dann schien die Breite zwischen 50 und 100 m zu variiren. Das war unglaublich. In meinem frühern Werke habe ich dieselbe auf 1000 m angegeben, und ich hatte den Fluss selbst gesehen. Es waren dies dieselben Leute, welche mir den Fluss damals Ikelemba oder Buruki genannt hatten. Ein sehr mittheilsamer Eingeborener aus Bungata, vom rechten Ufer, malte eine Curve in den

Sand und machte etwa in der Mitte derselben an der convexen Seite in gleichen Entfernungen drei sich rechtwinkelig schneidende Linien; die unterste bezeichnete er als den vom Bungata kommenden Kanal, die mittlere als einen vom Lulungu herabführenden Kanal und die obere als vom Ikelembafluss herabkommend. Das obere Horn der Curve nannte er Buruki oder Mohindu, das untere Inganda, wo wir uns jetzt befanden. Diese Curve schien mithin einen Fluss zu repräsentiren, in welchen drei Kanäle einmündeten; allein als ich ihn aufforderte, mir den Mohindu — Mohindu heisst schwarz — zu beschreiben, schilderte er ihn seltsamerweise als nur 25 m breit!

Wo war denn nun der mächtige Fluss, den ich in den Kongo hatte einmünden sehen und der meinen neugierigen Blick anzog durch seine grossartige Breite und seine theedunkle Farbe, die ebenso sehr mit derjenigen des grossen Stromes, der meine Canoes trug, contrastirte, wie mein Gesicht mit den dunkeln Zügen meiner Gefährten? Ich ärgerte mich über meine eigene Dummheit und wollte deshalb so rasch wie möglich die Zweifel lösen, welche in mir aufgestiegen waren.

Den Rest der Expedition in Inganda zurücklassend, fuhr ich mit dem „En Avant" den Kongo hinauf, um den „grossartigen" und theefarbenen Nebenfluss aufzusuchen. Nach fünf Viertelstunden hatte ich dieselbe Stelle erreicht, von wo aus ich damals den Nebenstrom erblickt hatte, und ich fühlte eine gewisse Befriedigung, als ich denselben, meiner Ansicht nach den grössten Zufluss des Kongo, aufs neue sah. Ich steuerte nun von den Inseln nach dem Festlande am linken Ufer hinüber und gerieth bereits auf halbem Wege in das schwärzlich-grüne Wasser. Nachdem ich so weit in den Fluss hineingefahren war, dass ich den eigentlichen

Kongo hinter mir hatte, konnte ich die Breite von 900 auf 750 m reduciren, doch war das Wasser tief und die Strömung 3 Knoten. Vier Stunden oberhalb Inganda nahm die „Grossartigkeit" des Nebenflusses beträchtlich ab, weil der sehr dunkelfarbige Fluss, den man vom eigentlichen Kongo aus in drei Armen gesehen hatte, hier eine entschiedene Wendung nach Süd und Ost machte, wodurch ich die Ueberzeugung gewann, dass ich wirklich einen Nebenfluss hinauffuhr, wenngleich die Entdeckung, dass die Breite des Schwarzen Flusses bereits auf 550 m abgenommen habe, mir nicht gerade grosse Freude machte.

Buruki, welchen Namen die Eingeborenen mir so oft genannt hatten, war eine grosse Stadt am linken Ufer des Mohindu, etwa $4^{1}/_{2}$ km oberhalb seiner Mündung. Die Ufer waren auf beiden Seiten flach, auf der rechten Seite sogar so niedrig, dass das Land nicht bewohnbar war, weil die Gewässer des Flusses die morastige Ebene auf weite Strecken hin durchzogen. Die Wälder sahen jung, aber kräftig aus und bestanden aus solchen Baumarten, die in Niederungen zu gedeihen pflegen, jedoch ragte hier und dort eine hohe dichte, dunkle Blattkrone aus dem übrigen Grün empor.

Hier lagen auch Inseln, doch erhöhte die dadurch verursachte Theilung des Stromes nicht gerade dessen Würde. Der Wasserstand war so hoch, dass wir volle drei Stunden fahren mussten, bevor wir die Ufer sehen konnten. Tintenartiges Wasser und dichte Wälder von jungen Bäumen sind nicht gerade interessant, sie bringen im Gegentheil eher einen trüben Eindruck hervor. Der „En Avant", der jetzt kein schweres Boot im Schlepptau hatte, dampfte mit grosser Schnelligkeit auf dem gleichmässig dahinströmenden Flusse weiter, auf dem sich absolut gar nichts ereignete und kein einziger Gegenstand in Sicht kam, bis wir gegen Sonnenuntergang auf der ersten kleinen trockenen Stelle des Ufers, welche wir entdeckten, ein Lager aufschlugen. Der Charakter des Flusses machte, soweit ich denselben zu beurtheilen vermochte, auf mich den Eindruck, dass wir uns hier auf einem Delta befänden, durch welches sich eine Anzahl schmaler und ausserordentlich gewundener Bäche beständig in den Fluss ergiessen, und die niedrige Lage des Landes, das junge, aber kräftige Aussehen des Waldes, die Schwärze des Alluvialbodens, wo derselbe überhaupt zu sehen war, die ununterbrochene Todtenstille, die gleichmässige, ungestörte Strömung ohne irgendwelche Strudel und der ganze Charakter des, man kann sagen, afrikanischen Styx bestärkten mich in dieser Ueberzeugung. Wäre die weisse Sonne nicht gewesen, welche dem frischen Laubwerk des Waldes die glänzende, grüne Farbe gab, der Anblick würde wirklich ein höchst trauriger gewesen sein.

Am nächsten Morgen waren wir, da wir einen reichen Vorrath von hartem Roth- oder eigentlich Purpurholz besassen, bei Tagesanbruch schon wieder unterwegs. Kurz vor 7 Uhr morgens erblickten wir auf dem rechten Ufer einige Eingeborenenhütten; gegenüber stieg das Land zu gesunder Höhe an und war von hellgrünen Bananen beschattet. Als wir die Hütten erreichten, bemerkten wir, dass dieselben neu waren; der Wald war noch nicht gelichtet, aber weder dort noch unter den Bananen war eine lebende Seele zu entdecken. War hier Krieg? Oder hatten sich sämmtliche Einwohner in den Wald zurückgezogen? Mittlerweile setzt der „En Avant" seine Fahrt in der Mitte des Stromes fort; das Land gewinnt ein besseres Aussehen und steigt hier als stumpfer Thon- und Felsrücken 6—10 m aus dem Wasser auf. Gleich darauf kommen bewohnte Dörfer in Sicht, zuerst eins an der linken, dann eins auf der rechten Seite, und sofort beleben sich auch die Ufer mit gelben Gestalten, die am wilden Veitstanz zu leiden scheinen. Sie springen wie Akrobaten in einem Anfall von Tanzwuth einher, aufwärts, seitwärts und rückwärts, stürmen dann wieder vorwärts und spannen die Bogen so straff, dass die Spitzen der Pfeile dieselben fast zu berühren scheinen. Die nur mit Speer und Schild bewaffneten Krieger führen einen echten Waffentanz auf; wäre der tiefliegende Fluss nicht, wir sollten wirklich meinen, dass sie auf uns zielten. Am rechten wie auf dem linken Ufer thun die Leute ihr Möglichstes, um uns ihre Künste im Kriegsspiel zu zeigen. Es ist alles wirklich sehr interessant; ich habe auch stets lieber die menschliche Natur beobachtet, als irgendwelche andere Gegenstände der Schöpfung, allein für den Augenblick hat doch der Schwarze Fluss selbst das grössere Interesse für mich.

Mit einer Geschwindigkeit von 7 Knoten stürmt der „En Avant" dahin. Aus einem Dorf nach dem andern kommt ein Trupp tanzender, kupferfarbiger Krieger an den Fluss, und auf beiden Ufern werden wir mit diesem Schauspiel begrüsst. Die Hütten dehnen sich etwa $1\frac{1}{2}$ km weit am Flusse hin, dann folgt etwa 3 km weit Wald, darauf eine ähnliche Ansiedelung und wieder Wald. Ueber den Dörfern wiegen sich anmuthige Bananen, schwanken dunklere Palmen, alles von der weissen Sonne beschienen. Um Mittag befinden wir uns auf 0° 6′ südl. Br. Am Tage vorher waren wir auf 0° 4′ nördl. Br.; wir haben in der Zwischenzeit zweimal den Aequator gekreuzt.

Der Schwarze Fluss ist hier von Ufer zu Ufer etwa 350 m breit und hat eine Strömung von $2\frac{1}{2}$ Knoten; die Tiefe desselben ist mir, obgleich wir beständig mit dem Peilstock maassen, unbekannt. Kleine Hügel beginnen hier der Monotonie der Ebene etwas Abwechselung zu geben. Etwa 140 km von der Mündung mässigen wir die Fahrt und versuchen mit den Einwohnern eines hübsch gelegenen Dorfes eine Unterhaltung anzuknüpfen; einige der angesehensten

EINGEBORENER IN KRIEGSAUSRÜSTUNG.

Männer treten kühn bis zum Rande des Ufers heran und einer redet uns unerschrocken wie folgt an:

„Wir wissen nicht, wer ihr seid, oder woher ihr kommt, oder wohin ihr geht, oder was eure Absicht ist. Wenn ihr dem Ufer nahe genug kommt, werden wir den Kampf beginnen. Wenn ihr weiter gehen wollt, geht. Wenn ihr umkehren wollt, der Fluss ist frei, aber kommt nicht an das Land."

Kann man sich eine klarere, schönere und offenere Sprache denken? Oder waren dies Phrasen, wie unser Führer sie gebrauchte?

Wir fuhren denselben Weg wieder zurück, den wir gekommen waren, nachdem wir beim Umwenden noch mit Stöcken, Erdklumpen, Steinen u. s. w., beworfen worden waren, die jedoch unserm Dampfer nicht bis auf 200 m nahe kamen. Wahrscheinlich sagt sich dieses äquatoriale Volk auf diese Weise Lebewohl!

Um 8 Uhr abends erreichten wir das Lager, welches wir am Morgen verlassen hatten, und um Mittag des folgenden Tages die Mündung des Mohindu oder Schwarzen Flusses in den Kongo.

In Wangata, $10\frac{1}{2}$ km unterhalb der letztern, hat man einen guten Blick auf die Vereinigung der drei Kanäle, von denen der rechtsgelegene nach Bungata, der mittlere nach dem Ikelemba und Lulungu und derjenige an der linken Seite zum Schwarzen Fluss hinaufführt. Wir legen hier an, um mit den Leuten zu sprechen, und werden eingeladen, an das Land zu kommen.

Hier erfuhren wir, dass wir uns unter den Bakuti befänden, deren District bei Ikengo beginnt und bei Baruki, der Stadt an der Mündung des Mohindu, aufhört. Auf dem rechten Ufer wohnen die Bakanga; in der Mitte des Kongostromes zwischen den beiden Stämmen liegt die grosse etwa 35 km lange Insel Nsambana.

Die Bakuti wurden bald befreundet und schlossen in der üblichen Weise Blutsbrüderschaft mit uns; sie zeigten

VERHANDLUNG VOR DEM HAUSE DES HÄUPTLINGS IN WANGATA.

uns Land, wo wir die Station bauen könnten, worauf wir, einige unserer Leute als Bürgen, dass wir auch wiederkämen, dort lassend, nach Inganda zurückeilten. Am folgenden Tage packten wir unsere Waaren zusammen und brachten die Expedition nach der auf 0° 1' 0" nördl. Br. liegenden Aequator-Station in der Nähe von Wangata.

Zum Chef der neuen Station wurde Lieutenant Vangelé ernannt, dem 26 Mann als Garnison überwiesen wurden. Vorläufig wurde auch Lieutenant Coquilhat mit weitern 20 Mann zur Unterstützung hier gelassen, bis fernere Verstärkungen an Mannschaft und Waaren von Leopoldville geschickt werden konnten.

Wir selbst blieben noch zwei Tage hier, um die für die neue Station bestimmte Stelle von Wald und Dickicht zu lichten, sowie zur Erledigung der an uns gestellten Ansprüche, der Zahlungen und der Vertheilung von Geschenken an die angesehensten Persönlichkeiten. Am 20. Juni fuhren wir wieder den Kongo nach Irebu hinab, wo wir nach $7^3/_4$ Stunden Fahrt eintrafen.

SIEBENUNDZWANZIGSTES KAPITEL.

VOM SCHWARZEN FLUSS NACH DEM STANLEY-POOL UND ZURÜCK NACH DER AEQUATOR-STATION.

Ein in Verlegenheit setzender Abschied. — Spanischer Pfeffer und Thränen. — Erfolg einer heuchlerischen List. — Kriegslärm. — Friedenstiftung. — Beendigung des Krieges. — Der Lukanga-Fluss. — Der Mantumba-See. — Die Watwa-Zwerge. — Rettung einer schiffbrüchigen Mannschaft. — Abbé Guyot. — Der Löwe und seine Beute. — Leopoldville in Blüte. — Unruhen in Buabua-Ndjali's Dorf. — Ein selbstmörderischer Offizier. — Lieutenant Janssen und Abbé Guyot ertrunken. — Unannehmlichkeiten in Kimpoko. — Unruhen in Bolobo. — Die Station niedergebrannt. — Es wird auf uns geschossen. — Krieg. — Ich lasse ein Krupp'sches Geschütz holen. — Schwache Wirkungen des Musketenfeuers. — Der Friede wiederhergestellt. — Festsetzung der Entschädigung. — Veranschaulichung der Gewalt des Geschützes. — „Ich und meine Leute werden Bolobo für immer verlassen." — Der Bunga-Fluss. — Lukolela. — Ein prächtiger Wald. — Der Aberglaube der Iuka. — Ausgezeichneter Zustand der Aequator-Station. — Mein Ideal verwirklicht.

Die Zuneigung der Leute von Inganda war eine so ausserordentliche, dass wir bei der Abreise von der Aequator-Station uns in einer Schwierigkeit befanden. Wie konnten wir ihnen sagen, dass die feuchte Waldbucht von Inganda mit ihrer Rohreinsäumung und den vielen stagnirenden Tümpeln in der Umgegend der Gesundheit der Europäer nachtheilig sei, und dass wir aus sanitären und politischen

Gründen gezwungenerweise die Absicht hegten, von ihrem Dorfe nach Wangata überzusiedeln?

Als Msenne, unser Führer aus Msuata, erfuhr, dass es uns, trotzdem unsere Uebersiedelung dringend nothwendig war, doch einigermaassen peinlich und unangenehm sei, das Gefühl des Volkes von Inganda zu kränken, meinte er nach einigem Nachdenken, wir sollten die Sache lieber ihm überlassen, wir würden dann keine weitern Schwierigkeiten haben. Und da er so zuversichtlich und so vergnügt war wie ein Jurist, der einen Process gewonnen hat, er auch die Eingeborenen besser als wir kannte, so glaubten wir ihm mit Recht die Erledigung der Angelegenheit übertragen zu können. Er theilte seinen Plan meinem Diener Dualla und auch Umari mit, von denen ich später wiedererfuhr, auf welche Weise er denselben ausgeführt hatte.

Nachdem er die Erlaubniss, seine Idee zur Ausführung zu bringen, und das Versprechen erhalten hatte, dass ich mich nicht einmischen wollte, wenn nicht sein Miserfolg mich dazu nöthigte, schritt er zur Verwirklichung seines Planes. Er rollte sein langes Gewand wie einen Strick um den Leib zusammen, berührte seine Augen mit etwas spanischem Pfeffer und machte, als ihm reiche Thränenströme über die Wangen liefen, ein so bejammernswerthes, niedergeschlagenes Gesicht, dass ich schon fürchtete, Dualla habe ihn in irgendeiner Weise gekränkt.

Sobald wir den Landungsplatz in Inganda erreicht hatten, sprang er, unbekümmert um jedermann und taub gegen alle Zurufe, ans Land und wandelte langsam nach einem freien Platze, wo er möglichst auffällig an einer einsamen Stelle stehen blieb, bis die armen getäuschten Eingeborenen sich um ihn sammelten und ihn mit leiser, sanfter Sprache fragten, weshalb er auf ihren Gruss nicht antworte.

„Nun, Msenne, bist du wieder da?" „Was gibt's Neues?" „Was ist dir denn zugestossen?"

Diese und ähnliche Fragen wurden immer wieder an den wie geistesabwesenden Msenne gerichtet, der jedoch so tief in seinen Kummer versunken war, dass er alles nicht beachtete, bis er schliesslich sich herbeiliess, mit von Schluchzen unterbrochener Stimme und scheinbar in grösster Trauer seine jammervolle Unglücksgeschichte vorzutragen.

Er erzählte dieselbe vorzüglich, und ebenso spielte er die Posse ausgezeichnet, ein Beweis, dass es in dem fernen Afrika manchen Shakespeare und Milton gegeben haben muss, die leider unberühmt, unbeweint, ungeehrt und unbesungen von der mit ihrem Dasein unbekannt gebliebenen Welt dahingestorben sind und deren bescheidene Gräber namenlos unter den Schatten der tropischen Wälder liegen.

„Zwei Tage von hier, dort an dem Schwarzen Flusse, dem — wie nennt ihr ihn doch? waren viele Dörfer an der Bakuti-Seite, und es wurde ein Markt abgehalten. Die wilden Bewohner luden uns dazu ein. Wir legten unser Boot am Lande fest. Mangombo's Knabe, einer von Bula-Matari's Leuten und ich sprangen an das Land und dann — Oh, ich habe noch nie so etwas gesehen — wurde der Irebu-Knabe sofort gefangen genommen, der Sansibarer mit dem Speer erstochen, und ich entkam nur, weil ich durch die verrätherische Menge hindurch in den Fluss sprang. Das Boot war schon beim ersten Lärm vom Lande abgestossen. Nun sagt mir, meine Freunde, was soll ich thun? Welche Antwort soll ich Mangombo von Irebu geben, wenn er mich nach seinem Knaben fragt? Ihr Stanley-Leute, weshalb steht ihr da? Lasst uns gehen. Packt eure Waaren zusammen und lasst uns kämpfen, kämpfen, bis keiner von den Elenden mehr am Leben ist. Habt ihr Leute kein Herz für eure todten

Freunde? Wie soll ich nach Irebu zurückkehren? Was, oh was wird Mangombo zu mir sagen? Packt zusammen, sage ich!" Und dabei schluchzte Msenne laut.

Dualla und Umari, welche von jenem in das Geheimniss eingeweiht waren, sagten besänftigend: „Frieden, Msenne. Beschwichtige deinen Kummer. Können wir kämpfen ohne Lebensmittel? Lass uns heute Proviant kaufen, und morgen werden wir in den Krieg ziehen."

Auch die Eingeborenen stimmten in die Tröstungen mit ein und erboten sich, ganz Inganda und Ikengo zum Kriege zu rufen, bis Msenne endlich zu schluchzen aufhörte und schliesslich zu lächeln begann.

Erst als wir uns in Wangata niedergelassen hatten, erfuhr ich, in welch durchtriebener Weise Msenne und unsere beiden jungen Leute, denen ihre Betheiligung an der Komödie die grösste Freude gemacht hatte, die Eingeborenen von Inganda getäuscht hatten.

Als wir die Boote an den Bäumen am Uferrande der Bucht von Ober-Irebu befestigten, hörten wir deutlich Gewehrfeuer in der Ferne; auf unsere Frage, was dasselbe zu bedeuten habe, sagte man uns: „Oh, es dauerte uns zu lange, bis ihr wiederkamt, wir haben deshalb vor einer Stunde den Krieg wieder begonnen."

Nach einer Berathung mit Mangombo schickte ich Dualla mit zwei Booten zu Mpika's Landungsplatz; als ich dann von beiden streitenden Parteien die Befugniss erhalten hatte, dem Kriege ein Ende zu machen, sandte ich meinen Diener mit vier andern Leuten nach dem Schlachtfelde, wobei ich erstern die blaue Flagge mit goldenem Stern, das Banner der Association, hoch über ihren Köpfen schwenken liess, damit die im Hinterhalt liegenden feindlichen Krieger dieselbe sehen könnten. Auf den Rath Mpika's drangen die fünf Leute kühn durch die sich bekämpfenden Reihen, denselben zurufend, Bula-Matari sei gekommen und halte jetzt das Friedenspalaver ab. In einzelnen Fällen ergriffen sie sogar die Gewehre und schlugen dieselben in die Luft, wenn die Besitzer noch Neigung zeigten, die Waffen nochmals auf den Feind abzuschiessen. Es dauerte nicht lange, bis die Krieger Mangombo's in ihre Hütten zurückkehrten; sie hatten sich, wie wir bemerkten, in der abscheulichsten Weise bemalt und mit Federn und Fellen in so grotesker Weise geschmückt, dass sich eine hässlichere Entstellung der menschlichen Form kaum denken liess.

Am nächsten Tage liess ich jeden Häuptling die Ursachen erzählen, welche zum Kriege mit Mpika und Magnala geführt hätten, und fragte sie, welchen Vortheil sie von der Fehde erwarteten. „Keinen", erwiderten sie sofort. „Iboko tödtete meine Leute", fügte Mpika hinzu, „und ich habe auf ehrlicher Verfolgung acht von seinen Leuten gefangen genommen. Lass Mangombo dasselbe thun, denn von meinen Gefangenen wird er keinen bekommen." „Und ich", sagte Magnala, „werde ebenfalls dafür sorgen, dass er keinen derselben erhält."

Dann fragte ich Mangombo, was er durch eine Fortsetzung des Kampfes zu gewinnen hoffe.

„Auf beiden Seiten seid ihr stark und zahlreich, aber wenn ihr in dieser Weise fortfahrt, euch gegenseitig zu vernichten, wird Irebu die Beute der Bakuti, der Balui oder der Wabangi werden. Eure Freunde sind auch die Freunde eurer Gegner. Eure Verluste sind heute, einschliesslich der in Iboko Gefallenen, 37 Todte und viele Verwundete. Du hast neun starke Männer verloren, um vier Sklaven zu erhalten. Du bist nicht weise, Mangombo. Solche Geschäfte werden dich ruiniren. Berufe den Rath und gehorche dessen Befehl, sonst musst du den Kampf allein ausfechten."

Meinem Vorschlage gemäss wurden um 2 Uhr nachmittags die angesehensten und ältesten Männer von Ober-Irebu zusammengerufen, um in der Ecke eines freien Platzes die Berathung abzuhalten. In einer andern Ecke hatte ich mich mit meinen drei Dolmetschern aufgestellt, während Mangombo mit seinem langen Stabe mit dem Messingspaten allein in einer dritten Ecke sass.

„Zuerst muss die Malafu-Abgabe bezahlt werden", bemerkte einer der Eingeborenen. An die gesetzliche Gebühr hatte ich im Augenblick nicht gedacht, ich deutete nun aber Msenne und Umari an, dass mein Antheil nicht zu gering ausfallen dürfte.

Es wurden nunmehr 50 Messingstangen an die Aeltesten vertheilt und auch mir gravitätisch 20 als mein Theil überreicht.

Mangombo erzählte dann die Geschichte des Krieges, berichtete über seine Verluste und gab eine pathetische Schilderung der Nachtheile, welche Ober-Irebu ihm zugefügt habe. Darauf sprachen die Aeltesten ihre Ansichten über die Beendigung der Feindseligkeiten aus, sämmtlich auf das tiefste bedauernd, dass die Angehörigen eines Stammes sich gegenseitig umbrächten.

Zuletzt redete ich und entschied, der Krieg müsse aufhören. „Maguala und Mpika sind beide damit einverstanden, dass sie mir die Erledigung der Angelegenheit überlassen wollen. Du, Mangombo, musst dasselbe thun. Der Krieg liegt nur allein in der Hartnäckigkeit Mangombo's. Mpika hat fünf Leute verloren, hat aber seine Augen offen gehalten und sich an den Iboko gerächt, indem er acht Gefangene genommen hat. Mangombo hat versucht, seinen

Verlust dadurch wieder gut zu machen, dass er Mpika bekriegt. Wenn er sich an den Iboko für das Blutvergiessen rächen wollte, weshalb ging er nicht nach Iboko und hielt ebenfalls seine Augen offen, anstatt seinem Freund Schaden zuzufügen? Der Nsambi (Gott) ist böse, deshalb hat Mangombo noch weitere neun Männer verloren. Sage, dass das genug ist. Mpika und Magnala bieten Mangombo die Hand zur Freundschaft. Gib das Pfand des Friedens und begrabe den Krieg. Bula-Matari hat gesprochen!"

Der Rath der Aeltesten spendete meiner Rede Beifall, und Mangombo leistete dem allgemeinen Ruf nach Frieden Folge und gab das verlangte Pfand des Friedens. Sofort wurden meine Dolmetscher nach Mittel-Irebu gesandt, um von den dortigen Capuletti die Friedenspfänder zu holen, die in zwei Stücken ungebleichten Kattuns, einer Kürbisflasche mit Palmwein, einem Fässchen feuchten Schiesspulvers und einer zerbrochenen Muskete von jeder Partei bestanden. Dann übernahmen je vier Aelteste aus Ober- und Mittel-Irebu als Neutrale die Pfänder und brachten dieselben auf die hinter Mittel-Irebu befindliche Ebene, das gewöhnliche Schlachtfeld, wo die Gegenstände in einem Loche verscharrt wurden. Nachdem beide Parteien dann noch einige Salven über den begrabenen Krieg abgefeuert hatten, war Irebu von den Schrecken des Bruderkrieges errettet, wie ich hoffe, auf lange Jahre.

Den folgenden Tag verbrachten wir mit gegenseitigen Besuchen in Irebu.

Diese grosse Stadt ist eigentlich eine Gruppe von Dörfern, die jedoch einander so nahe stehen, dass ein Fremder schwerlich die Grenzen derselben entdecken wird; sie dehnt sich auf dem linken Ufer des Kongo und des Lukanga $7^{1}/_{2}$ km weit aus und erstreckt sich 3 km weit ins Innere. Die Bevölkerung schätze ich auf 15000 Seelen, doch dürfte dieselbe vielleicht die doppelte Ziffer erreichen, wenn man die Vorstädte Irebu's, sowie die im Innern und dem Lukanga entlang liegenden Dörfer mitzählt, die als Ausläufer von Irebu gelten können.

Am 23. Juni dampften wir den Lukanga hinauf, den wir für einen Fluss hielten, der in Wirklichkeit jedoch das untere schmale Ende, der träge Ausfluss eines Sees ist, obwol derselbe mehr wie ein gewundener breiter Kanal aussieht. Die Küste war eine beträchtliche Strecke weit ein mit Rohr bewachsenes Marschland, in dem sich hier und dort eine Mimosengruppe oder mittelhohes Unterholz und schliesslich eine mit Inseln besäete Bai zeigte. Einige Meilen aufwärts kam ein stumpfer Rücken aus rothem Thon in Sicht, auf welchem ein von Bananen, Palmen und Cassave-Gärten umgebenes Dorf stand. Wir sahen hier zahlreiche Fischer, und Canoes, welche vom Fange heimkehrten oder zu demselben ausliefen. Der bisher nur 300 m breite Lukanga dehnte sich hier bis auf 1½ km, später aber zu einem kleinen See aus. Wir verfolgten nun einen 2—3 km breiten Wasserlauf, den man uns gezeigt hatte und dessen Ufer aus malerischen bewaldeten Höhen bestanden, die fast Hügel zu nennen waren und mit zahlreichen Dörfern bedeckt waren. Auf etwa der Hälfte dieses Seearmes dampften wir bei dem Dorfe Maboko in einen schmalen Kanal hinein, der bald durch Reihen von Pfählen, Binsen, Wasserlilien, Lotus, Papyrus und verschiedene Rohrarten noch mehr verengert wurde, bis wir nach dreiviertelstündiger Fahrt durch die sich hin- und herwindende Wasserstrasse den Mantumba-See in Sicht bekamen. Wir hielten uns am nördlichen Ufer; die Südseite war 7—8 km entfernt, trat dann aber weiter zurück, bis dieselbe um 4 Uhr nachmittags dem Blicke entschwand.

Gegen Sonnenuntergang erreichten wir die östliche Küste, wo wir in der Nähe von Ugangi auf einer Insel lagerten und den Besuch einiger Eingeborenen erhielten, welche uns von den Watwa erzählten, die viele Tagereisen entfernt im Innern wohnen und ihnen Elfenbein und Angolaholz liefern sollten. Nach zehntägiger Fahrt in hübsche kleine Baien und Bäche hinein, bei Ibingi und Ikoko vorbei, dem östlichen Ufer der flachen südlichen und einem Theil der westlichen Küste entlang, gelangten wir nachmittags 5 Uhr in die Nähe von Ikulu, und um Mittag des 25. Juni hatten wir die Umschiffung des Sees vollendet und im ganzen 220 km zurückgelegt.

Der Mantumba-See ist gleich dem Leopold II.-See eine flache Vertiefung in dieser niedrigen Region des Kongobeckens. Die grösste Tiefe, welche ich fand, betrug $9^{3}/_{4}$ m. Wie der letztgenannte See scheint jener durch ein plötzliches Versinken der untern Eisensteinschicht gebildet zu sein, von der an vielen Stellen noch der zackige scharfe Bruchrand so deutlich zu sehen ist, wie wenn er erst vor ganz kurzer Zeit entstanden wäre. An andern Orten steigt das Land zu niedrigen Hügeln auf, jedoch nicht so hoch, dass sie besondere Aufmerksamkeit erregen, es sei denn wegen der prachtvollen Rothholzwälder, wegen deren das Land bemerkenswerth ist. Wo die Eisensteinkruste mit den brüchigen Rändern noch zu Tage tritt, bemerkt man unter derselben tiefe, höhlenartige Löcher, über welche das Gestein hinwegragt, wie ein Felsendach, das von ausserordentlich zäher Beschaffenheit sein muss, weil oft Bäume von beträchtlicher Höhe und Stärke auf demselben stehen. An dem westlichen Ufer zeigt der mit abgerundeten Kieseln bedeckte Strand in einigen seiner vielen kleinen Buchten die Spuren eines viel höhern Wasserstandes und die Wirkungen der stürmischen Wellen. Der Strand ist überall mit diesen runden Steinen besäet, die theils Eisenstein oder Quarz sind, theils aus einer röthlichen porösen Masse bestehen. Als ich einige derselben zerstiess und das Pulver in ein Glas Wasser schüttete und umrührte, erhielt dasselbe eine weit dunklere Färbung. Der Rost und der dunkelrothe Eisenstein sind vielleicht eine der Ursachen der schwarzen Farbe des Wassers in diesem See, doch glaube ich nicht, dass dieselbe allein darauf zurückzuführen ist. Thon und Sand waren an der Küste fast gar nicht sichtbar, obgleich ich jede Einbuchtung genau untersuchte; der Boden unter der felsigen Unterlage ist röthlich, sehr fruchtbar und für tropischen Ueberfluss günstig. Wo die Ufer nicht bebaut sind, steht dichter Wald, der überall von gleicher Höhe ist. Das südliche Ufer ist sehr niedrig und mit Binsen bewachsen. Da das Wasser des Sees bis zu $4\frac{1}{2}$ m steigt, oder wenigstens die Küsten Spuren hiervon zeigen, so ist es nicht unmöglich, dass der nur 35 km entfernte Leopold II.-See in der Mitte der Regenzeit mit dem Mantumba-See in Verbindung steht.

In Ikenge fabriciren die Eingeborenen eine vorzügliche Art Töpferwaaren; auch treiben sie einen bedeutenden Handel mit Angolaholz, das sie entweder in Mörsern zerstossen, in Späne zerschneiden oder in dünnen Stöcken auf rauhen Steinplatten reiben, ehe sie es verkaufen. Ihr Elfenbein kaufen sie von den Watwa-Zwergen, die eine kupferähnliche Hautfarbe haben sollen.

Am 29. Juni machten wir bei unserm frühern Lagerplatze in Lukolela halt, wo wir Iuka und Mungawa zu einem Besuche bei uns einluden, um Blutsbrüderschaft mit uns zu schliessen. Endlich gelang es uns auch, mit ihnen einen mündlichen Vertrag zu vereinbaren, laut welchem sie sich bereit erklärten, die Souveränetät über ihr Gebiet uns abzutreten. Sie verkauften uns ein schönes Stück Land, auf welchem wir eine Station zu bauen beabsichtigten; zur Sicherung dessen liessen wir zwei unserer besten Leute bei ihnen zurück, ehe wir die Reise den Kongo hinab fortsetzten.

Am Abend desselben Tages waren wir in dem Lager auf der schon bei der Bergfahrt erwähnten grasbewachsenen Terrasse einige Kilometer unterhalb Lukolela, als ein von 44 Männern besetztes und mit einer gemischten Ladung befrachtetes grosses Canoe erschien, dessen Insassen uns von dem Schiffbruch eines andern Canoe erzählten, in welchem sich 38 Personen und werthvolle Waaren befunden hatten. Etwa ein Dutzend der Schiffbrüchigen war hier mit an Bord, die übrigen, mit Ausnahme von zweien, die ertrunken waren, befanden sich noch auf einer Insel in der Nähe der Unfallstelle; die ganze Ladung war verloren. Die Verunglückten waren in Usindi zu Hause, die Retter aus Ngombe. Sie fanden uns ganz in geeigneter Stimmung und Lage, um ihnen Hülfe zu leisten. Da wir auf dem Wege flussabwärts nach dem Stanley-Pool waren und kurz vorher Lukolela verlassen hatten, besassen wir reichlich Proviant, den wir mit ihnen theilten.

Bei Tagesanbruch am folgenden Morgen waren wir mit drei der Schiffbrüchigen, die uns als Führer dienen sollten, nach der Unglücksstelle unterwegs. Um $8^1/_2$ Uhr hatten wir dieselbe bereits mit den drei Dampfern, dem Walfischboot und dem Canoe erreicht. Die Eingeborenen zeigten uns die Ursache des Unfalls, einen dicken Baumstamm, der etwa 30 m vom Lande lag und leicht vom Wasser bedeckt war, das dort eine Tiefe von etwa 10 m hatte und mit grosser Gewalt die unsichtbare Gefahr umspülte. Leider befand sich nichts in der Nähe, woran wir die Schiffe festlegen konnten, und als ich trotzdem versuchte, einen der Dampfer an der Unglücks-

stelle zu verankern, verloren wir Anker und Kette. In dem
Häuptling der schiffbrüchigen Expedition erkannte ich Mijongo aus Usindi wieder, den ich schon in Bolobo bei den
Palavern über die Ermordung von zwei unserer Soldaten durch
Gatula gesehen hatte. Auf die Frage, welche Hülfe er von
uns wünsche, erklärte er nach kurzer Berathung mit seinen
Leuten sich bereit, in Begleitung seiner Frau und von sechs
Männern nach Bolobo zurückzukehren. Die andern wurden
von uns mit Lebensmitteln versehen, sowie mit Eingeborenen-
waffen, die wir von den Bakuti gekauft hatten; sie wollten ihren Weg nach Lukolela über Land nehmen. Wir
brachten sie nach dem Festlande hinüber und setzten dann
die Reise nach Bolobo fort, wo wir abends 9 Uhr eintrafen.

Mijongo und sein Weib waren am folgenden Tage fast
sprachlos vor Dankbarkeit, als ich ihnen Rationen für
40 Tage zum Geschenk machte, während sie nach der
Landessitte eigentlich unser Eigenthum geworden waren.
Bald darauf fuhren wir von Bolobo ab, und nach 13stün-
diger Fahrt langten wir in Msuata an.

Während meiner Fahrt nach dem Aequator hatte Lieutenant Janssen einen Besucher gehabt in der Person des Abbé
Guyot, eines katholischen Missionars, der unter den Befehlen des Cardinals von Algier stand. Der Abbé war mit
den wärmsten Empfehlungen an die Offiziere der Association
und mit der Absicht, eine Missionsstation anzulegen, nach dem
Kongo gekommen. Da Leopoldville bereits mit protestanti-
schen Missionen gesegnet war, so hielt der Abbé es für
besser, für seine Thätigkeit ein noch unberührtes Gebiet
aufzusuchen. Als ihm eine Localität an der Vereinigung des
Kwa mit dem Kongo hierfür vorgeschlagen wurde, erklärte
er sich mit derselben sehr zufrieden; ich ersuchte deshalb
Lieutenant Janssen, zum Kwa hinaufzufahren und am linken

4*

Ufer des Flusses eine Station anzulegen, dann aber dem Abbé Guyot bei der Gründung seiner Missionsstation am gegenüberliegenden rechten Ufer behülflich zu sein.

Am 3. Juli fuhren wir bei starkem Gegenwinde von Msuata nach Leopoldville ab. Gerade oberhalb des Wampoko-Flusses bemerkten wir einen Löwen, der sich auf dem Sande am rechten Ufer niedergekauert hatte und das Näherkommen der Flotille mit aufmerksamen Blicken beobachtete. Wir schossen nach dem Thier, fehlten dasselbe jedoch; dann stiegen wir aus Neugier an das Land und fanden, dass kurz vorher ein heisser Kampf stattgefunden haben und ein schwerer Körper über den Strand geschleppt sein musste. Da die Spuren so deutlich wie eine Chaussee waren, verfolgten wir sie und entdeckten etwa 50 Schritte vom Ufer die noch warme Leiche eines grossen Büffels, der jedenfalls, während er getrunken hatte, hülflos niedergestreckt worden war. Gutes frisches Fleisch war am obern Kongo zu selten, als dass man dasselbe liegen lassen durfte; wir thaten uns daher an diesem Tage alle etwas zugute an den Beefsteaks und den gerösteten Rückenstücken, welche die eigentlich für den König der Wälder bestimmte Beute uns lieferte.

Die Station Kimpoko, welche wir am nächsten Morgen um 10 Uhr erreichten, stand unter der Aufsicht des Herrn Amelot. Dieser Platz war offenbar daran, eine unserer unglücklichsten Stationen zu werden. Herr Amelot war bereits der vierte Chef der Station, aber trotzdem war das Wohngebäude noch immer nicht vollendet; nach den ausserordentlich langsamen Fortschritten des Baues zu urtheilen mussten auch die hölzernen Tragepfeiler wahrscheinlich erst wieder erneuert werden, ehe das Haus bewohnbar gemacht werden konnte.

Nach einer Abwesenheit von 57 Tagen sahen wir Leopoldville wieder, wo uns überall sichtbare Zeichen der Tüchtigkeit des Lieutenant Valcke als Chef entgegentraten. Für die Wohnungen der Europäer war ein grosses Haus mit neun geräumigen Zimmern aufgeführt; ferner war in Kinschassa eine kleine Station angelegt, und im Garten waren 500 neue Bananensprösslinge gepflanzt, die gut gediehen. Alles

BLICK ABWÄRTS AUF DEN SÜDLICHEN ARM DES STANLEY-POOL, VOM OBERN ENDE DER BAMU-INSEL AUS.

in allem befand sich die Gemeinde und alles, was dazu gehörte, in blühendem Zustande. Wir hatten hier also den Beweiss, dass ein geeigneter Mann in zwei Monaten mehr Dienste zu leisten vermochte, als was sein Vorgänger in elf ausgerichtet hatte. Ngaljema und die andern Häuptlinge standen in den ausgezeichnetsten Beziehungen zu den Europäern, die Vorrathsräume der Station waren mit Kisten voll Proviant, Zeugballen und Perlenpacken angefüllt; an Messingstangen waren fast vier Tonnen vorhanden.

Am 13. Juli wurden die Dampfer und Boote mit 32 Mann und 150 Lasten Waaren unter Befehl von Kapitän Anderson, zu dem ich unbedingtes Vertrauen besass, nach Bolobo gesandt, denn mittlerweile waren in Vivi und Manjanga Schwierigkeiten entstanden, welche meine Aufmerksamkeit in Anspruch nahmen. Ich musste einen Agenten hinschicken mit der Befugniss, das Unheil, welches an jenem unglückseligen Orte sich beständig wiederholte, wieder gut zu machen, denn es war vollständig unmöglich, Gehorsam für briefliche Befehle zu schaffen.

„Kapitain" * war, nachdem er sich sechs Monate geduldig bemüht hatte, seinen Posten zu erreichen, endlich eingetroffen, um, wie wir hofften, den Befehl zu übernehmen; aus spätern Briefen erfuhren wir jedoch, dass er letzteres nicht gethan hatte wegen eingetretener dreifacher Veruneinigung und Misverständnisse in Vivi, bezüglich deren die betheiligten drei Personen mich mit in der stärksten Sprache abgefassten Briefen überschütteten. Unter diesen Umständen musste ich einen Vertreter mit den Copien sämmtlicher Befehle, welche ich in den letzten sechs Monaten erlassen hatte, nach Vivi senden, und das dumme, unangenehme Geschwätz bei dieser Gelegenheit veranlasste mich, eine in ihrer Art als absolutes Muster zu betrachtende definitive Ordre auszugeben, die zur Vorsicht so unendlich viele Wenns enthielt, dass ich mir schmeichelte, jede menschliche Möglichkeit eines Misverständnisses, einer falschen Auffassung und eines Fehlschlages gänzlich ausgeschlossen zu haben. Da ich in meiner Umgebung niemand hatte, dem ich genügendes Vertrauen schenken konnte, so war ich gezwungen, Leopoldville seines Chefs zu berauben. Lieutenant Valcke war mein erwählter

Vertreter und Dr. van den Heuvel wurde zum zeitweiligen Chef von Leopoldville ernannt.

Da Buabua-Ndjali am Gordon-Bennett-Fluss mich aufgefordert hatte, dort eine Station anzulegen, fragte ich einen jungen Offizier vom Continent, ob er bereit sei, die Aufgabe zu übernehmen. Derselbe erklärte sich sofort einverstanden und schien von dem Wunsche beseelt zu sein, behufs späterer Beförderung Beweise seiner Vertrauenswürdigkeit und Fähigkeit, seiner Umsicht und Intelligenz zu liefern: er wurde daher mit 14 Leuten über den Fluss gebracht und in üblicher Weise dem Häuptling vorgestellt, der ihn als Bruder aufzunehmen versprach. Dann erhielt der junge Offizier seine letzten Instructionen und insbesondere die dringende Mahnung, klug, nachsichtig, gefällig und namentlich gegen die Eingeborenen und seine eigenen Leute wohlwollend zu sein.

Acht Tage waren vergangen, als das Gerücht über den Fluss drang, dass jenseits Unruhen ausgebrochen seien. Es wurde daher eiligst ein Boot bemannt und hinübergeschickt, um nähere Nachrichten einzuziehen; dasselbe kehrte schon nach wenigen Stunden mit dem blassen und erregten jungen Offizier, dem das Gesicht zerkratzt und die Kleidung zerrissen war, und zwei von seinen Leuten zurück. Der Bootssteurer berichtete, er habe den Offizier an Händen und Füssen gebunden und von zwei seiner eigenen Arbeiter bewacht aufgefunden. Obgleich diese ihm eine ganz seltsame Geschichte erzählt hätten, habe er doch auf eigene Verantwortlichkeit den Offizier in Freiheit gesetzt und ihn sowol als auch die beiden Wächter mit nach Leopoldville gebracht, damit dieselben sich selbst vertheidigen könnten.

Der Offizier erzählte, er habe ein Complot entdeckt, ihn zu ermorden und alles Eigenthum zu rauben. Darauf hin habe er den Versuch gemacht, den angeblichen Rädelsführer der Verschwörung niederzuschiessen, denselben jedoch nur verwundet, worauf seine Leute sich auf ihn gestürzt, ihn entwaffnet und gebunden hätten, um ihn nach Leopoldville zu bringen, als glücklicherweise das Boot gekommen sei. Er bestätigte, dass er durch den Bootssteuerer von seinen Fesseln befreit worden sei.

Dagegen ging aus der bestimmten und ausführlichen Darstellung der beiden Männer, welche den Offizier bewacht hatten, hervor, dass bei demselben plötzlich eine Mordmanie zum Ausbruch gekommen sei, dass er den armen Buabua-Ndjali zu erschiessen versucht und seinem ersten Aufseher wirklich eine Kugel in den Kopf gejagt habe, worauf sie ihn entwaffnet und gefesselt hätten. Während der Nacht hatte er sich der Bande entledigt und war in den Wald geflohen, wo er am Morgen entdeckt, gefangen genommen und von neuem gefesselt wurde; dann brachten sie ihn zum Ufer und überliessen ihn hier der Mannschaft des bald darauf anlangenden Bootes, auf welchem nun der Gefangene und seine Wächter nach Leopoldville zurückgeschafft wurden.

Ich schickte sofort meinen Diener Dualla in das Dorf Buabua-Ndjali's, um die Expedition nach Leopoldville zurückzuholen. Bei seiner Rückkehr bestätigte derselbe die Wahrheit der gegen den Offizier erhobenen Beschwerden, sodass ich mich genöthigt sah, den Unglücklichen seines Dienstes zu entlassen und unter Escorte nach Vivi zu schicken.

Am 22. Juli traf ein Canoe von der Msuata-Station mit der schrecklichen Nachricht ein, dass Lieutenant Janssen und Abbé Guyot nebst 11 Leuten während eines heftigen Sturmes auf der Fahrt von der neuen Niederlassung an der Mündung des Kwa-Flusses nach Msuata auf dem Kongo ertrunken seien.

Am 31. Juli sandte ich eine aus dem schwedischen Lieute-

TOD DES LIEUTENANT JANSSEN UND DES ABBÉ GUYOT.

nant Pagels und einer kleinen Garnison bestehende Expedition aus, um die neue Station am Kwa zu besetzen.

Zwei Tage später schickte Herr Amelot mir aus Kimpoko mit einem Canoe die Eilbotschaft, es seien Misverständnisse mit den Eingeborenen entstanden und Schüsse gewechselt worden, wobei zwei oder drei von jenen gefallen seien; er bitte dringend um schleunige Hülfe.

Selbstverständlich eilte ich sofort nach Kimpoko, wo ich die Besorgnisse, welche ich schon stets bezüglich dieser Station gehegt hatte, vollständig bestätigt fand. Gambiele und alle Eingeborenen waren geflohen, und da ich dieselben nicht zur Rückkehr zu bewegen vermochte, so gab ich den Befehl, die halb vollendete Station zu zerstören, und kehrte mit der Garnison nach Leopoldville zurück.

Die Aussichten waren höchst entmuthigend: in Vivi die ewig gärenden Unruhen, innerhalb weniger Tage zwei Stationen zerstört, und zwei Europäer und elf Farbige von einer andern Station ertrunken! Doch das Ende war noch nicht gekommen.

Am 21. August langte ein Canoe mit der Schreckensbotschaft an, dass das unglückliche Bolobo, das anscheinend nicht fertig werden sollte, mit den sämmtlichen in der Station lagernden Waaren, sowie den für die obern Stationen Bangala und Stanley-Fälle bestimmten und erst kurz vorher dort aufgestapelten 150 Lasten bis auf den Grund niedergebrannt sei.

Glücklicherweise befand sich die Flotille, die behufs gründlicher Reparaturen auf den Strand geholt worden war, jetzt wieder in gutem Zustande, um eine Fahrt antreten zu können, und ich hatte nur noch die Ankunft einer mir bereits aus der Nähe avisirten Karavane abgewartet, um aufzubrechen. Die Gefahr der obdachlosen Garnison in Bolobo veranlasste uns jedoch zu sofortiger Abreise, und schon am 22. August traten wir mit 50 Mann Besatzung und Passagieren, sowie 10 Tonnen verschiedener Waaren die Fahrt nach den obern Regionen des Kongo an. Am 29. August traf ich mit dem „En Avant", der den beiden andern Dampfern „Royal" und „A. I. A." einige Kilometer voraus war, nach 57stündiger Fahrt unter Dampf bei Bolobo ein.

Als wir uns der Station näherten, bemerkte ich, wie gewöhnlich, grosse Scharen von bronzefarbigen Zuschauern. Aus Mungolo, dem Lieblingsdorfe Ibaka's, strömte Gross und Klein heraus, um unsere Ankunft zu beobachten; dann kam Biangala, das oben am Abhange eines Hügels liegt, welcher Ober- von Unter-Bolobo trennt, darauf Ururu, Mongo, Manga, Jambula und Lingendji in Sicht. Wir passirten sämmtliche Dörfer ohne Unfall und trafen endlich bei der in Trümmern liegenden Station ein, die einen ausserordentlich traurigen Eindruck machte.

Ich gab dem Maschinisten Befehl, den Druck im Dampfkessel auf drei Atmosphären zu halten, bis auch die übrigen Schiffe eingetroffen seien, und liess mir über den Brand der Station berichten, als ein Bote des Senior-Häuptlings Ibaka mir die Nachricht brachte, es sei aus Itimba und Biangala auf die beiden Dampfer geschossen worden. Die Mittheilung war so überraschend, dass ich dieselbe nicht glauben wollte, zumal sich auf dem „Royal" drei Eingeborene aus Bolobo befanden, welche mir die Meldung von der Zerstörung der Station nach Leopoldville gebracht hatten und jetzt wieder in die Heimat zurückkehrten. Ausserdem war ich nahe am Lande hingefahren, und die Eingeborenen hatten überall mit der Hand gewinkt und uns an mehrern Stellen begrüsst; auch hatte der Chef der Station gemeldet, dass er in Bolobo mit jedermann in den freundschaftlichsten Beziehungen stehe.

Auf keiner Seite war die allergeringste Spur von Böswilligkeit zu hören gewesen. Um dieser anscheinenden Freundschaft Ausdruck zu verleihen, hatte der Häuptling von Manga noch an demselben Morgen Geschenke mit dem Chef der Station ausgetauscht: Upiti, der Häuptling von Itamba, wurde sogar als „ein lieber Freund, wirklich einer der besten Menschen der Welt" über die maassen gelobt.

Höchlichst überrascht von diesem plötzlichen Ausbruch, machten wir wieder Dampf und fuhren den Fluss hinab, um die Wahrheit festzustellen. Als wir das etwa 500 m unterhalb des Landungsplatzes der Station liegende Dorf Manga's passirten, hatte ich kaum Zeit, meinen Schützling Mijongo von Usindi an dem mit breiten Perlenstreifen verzierten, glänzenden Griff seines Schwertes zu erkennen, als ein breiter Feuerstrahl aus dem Gebüsch in seiner Nähe hervorschoss und die kleinen Metallstücke mit sausendem Geräusche heranflogen und theilweise mit hellem Klang an den stählernen Rumpf des Dampfers schlugen. Dann wurde einige Meter weiter abwärts noch ein zweiter Schuss abgegeben, und diesmal sauste das Geschoss über den Bug des Schiffes.

Sofort kam mir der Gedanke, dass die ganze Geschichte vorher verabredet worden sei, und im ersten Augenblicke befürchtete ich, dass der Stationschef von einer Theilnahme an dieser Friedensstörung nicht freizusprechen sei. Er konnte im Verfolg seiner eigenen dunkeln Pläne mit den Wilden intriguirt haben, da er sie seine guten Freunde genannt hatte; wenn sie seine guten Freunde waren, weshalb konnten sie nicht auch die unserigen sein? Der Gedanke war ohne Zweifel abgeschmackt, jedenfalls hatte ich aber keine Zeit, mich mit demselben weiter zu beschäftigen, solange der „En Avant" in gar zu gefährlicher Nähe der im Hinterhalt liegenden Eingeborenen sich befand und die lange Reihe der Scharfschützen ihre Gewehre aus kaum 50 m Entfernung auf uns abfeuern konnten. Wir hatten nur 6 Mann an Bord und unsere Büchsen waren noch nie benutzt. Zur Vorsicht wurden zwar stets Waffen mitgenommen, allein in den vier Jahren, welche wir nun schon auf dem Kongo umherfuhren, hatte noch nie ein Eingeborener auf uns geschossen. Wir holten die Büchsen jetzt rasch hervor und begannen das Feuer auf das Gebüsch so kräftig wie möglich zu erwidern, während wir rasch den Fluss hinabfuhren, um den andern Dampfern zu Hülfe zu kommen. Nach 20 Minuten hatten wir den „A. I. A." und gleich darauf auch den „Royal" erreicht, deren Mannschaften berichteten, dass sie nur mit genauer Noth der Gefahr entgangen waren. Nur ein Mann war infolge der Ungeschicklichkeit eines Stümpers unter der Besatzung durch einen Schuss im Gesicht verwundet worden.

Nachdem die Dampfer nach der Station hinaufgebracht und die Waaren in eine schnell hergestellte Hütte geschafft und unter Bewachung gestellt worden waren, schickte ich den „Royal" nach Leopoldville, um einen Artillerieoffizier, eine Krupp'sche Kanone und etwa 50 Kartuschen für dieselbe zu holen, weil ich hoffte, ein kleiner Schreck würde die widerspenstigen Leute von Bolobo veranlassen, uns künftig mit ihren tollen Einfällen zu verschonen.

Der Leser ersieht aus dem Vorstehenden, dass Bolobo mit Recht in unsern Büchern als unglückliche Station bezeichnet wurde. Dieselbe war schon vor fast einem Jahre angelegt worden und befand sich noch weiter zurück als alle andern. Zwei Mitglieder der Garnison waren in hinterlistiger Weise ermordet worden, dann zerstörte eine Feuersbrunst die Station mit dem Dorfe und Waaren im Werthe von 30000 Mark, und jetzt hatten wir, was die Eingeborenen Krieg nennen.

Der ganze District Bolobo mit Ausnahme von Mungolo und Lingendji, der beiden Dörfer Ibaka's, stand uns gegenüber.

Nachdem wir vier Tage gewartet hatten, während welcher niemand zu Friedensverhandlungen geneigt zu sein schien und uns kein Anerbieten zur Herbeiführung einer Versöhnung gemacht worden war, fuhren der „En Avant" und das Walfischboot den Fluss hinab, um zu recognosciren und, wenn möglich, eine mündliche Unterhaltung mit unsern Freunden in den Dörfern anzuknüpfen; allein sobald wir in die Nähe der Weiler Manga's und Jambula's kamen, wurden wir von einer mörderischen Gewehrsalve begrüsst. Dies rief auch unsern Zorn wach, und wir schossen nun aufs gerathewohl in das Gebüsch, da wir keinen Menschen sehen konnten.

Am 3. September liess ich eine mit den feindlichen Dörfern parallel laufende Insel durch einige unserer Scharfschützen besetzen, die ein lebhaftes Feuer auf jede Stelle am Ufer unterhalten mussten, von der geschossen wurde.

Abends stellte Mijongo sich bei uns ein und erzählte, welche Wirkung die Schüsse gehabt hatten. Einer Frau, der Mutter des jungen Schurken, welcher in Manga's Dorf den ersten Schuss auf uns abgegeben hatte, waren die Vorderzähne durch eine Kugel fortgerissen, einem Manne das in einen Knoten geknüpfte Haar durch einen Schuss abrasirt worden; ausserdem waren 17 Töpfe mit einheimischem Bier zertrümmert, mehrere Häuser durchlöchert und drei oder vier Bananenbäume zerschmettert. Dagegen hatte das Feuer des „En Avant" in Itimba grössere Wirkung gehabt; dort waren zwei Mann getödtet, drei Mann verwundet und ausserdem eine Ziege und ein Huhn getroffen worden. Die Weijansi sind zu sehr Kaufleute, um nicht jede Kleinigkeit bei Angabe ihrer Verluste aufzuzählen; wahrscheinlich würde die Zertrümmerung noch einiger weitern Töpfe mit Bier, mit dem sie ihren Muth anfeuerten, eine solche Niedergeschlagenheit bei ihnen hervorbringen, dass wir eine friedliche Beilegung des Streites erwarten durften.

Am nächsten Tage stellte Ibaka uns wirklich eine Friedensdeputation aus Itimba vor, welche einige Dutzend Messingstangen, eine Ziege und einige Hühner mitbrachte. In Bolobo schien ein Krieg also keine grosse Bedeutung zu haben, da sie die Entschädigung mit einer solchen Kleinigkeit abmachen zu können glaubten. Trotzdem nahmen wir dieselbe an, worauf der alte Upiti und seine Collegen mit dem Versprechen, dass sie sich in Zukunft gut betragen würden, sich voller Freude entfernten.

Nachmittags fuhren wir wieder nach der Manga's Dorf gegenüberliegenden Insel, um ein heftiges Feuer auf die weissen Wölkchen zu unterhalten, welche hier und dort aus dem dunkeln Busch aufstiegen, und am Abend brachte uns Mijongo das Bulletin der Resultate, aus dem hervorging, dass ein Häuptling, der mit seinen Gefährten im Busch Bier gezecht hatte, am Bein verwundet, ein Mann durch beide Lenden, ein anderer am Arm verletzt worden war; ausserdem waren ein Gewehr durch eine Kugel zerschmettert, ein Canoe beschädigt und ein paar weitere Bananenbäume zerstört.

Die Verwundung des Häuptlings veranlasste Manga, mir Friedensvorschläge zu machen; allein da dies sein zweites Verbrechen war, so war ich streng. Manga bot mir dieselbe Entschädigung an wie Itimba. Ich wies sie jedoch zornig zurück, indem ich seinen Vermittlern erklärte, da sie am Krieg ein Vergnügen und am Bezahlen für das Privilegium, auf uns zu schiessen, eine Bedrückung zu finden schienen, so würden wir am nächsten und jeden folgenden Tag unsere Kräfte weiter messen müssen, bis das grosse Gewehr vom

Stanley-Pool ankäme, mit dem ich sie alle in die Luft blasen wolle. Diese fürchterliche Drohung erschreckte die Leute dermaassen, dass sie es Ibaka übertrugen, die Friedensbedingungen mit uns festzustellen; allein trotz dessen wirklicher und ernstlicher Bemühungen mussten wir neun Tage unterhandeln, bis jene sich bereit finden liessen, die auf 600 Matako im Werthe von 15 Pfd. St. festgesetzte Kriegsentschädigung zu bezahlen.

Am 13. September wurde der Abschluss des Friedens durch ganz Bolobo in gehöriger Weise bekannt gemacht, und am folgenden Morgen liess ich das Krupp'sche Geschütz, das während der letzten Tage unserer Verhandlungen eingetroffen war, über den Kongo abfeuern, der bei Bolobo 3700 m breit ist. Sämmtliche Dörfer waren bei dieser Gelegenheit durch ihre Häuptlinge in Person vertreten, begleitet von einigen hundert Leuten, welche heute ohne viele Waffen gekommen waren.

Die Kanone schien ihnen übrigens keine grosse Aehnlichkeit mit einem Gewehr zu haben. „Wenn das ein Gewehr sein soll, wo sind da Drücker, Schaft und Ladestock? Und wozu in aller Welt sollen die Räder dienen?"

„Ach was", sagten sie, „Bula-Matari scherzt nur. Das kann kein Gewehr sein; es hat gar keine Aehnlichkeit mit einem Gewehr. Es sieht aus wie ein schönes dickes Stück Holz mit einem grossen Loch in der Mitte."

Es war daher entschieden nothwendig, das Geschütz abzufeuern. Sie waren in ihrer arglosen Wildheit roh; sie wussten es eben nicht besser. Eine Messingstange führt zum Kriege; ein Tropfen Bier zu viel veranlasst ebenfalls einen Krieg; hat jemand einen bösen Traum, so wird ein anderer Unglücklicher der Zauberei angeklagt und verbrannt oder als Mitschuldiger gehängt; stirbt ein Häuptling an einer Krankheit, so werden 2—50 Menschen an dem Grabe abgeschlachtet. Als der Häuptling von Moje, dem nächsten Dorfe oberhalb unserer Station, starb, wurden 45 Menschen umgebracht, und noch vor ganz kurzer Zeit hatte Ibaka ein hübsches junges Mädchen strangulirt, weil ihr Geliebter erkrankt und gestorben war. Zwei Sklaven Ibaka's zanken sich um ihr Bier; der eine erschiesst den andern und der Bruder des Ermordeten verlangt zwölf Sklaven, zwei Ballen Zeug und 1500 Messingstangen; einer der männlichen Sklaven wird enthauptet, eine Sklavin strangulirt, damit ihre Geister den Verstorbenen auf der traurigen Reise nach dem unbekannten Universum begleiten. Dass wir nicht schon öfter in Schwierigkeiten mit Leuten wie die Bewohner von Bolobo gerathen waren, dankten wir einzig und allein unserer ängstlichen Vorsicht und grossen Langmuth.

Trotzdem die Häuptlinge auf das eifrigste ihren Unglauben an die Kraft des Geschützes betheuerten, bemerkte man doch, dass sie sehr bemüht waren, sich in respectvoller Entfernung von dem Krupp zu halten, und als endlich der Artillerist, nachdem er die Kanone auf eine Entfernung von 2000 m gerichtet hatte, das Geschütz abfeuerte und dieses dann durch den Stoss zurückprallte, ging durch ihren Körper ein krampfartiges, convulsivisches Zucken, worauf sie sich in stummem Anstieren anblickten. Ein zweiter Schuss, auf 3000 m Distanz abgegeben, und die durch die Kugel emporgeschleuderte Wassersäule überzeugten auch den grössten Skeptiker unter ihnen, dass das Ding doch ein Gewehr von ungeheuerer Macht sei.

Der Charakter der Weijansi wird am besten durch die folgende kleine Episode illustrirt. Nach der friedlichen Demonstration der Gewalt des Krupp'schen Geschützes benutzte ich die Gelegenheit, den Eingeborenen auseinanderzusetzen, wie thöricht es von ihnen sei, ihre Freunde zu bekämpfen. Kein Weisser habe ihnen bisjetzt irgendeinen Schaden zugefügt; wir hätten uns nur auf die dringende Bitte Ibaka's in Bolobo niedergelassen und alle Häuptlinge die Freigebigkeit des weissen Mannes erfahren. Ich wollte jetzt das Bier zur Feier eines langen Friedens bezahlen und überreichte daher einem jeden Manne ein Stück Zeug und zehn Messingstangen, sodass ich, da 15 Häuptlinge und Aelteste anwesend waren, mehr hergab, als die Strafe betrug, welche Unter-Bolobo für das ohne alle Herausforderung begonnene Schiessen auf unsere Dampfer entrichtet hatte.

Sie liessen die Gegenstände auf der Erde liegen und traten zunächst zur Seite, um eine Berathung oder ein Palaver abzuhalten; als sie sich verständigt hatten, nahmen sie ihre Sitze wieder ein, worauf Lugumbila, der älteste Sklave Ibaka's, in unverfrorener Weise mir Folgendes zu sagen wagte:

„Bula-Matari, wir haben zusammen berathen und sind allesammt der Meinung, dass du jedem von uns zwei Stücke Zeug und 20 Messingstangen (Gesammtwerth 25 Pfd. St. geben müsstest, um diesen Frieden zu feiern."

Ohne eine Wort darauf zu erwidern, aber im stillen auf das tiefste empört, befahl ich meinem Diener Dualla, die Geschenke zurückzunehmen; dann winkte ich jenem mit der Hand und sprach: „Es ist genug, Ibaka. Dies Land gehört dir. Behalte es. Ich und meine Leute werden für immer von Bolobo fortgehen. Ich habe euch satt!"

Wie elektrisirt sprangen die Häuptlinge auf, während Ibaka, hastig Dualla zurückhaltend, ausrief: „Nein, nein, nein. Halt, Bula-Matari! Bleibe Dualla! Nein, sei nicht böse auf uns; das ist nur ein Gebrauch bei den Weijansi. Hättest du uns 4000 Messingstangen gegeben, so würden wir 10000 verlangt haben, hättest du uns 50000 geschenkt, würden wir das Zehnfache gefordert haben. Was, Bula-Matari uns verlassen? Nein, nun und nimmer! Gib uns das Geld und wir wollen den Frieden feiern. Komm, Bula-Matari, treib deinen Aerger fort." Und dabei trat Ibaka auf mich zu und streichelte und klopfte sanft meine Uhrtasche, als ob ich dort irgendwo meine Empörung und innere Wuth versteckt habe. „Und", fuhr Ibaka gutmüthig lächelnd fort, „kennt Bula-Matari die Weijansi noch nicht? Nun, die Gier der Weijansi ist so unersättlich wie der Appetit eines Hippopotamus. Der Streit ist zu Ende, Bula-Matari. Die Weijansi lieben das Geld zu sehr, um einen weitern Krieg zu riskiren. Zwei unangenehme Vorfälle haben ihnen Geld gekostet; sie werden sich in Acht nehmen, den dritten heraufzubeschwören. So lebe in Frieden und beruhige dich!"

Da ich harmloser, freigebiger und empfänglicher Natur bin, nahm ich Ibaka's Hand an, worauf sich alle mit dem festen Vorsatze, in Zukunft in Frieden mit dem weissen Manne und seinen Leuten zu leben, entfernten, um Bier zu trinken. Die Weijansi sind nicht rachsüchtig, weshalb sollte ich es sein?

Am 16. September verliessen wir Bolobo und setzten dem rechten Ufer des Kongo entlang die Reise aufwärts nach Lukolela fort. Mijongo von Usindi und seine schiffbrüchige Mannschaft, die uns bei den Verhandlungen mit den Eingeborenen von Unter-Bolobo grosse Dienste geleistet hatten, begleiteten uns.

Zwei Stunden später passirten wir den Mikene, der, wie einer der Führer uns erzählte, für Canoes eine Tagereise weit bis zur Vereinigung zweier Flüsse schiffbar sein sollte, die der Stromschnellen wegen aber unpassirbar wären.

Oberhalb des Mikene uns dicht am Ufer haltend, entdeckten wir, dass das feste Land im allgemeinen etwa 1½ km hinter dem Gewirr von Riedgras, Binsen, Papyrus und Gebüsch anfing, das sich in undurchdringlichen Massen und ununterbrochener Linie am Rande des Flusses hinzog, während die unzähligen grösstentheils niedrigen Inseln nur rohrartige Pflanzen und Unterholz hervorbrachten. Als wir etwa zwei Drittel der Entfernung nach Lukolela zurückgelegt hatten, besserte sich das Aussehen des Landes, indem nunmehr hoher Wald und einzelne mit Gras bewachsene Terrassen, ähnlich wie am linken Ufer, sich zeigten.

Etwa 90 km oberhalb der Bolobo gegenüberliegenden Spitze passirten wir den Ikuba oder Likuba, und noch 30 km höher hinauf sahen wir einen zweiten schönen Fluss, den der Führer Bunga nannte, dessen Ufer nach seiner enthusiastischen Beschreibung sehr stark bevölkert und dessen Stämme überreich an Elfenbein und Lebensmitteln sein sollten. Die Bewohner der in der Nähe des Kongo liegenden Dörfer Busaka, Ikuba und Bunga fahren auf der Suche nach Elfenbein diesen Fluss hinauf.

Am 22. September trafen wir in Lukolela ein, wo ein junger Engländer, Herr Glave, zum Chef der neuen Station ernannt wurde, die eine Garnison von 25 Mann bekam.

Die Lukolela-Station liegt etwa 7 km oberhalb des obersten Dorfes der Eingeborenengemeinde im Walde und etwa 100 m vom Rande des Kongo entfernt. Da die von 20—45 m hohen, glatten und bis zu drei Viertel ihrer Höhe astlosen Bäume nur 3 bis höchstens 10 m auseinander standen, so hat der junge Herr Glave eine schwierige Aufgabe vor sich; wir stellten ihm daher auf einige Tage unsere ganze Mannschaft zur Verfügung, damit dieselbe wenigstens das dünne Unterholz forthauen, eine 50 qm grosse

Lichtung herstellen und genügend Raum schaffen konnte, um ein paar Eingeborenenhütten aufzubauen, die wir als zeitweilige Wohnung und Vorrathsräume für ihn kauften. Eine kleine Recognoscirungstour durch den Wald, der kaum schwieriger zu durchwandern ist als der berliner Thiergarten, liess mich die Zahl der brauchbaren Bäume bei Lukolela auf 460000 schätzen, welche, wenn jeder Stamm auch nur 20 Kubikmeter enthält, mehr als 9 Mill. Kubikmeter Holz liefern würden. Besonders zahlreich sind Platanenbäume, welche leicht zu bearbeitendes Holz für Planken zu Flachbooten und Dampfern, Breter für Tische, Thüren, Fussbodendielen, Dachsparren, Fensterrahmen u. s. w. haben, während das prachtvolle Teakholz zu Kielen, Vorder- und Hintersteven, Deckplanken, das herrliche Mahagoni-, Roth- und Guajakholz zu Möbeln verarbeitet werden könnte. Eine Dampfsägemühle würde aus diesem einen Walde auf Generationen hinaus alles Holz liefern, dessen die Handelsfactoreien bedürfen. Obgleich das Holz auch in andern Gegenden am Kongo nicht gerade spärlich war, ist diese Region doch die einzige zwischen der See und Lukolela, wo man so wenige unbrauchbare Bäume findet.

Das wunderbare Wachsthum der hohen Waldbäume liess uns schliessen, dass der Boden ausserordentlich reich sei; als wir jedoch die Pfosten für die Hütten des Herrn Glave eingruben, vermochten wir kaum in das Conglomerat von Eisen, aus welchem derselbe bestand, einzudringen. Die Bäume stehen offenbar in mit Alluvialerde ausgefüllten Vertiefungen des Eisensteins und haben zum grössten Theil einen ungeheuern Umfang am Fusse, wo die Wurzeln sich in weitem Umkreise ausdehnen. Die Stämme der meisten Bäume sind so glatt wie eine behobelte fichtene Spiere und laufen spitz zu bis in unendliche Höhe. Wie der Erfolg der

Station auch sein möge, jedenfalls werden Monate vergehen, bis der Chef derselben sich eines Gartens wird rühmen können. Nichtsdestoweniger liess der junge Offizier sich von der ihm bevorstehenden grossen Aufgabe nicht entmuthigen, sondern ging frisch ans Werk.

Am 25. September setzten wir die Fahrt von Lukolela aufwärts fort. Mijongo und seine Familie waren mittlerweile ganz vertraut mit uns geworden. Als ein Gewitter mit den gewöhnlichen schwarzen Sturm- und Regenwolken unsere Reise zu unterbrechen drohte, trat einer seiner Leute kühn vor, um die Elemente zu beschwören und sie durch seine mächtigen Zaubermittel zu zwingen, andere Gegenden aufzusuchen. Dabei bemerkte Mijongo, dass die weissen Männer alles zu besitzen schienen bis auf eins, einen Regenzauber nämlich, um den Regen fern zu halten, solange man auf der Reise sei.

Am folgenden Tage landeten wir Mijongo und seine Leute in Usindi, doch bemerkte ich in den Hunderten von Gesichtern der Eingeborenen, die zur Befriedigung ihrer Neugier schleunigst herbeikamen, weder Freude noch Dankbarkeit für die von uns geleisteten Dienste. Wäre ein europäischer Fürst von uns aus einer so verzweifelten Lage befreit worden wie diejenige, in welcher Mijongo sich befunden hatte, dann würde man uns zu Ehren Bankete veranstaltet und auf uns getoastet haben; aber hier waren wir in Usindi am Kongo im Innern Afrikas.

Während unsers Aufenthalts in Usindi schlossen Mijongo und ich feierlich Blutsbrüderschaft, was die Eifersucht Iuka's erregte, der ohnehin schon ärgerlich war, weil ich Mijongo nicht in seine Hände ausgeliefert hatte, damit er als Senior-Häuptling seines Districts die Ehre gehabt hätte, jenen wieder Mijongo's Dorfbewohnern zu übergeben. Das veranlasste mich zu einem rhetorischen Kunststück, durch welches ich, indem ich Mijongo's Fall auf Inka anwandte, den alten Häuptling überzeugte, dass er gar keinen vernünftigen Grund habe, beleidigt zu sein.

„Ist Mijongo ein Sklave Inka's? Gehören seine Frauen oder seine Sklaven Inka? Ist Mijongo nicht ein freier Mann und ein Häuptling? Wie kann Inka die Herrschaft über Mijongo beanspruchen? Könnte Mijongo unzufrieden sein, wenn Inka aus den Händen der Balui-Piraten oder aus dem Flusse gerettet und nicht in seine Hände ausgeliefert worden wäre? Nein, und ebenso wenig darf Inka sich darüber ärgern, dass Mijongo als freier Mann in seinem Lande frei umherreisen kann."

Inka war ein schmuziger alter Mann und gleichzeitig, ohne es selbst zu wissen, abscheulich gemein. Zwei Stunden nach Sonnenuntergang kam er zu mir auf den Dampfer in die Kajüte und bat ganz ernsthaft um einen Spiegel, mit dessen Hülfe er alle gegen ihn geschmiedeten feindseligen Pläne entdecken könne; dann wollte er ein Zaubermittel haben, mit welchem er den Regen zu hindern vermöge, in die Gärten und auf die Felder ihm unliebsamer Leute zu fallen. Ferner verlangte er eine Medicin, mit welcher er sich der Treue der Königin positiv versichern könne! Nach seiner Eifersucht zu schliessen fürchtete Inka offenbar Mijongo, und als er fand, dass ich ihm keinen Zauber gegen die bösen Folgen derselben zu geben vermöge, bat er mich, ihn und seine Angehörigen mitzunehmen, damit sie sich in einer andern Gegend des Flusses ansiedeln könnten.

Bei unserer Abreise von Usindi am folgenden Tage gab Mijongo mir einen Führer mit, welcher in dem Rufe stand, höher als irgendjemand sonst aus dem ganzen District den Kongo aufwärts gefahren zu sein. Er stammte ursprünglich aus Upoto und hatte vielfach mit Langa-Langa und Iboko Handel getrieben.

Wir waren in Bolobo so lange aufgehalten worden, dass wir in Irebu nur wenige Stunden bleiben durften. Etwa 15 km oberhalb des letztgenannten Dorfes sahen wir einige Canoes der einen District am rechten Ufer bewohnenden räuberischen Balui; ihr Gebiet ist nur auf den zahlreichen schmalen Armen eines gleichnamigen Delta zu erreichen. Einige Kilometer vom Kongo entfernt soll der Balui-Fluss

EINGEBORENER VON IBOKO.

von beträchtlicher Grösse und Bedeutung und 3—400 m breit sein. Jedenfalls sind die Balui sehr kühne Leute, welche durch ihre zahlreichen Raubzüge sich in der zwischen Ngombe und Ikengo liegenden Region des Kongo grossen Ruf erworben haben.

Am 29. September traf die Dampferflotille nach einer Abwesenheit von 100 Tagen wieder bei der Aequator-Station ein.

Die Wirkung des von Arbeitslust und Eifer angeregten Fleisses lässt sich kaum besser beweisen als durch die

Aequator-Station, wie wir dieselbe nach unserer verhältnissmässig kurzen Abwesenheit wiedersahen. Wir hatten den Ort als ein Dickicht von werthlosem Unterholz verlassen und fanden bei der Rückkehr ein geräumiges, behagliches, regen- und diebesicheres, kugel- und fast feuerfestes Gebäude, ein äquatoriales Hotel. Nach der innern Ausschmückung und Einrichtung hätte man fast darauf schliessen können, dass eine Dame von Geschmack mit ihrem Rathe bei der geschickten Anordnung geholfen habe. Die beiden jungen Lieutenants hatten, als das Lehmgebäude fertig war, mit der Herstellung der Fensterrahmen, Thüren, Tische, Stühle und Sessel begonnen, die Gegenstände, weil sie keine Farbe besassen, blau und karmoisinroth gebeizt und mit ein paar Meter Druckkattun und weissem Baumwollstoff in höchst geschmackvoller Weise verziert. Auf dem Fussboden lagen von den Eingeborenen geflochtene Matten, sodass das ganze Hotel von innen und aussen einen höchst vollständigen und hübschen Eindruck machte. Auf einem Ameisenhügel in der Nähe stand ein Observatorium oder kleines Casino, welches stillen Betrachtungen geweiht war und einen hübschen Blick auf das fleissige, wohlgelungene Werk gestattete; hier wurden auch die Gesetze für die moralische Verwaltung der Aequator-Station und die Besserung der wilden Bakuti ausgearbeitet, und an Sonntagen und bei regnerischem Wetter Pläne für die sanitäre Verbesserung der kleinen Stadt entworfen und wie in einem Ministerium der öffentlichen Arbeiten berathen, welche weitern Aufgaben noch zu erfüllen seien! Ihren jungen Chefs nachahmend, hatten auch die Farbigen merkwürdig gute Fähigkeiten entwickelt. Jeder von ihnen hatte sich eine feuerfeste Hütte inmitten eines Gartens gebaut, wo der Mais schon über 2 m hoch stand, Zuckerrohr auf das üppigste gedieh, grosse Flächen mit

DIE AEQUATOR-STATION.

süssen Kartoffeln bedeckt waren, und Kürbisse, Gurken u. s. w. die reichsten Erträge zu liefern versprachen.

Die Lieutenants Vangele und Coquilhat besassen auch einen Garten mit europäischen Gemüsen, wie Zwiebeln, Rettich, Möhren, Bohnen, Erbsen, Petersilie, Lattich, Kresse, Rüben, süsse Kartoffeln, Kohl u. s. w., sodass für ihre täglichen Suppen und Salate gesorgt war. Ferner hatten sie eine grosse Küche, ein Haus für die Diener, Ziegenställe und Hühnerhäuser gebaut. Die Ziegen gaben ihnen frische Milch und die Hennen versorgten sie mit Eiern.

Hier sah ich zum ersten mal mein Lieblingsideal einer Kongo-Station verwirklicht! Ein gut verwaltetes Gemeinwesen von Soldatenarbeitern; unangreifbar und uneinnehmbar durch seine Disciplin und die gegenseitige Abhängigkeit des einen vom andern; die Chefs kaltblütig, eifrig und klug, nicht gar zu militärisch steif, um die sich nahenden Eingeborenen zurückzustossen, gerade gutmüthig genug, um wegen ihrer Cordialität geschätzt zu werden, aber auch zurückhaltend genug, um keine vulgäre Vertraulichkeit und Verletzung der gesellschaftlichen Grenzen zu gestatten, welche stets zwischen von christlicher Moralität beeinflusster Intelligenz und Erziehung und wildem Barbarenthum bestehen müssen; dabei zu edel gesinnt, um Sklaven der eigenen wilden Leidenschaften oder Parteigänger in den Streitigkeiten der Eingeborenen zu werden.

Der Häuptling Ikenge, ein junger, stierköpfiger Wilder, hatte ihnen Schwierigkeiten genug gemacht, weil er die Zwecke der in seiner Nachbarschaft angelegten Station entschieden falsch auffasste. Nach meiner Abreise hatte er einen dünkelhaften Ehrgeiz entwickelt und den Wunsch gezeigt, schnell reich zu werden, was er dadurch zu erreichen suchte, dass er jeden, der ihm unliebsam war, hinschlachtete und dessen Besitzthum an sich nahm. Er war der falschen Ansicht gewesen, dass unsere Freundschaft ein Offensiv- und Defensiv-Bündniss sei, was uns jedoch durch sein aufgeblasenes Benehmen und seine kühnen Pläne in unendliche Streitigkeiten verwickelt haben würde. Zweimal hatte er einen Krieg provocirt, aus dem er jedesmal an Macht geschwächt hervorgegangen war, und von allen seinen Nachbarn wurde er wegen seiner zunehmenden Frechheit gehasst. Auch hatte er unehrlich gehandelt, indem er den Ankauf einiger Bäume und Bananen, welche auf dem uns von ihm cedirten kleinen Gebiet standen, später nicht hatte anerkennen wollen.

Indessen wurden alle Streitfragen in ein paar Tagen erledigt durch Vermittelung seines Hauptsklaven Heliwa, welcher mit uns Leopoldville besucht hatte, bereichert von dieser Reise zurückgekehrt war und aus allen den vielen Dingen, mit welchen er sein Gedächtniss beschwert hatte, die Nutzanwendung ziehen konnte. Es herrschte somit jetzt unter den Bevölkerungen von Buriki, Ijambo, Wangata, Molira, Mukuli, Ikengo und Inganda und der Garnison der Aequator-Station eine arkadische Harmonie und Eintracht.

Am 11. October trug ich Folgendes in mein Tagebuch ein:

„Die Aequator-Station ist sicherlich eine glückliche, wenn auch die Lage im Hinblick auf die Aussicht hätte günstiger sein können; mit dieser einen Ausnahme ist aber für alle übrigen Erfordernisse zum Wohlsein in vorzüglichster Weise gesorgt. Wir haben Ueberfluss an Lebensmitteln, die wir sehr billig erhalten haben, und die Preise sind jetzt zu so allgemeiner Zufriedenheit festgesetzt, dass wir über nichts mehr zu klagen haben. Wie es scheint, haben wir freundliche und uns geneigte Nachbarn. Die einheimischen Producte, wie Brinjalls, Bananen, Pisang, Cassave, süsse Kartoffeln, Yams, Mais, Eier, Geflügel, Ziegen in Verbindung mit den im Garten wachsenden europäischen Gemüsen, sowie Thee, Kaffee, Zucker, Butter, Schmalz, Reis und Weizenmehl aus Europa sorgen für eine genügende Mannichfaltigkeit und Abwechselung des reichhaltigen Menu. Ich habe hier jeden Tag Pudding gegessen, denn unter den vielen Talenten der Herren Lieutenants Vangele und Coquilhat ist das nicht am wenigsten nützliche, dass sie wissen, wie gekocht und die Nahrung zubereitet werden muss. Wir haben in der Nähe der Station Land genug, um im Nothfalle reichlich Lebensmittel für alle zu produciren. Auch das Klima ist hier gesund, trotzdem wir sehr viel feuchtes Wetter haben; der Grund und Boden ist so ausserordentlich reich, dass man annehmen sollte, es müssten hier Fieber herrschen, allein unsere Offiziere sind bereits vier Monate in Wangata, ohne auch nur eine Stunde unwohl gewesen zu sein."

ACHTUNDZWANZIGSTES KAPITEL.

NACH DEM ARUWIMI ODER BIJERRE.

Ausrüstung für eine lange Fahrt. — Der Lulungu-Fluss. — Bolombo. — Bangala, das schreckliche. — Aufregende Erinnerungen. — Der Häuptling Boleko. — „Haltet den Dieb!" — Mata-Bwyki. — Ein moderner Hercules. — „Ist das Tandelay?" — Unbehagliche Augenblicke. — Die Ansprache Junbila's. — „Bula-Matari und Mata-Bwyki sind jetzt eins!" — Ueppige Tropenlandschaft. — Ungeheuerer Reichthum des Waldes. — Ohne Schutz im Sturm. — Verlassene Districte. — Ngansa. — Alt-Rubunga. — Langa-Langa-Frauen. — Aenderung der Währung. — Ndobo. — Austernschalen ein Zeichen früherer Bevölkerung. — Bumba und der Häuptling Mjombi. — Der gefürchtete Ibansa. — Ein Streich mit einem Tigerfell. — Jambinga. — Der Itimbiri-Fluss. — Die Jalulima-Waffenschmiede. — Feindliche Eingeborene. — Kriegscanoes auf der Wacht. — Der Aruwimi. — Mokulu. — Eine wirksame Begrüssung. — „Bravo, Junbila!"

Unser Werk, das Gründen der Stationen, von denen manche, falls die Zukunft unsern Plänen günstig sein sollte, zu grossen Städten heranwachsen könnten, hat uns ziemlich weit in das Herz Afrikas hineingeführt, denn die Aequator-Station liegt 1154 km vom Meere und 628 km oberhalb Leopoldville. Auf den mir aus Brüssel übermittelten dringenden Wunsch beabsichtigte ich jetzt, den Kongo noch weitere 900 km hinaufzufahren, bei den Stanley-Fällen eine Ansiedelung anzulegen und auf der Bergfahrt, wenn möglich, mit den volkreichern Districten auf beiden Ufern

mündliche Verträge abzuschliessen, die Anlage permanenter
Stationen spätern Gelegenheiten vorbehaltend. Das Comité
hatte auch schon eine Persönlichkeit für den Posten des
Chefs an den Stanley-Fällen ernannt, und so musste unser
armer junger Freund Lieutenant Coquilhat, der bei seiner
wackern Arbeit auf der Aequator-Station stets die Hoffnung
gehegt hatte, nach Bangala versetzt zu werden, zu seiner
grossen Enttäuschung warten, bis ich von den Fällen zurückkehren konnte.

Wir hatten für diese lange Fahrt 1600 Pfund Mais-
und Cassavemehl vorbereitet und von den Bakuti 500 getrocknete Fische gekauft; ausserdem hatten wir an lebenden
Thieren 3 Ziegen, 3 Schafe und 30 Hühner an Bord, welche
natürlich ebenso wie ein grosser Vorrath von Pisang, reifen
Bananen, Yams, süssen Kartoffeln und ein Dutzend Kisten
der besten Conserven von Crosse & Blackwell für die Tafel
der fünf Europäer bestimmt waren. Ferner vertheilte ich an
die vier Weissen eine Kiste Cognac und einen Demijohn
mit 20 Liter portugiesischem Rothwein. Alles in allem
waren die 5 Europäer und 68 Farbigen in der Aequator-
Station trotz der geringen Tragfähigkeit der Dampfer
ebenso vorzüglich mit Proviant und allem andern versehen
worden, wie eine britische Division in Chatham, Woolwich
oder Portsmouth ausgerüstet werden könnte.

Am 16. October trat die Flotille die Fahrt durch den
nach Uranga und dem Lulungu-Flusse führenden Kanal an
und setzte die Reise zehn Stunden lang unter Dampf fort.
Als wir vom Aequator abfuhren, war das Wetter schön,
gegen 2 Uhr nachmittags umzog sich jedoch der Himmel und
es begann zu donnern; indess klärte es sich schliesslich wieder
auf, ohne dass es zum Regen gekommen wäre. Um Mittag
befanden wir uns auf 0° 9″ nördl. Br.; da wir fast recht-

weisend nördliche Richtung verfolgten, so lag unser Nachtlager auf etwa 0° 18″ nördl. Br.

Dem Uranga-Kanal folgend gelangten wir bald in den Hauptstrom; wir steuerten nach dem linken Ufer hinüber und erreichten nach einigen Stunden den Ikelemba, einen verhältnissmässig kleinen Fluss von 150 m Breite mit tintenfarbigem Wasser. Uns beständig nahe am linken Ufer haltend, trafen wir am 17. October um 1 Uhr bei Uranga ein. Dieses sehr volkreiche Gemeinwesen ist sehr hübsch und günstig auf einem erhöhtem Dreieck an der linken Seite der Vereinigung des Lulungu mit dem Kongo gelegen, und man hat hier einen weiten Blick den grossen Strom auf- und abwärts, sowie auch den Lulungu hinauf.

Der letztere enttäuschte mich einigermaassen, weil die Eingeborenen von demselben stets als von einem „grossen" Fluss gesprochen hatten. Wir fuhren denselben 4—5 km weit hinauf, um eine Idee von seiner durchschnittlichen Breite zu erhalten, die nach meiner Schätzung etwa 500 m beträgt, während die Eingeborenen mir erzählten, man könne denselben mit Canoes einen Monat weit hinauffahren und seine Ufer seien erheblich stärker bevölkert als irgendein anderer District am Kongo. Sie behaupten sogar, er sei noch grösser als der Mohindu. Oberhalb des Punktes, welchen wir auf dem Lulungu erreichten, mag derselbe breiter als jener Fluss sein, ich bezweifle aber, ob er eine grössere Menge Wasser mit sich führt. Nach allem, was ich erfahren und persönlich gesehen habe, scheint es mir, dass eine Verbindung zwischen dem Lulungu, Ikelemba und Mohindu bestehen muss, doch würde es schwer zu sagen sein, welcher Art dieselbe ist. Das Wasser der drei Flüsse ist gleich schwarz, und sie strömen parallel mit und gleich weit entfernt voneinander dem Kongo zu. Das Land ist, wenn auch dicht bewaldet, doch sehr flach, sodass es nicht unmöglich ist, dass die Flüsse im Innern durch Kanäle miteinander verbunden sind. Meiner Meinung nach müssten auch der Mantumba und der Lukanga mit eingeschlossen werden, denn sofern ich richtig verstanden habe, sprachen die Eingeborenen von Irebu davon, dass man von dem Lukanga nach dem Mohindu oder Buruki kommen könne. Indess würde es voreilig sein, derartigen Behauptungen der Eingeborenen allzu viel Vertrauen zu schenken, wenn es mich auch keineswegs überraschen würde, später zu erfahren, dass man einige Tagereisen nach dem Innern auf dem Mohindu oder Lulungu ein labyrinthisches Kanalsystem durch den niedrigen dschungelartigen Wald entdeckt habe, welches die drei Flüsse Ikelemba, Lulungu und Mohindu verbindet. Der Ikelemba wird schon nach kurzer Fahrt aufwärts infolge der von beiden Ufern überhängenden Zweige selbst für Ruderboote unpassirbar, doch können Canoes weit in das Innere vordringen, wenn ihre Mannschaften mit den stets mit Bogen und Pfeil bereit stehenden Uferbewohnern bekannt sind. Wenigstens haben wir diese Neigung der Eingeborenen auf dem Mohindu kennen gelernt, und es ist sehr wohl glaublich, dass die Stämme am Ikelemba gegen Fremde ebenso feindselig gesinnt sind. Im Vergleich zu den Eingeborenen an den Nebenflüssen sind die Bewohner der Kongo-Ufer civilisirt zu nennen.

Die Eingeborenen von Uranga kamen eilig und fast ausser Athem mit ihren Canoes heraus, um uns freundlich anzurufen, allein wenn wir unsere Reise durch den Aufenthalt bei jedem volkreichen District, den wir sahen, nicht ins Unendliche verzögern wollten, mussten wir uns im Weiterfahren auf die Erwiderung ihrer Grüsse und den Austausch von Complimenten und schönen Phrasen, wie sie unter lieben Freunden üblich sind, beschränken.

Nachdem wir den Lulungu einige Meilen aufwärts gedampft waren, steuerten wir in einen schmalen, mit dem Kongo in Verbindung stehenden Arm hinein, der bis zum Ueberlaufen voll war und die Ufer und Inseln bereits überschwemmt hatte, obgleich hier und dort auf dem festen Lande noch Stellen sichtbar waren, die erst bei $1/_2$ m höherm Wasserstande überflutet werden würden, den der Fluss aber jedenfalls noch erreichen wird, wenn man den Merkzeichen an den Bäumen trauen darf. Eine schwere Windböe mit Regen zwang uns sehr früh, uns nach einem Lager umzusehen.

Am 19. October fuhren wir den ganzen Tag dem bewaldeten Festlande und mit Palmen bestandenen Inseln zur Linken entlang, bis wir einige Kilometer unterhalb Bolombo ein Lager aufschlugen: einige den Fluss herabkommende Handelscanoes erzählten uns, die Bangala hätten schon von unserm Kommen gehört, und Iboko erwarte mit Sehnsucht unsere Ankunft.

Tags darauf machten wir in Bolombo auf 1° 23' nördl. Br., 43 Stunden Dampferfahrt von der Aequator-Station entfernt, halt. Ich schloss hier mit den Häuptlingen einen mündlichen Vertrag und Blutsbrüderschaft ab, doch herrschte daselbst eine Hungersnoth und die Geschenke waren deshalb klein und spärlich. Die Leute waren aber sehr herzlich und so freundlich, wie irgendwo sonst.

Am 21. October befand ich mich endlich in Sicht des vier Stunden oberhalb Bolombo gelegenen Bangala-Districts, dessen Krieger uns im Jahre 1877 so fürchterlich und schwer bedrängt hatten. Das Land der Bangala heisst Iboko, was ich damals noch nicht wusste. Wie mir erzählt wurde, erinnerten sie sich des Kampfes noch recht gut, doch lauten die Gerüchte über ihre Absichten sehr verschieden; einige behaup-

ten, sie hätten geschworen, dass sie, wenn der „Ibansa" je
zurückkehre, ihm jeden Zoll der Wasserstrasse streitig machen
würden. Dagegen erzählte mir Mangombo von Irebu, die
den Bangala ertheilte Lection sei so stark gewesen, dass ich
ihnen jetzt nur „mit dem Stocke zu drohen" brauche. Wie
die Verhandlungen auch enden mochten, ich kann nicht leug-
nen, dass ich einige Besorgniss hegte, als die Flotille aus
dem Schutz der Inseln heraus in Sicht von Iboko dampfte,
dessen Volksmengen ich nicht gern zum zweiten mal in
kriegerischer Absicht mir auf dem Flusse gegenübersehen
mochte. Indess durften wir, wenn wir Anspruch auf Männlichkeit machten, nicht länger aus Furcht vor der Gefahr zögern.

Die schrecklichen Bangala zeigten sich jedoch nicht so
sehr rasch, und man hörte weder Trommel noch Horn, um
die Stammesgenossen zum Kriege herbeizurufen. Die Eingeborenen schienen vielmehr in müssigen Gruppen unter
den herabhängenden grünen Wedeln der Bananen sich zu
unterhalten, gerade als gingen wir sie gar nichts an und als
sei dem Stamme der Iboko eine Flotille von Rauchbooten
ein ganz alltägliches Ereigniss.

Wir näherten uns nunmehr der ersten vorspringenden
Landspitze, welche ich noch sehr gut kannte, weil wir 1877
dort den heftigsten Anprall der Schlacht auszuhalten gehabt
hatten, und hinter der jetzt drei Canoes rasch und mit einer
gewissen Eleganz der Bewegung hervorkamen. Ich fuhr mit
dem „En Avant" den andern Schiffen voraus ihnen entgegen; Mijongo's Führer postirte sich auf dem Kajütendeck.

„Wer seid ihr?" schallte es uns entgegen.

„Bula-Matari. Er ist gekommen, um Mata-Bwyki (den
Herrn vieler Gewehre) zu besuchen."

„Ah-h-h! Mata-Bwyki ist nicht zu Hause; er ist zum
Fischen hinausgefahren."

„Ist Boleko denn zu Hause? Ich bin der Sklave seines Bruders Mijongo von Irebu."

„Ja, er ist in seinem Dorfe."

Das war alles; sie sagten nichts mehr, und wir setzten die Fahrt fort, während die Canoes nach dem Lande zurückkehrten. In unglaublich kurzer Zeit schien ganz Iboko zu wissen, dass auf den seltsamen Rauchbooten sich Freunde befänden, und grosse und kleine Canoes stiessen vom Lande ab, um uns Gesellschaft zu leisten, bis ihre Zahl schliesslich belästigend wurde. Wie viele Dutzende von Canoes vor uns, auf beiden Seiten und hinter uns auf dem Flusse waren, könnten wir auch nicht annäherungsweise angeben; fast alles musste als Canoe dienen, vom kleinen unbeholfenen Backtrog bis zu den grossen Kriegsfahrzeugen mit Krokodilbug, die, von 40 kräftigen, muskulösen Burschen gerudert, wie Pfeile bei den Dampfern vorüberflogen.

Eine Idee von der ungeheuern Ausdehnung der Ansiedelung wird man sich machen können, wenn ich angebe, dass wir um Mittag querab von dem untern und um 5 Uhr noch zwei Stunden vom obern Ende derselben entfernt waren, obgleich wir die Fahrt beständig fortgesetzt hatten. Im Jahre 1877 hatten wir bei langsamem Rudern mit dem Strome $5^{1}/_{2}$ Stunden gebraucht, um die Niederlassung zu passiren. Der Führer zeigte uns die Dörfer Boleko's und Mata-Bwyki's; allein wir zogen ein feuchtes und unangenehmes Lager auf einer kleinen Insel vor, die durch einen gegen 500 m breiten Kanal von dem Dorfe des erstern getrennt ist. Der Führer Jumbila verliess uns, um ganz unbekümmert Boleko einen Besuch abzustatten, während wir bis Sonnenuntergang von Tausenden von Bangala angegafft wurden.

Ich hätte gern gewusst, wie sie über den „Ibansa" dächten, der im Jahre 1877 unter so viel Flammen und Rauch durch ihre Reihen gefahren war.

Die Bangala sind nach unsern Begriffen ein schöner Menschenschlag, breitschulterig, mit starken Muskeln, hoch gewölbter Brust, zarter Taille und von ziemlich bedeutender Grösse, Leute, denen, nach ihrer leichten und gewandten

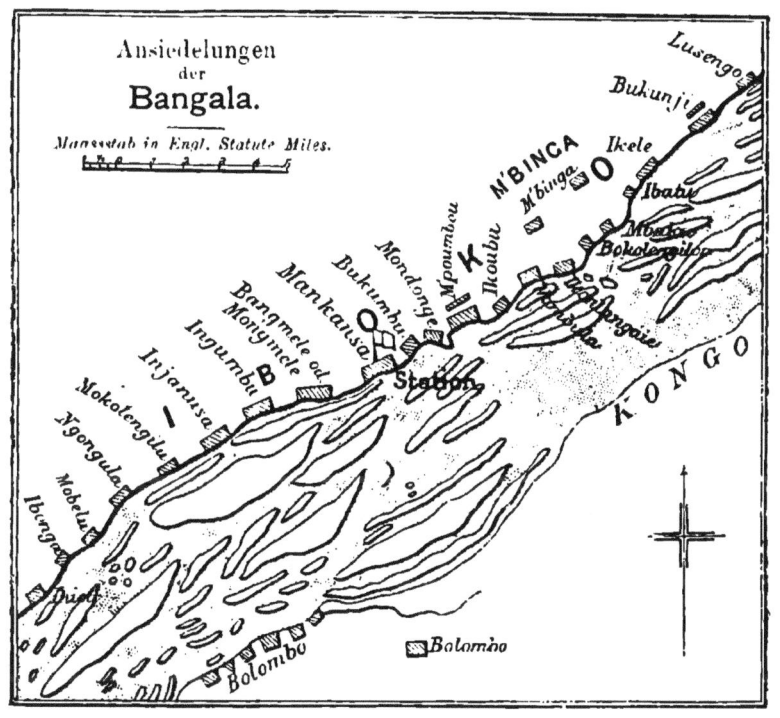

PLAN DER ANSIEDELUNGEN DER BANGALA.

Haltung in den im allgemeinen sehr leicht kenternden Canoes zu urtheilen, das Leben auf dem Flusse etwas Alltägliches sein muss. Während einige von ihnen eine sehr schwarze Hautfarbe hatten, waren die meisten kupferfarbig und einzelne sogar so hell wie Araber.

Bei Sonnenuntergang kehrte Jumbila mit dem Häupt-

ling Boleko zurück, einem jungen Manne von vielleicht
25 Jahren und mächtiger Gestalt. Obgleich er mir gegenüber sehr herzlich war und sich sofort erbot, mich Mata-
Bwyki vorzustellen, der ohne Zweifel alles thun werde, was
in seiner Macht steht, um meine Wünsche zu befriedigen, so
gefiel mir doch das Auge des jungen Mannes nicht, das einen
verstohlenen, man könnte fast sagen diebischen Blick hatte.
Das Haar war in der gewöhnlichen Kijansi-Manier frisirt,
die Merkzeichen im Gesicht bestanden aus leichten Einschnitten auf der obern Hälfte jeder Wange und drei fleischigen Klumpen mitten auf der Stirn. Es sind dies, wie
ich später erfuhr, die besondern Zeichen des Stammes der
Bangala.

Nachdem die Nacht uns auf der Insel in höchst unbehaglicher Weise verflossen war, kam Boleko früh am nächsten Morgen, um uns in Begleitung einer Ehrenescorte von
40 Canoes nach seinem Dorfe herüberzuholen.

Was mich bei der Einfahrt in den Creek überraschte, an
dessen Ufern Boleko's Dorf liegt, war, dass es gerade derselbe war, aus welchem 1877 die ersten feindlichen Canoes hervorkamen, und den ich damals für einen Nebenstrom des
Kongo hielt, während es in Wirklichkeit ein schmaler Arm
ist, der durch eine grosse und fruchtbare Insel von dem rechten Hauptarm getrennt wird. Derselbe bietet mit seinem
Rohrdickicht, welches die Bewegungen der Canoes aufhält
und deren Forttreiben durch die Strömung verhindert, bei
schlechtem Wetter einen vorzüglichen Hafen für Boote und
kleine Fahrzeuge.

Bei Boleko's Landungsplatze entwickelte sich sofort
ein sehr lebhaftes Tauschgeschäft, da die Lebensmittel hier
aussergewöhnlich billig waren; sechs Eier kosteten vier
Kauris, zehn Stangen Cassavebrot einen Messingstab, ein

grosses Huhn ebenfalls nur eine Messingstange, eine Ziege zehn bis zwölf Messingstäbe im Werthe von 6 Mark; eine einen Quadratmeter grosse Matte aus Palmblättern wurde mit einer, eine grössere aus gespaltenem Rohr mit nur drei Stangen bezahlt, und süsse Kartoffeln, Yams und Bananen waren so billig, dass wir mit dem für eine Tagesration bestimmten Gelde Vorräthe für fünf Tage kauften.

Im Laufe des Morgens kam auch Nachricht von Mata-Bwyki, der ärgerlich darüber zu sein schien, dass ein Knabe wie Boleko es gewagt hatte, uns als Gäste zu sich einzu-

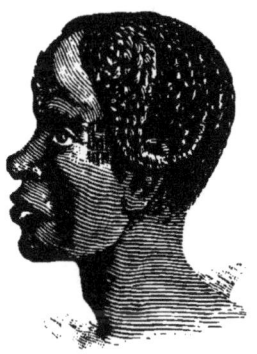

EIN BANGALA.

laden; allein der Häuptling Ndinga von Bolombo besänftigte schliesslich seinen Zorn, worauf wir eine Einladung erhielten, am nächsten Tage nach dem Ufer Mata-Bwyki's zu kommen.

Bei Sonnenuntergang ertheilte ich den Mannschaften den Befehl, die Nacht über scharfe Wache zu halten, allein trotzdem wurden wir alle Augenblicke von Rufen gestört, wie: „Haltet den Dieb!" „Oh, mein Zeug ist fort!" „Jemand hat mein Messer gestohlen!", und die Diebe waren so schlau und geschickt und unsere Leute an eine solche Beraubung *en gros* so wenig gewöhnt, dass am nächsten Morgen wenige unter unserer Mannschaft waren, welche nicht den Verlust irgendeines werthvollen Gegenstandes zu beklagen gehabt hätten.

Am 23. October liessen wir die Schiffe den Strom 3 km weit hinabtreiben und legten dieselben an Mata-Bwyki's Landungsplatze fest. Dicht am Ufer lagen zahlreiche Tümpel mit stagnirendem Wasser, in welchem die bittere Cassave verrottet; aus den schwarzen Gruben stiegen stinkende, giftige Düfte in die Luft, die von Kothgruben nicht abscheulicher hätte verpestet werden können, und im Flusse waren mehrere runde Zäune hergestellt, in denen ebenfalls Cassave eingeweicht wurde und verweste, doch wurden hier die fauligen Substanzen sofort von dem strömenden Wasser fortgeführt. Wie alle an den Flüssen lebenden Stämme, bewahren auch die Bangala ihre Canoes unter Wasser auf, um dieselben länger zu erhalten; unter dem Kiel der Dampfer konnten wir die schwachen Umrisse einiger solcher Fahrzeuge auf dem Grunde des Flusses deutlich erkennen.

Der Senior-Häuptling der Bangala, Mata-Bwyki (der Herr vieler Gewehre), war ein alter grauhaariger Mann von herculischer Gestalt und Schulterbreite, mit grossem viereckigen Gesicht und massivem Kopfe, aus welchem sein einziges Auge mit durchdringender Kraft hervorstarrte. Seine Grösse schätze ich auf nahezu 2 m. Er besass eine kräftige sonore Stimme, die, wenn er laut zu seinem Stamme sprach, viele hundert Schritt weit deutlich vernehmbar war. Er mochte zwischen 75 und 80 Jahre alt sein. Die Haut hing in vielen und grossen Falten über den Knochen, doch ging er an seinem fast 3 m langen Stabe, der dick genug für einen Bootsmast gewesen wäre, noch in ziemlich gerader

Haltung. Wenn er sich auf den starken Stock stützte, seinen mächtigen Körper aufrichtete und seine Stimme über die Köpfe der ihn umgebenden Hunderte von Bangala hinweg erschallen liess, dann bemerkte man, dass der prächtige alte Herr doch noch einen Vorrath von Kraft in sich trug. Er war weder der grösste, noch der hübscheste oder der bestgelaunte Mann, den ich in Afrika getroffen habe, allein was Vollendung und Vollkommenheit der Figur, gepaart mit Stärke, Ebenmaass des Körpers, der Glieder und des Kopfes und den Ausdruck der Kraft in den Zügen betrifft, muss er früher der grossartigste Typ physischer Männlichkeit gewesen sein, der im äquatorialen Afrika zu finden ist. Wie er so vor uns stand, kam er uns vor wie ein alter Milo, ein bejahrter Hercules oder Simson als Greis; er war wirklich ein prächtiger alter Mann. Ihm zur Seite standen sieben Söhne von verschiedenen Müttern; obwol dies sämmtlich grosse, kräftige Mannes- und Jünglingsgestalten waren, ragte die weisse Krone des Kopfes Mata-Bwyki's doch noch mehrere Zoll über dem grössten derselben hinweg. Sein ältester Sohn Kokoro bekam auch bereits graues Haar; derselbe hatte drei erwachsene Söhne über 20 Jahre alt, ebenfalls Jünglinge von hoher Gestalt, und mehrere bausbackige jüngere Kinder.

Nach der Dichtigkeit und Länge der Menschenmauer, welche uns am Ufer erwartete, zu schliessen, berechne ich die Zahl der versammelten Eingeborenen, alt und jung, auf etwa 1700.

In einer Strasse des Dorfes, etwa 50 m von den Schiffen, war eine Stelle hergerichtet, wo die Bewillkommnung in gehöriger Weise stattfinden konnte. In weitem Halbkreise waren Matten aus gespaltenem Rohr um eine Reihe geschweifter Stühle für die angesehensten Häuptlinge ausgebreitet, während vor der Mitte derselben für mich und meine Leute ein Platz freigelassen worden war.

Wir wurden ans Land und nach dem Versammlungsorte geladen, doch stand die Menge so dicht, dass die Atmosphäre drückend war. Zunächst hatten wir eine stille und anhaltende Prüfung von fast zweitausend Augenpaaren auszuhalten, dann begann der Führer Jumbila in seiner Weise ausführlich zu erzählen, wer wir seien, worin unsere Mission auf dem grossen Flusse bestände, wie wir an vielen Orten Städte gebaut und mit den Häuptlingen der grössern Districte, wie Irebu, Ukuti, Usindi, Ngombe, Lukolela, Bolobo, Msuata und Kintamo, Blutsbrüderschaft geschlossen hätten. Er schilderte ihnen eindringlich das Vergnügen, welches es mir machen würde, mit den grossen Häuptlingen des volkreichen Iboko ebenfalls mit Blut gesiegelte Verträge abzuschliessen, und setzte ihnen die Vortheile ausführlich auseinander, welche Iboko und insbesondere Mata-Bwyki erwachsen würden, wenn zwei so mächtige Häuptlinge, wie Mata-Bwyki und „Tandelay" oder Bula-Matari, unter welchem Namen derselbe besser bekannt sei, durch die Bande der Brüderschaft vereint seien.

Durch die umstehende Menge ging ein dumpfes Gemurmel, und Mata-Bwyki fragte mit tiefer Stimme:

„Ist das Tandelay?"

„Ja."

Als ich meinen Namen aussprechen hörte und den Eindruck sah, welchen derselbe auf die überwältigende Menge ringsum machte, bedauerte ich einen Augenblick, dass ich im unbegrenzten Selbstvertrauen mich vollständig in ihre Macht begeben hatte, allein ich fand sofort meine Kaltblütigkeit wieder, weil ich bedachte, dass die Afrikaner überhaupt nicht gemeinsam handeln können, wenn sie nicht von einem

Führer geleitet werden. Ich wartete nur darauf, die zornige, leidenschaftliche und heftige Stimme des Anführers zu hören, um zum Dampfer zu springen und den Kampf zu beginnen, für welchen ich die Waffen in der Kajüte vollständig geordnet bereit liegen hatte. Meinen Leuten war es bekannt, dass wir uns im Lande der kriegerischen Bangala befanden, und ich wusste, dass die Europäer nur die Alarmglocke auf dem „En Avant" zu hören brauchten, um die affectirte Theilnahmlosigkeit und scheinbare Arglosigkeit abzuwerfen, eine kriegerische Miene anzunehmen und zum gefährlichen Hinterlader zu greifen.

Der Häuptling blieb jedoch stumm und, unbekannt mit der Sprache der Iboko, fühlte ich mich entschieden unbehaglich unter dem forschenden Blicke, mit welchem er mich betrachtete. Wenn ich doch nur ihren Dialekt verstanden hätte! Ich habe später oft daran gedacht, welch günstige Gelegenheit für eine moralische Lection hier verloren ging, und doch war es vielleicht gut, dass ich die Sprache nicht verstand.

Jumbila setzte seine Bemühungen mittlerweile fort in besserer Form, als es mir vielleicht möglich gewesen wäre. Beseelt von dem Wunsche, es beiden Parteien recht zu machen, mässigte und beruhigte er die Leidenschaften, welche unter der Oberfläche dieses beängstigenden Schweigens hätten ruhen können. Er erzählte, wie ich Irebu vor gegenseitiger Vernichtung bewahrt habe, wie unsere Flagge durch die Reihen der Kämpfenden getragen worden und der Träger derselben unverwundet und unverletzt geblieben sei, schilderte, wie edelmüthig ich gegen Mijongo gehandelt, wie ich ihn von der Insel gerettet, gespeist, bekleidet und mit grossen Reichthümern seiner Heimat wiedergegeben habe. Ich hörte auch, dass Jumbila von dem Kriege in Bolobo erzählte, entnahm aus seinem lebhaft bewegten Mienenspiel, dass er von dem Donner der Kanone und dem Flug der ungeheuern Kugel über die ganze Breite des Flusses sprach und die vielen guten Dinge schilderte, die in dem Hause auf dem grossen Dampfer verborgen lägen. Er beschrieb die Vorräthe von mörderischen Waffen, welche wir besässen, und ihre Menschen und Thiere schnell niederschlagenden Eigenschaften, den furchtbaren „Bumm" ihres Knalls, bis endlich meine Sicherheit, wenn überhaupt Gefahr vorhanden war — und das glaube ich bestimmt — nicht mehr in Frage stand und aus Tandelay, dem gefürchteten „Ibansa", welcher ihnen im Jahre 1877 eine schwere Niederlage bereitet hatte, der edelmüthige, die Welt liebende, friedenstiftende, brüderliche Bula-Matari geworden war! Es war eine wirkliche Komödie, und ich bedauere nur, dass ich sie nicht genau genug und der Wahrheit möglichst entsprechend beschreiben kann.

Ein gabelförmiger Palmzweig wurde herbeigebracht. Kokoro, der Erbe des Häuptlings, trat vor, kniete vor mir nieder, ergriff den Zweig und zog sein kurzes Schwert, wobei er rief: „Halte das andere Ende, Bula-Matari!" Ich gehorchte, worauf er das Messer hob und den Palmzweig in zwei Theile spaltete. „Damit", sagte er, „erkläre ich den Wunsch, dein Bruder zu sein."

Dann trat ein Fetischmann mit seinen Lanzetten und der langen Schote, einer Kleinigkeit Salz und einem frischen Bananenblatt vor. Er nahm Kokoro's Speer mit schwertartiger Spitze und meine mittlerweile vom Dampfer geholte Büchse, schabte von beiden Schäften etwas herunter und vermischte den Staub auf dem Bananenblatt mit Salz und etwas Staub von der langen Schote zu einem Zaubermittel; darauf wurden unsere Arme über Kreuz gelegt, der weisse auf den braunen, auf beiden ein Einschnitt gemacht und, als das Blut kam, ein paar Körnchen des seltsamen Gemisches darauf geschüttet, worauf zum Schluss der weisse Arm an dem braunen gerieben wurde.

Nunmehr erhob Mata-Bwyki seine mächtige Gestalt, trieb mit seinem Riesenstabe die herandrängende Menge in weitem Umkreis zurück und rief mit seiner prächtigen Löwenstimme, die ihren königlichen Eindruck nicht verfehlte:

„Leute von Iboko! Ihr vom Ufer des Flusses und ihr aus dem Innern! Männer der Bangala, hört die Worte Mata-Bwyki's. Ihr seht Tandelay vor euch. Sein anderer Name ist Bula-Matari. Er ist der Mann mit den vielen Canoes und ist jetzt mit seltsamen Rauchbooten zurückgekommen. Er ist gekommen, um Mata-Bwyki zu besuchen. Er hat Mata-Bwyki gebeten, sein Freund zu sein. Mata-Bwyki hat ihn bei der Hand genommen und ist sein Blutsbruder geworden. Tandelay gehört nun zu Iboko. Er ist heute einer der Bangala geworden. Oh, Iboko, hört auf die Stimme Mata-Bwyki's. (Ich dachte, sie müssten unheilbar taub gewesen sein, wenn sie diese Stimme nicht gehört haben sollten.)

„Bula-Matari und Mata-Bwyki sind heute eins. Wir haben uns die Hände gereicht. Thut Bula-Matari's Leuten nichts zu Leide, stehlt ihnen nichts, beleidigt sie nicht. Bringt eure Producte herbei, tauscht mit ihnen. Bringt Lebensmittel und verkauft sie ihm für einen vernünftigen Preis, freundlich, sanft und friedfertig, denn er ist mein Bruder. Hört ihr, ihr Leute von Iboko! Ihr vom Ufer des Flusses und ihr aus dem Innern?"

„Wir hören, Mata-Bwyki!" schrie die Menge.

Während des Restes des Tages suchte man mich zu dem Versprechen zu bewegen, dass ich im Lande der Bangala eine Station bauen wolle. Es sollte uns ein ganzes Dorf mit Hütten, Palmen- und Bananenhainen verkauft werden, ich schob jedoch das Geschäft so lange auf, bis ich Lieutenant Coquilhat und seine Leute hierher bringen konnte. Ich setzte ihnen inzwischen auseinander, dass ich gegenwärtig nur gekommen sei, um das Land kennen zu lernen, dass ich aber bei der Rückkehr von Langa-Langa sie nochmals besuchen würde, ehe ich wieder nach dem Aequator hinabführe. Dann wechselte ich mit Mata-Bwyki reiche Geschenke, und unsere Gefährten folgten diesem Beispiel. Die Ceremonie der Blutsbrüderschaft wiederholte sich verschiedenemal mit den Söhnen und Neffen des patriarchalischen alten Häuptlings.

Am 25. October setzten wir die Fahrt den Fluss aufwärts fort und steuerten durch den ersten Kanal, welchen wir fanden, nach dem linken Ufer hinüber. Es war dies jedoch keine leichte Aufgabe, weil die Inseln ebenso zahlreich wie lang waren, sodass wir das jenseitige Ufer erst erreichten, nachdem wir 13 Stunden unter Dampf gewesen waren.

Wer rein tropische Landschaften liebt, der müsste die reichen, grünen Inseln in der Mitte des Kongo zwischen Iboko am rechten und Mutembo am linken Ufer sehen, mit den unzähligen verschlungenen und gewundenen Armen des Flusses, in denen üppige Vegetation wie sammtartiger Abglanz der Blätter und Wedel sich im intensiv hellen Sonnenschein widerspiegelt. Das Unterholz zeigt die mannichfaltigsten Farben; die buschartigen Spitzen, die schlangenartig emporkletternden Lianen mit dem weinblattähnlichen Laub, alle haben ihre eigene und besondere Farbenschönheit, die eine Beschreibung unmöglich macht. In diesen Breiten kann man meiner Meinung nach zu jeder Zeit die erfrischende Freudigkeit und Kraft der tropischen Natur beobachten. Einige der kleinsten Inselchen scheinen in karmoisinrothem

Feuer zu stehen, während die Blüten der Trichterwinde in purpurner, die Blumen des Jasmins und der Mimose in goldenen und weissen Farben das Auge erfreuen und die Luft mit ihren süssen Düften erfüllen. Unberührt von der zerstörenden Hand des Menschen und seiner ungestümen und entheiligenden Gegenwart, kommen diese Inseln in der Blüte ihrer angeborenen Schönheit, Anmuth und Unschuld, was das Aussehen anlangt, der Lieblichkeit des Gartens von Eden näher als irgendeine andere Gegend, welche man ausserhalb des Paradieses finden könnte. Sie sind mit einem himmlischen Reichthum von Blüten- und Blätterschönheit gesegnet, einer Vollständigkeit des vegetabilischen Lebens, wie man sie nur da kennt, wo Boden, Wärme, reichliche Feuchtigkeit und wohlthuender Sonnenschein in gleicher Vollkommenheit vorhanden sind.

Aber nicht nur das Auge erfreuen diese Inseln durch ihre wunderbare Pracht. Die Palmen sind eine ewige Quelle süssen Saftes, welcher in gegorenem Zustande dem Menschen Vergnügen und Behagen schafft. Die goldigen Nüsse anderer Palmen liefern reiches, gelbes Fett, welches frisch selbst für die Küche eines Epikuräers genügen würde und das an der Küste als ein sehr werthvoller Handelsartikel geschätzt wird. Die üppigen, fast endlos langen Schilfgräser werden zu Matten für Haus und Veranda, zu Sonnendächern für Reisen auf dem Flusse, Schutzwänden für die zeitweilig auf den Uferterrassen sich aufhaltenden Fischer, Netzen und Fallen, Feld- und Marktkörben und einer Menge anderer nützlicher Dinge verarbeitet, namentlich aber zum Bau der netten und starken Häuser und zum Rahmenwerk der Wände. Dasselbe geschieht mit den starken strickartigen Schlinggewächsen, die wie Festons aus der Höhe herabhängen oder an den Stämmen der kräftigen Bäume emporranken. Jenes Gewächs mit blassweissen Blüten ist die Kautschukpflanze, die vom höchsten Werthe für den Handel ist und in Zukunft von den Eingeborenen von Iboko und Bolombo auf das eifrigste gesucht werden wird. Der unternehmende Händler findet eine Feigenart mit fleischigen, grünen Blättern, deren Rinde sich vorzüglich zur Anfertigung von einheimischem Zeug eignet, und deren weiche schwammartige Faser in Zukunft zur Herstellung von Papier von einigem Nutzen sein dürfte. Dann gibt es hier die verschiedensten Arten von Palmen, aus deren gehörig vorbereiteter Fiber die geschickten Hände der Bangala Taue von einer Stärke flechten, wie sie weder heimischer oder Manilahanf noch Jute liefern und die sich von gewöhnlichen Tauen unterscheiden, wie die Seide von der Baumwolle. Dort das weiche blassgrüne Moos, welches die Baumspitzen wie ein Schleier umhüllt, ist die Orseilleflechte, aus welcher ein geschätzter Farbstoff extrahirt wird. Auch die Wälder dürfen nicht vergessen werden, die dem Blicke überall am Ufer und auf den Inseln begegnen und scheinbar endlos sind. Tagtäglich verbrennen wir die verschiedensten Holzarten, und oft bewundern die Maschinisten die Farbe und das Geäder derselben oder athmen mit Genuss den wundervollen Duft des Harzes ein. Wir zehren von Ansichten und Gerüchen, von denen wenige Menschen sich einen Begriff zu machen vermögen; wir sind wie Kinder, die unbewusst mit Diamanten spielen. Jeden Augenblick werden unsern Blicken, die bereits von der grossartigen Ueppigkeit der tropischen Welt übersättigt sind, neue Farbenreichthümer gezeigt, beständig passiren wir an Seltenheiten und Schätzen des vegetabilischen Lebens vorüber; wir wissen nichts mit ihnen anzufangen, denn unsere Mission gilt diesmal der Aufsuchung der menschlichen Bewohner und dem Versuch mit der menschlichen Natur.

Welch grosses Interesse an dem vielfarbigen Glanz der tropischen Wildniss, der mannichfaltigen Schönheit und dem Ueberflusse des vegetabilischen Lebens auf diesen Flussinseln oder dem üppigen Reichthum der Kongowälder man immerhin auch nehmen mag, es steht erst in zweiter Linie nach dem, was man für die Gemeinwesen der Menschen fühlt, deren Muskeln und Kräfte einen unmittelbarern und praktischern Werth für uns besitzen, denn ohne dieselben würden die Blumen, die Pflanzen, die Harze, das Moos und die Farbstoffe der tropischen Welt auf ewig für sie und uns nutzlos bleiben. In jedem freundlich blickenden Eingeborenen lese ich das gegebene Versprechen, dass er mir helfen will, ihn aus dem Zustande der Unproductivität, in welchem er jetzt lebt, zu befreien. Ich betrachte ihn etwa mit demselben Interesse, wie ein Landmann seinen kräftig gebauten Sohn; er ist ein zukünftiger Rekrut der Soldatenarbeiter. Wenn ich nur genug von dieser Klasse hätte, würde das Kongobecken bald ein ungeheuerer productiver Garten werden. Das ist einer von den Gründen, weshalb ich stets nach einem herzlichen Benehmen und einer gewissen Offenheit des Ausdrucks, aus denen ich Hoffnungen für die Zukunft schöpfe, scharfen Umblick halte. Wenn ich derartige Gesichter gefunden habe, lasse ich sie nochmals im Geiste Revue passiren und sage mir: „Du bist noch scheu und zurückhaltend, mein Freund, aber es sind schon andere Burschen, die böser als du aussahen, zu für sich und die Welt nützlichen Menschen umgewandelt worden. Noch ein paar Fahrten auf dem Flusse, dann wirst du überall mit mir hingehen." Oft kommt es mir so vor, als könnten die Burschen meine Gedanken lesen und schienen mir ermuthigend zuzulächeln, wie wenn sie in vulgärem Tone sagen wollten: „Du hast ganz recht, mein Junge, aber nur nach und nach."

In der Nähe von Mutembo begegnete uns ein den Fluss herabkommendes Handelscanoe, und sofort waren alle paradiesischen Inseln, die uns mit dem Duft ihrer Blüten und Blumen einen königlichen Genuss bereitet hatten, vergessen, weil wir vorzogen, mit der fremden Mannschaft zu plaudern. Sie waren in Iboko zu Hause. Das Gerücht, dass ich mit dem alten Mata-Bwyki Blutsbrüderschaft geschlossen, hatte sie schon erreicht. Wir kauften ihnen Esswaaren ab und schwatzten lachend und scherzend miteinander wie alte liebe Freunde. Sie besassen auch elf grosse Elefantenzähne, aber dies war ein Artikel, den wir zu ihrer Ueberraschung nicht brauchen konnten.

Vor Mutembo erreichten wir das Ende einer langen Insel, welche parallel mit dem linken Ufer des Kongo läuft und uns die Aussicht auf Ukumbi und seinen Häuptling Ibombo versperrte. Nach allem, was wir hörten, muss die Ansiedelung äusserst unternehmend sein, wenn sie an Reichthum, Stärke und Bevölkerung auch hinter Iboko zurücksteht.

Es war ein wunderbar schöner Nachmittag gewesen, so klar wie an Sommertagen am Mittelmeer; als wir uns aber zum Lagern für die Nacht vorbereiteten, verdunkelte sich die schon tief im Westen stehende Sonne sehr rasch, indem von Nordwest, Nord und Nordost schwarze Wolken mit überraschender Geschwindigkeit zum Zenith emporstiegen, während gleichzeitig von Süden her eine Wolkenschicht nach der andern heraufkam und jenen entgegenzog. Wir hatten schon oft gegen Sonnenuntergang ähnliche Himmelserscheinungen beobachtet, an diesem Tage waren die Wolken aber so ominös schwarz, dass sie die allgemeine Aufmerksamkeit fesselten. Leider konnten wir jedoch noch immer keine Stelle entdecken, wo wir Schutz finden konnten, denn

DIE UFER DES OBERN KONGO.

das Gebüsch war von den überhängenden Zweigen der Waldriesen bis hinab zur Oberfläche des Wassers so dicht, undurchdringlich und unzugänglich, dass es selbst der spitzen Nase eines Krokodils widerstanden haben würde. Wir befanden uns in einem gegen 200 m breiten Kanal, welcher auf beiden Seiten von einer 45 m hohen lebenden Wand eingefasst war; starke Festungsmauern wären kaum ungastlicher gewesen als jene, und während der Himmel uns rieth, eine geschützte Stelle aufzusuchen, wurde uns dieselbe von den beiden Ufern positiv verweigert. Schliesslich war der Zenith ganz überzogen und verdunkelt, aber die Farbe des nördlichen Himmels war in ein Aschgrau übergegangen, ein Zeichen, dass dort der Sturm brüte. Durch einen uns unsichtbaren Einfluss wurde die Oberfläche des Wassers leicht gekräuselt, aber noch hing selbst das zarteste Blatt unbewegt, noch stand das höchste Rohr gerade, wie wenn die Natur „Achtung" commandirt und alles am Lande in versteinerten Zustand versetzt habe. Aber nur für wenige Minuten, denn jetzt kam alles gleichzeitig in Bewegung. Durch alle die Millionen Blätter des Waldes ging ein heftiges Rascheln, andere Millionen kamen vor der Wuth des Sturmes einhergepeitscht, und Millionen von Wellen jagten auf dem Flusse daher, wie wenn sie mit den Blättern einen Wettlauf unternehmen wollten. Die hohen Bäume, die Bombax- und Kopalbäume und Palmen, beugten die zerrissenen und zerschlagenen Kronen, während die Wälder in agonieartigem Widerstande fürchterlich zu stöhnen und zu krachen begannen. Indess hatten wir keine Zeit mehr, darauf zu achten, da der Orkan mit solch überwältigender, vernichtender Gewalt über uns hereinbrach, dass die Flotille trotz des kräftigsten Arbeitens der Maschinen den Strom hinabtrieb. Wir waren deshalb gezwungen, nach dem Ufer hinüber zu scheeren, wo wir uns zitternd und kalt mit den Bootshaken an dem Gebüsch festhielten, während der Regenschwall alles mit Schaum und Wasser ertränkte. Von der Thür der Kajüte aus sah ich, wie der Sturm den heftigen Regen mit solcher Gewalt auf die bisher ruhige Oberfläche peitschte, dass dieselbe überall wie mit kleinen fusshohen Springbrunnen bedeckt zu sein schien; dann rollten die Wogen gegen uns heran, sodass die Fahrzeuge eine Weile in einer wüthenden See umhergeschleudert wurden. Glücklicherweise hörte der Regen noch vor Dunkelwerden auf, und wir fanden ein kleines Loch in der grünen Mauer, durch welches die Mannschaft einer nach dem andern hinaufklettern konnte, um die Taue festzumachen; zum Einsammeln von Brennmaterial war es jedoch schon zu spät geworden.

Eine mehrstündige angestrengte Arbeit lieferte uns am nächsten Morgen genügend Brennholz für eine achtstündige Fahrt, sodass wir die Reise fortsetzen konnten. Mutembo und Imeme, zwei Orte, welche sich im Jahre 1877 dadurch auszeichneten, dass man in Schlachtordnung gegen uns ausgezogen war und auf uns gefeuert hatte, nachdem wir ihre Dörfer passirt hatten, schienen schon seit mehrern Monaten verlassen zu sein. Wir kamen dann zu der, wie wir meinten, Mündung des Sankuru-Flusses, jedoch irrten wir uns in dieser Beziehung, da der Führer Jumbila uns mittheilte, dass es ein Kanal sei. Wir setzten die Fahrt in demselben fort, da wir das linke Ufer nicht gern aus Sicht verlieren wollten. Hier entdeckten wir den Anfang eines werthvollen Waldes von Gummi-Kopalbäumen, deren Kronen mit der Orseilleflechte drapirt waren. Ein allgemeiner Ruf der Bewunderung entrang sich den Lippen der Sansibarer, als wir diese Entdeckung machten, und wir hörten sie sagen:

„Oh, Freunde, das ist ein reiches Land! Unten Kopal

und oben so viel Orseille, dass man viele Vermögen damit verdienen kann. So etwas gibt es in unserer Heimat nicht. Und seht nur den Kautschuk-Strauch!"

Während des ganzen 27. October fuhren wir an einem ununterbrochenen Kopal-Walde hin, der dicht mit der werthvollen Farbeflechte bedeckt war.

Am 28. erreichten wir Unter-Ukatakura, das ebenfalls verlassen war, und gleich oberhalb der Lichtung die Mündung eines kleinen Flusses, der etwa 10 m breit und, wie der Führer behauptete, vom Lulungu kommen sollte! Da wir Ober-Ukatakura, welches wir um 4 Uhr nachmittags passirten, gleichfalls unbewohnt fanden, so blieben wir die Nacht über am Ufer eines andern aus dem Innern kommenden kleinen Baches oberhalb des Dorfes.

Den mit Orseille drapirten Wald hatten wir auch noch fast den ganzen Tag des 29. October in Sicht. Zur Rechten wurden die Inseln kürzer und verwickelter. Der Fluss war zum Ueberlaufen voll, aber noch im Steigen; an manchen Stellen hatte er schon die niedrigen Ufer überflutet und die Wälder unter Wasser gesetzt, und der höchste noch nicht überschwemmte Theil des Landes ragte kaum 15 cm aus der Flut hervor. Offenbar ist dies der Hauptgrund, weshalb in dieser Gegend so viel unbewohntes Gebiet ist.

Der Führer Jumbila meinte, die Bewohner von Imeme, Mutembo und Ukatakura müssten von den am rechten Ufer lebenden kriegerischen Ubika aus ihrem Lande vertrieben worden sein.

Auch am 30. October dauerte der Wald von mit Orseilleflechten drapirten Kopalbäumen noch fort. Nachmittags passirten wir die verlassene Ansiedelung Mpakiwana.

Früh am Morgen des 31. October mussten wir einer Böe wegen ungefähr eine Stunde lang beilegen. Bei Fortsetzung unserer Fahrt kamen wir bei dem von Palissaden umgebenen Dorfe Dija vorüber, und um Mittag entdeckten wir auch das jetzt ganz verlassene Iringi, dessen wir uns von 1877 her wegen seines verrätherischen und hinterlistigen Angriffs sehr gut erinnerten. Der im Innern wohnende Stamm der Ikingi hatte die Bevölkerung von Iringi bekriegt und sie gezwungen, sich in Umangi am rechten Ufer niederzulassen.

Um 3 Uhr nachmittags wurden wir durch einige kleine Stromschnellen aufgehalten, sodass wir einen andern Arm des Kongo aufsuchen mussten; dann konnten wir jedoch ungehindert in tiefem Wasser bis nach dem 1½ km oberhalb der Stromschnellen gelegenen und von Iunga beherrschten Mpa hinaufdampfen, wo wir mit derselben Freundlichkeit aufgenommen wurden, welche ihre Nachbarn aus Rubunga im Jahre 1877 auszeichnete.

Wir hatten jetzt einen Punkt erreicht, welcher 1197 km von Leopoldville lag. Etwa 800 km davon waren wir an niedrigen, mit Wald bedeckten Ufern und Inseln entlang gekommen; sobald wir aber in die Nähe der kleinen Stromschnellen von Mpa gelangten, trat eine breitere Strecke des Flusses in Sicht, an deren oberm Ende die hübschen Berge von Upoto sich erhoben, welche oben mit dem zarten Grün des jungen Grases, an den untern Abhängen jedoch mit ausgedehntern Bananenhainen und Cassavefeldern bedeckt waren.

Am nächsten Tage dampften wir nach dem vom alten Rubunga regierten Dorfe Ngansa, das infolge eines mörderischen Krieges von der frühern Stelle, wo es vor fünf Jahren gestanden hatte, etwas weiter verlegt worden war. Wir erneuerten sofort unsere Bekanntschaft mit dem alten Häuptling Rubunga, dessen eigenes Dorf einige Kilometer weiter aufwärts liegt, und Makukuru, dem Herrn von Neu-

Ngansa. Wie damals schickten Umangi, Mpissa, Ukere und Upoto vom rechten, und Mpa vom linken Ufer ihre Vertreter mit grossen und kleinen Elefantenzähnen, Ziegen, Schafen und allerlei vegetabilischen Nahrungsmitteln. Mit grossem Lärm forderten die Leute, wir sollten ihre Vorräthe kaufen, und da sie ihre dringenden Bitten auch noch mit schmeichelnden Worten unterstützten, so war es schwierig, zu widerstehen. Die Leute waren fest davon überzeugt, dass so viele Weisse, welche aus der Gegend vordringen, aus der, wie ihnen bekannt ist, Gewehre und Pulver, Zeuge, Perlen und Draht kommen, sich nur zu diesem Zwecke den Fluss so weit hinaufgewagt hätten; sie konnten deshalb lange Zeit die ablehnende Antwort nicht verstehen. Als sie schliesslich begriffen, dass wir kein Elfenbein kaufen wollten, war ihre Enttäuschung natürlich sehr gross, und dennoch boten sie uns Elefantenzähne zu so lächerlich niedrigen Preisen an, dass es später kein Wunder war, dass die weiter abwärts wohnenden Stämme am Kongo ärgerlich wurden, wenn sie uns auf dem Wege nach dem weit berühmten Langa-Langa vorbeifahren sahen.

Nach Jumbila's Erzählung sind nämlich die volkreichen Districte dieser Gegend den Weijansi und Bangala als Langa-Langa (das obere Land?) bekannt. Hier ist das Eldorado der eingeborenen Elfenbeinhändler, wahrscheinlich weil sie hier noch mit dem arglosen Ureingeborenenthum der unbekleideten und übermässig tätowirten Geschöpfe zu thun haben.

Von unsern Mannschaften hatten nur wenige geglaubt, dass es Frauen ihrer Hautfarbe gäbe, welche sich in vollkommen nacktem Zustande dem Auge der Männer zeigen. Dass unbekleidete Büsten und Glieder frei den Blicken ausgesetzt blieben, wussten sie, weil dies dem Leben der Eingeborenen entsprach; allein diese keine Scham kennende Nacktheit überraschte sie sehr.

Ich muss hier übrigens ein Wort zur Entschuldigung dieses schamlosen Zurschautragens ihrer Person durch die Weiber von Langa-Langa einschalten. Da es denselben an Zeug oder einer andern Bedeckung mangelt, um ihre Körper zu verhüllen, so haben sie zum Ersatz das bischen Schönheit, welches sie von Natur vielleicht gehabt haben, durch Zerkratzen von Gesicht und Büste vollständig zerstört. Oder war es vielleicht die Eifersucht der Männer, welche die Frauen mit diesem abscheulichen Mittel vor Unheil bewahren wollen? Mag die Sitte aber durch Thorheit oder Verbrechen veranlasst sein, jedenfalls hat dieselbe sehr wirksam ihren Zweck erreicht, denn die Langa-Langa-Leute haben durch das Opfer der glatten Gesichtslinien und der sammtartigen Weichheit der Haut sich vor Sklaverei bewahrt. Seltsamerweise halten die Langa-Langa-Eingeborenen das Zerfetzen des Gesichts durch Tausende von kleinen Schnitten, zwischen denen zahlreiche schwulstige Blasen liegen, für eine Verschönerung; und als Makukuru mein Bruder geworden, war das erste seine dringende Bitte, ich möge ihm Gelegenheit geben, seine Geschicklichkeit in dieser neuen Art persönlichen Schmuckes an meinem Gesicht zu beweisen.

In Langa-Langa gibt es jetzt beträchtlich mehr Gewehre als im Jahre 1877. Damals besassen sie nur 4, aber kein Pulver, seitdem haben aber die Bangala ihren Einfluss mehr ausgedehnt, und jetzt mögen an beiden Ufern vielleicht 100 Flinten vorhanden sein. Wie für andere Eingeborene, und selbst diejenigen in der Nähe der Küste, besitzt der laute Knall des Pulvers für sie einen grossen Reiz, und wenn sie den Bangala- und Irebu-Kriegern gegenüber auch nicht sehr tapfer sind, so setzen sie doch gern die Eingeborenen im

Innern in Schrecken, welche noch nicht die hochgeschätzte Muskete kennen.

Hier wechselt das Geld. Bis nach Manjanga hinauf dient das Stück (22 m) Kattun und gestreiftes Zeug als solches; bis zur Ijumbi-Kette waren blaue Glasperlen sehr begehrt, und zwischen dort und Langa-Langa wurden die Messingstangen oder Matako vorgezogen; von Langa-Langa ab kommen jedoch die Masaro oder die Sofi von Udjidji,

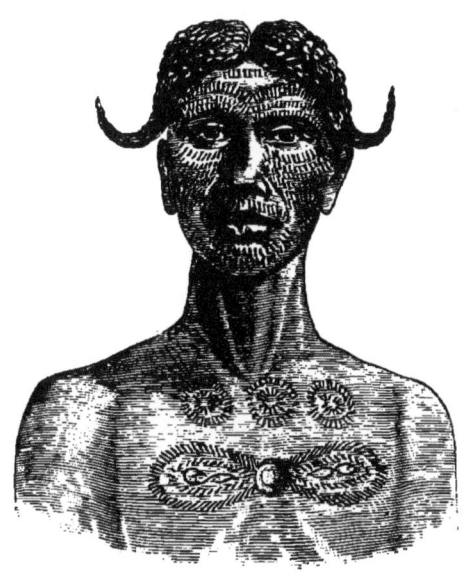

EINGEBORENER VON LANGA-LANGA.

den Italienern bekannt als Cannetone-Perlen, die ähnlich aussehen wie halbzöllige Thonpfeifenstückchen und von weisser und schwarzer Farbe sind, nebst grossen Kauris in Gebrauch. Messingstangen werden zwar allmählich auch etwas beliebter, aber der Händler wird es sehr bedauern, wenn er sich nicht mit den Pfeifenröhren versehen hat. Am weitesten wird man aber wahrscheinlich mit Zeugen kommen, denn wir wurden von den Leuten selbst wegen des kleinsten Fetzens

Scheuertuch in unserm Besitze buchstäblich bestürmt. Für abgelegte baumwollene Kleidungsstücke erhielten wir geradezu überraschende Mengen von Brot, Eiern und Hühnern, und eine fette Ziege kostete nicht mehr als zwei Meter hellrothes Taschentuchzeug.

Die Langa-Langa-Eingeborenen haben erst in jüngster Zeit erfahren, dass Elfenbein verkäuflich ist; jetzt aber haben die Besuche der Bangala auch Mpa, Jakongo und Ikassa am linken und Umangi, Mpissa, Ukere, Upoto und Iringi am rechten Ufer veranlasst, in derselben Weise die oberhalb von ihnen liegenden Regionen auszubeuten, wie die Iboko und Irebu dies bei ihnen zeitweilig thun.

Bei Fortsetzung der Fahrt führt der Curs von Ngansa aus in östlicher Richtung, die er auch zwei Längengrade beibehält. Von Leopoldville ab war der Curs bis zur Vereinigung des Kwa mit dem Kongo etwa Nord zu Ost, dann etwa 200 km Nord, darauf bis Iboko Nord zu Ost und bis Ngansa etwa Ost zu Nord gewesen.

Am 4. November passirten wir, beständig dicht am linken Ufer hinsteuernd, nach einer Fahrt von etwa 12 km das neue Dorf Rubunga's, Jakongo genannt, und um Mittag waren wir bei Ikassa auf 2° 1' nördl. Br. Die Eingeborenen zeigten sich zu furchtsam, um unsern Ruf zu beantworten, und in Jakongo schienen dieselben sogar, trotz unserer Freundschaft mit dem alten Rubunga, alles zur Flucht einen kleinen Fluss hinauf vorbereitet zu haben, da sie dessen Mündung mit Palissaden versehen hatten, um uns die Einfahrt in denselben zu versperren. Ich glaube, die Männer müssen Ursache gehabt haben, die Bekanntschaft anderer Männer zu fürchten. Das reichlichere Eintreffen von Zeugen wird indessen ohne Zweifel die Tugend der Frauen besiegeln.

Den bei Ikassa und Jakongo vorbeifliessenden schmalen

Kanal verlassend steuerten wir nach der rechten Seite des Flusses hinüber, um dort die Fahrt stromaufwärts fortzusetzen.

Am 5. November waren alle Spuren der Berge von Upoto verschwunden, und das Ufer war wieder ebenso flach wie früher, doch ragte das Land hoch genug aus dem Flusse hervor, um bewohnt werden zu können. Die Wälder, welche zu so hohen Mauern dunkler grüner Vegetation emporstiegen, waren an vielen Stellen gelichtet, obgleich es an Bewohnern fehlte.

Nachdem wir am folgenden Tage mehrere verlassene Ortschaften passirt hatten, gelangten wir nach Ndobo, einer sehr grossen neuangelegten Dorfschaft oder Stadt, welche eine einzige, über 2 km lange Häuserreihe bildet. Gleich jenseit des Ortes kam Ibunda in Sicht, dessen Bewohner auf dem Erdboden sassen und ihre Speere und Angriffswaffen neben sich liegen hatten.

Da diese Leute sich offenbar erst vor ganz kurzer Zeit in den beiden Städten angesiedelt zu haben schienen, so zeichneten sich diese nicht gerade durch Nettigkeit der Erscheinung aus. Die untere Hälfte vieler Hütten war aus Flechtwerk hergestellt und mit Lehm verschmiert; starke steife Leitern, welche an der senkrechten, 2—4 m aus dem Flusse hervorragenden Thonbank befestigt sind, dienten den Eingeborenen beim Ein- und Aussteigen in und aus den Canoes. Letztere scheinen, wenn auch zahlreich, doch klein zu sein und nur zum Fischfang gebraucht zu werden. An manchen Stellen des Ufers waren allmählich aufsteigende Wege hergestellt, theils um die Fahrzeuge bis zur sichern Höhe bei der Stadt hinaufzuschleppen, theils um die neuen Canoes, von denen wir eine grössere Zahl im Bau begriffen sahen, vom Stapel zu lassen.

In der Nähe von Ndobo bemerkten wir den ersten Haufen Austernschalen, die wahrscheinlich noch lange als ein Zeichen der frühern Bevölkerung liegen bleiben werden.

Früh am Morgen des 7. November trafen wir in Bumba ein, einer Stadt von ziemlich grosser Bedeutung, die wir jedoch des Nebels wegen nicht eher sahen, als bis wir derselben ganz nahe waren. Wegen des ruhigen Benehmens der Bewohner hielten wir es für angebracht, ihre Gastfreundschaft und ihr Entgegenkommen auf die Probe zu stellen, und es gelang uns, eine Einladung, längseit des hohen Ufers zu legen, von ihnen zu erhalten. Der Häuptling Mjombi wurde von Jumbila leicht dazu überredet, Blutsbrüderschaft mit mir abzuschliessen, und zum fünften mal wurde mein armer Arm geopfert und mein Blut für die Sache der Civilisation vergossen. Es standen wohl tausend Personen beiderlei Geschlechts umher, um dem für sie seltenen Schauspiel in stummem Erstaunen beizuwohnen. Zunächst wurde ein junger Palmzweig abgeschnitten, zusammengedreht und an jedem Ende mit einem Knoten versehen; die Knoten wurden dann in Holzasche getaucht und von uns beiden gehalten, während der Medicinmann seinen Aderlass vollzog und so lange mit demselben fortfuhr, bis Mjombi vor Schmerzen jammerte. Dann wurde der Zweig durchschnitten und auf eine mir unverständliche Weise war ich für ewig meinem fünfzigsten Bruder vereint, gegen den ich die Verpflichtung übernommen hatte, ihn bis zu meinem Lebensende gegen alle Feinde zu vertheidigen.

Trotz dieser und verschiedener anderer Vorsichtsmaassregeln gegen irgendwelche eingebildete Uebel waren die Leute doch noch immer nicht ganz beruhigt, vielmehr glaubten sie, dass der gefürchtete Ibansa sich im Innern unserer Boote verborgen habe.

Was war das, was im „En Avant" so schrecklich seufzte und stöhnte, als er neben dem Landungsplatz anlegte? Sie stellten sich oberhalb und unterhalb der Fahrzeuge auf, ganz verloren in stiller Betrachtung der wunderbaren Bauwerke, sodass sie darüber das übliche Geschwätz und den lebhaften Gedankenaustausch vollständig vergassen. Die ihnen aufgegebenen Probleme sind aber auch schwer genug, denn sie kennen nichts, mit dem sie das Gemisch seltsamer Geräusche vergleichen könnten, welche aus den ungeheueren, beständig zischenden Töpfen hervorkamen. Welche unsichtbare Macht dreht die Räder, welche sie mit blitzartiger Geschwindigkeit sich bewegen sehen? Was enthält jene grosse eiserne Trommel? Weshalb wirft der weisse Koch so viele grosse Holzklötze hinein? Isst der Ibansa Holz? Ist es der in der eisernen Trommel eingeschlossene Ibansa, welcher das aus dem Schornstein aufsteigende kreischende Geräusch macht? Diese und noch andere Fragen beunruhigen den Geist der Eingeborenen von Bumba so sehr, dass wir nur wenig Lebensmittel einkaufen können, obgleich sie reichlich vorhanden und billig sind.

Am 8. November verkauften uns die Eingeborenen eine Menge Bananen, Ziegen, Hühner, Zuckerrohr, Taback, Kürbisse, süsse Kartoffeln und Yams, doch waren sie noch immer furchtsam und leicht geneigt, die Flucht zu ergreifen, was die beiden Häuptlinge Mjombi und Sungo-Madji veranlasste, unter der Menge umherzulaufen und zu rufen: „Frieden, ihr Leute! Verkauft eure Waaren in Sicherheit, diese Weissen sind unsere Brüder durch alle Bande, die uns binden können." Trotz dieser eifrigen Bemühungen, den Leuten Vertrauen einzuflössen, genügte jedoch das geringste Ablassen des Dampfes, die Bewegung eines Weissen, das ungeduldige Heben des Helms von der Stirn, das Abwischen des Schweisses vom erhitzten Gesicht, um Hunderte der Eingeborenen wie eine Heerde erschreckter Büffel in wilde Flucht zu treiben. Am Ufer, über die Bäume und nach den Booten hin wurde heiliges Wasser ausgespritzt, die lange Handglocke Sungo-Madji's mit aller Macht in Bewegung gesetzt, Greise kamen und murmelten ihre Beschwörungsformeln, aber trotzdem wollte die Furcht vor dem „Ibansa" nicht weichen. Das unterdrückte Kreischen der Frauen deutete die Vorahnung an, dass er zugegen sei, die unruhig rollenden Augen der Männer suchten das erste Zeichen seines Nahens zu erhaschen, das fortwährende Schreien der Häuptlinge, die ihre Glocken wie Stadtausrufer läuteten und beständig riefen: „Seid fest, ihr Männer von Bumba, es ist nichts zu fürchten!", kennzeichnete die allgemeine lebhafte Erwartung, und schliesslich kam der „Ibansa" wirklich in Sicht!

Einer meiner Kajütenjungen, dem diese auf allen Gesichtern ausgeprägte und in jeder Handlung wahrnehmbare Furcht Spass machte, hatte sich, während ich mit dem Maschinisten sprach, in die Kajüte geschlichen und die Thür hinter sich geschlossen. Plötzlich wurde dieselbe heftig aufgestossen, und ein grosser prächtiger bengalischer Königstiger kroch aus derselben hervor! Ein langer durchdringender Schrei erscholl, und in demselben Augenblicke ergriffen die Hunderte am Lande stehenden Eingeborenen, nur einen flüchtigen Blick auf das Ungethüm werfend, gleichzeitig heulend und kreischend die Flucht aus der Nähe des Schiffes.

Als wir die Ursache dieser ausserordentlichen Panik unter den Eingeborenen entdeckten, brachen die Mannschaften der Boote, gleichsam als Antwort auf das Schreien jener, in ein fürchterliches Gelächter aus, welches die fliehenden Einwohner veranlasste, stillzustehen, und mehr dazu beitrug, ihnen Vertrauen einzuflössen, als das stundenlange

„SCHLIESSLICH KAM DER «TRANSA» WIRKLICH IN SICHT."

Läuten der Häuptlinge; schnell kamen sie wieder zurück, um nun einen grossen unmässig lachenden jungen Burschen, und zu seinen Füssen ein harmloses Tigerfell zu sehen. Das Lachen schien ansteckend zu wirken, denn nunmehr konnte man die ganze Bevölkerung ihre Lenden klappen, convul-

EIN ALTER HÄUPTLING MIT VON DEN EINGEBORENEN ANGEFERTIGTEM HUT.

sivisch umhertaumeln und sich zur gegenseitigen Stütze aneinander festhalten sehen, als sie unter den sie quälenden krampfartigen Anfällen schwankten.

Anderthalb Stunden oberhalb Bumba liegt am selben Ufer eine ähnliche volkreiche Stadt, Namens Jambinga. Als wir uns derselben näherten, schien der untere Theil des

Ortes zum Widerstand geneigt zu sein, doch riefen wir beständig nach Mukuku, dem Häuptling von Jambinga, nach dessen Namen wir uns klugerweise bei Sungo-Madji von Bumba erkundigt hatten. Nach etwa einer Viertelstunde geruhte Mukuku, ein wahrer schwarzer Robinson Crusoë, mit Kopfschmuck und Kriegsrüstung ans Ufer zu kommen. Auf dem krausen Haar trug er eine Mütze aus Antilopenhaut, welche mit einem mächtigen Hahnenfederbusch verziert war, über der Schulter und der mächtigen Brust einen breiten Riemen aus Leopardenfell, an welchem eine Menge Stifte und Quasten, alles geheimnissvolle Fetische, hingen.

Energisch seine lange Glocke läutend, trat er heran und rief: „Ich bin Mukuku und habe von dem Ibansa gehört. Ich will ihn von Angesicht zu Angesicht sehen. Lass den Ibansa an das Land und zu Mukuku kommen."

Das waren kühne Worte, aber wer ihn sah, wie er sich stets in der Nähe des grössten Menschenhaufens hielt, begriff, dass er, wenn er nicht Häuptling gewesen und von Jumbila so laut gerufen worden wäre, es jedenfalls vorgezogen haben würde, dem grimmen Geiste, den er so tapfer ans Land zu kommen aufforderte, aus den Augen zu bleiben.

Wir machten uns jedoch entschlossen ans Werk, Mukuku's Furcht vor dem Ibansa zu besiegen, und mit so gutem Erfolge, dass, als die Ceremonie des Schliessens der Blutsbrüderschaft vorbei war, dem guten Manne auch nicht mehr der geringste Zweifel an unserm guten Willen blieb.

Während unsers Aufenthalts hier erfuhren wir, dass hinter oder nördlich von Jambinga ein Fluss ist, welcher sich östlich von der Stadt in den Kongo ergiesst und von einigen Itimbiri, von andern Ngingiri genannt wird. Die Eingeborenen behaupteten, er sei gross, und Händler kämen aus dem Norden herab, welche den das Musanga-Land bewohnenden Watumba Kauris und weisse Perlen verkauften.

„Jambinga", erzählten unsere Gewährsleute, „und dieses ganze Land rundherum ist eine Insel (Halbinsel?), denn der Itimbiri ist gross und kommt von weit hinter uns her."

Die Eingeborenen gaben uns auch die Namen von einer Menge Ortschaften; allein die Informationen haben keinen praktischen Werth, weil ihre örtlichen Begriffe nur höchst unbestimmt sind und jeder Arm und jede kleine Insel des Hauptstroms einen besondern Namen hat.

Am 10. November setzten wir um 2 Uhr nachmittags die Fahrt fort; eine Stunde später passirten wir Ober-Jambinga, wo wir 243 Canoes zählten, die entweder auf den Strand gezogen waren, oder an Pfählen befestigt im Flusse lagen. Da wir in Unter-Jambinga 313 bemerkt hatten, Bumba fast 400 besitzt und Ndobo und Ibunda wol ebenso viele haben, so beträgt die Gesammtzahl der Canoes oder Pirogen in diesem District etwa 1300; und da das kleinste dieser Fahrzeuge etwa 38 cm breit und 6 m lang ist, so kann man sich einen Begriff machen von dem Holzreichthum, welchen der circa 30 km lange Wald besitzt. Die Kriegscanoes sind zu werthvoll, um sie der Gefahr, vom Hochwasser fortgerissen zu werden, auszusetzen; sie liegen deshalb mittels fester, aus Rohr geflochtener Taue an tief in den thonigen Boden eingerammten Pfählen befestigt unter Wasser.

Uns nahe am rechten Ufer haltend, kamen wir durch einzelne beschwerliche, enge Kanäle, zwei Stunden nach dem Passiren des Dorfs Ober-Jambinga, nachmittags zu einem etwa 320 m breiten Stromarm, der uns, als wir demselben folgten, anfänglich in ostsüdöstlicher bis nordöstlicher, dann aber rasch nördlicher werdender Richtung führte, bis wir schliesslich Nordnordost steuerten. Dann erst dämmerte uns allmählich die Entdeckung, dass wir uns in dem Flusse befänden, welchen die Eingeborenen Itimbiri genannt hatten. Bei Jankau, das auf einem stumpfen Hügel am linken Ufer liegt und ringsumher von waldfreiem offenen Lande umgeben ist, traten wir, da der Fluss uns immer weiter nördlich zu führen schien, die Rückfahrt an.

Dies war also der Fluss, welcher nach den Erzählungen der Eingeborenen von Jambinga hinter ihrem Dorfe fliessen sollte, auf welchem von dem obern Laufe her die Händler von Norden kommen sollten, die italienische Cannetone-Perlen verkaufen, und an dessen Ufern die Watumba leben. Der Fluss soll sich an einigen Stellen so weit ausbreiten, dass ein an der gegenüberliegenden Seite stehender Mensch nicht mehr zu erkennen sei. Konnte dies ein See sein oder nur eine breite Ausbuchtung des Flusses?

Die Mündung desselben liegt auf 1° 57' nördl. Br. und ist in directer Linie etwa 290 km von Inguima am Uëlle-Makua-Flusse entfernt; seine Wasser sind sehr klar, und es ist deshalb nicht unmöglich, dass sie aus einem nicht sehr fernen See im Binnenlande kommen. Jamu-ningiri ist der Name eines grossen am Itimbiri etwa 12 km oberhalb seiner Mündung gelegenen Dorfes. Der Fluss bildet ein Delta, und viele bewaldete Inselchen bezeichnen seinen Ausfluss. Jankau gegenüber mündet ein tiefer und schiffbarer Fluss von 320 m Breite, dessen Wasser noch etwas dunkler als das des Kongo ist.

Etwa 6 km oberhalb der Mündung lag am grossen Strom Mutembo, aus drei mit Palissaden umgebenen Dörfern bestehend. Die Einwohner verbargen sich mit dem Speer in der Hand hinter ihren Hütten, um einem unerwarteten Angriff Widerstand entgegenzusetzen; als wir aber vorbeifuhren, kamen sie hervor und schlugen mit der Hand auf ihre Kehrseite, gerade wie der gemeine Pöbel in Europa seine Verachtung gegen jemand auszudrücken pflegt.

Am 12. November kamen wir am frühen Morgen bei einer ungewöhnlich grossen Lichtung vorüber, welche wir ihrer ungeheuern Ausdehnung wegen anfänglich für eine natürliche Ebene hielten. Sie war so umfangreich, dass eine volkreiche Stadt auf derselben Platz gehabt haben würde; gegenwärtig war sie jedoch einsam und öde. Weshalb die Bevölkerung, welche auf derselben ohne Zweifel ansässig gewesen war, sie verlassen hatte, war uns vorläufig noch unbekannt, doch mussten schwerwiegende Gründe die Leute dazu veranlasst haben.

Zum ersten mal konnten wir hier vom rechten quer hinüber nach dem linken Ufer sehen. Die verlassene Ebene war früher von dem Jalulima-Stamm bewohnt, den wir bei der Rückfahrt dem linken Ufer entlang noch kennen lernen werden; derselbe ist berühmt wegen seiner Geschicklichkeit in der Anfertigung von Eisenwaaren, Speeren, Schwertern, langen einfachen und doppelten Alarm- und kleinen zierlichen Tanzglocken, welche die Anhänger des Fetischdienstes — des Mgangaismus, Isakissismus, Ikiraismus oder mit welch andern Namen man die den Eingeborenen bekannten Zaubereien sonst bezeichnen will — an ihren Gürteln aus Schlangen- und Eidechsenhaut zu befestigen lieben.

Bei der vorspringenden Spitze der früher von dem Jalulima-Stamm bewohnten Ebene am rechten Ufer ist der Kongo etwa $2\frac{1}{4}$ km breit; aufwärts reicht der Blick circa 12 km weit, nach unten lassen sich die verschiedenen Arme des Kongo noch viele Meilen über Mutembo hinaus verfolgen.

Auf einer einige Kilometer weiter stromauf liegenden

Insel steht das Dorf Jambungu, dessen Bewohner sehr freundlich gegen uns waren; allein leider war ihr Dialekt uns unbekannt, wenn auch der Führer Jumbila verstand, was sie wollten. Sie brachten zunächst schwere Elefantenzähne herbei, und als wir dieses ihr werthvollstes Besitzthum nicht kaufen wollten, ungeheuere Yams, ganze Körbe voll gesunder grosser süsser Kartoffeln, Schafe mit breiten Fettschwänzen, sowie Hühner und Eier.

Dem obern Ende der Insel gegenüber entdeckten wir die Mündung eines andern Flusses (des Nkuku?), dessen Gewässer ins Schwärzliche spielten und der nach ziemlich genauer Schätzung etwa 230 m breit war. Von den Eingeborenen vermochten wir nicht viel Informationen zu erhalten, meiner Ansicht nach musste es aber ein Arm des Itimbiri sein. Die in der Umgegend liegenden Districte sind stark bevölkert; wir hörten die Namen der Dörfer Luika, Jatni, Buila, Mukanda-Meja, Isako, Bungele und Wanbuna; da wir aber die Lage der Dörfer vielleicht demnächst genauer zu bestimmen haben werden, so ist es besser, auf diese Districte inzwischen nicht näher einzugehen.

Am 13. November fuhren wir an einer wunderbar reichen tropischen Waldlandschaft vorüber, dicht besetzt mit den Fischerdörfern der Basaka. Auch die Inseln waren bewohnt, wie wir erkannten.

Folgenden Tags kamen wir bei den Bahamba-Dörfern vorbei, in deren Nähe wir eine Menge Kriegscanoes bemerkten, von denen einige mit 40 Mann besetzt waren. Als sie sahen, dass wir unsere Fahrt fortsetzten, ohne den Versuch einer Landung zu machen, kehrten sie nach ihren Weilern zurück. Nachts hörten wir vom obern Flusse her den Ton der Kriegstrommeln, was uns an unsere Erlebnisse im Jahre 1877 erinnerte.

Als wir am 15. November gegen 8 Uhr morgens in Sicht der auf hohem Terrain und ungefähr 18 m über dem Niveau des Flusses gelegenen Baruu-Dörfer kamen, demonstirten die Bewohner in feindseliger Weise mit Speeren und Schilden am Ufer, indess wurden sie durch unser stetiges Weiterdampfen und schweigendes Verhalten, unterstützt von der Neugier, den Schiffen grössere Aufmerksamkeit zuzuwenden, vollständig beruhigt.

Ein dichter Nebel lagerte sich etwa eine Stunde lang über uns, sodass wir das linke Ufer nur schwer zwischen den Inseln hindurch erkennen konnten.

Um Mittag erhielt ich eine Sonnenhöhe und berechnete, dass wir uns auf 1° 17′ nördl. Br., also dem Aruwimi weit näher befanden, als ich geglaubt hatte.

Ich gab deshalb den Befehl, die Büchsen und Patronen fertig zu machen, um gegen einen Angriff der ungestümen Speerwerfer jenes grossen Flusses gerüstet zu sein, der im Jahre 1877 die ungeheuere Canoeflotte gegen uns ausschickte. Es war allerdings nicht wahrscheinlich, dass die wüthenden Eingeborenen sich in einen Kampf mit der Dampfflotille einlassen würden, jedoch gebot uns die Klugheit, keine Vorsichtsmaassregel ausser Acht zu lassen, denn wenn wir in dieser von jeder Hülfe so fernen Gegend unerwartet überfallen wurden, würde wahrscheinlich die Flut des Kongo unsere verstümmelten Leichen aufgenommen haben. Im übrigen waren wir auch bei dieser Gelegenheit mit einem Zauber gewappnet, gegen welchen sie, wenn ihre Feindseligkeit nicht jedes Maass überstieg, vergeblich ankämpfen würden, und das war unser fester Entschluss, uns passiv zu verhalten. Nur wenn wir uns gar nicht anders helfen konnten, wollten wir unsere Büchsen gebrauchen; aber wenn wir einmal die Waffen zur Hand nehmen mussten, dann beabsichtigten wir auch auszuhalten, bis ihre Wildheit gänzlich vernichtet war.

Der Wald zu unserer Linken ist, wie wir im Vorbeifahren bemerkten, von grossartigem Reichthum an werthvollen Hölzern und von erfrischend grünem Aussehen. Die Zahl der Inseln nimmt hier rasch ab, das linke Ufer des Kongo tritt höher in Sicht, und der Fluss erscheint als ein einziger breiter Strom. Während ich die Gestaltung der Landschaft betrachte, schiesst plötzlich ein mit Bewaffneten bemanntes ungeheueres Canoe hinter einer Insel hervor und rudert rasch über den Fluss; dann folgt sogleich ein zweites und noch ein drittes Canoe, alle drei im Vergleich zu den kleinen Pirogen, welche wir bisjetzt gesehen haben, wundervolle Fahrzeuge.

In geschlossener Reihe setzen wir die Fahrt fort, und ich bezweifle sehr, ob die recognoscirenden Kriegscanoes, nachdem sie sich von der seltsamen Art und Weise der Bewegung der Fremden überzeugt haben, aus der Colonne der „Rauchboote" viel Trost geschöpft haben. Als jene das rechte Ufer erreicht haben, rudern sie, eins hinter dem andern, dem Lande entlang, was wir, die wir jede Bewegung auf das aufmerksamste verfolgen, als ein günstiges Zeichen auffassen. Für den Augenblick war also nach unserer Ansicht noch kein Angriff beabsichtigt.

Gleich darauf passiren wir eine verlassene Lichtung, auf welcher einst das Dorf stand, welches wir im Jahre 1877 gestürmt und genommen haben, und die Stelle, auf welcher wir den Angriff der Aruwimi-Flotille erwarteten. Dann tritt der grosse Nebenfluss in Sicht, und auch die grossartige Wasserfläche des mächtigen Hauptstroms ist weithin zu übersehen. Wir verfolgen stetig unsere Fahrt und steuern jetzt in den Aruwimi hinein, an dessen Ufern wir nach dem Passiren einer Spitze, welche bislang den

Blick verhindert hat, die Stadt Mokulu bemerken, wo unsere frühern Feinde, die Basoko oder Basongo, leben. Die Stadt dehnt sich dem hohen Lehmufer entlang etwa 4½ km weit aus; alle männlichen Einwohner scheinen sich in Kriegsrüstung am Rande des Flusses aufgestellt zu haben und bilden eine unregelmässige Linie bronzefarbiger, vollständig bewaffneter Krieger. Geschmückt in ihrer Kriegsmalerei — gelb, roth und weiss —, die grossen Schilde auf dem linken Arm, gewähren sie ein phantastisches Bild, während die grossen Kriegstrommeln Alarm donnern und durch ihren brummenden Ton den Muth der Männer bis zum höchsten Gipfel anfeuern. Den sich beständig in respectvoller Entfernung vor uns haltenden drei Canoes schliessen sich jetzt vier andere aus Teak ausgehöhlte Ungethüme an, je mit doppelten Reihen aufrecht stehender Ruderer bemannt, deren Ruderschafte mit runden Elfenbeinkugeln verziert sind, während die Krieger auf der Plattform im Hintertheil der Fahrzeuge umhertanzen und den langen Elfenbeinhörnern mit kräftigen Stössen wildmusikalische Töne entlocken, welche das Echo in den hohen Wäldern des gegenüberliegenden Ufers widerhallen lässt.

Nachdem wir bis gegenüber der Mitte der Stadt gekommen waren, steuerten wir quer über den Fluss nach einer kleinen Lichtung am Lande, welche den grossen Nebenstrom vom Kongo trennt. Hier wurden die Dampfbarkassen „Royal" und „A. I. A.", das Walfischboot und die Canoes zurückgelassen, worauf der „En Avant" ohne die Gefährten wieder über den Strom zu den das Ufer von Mokulu malerisch einrahmenden Kriegern zurückdampfte. Jumbila, dem eine reiche Belohnung versprochen worden war, wenn es ihm gelänge, die Wuth der Eingeborenen zu besänftigen, stellte sich wieder auf dem Kajütendeck auf, als der Dampfer das obere Ende von Mokulu erreicht hatte, wo die Maschine gestoppt wurde, sodass das Schiff langsam mit der Strömung abwärts trieb, während Jumbila's Stimme klar und laut in Worten von Frieden und Freundschaft erschallte.

Es müssen mächtige Phrasen gewesen sein, welche unser Führer gebraucht hat, nach dem plötzlichen Schweigen und der Ruhe zu urtheilen, welche über die am Ufer sich drängende Menge kam. Die Trommeln, die soeben noch mit sonorem tiefen Ton den Alarm- und Kriegsruf hatten erschallen lassen, verstummten, die Hörner, deren trotzige, schreckliche Stösse vor kurzem noch zur Schlacht angeregt hatten, schwiegen, das zornige, heisere Wuthgeschrei wurde still, die mit geschwungenen Speeren wild umherspringenden und tanzenden Gestalten beruhigten sich, und in der verstohlenen Bewegung der Massen schien sich die Neigung zu offenbaren, soviel wie möglich in die Nähe der Frieden verheissenden Stimme vorzudringen. Unsere Aufgabe war, schweigend alles zu beobachten, und plötzlich bemerkten wir, wenn uns auch die Bedeutung des Kauderwelsch unsers Führers vollständig unbekannt blieb, wie die Eingeborenen ihre Speere und Schilde an einem Baum, einer Hütte oder im Gebüsch im Hintergrunde niederlegten, als wenn sie sich wegen der Wuth, die sie soeben noch beseelt hatte, schuldig fühlten.

„Bravo, Jumbila! Fahre damit fort, mein Freund! Du hast deine Sache gut gemacht! Aber sprich noch weiter, denn ihre Ohren sind begierig, noch mehr von deiner süssen Stimme zu hören", flüstern wir ihm zu, und aufs neue beginnt Jumbila, mit Schlauheit und Humor, in sanften Worten und unter entsprechenden Handbewegungen ihnen die Segnungen eines freundschaftlichen Verkehrs des Menschen mit dem Menschen auseinanderzusetzen. Geberden und Sprache des Redners sind so eindrucksvoll, dass sie schliesslich einen der Krieger am Ufer veranlassen, in freundlichen, menschlichen Tönen zu erwidern. Letztere sind so modulirt und gesetzt, dass selbst unsere sie nicht verstehenden Ohren und schwerfälligen Sinne die Ueberzeugung gewinnen, dass der Sprecher der Basoko in ausführlicher Weise die Ursache erklärt, welche bei ihm und seinen Genossen die ausgelassene wilde Wuth hervorgebracht habe. Dann theilt Jumbila uns mit, wir würden ersucht, dort, wo wir die andern Dampfer zurückgelassen hätten, zu lagern; nach einer Weile würden die Basoko als Freunde zu uns kommen.

Wir warteten eine Stunde bei unserm Waldlager, als ein halbes Dutzend kleine Canoes, mit je zwei Mann besetzt, sich uns bis auf 230 m näherten; dann zögerten sie und begnügten sich damit, die Fahrzeuge langsam gegen den Strom zu rudern.

Wiederum wurde Jumbila aufgefordert, seine Ueberredungsgabe zu gebrauchen, um ihnen Muth zum Näherkommen einzuflössen. Welch ausserordentliche Geduld wir bei Beobachtung des allmählich zunehmenden Vertrauens bei den Eingeborenen übten, geht daraus hervor, dass es eine Stunde dauerte, bis die Männer einige Schritte oberhalb unsers Lagers an das Land stiessen. Dorthin begaben sich Jumbila und drei unserer am meisten Vertrauen erweckenden Leute, um sie zu begrüssen und die feierliche Blutsbrüderschaft zu schliessen, worauf uns gellende Schreie der Befriedigung ankündigten, dass ihre Furchtsamkeit nun endlich geschwunden sei. Auch die Stadt Mokulu vernahm die freudige Botschaft, die sofort der ganzen Bevölkerung mit grossen Trommeln verkündet und von den donnerartigen Schlägen in einer andern entfernten Gemeinde erwidert wurden. Auf diese Weise begann unser Verkehr mit den wilden Basoko.

NEUNUNDZWANZIGSTES KAPITEL.

DEN BIJERRE AUFWÄRTS.

Jumbila kehrt mit interessanten Neuigkeiten zurück. — Sklavenräuber, wahrscheinlich aus dem Sudan. — Geschickte Arbeit. — Umaneh und Jakui. — Kegelförmige Hütten. — Der Lauf des Flusses. — Das hauptstädtische Jambumba. — Vorgebliche Huugersnoth. — Stromschnellen. — Wahrscheinliche Identität des Bijerre mit dem Uëlle. — Gründe für diese Ansicht. — Araber in der Nachbarschaft. — Wieder auf dem Kongo.

Am Abend fuhr unser Führer Jumbila mit seinem neugewonnenen Blutsbruder nach Mokulu hinüber, und als er am nächsten Morgen zurückkehrte, glänzte sein Gesicht vor Triumph. Der weisse Mann hatte ihm eine Belohnung für seine hervorragenden Dienste versprochen und die Basoko ihm in Anerkennung seines Werthes zwei schöne Elefantenzähne geschenkt.

Wie man sich denken kann, hatte er sich bis zur späten Nachtstunde mit den Basoko unterhalten und ihnen ausführliche Mittheilungen über den weissen Mann und die treibende Kraft gemacht, welche die „Rauchboote" so weit gegen den Strom den Kongo aufwärts gebracht hatte. Und offenbar hatten ihm auch die Basoko manches mitgetheilt, was einen gewissen Anstrich von Tradition und Wunder hatte.

Aus seinem Vorrath von Neuigkeiten erzählte uns Jumbila, wie die Basoko vor vielen Jahren von Gerüchten über einen mächtigen Stamm erschreckt worden waren, welcher beim Jakusu vorbei den Kongo herabgekommen und von einem Manne mit einem Gesicht so blass, wie der Mond, befehligt worden sei. „In unsern Gewässern", sagten sie, „hatten wir nie von einem Stamme gehört, welcher mit vielen Canoes den Fluss herabschwimmt, wenn er nicht zum Krieg kam. Als wir daher von jenem Stamm hörten, fuhren wir aus unserm Strome heraus, um mit jenem zu kämpfen, doch traf derselbe schon an der Vereinigung der Gewässer mit uns zusammen, und wenn die Fremden auch nicht viele Canoes besassen, so warfen sie doch, als wir ihnen entgegensteuerten, unsere Leute nieder mit Feuer und weichem Eisen, das uns in Stücke riss, sodass wir ihnen nicht Stand halten konnten. Sie verfolgten uns dann und bekriegten uns in unserer eigenen Stadt, und wir konnten nicht einmal sehen, womit sie nach uns warfen und unsere Leute tödteten, die zu Boden stürzten und sich nie wieder erhoben. Und dann setzte jener Stamm die Fahrt den Fluss hinab fort; wir aber haben nie wieder von ihm gehört, bis wir vor einigen Tagen, als es früh morgens noch ganz dunkel war, den schrecklichen Ton «bum, bum, bum», der unsern Ohren wie der Donner des Himmels klingt, vernahmen und das Aufblitzen der Flamme in unsern Gesichtern fühlten. Vom Schlafe aufgestört, stürzten wir aus den Häusern ins Freie, wo die Dunkelheit durch tausend Brandfackeln erleuchtet war, und hörten ein krachendes Geräusch, noch lauter, als die brennende Ebene es hervorbringt, und schrecklicher als das längste Donnern. Unsere Ohren vernahmen ein Sausen und Pfeifen wie von durch die Luft fliegenden Steinen, und viele unserer Leute wurden, als sie in die Beleuchtung der brennenden Häuser geriethen, von jenen kleinen Dingern niedergestreckt. Es kam dieselbe Furcht über uns, wie damals, als

wir vor Jahren auf dem Flusse zum ersten mal den von
dem seltsamen Stamme auf uns geschleuderten lauten Donner hörten; wir entflohen deshalb, um das nackte Leben zu
retten, in die Tiefen der Wälder, wo wir uns in dem dichtesten Theile mit dem Gesicht auf den Erdboden legten,
weil wir den Kopf nicht zu heben wagten, um nicht auch
von den eisernen Kugeln getroffen zu werden, die über
unsern Köpfen sangen und in die Bäume unsers Dorfs einschlugen. Als wir unsere Frauen und Kinder schreien hörten, glaubten wir etwas thun zu müssen; wir sahen aus unserer Deckung hervor und bemerkten, dass einige von unsern
Häusern noch in Flammen standen. Aufs neue vernahmen
wir das anhaltende Geschrei unserer Frauen und das Gekreisch der Kinder, sowie das fürchterliche «Bum» dieser
langen, hohlen Röhren, wie deine Landsleute sie anfertigen,
und wieder flohen wir und warfen in unserer Furcht uns
im dichtesten Gebüsch zu Boden. Allmählich trat Todtenstille ein; wir wurden etwas kühner und krochen hervor, um
zu sehen, was eigentlich passirt sei. Als wir Mokulu erreichten, fanden wir, dass mehr als die Hälfte der Stadt
niedergebrannt war, wie du dich morgen selbst überzeugen
kannst, und von unsern Frauen und Kindern waren Hunderte
verloren."

Das war die ganze oder ein Theil der Geschichte, welche
Jumbila erfahren hatte, und die ihm erst vollständig erzählt
worden war, als er seine neuen Brüder gebeten hatte, ihm
einige der hervorragendsten Punkte nochmals zu wiederholen. Es war ihm jedoch gelungen, sie vollständig davon
zu überzeugen, dass wir von diesem Massacre und der grausamen That der Dunkelheit nichts gewusst haben konnten.

„Aber wer waren diese Leute? Woher kamen sie? Wo
sind sie jetzt? Auf welchem Flusse kamen sie zu euch?"

„Oh, das wissen wir nicht. Wir schliefen alle, als sie kamen, und sie gingen in Canoes fort, niemand weiss wohin. Wir denken, es müssen Bahunga oder Leute aus dem fernen Osten sein, oder vielleicht kamen sie aus dem Norden. Einigen unserer Leute gelang es, einen Blick auf sie zu erhaschen, und sie sagen, jene seien wie deine Leute gekleidet gewesen. Aber ihr kamt mit Jumbila von unten herauf, und Jumbila sagt, er habe nie von solchen Leuten gehört."

Durch geduldiges Fragen erfuhren wir ferner, sie hätten gehört, dass es nördlich von den Basoko Eingeborene gäbe, welche Zeuge trügen, und von denen sie durch Tauschhandel mit benachbarten Stämmen zuweilen Perlen und kupferne Armringe erhielten; aber gesehen hätten sie diese Leute nicht.

Im Jahre 1877 hatte ich niemals von einem solchen Stamme wie die Bahunga gehört; auf mich machte die Geschichte deshalb den Eindruck, als seien diese mitternächtlichen Marodeure sudanesische Sklavenhändler gewesen, die wahrscheinlich den grossen Nebenstrom herabgekommen waren.

Diese Meinung veranlasste mich weiter zu dem Versuche, einige Informationen über den Fluss selbst von ihnen zu bekommen. Aber sie wollten oder konnten mir nicht einmal den Namen des Flusses mittheilen, und als sie mich fragten, ob ich den Strom aufwärts zu verfolgen gedenke, und erfuhren, dass dies allerdings meine Absicht sei, war diese Mittheilung fast die Ursache zum Abbruch unserer kurz vorher besiegelten Freundschaft. Dieses augenscheinliche Bestreben, mir über den obern Lauf des Flusses keine Eröffnungen zu machen, erhöhte meine Neugier, die noch weiter gereizt wurde, als ich vernahm, dass sie gegen unsere weitere Fahrt auf dem Kongo nichts einzuwenden hätten.

Lebensmittel waren im Ueberfluss vorhanden und billiger

als in Iboko. Die beliebteste Münze schienen weisse Perlen und Kauris zu sein, bis wir unsere Zeuge zeigten; dann wurde der Besitz eines Taschentuchs im Werthe von einem Penny der Gegenstand allgemeinen Ehrgeizes.

Ihre Ruder, Messer und Speere zeugen von bemerkenswerther Geschicklichkeit. Die Ruderblätter sind mit einer unendlichen Menge von Schnitzereien verziert, deren rohe Zeichnungen grosse Aehnlichkeit mit Eidechsen, Krokodilen, Canoes, Fischen, Büffeln u. s. w. haben; ihre Messer sind

EIN BASOKO.

ihrer Grösse und Form nach wie breite Schwerter und so blank wie Rasirmesser geschliffen, während ihre Speere so scharf und glänzend sind, wie wenn sie soeben die Fabrik in Sheffield verlassen hätten.

Fast jeder Mann besass eine Art Kopfschmuck, der entweder von Material aus Palmenfasern geflochten oder aus Affen- und Antilopenfell angefertigt war; über der Schulter trugen fast alle einen geräumigen geflochtenen Proviantsack.

In Bezug auf ihre Körperbeschaffenheit sind sie ein prächtiges Volk infolge ihrer Muskelentwickelung, wenn auch einige hässlich, von dunkler Hautfarbe und kleiner Statur sind. Während der wenigen Tage unsers gegenseitigen Verkehrs erhielten wir einen hohen Begriff von ihren Fähigkeiten, unter denen Fleiss, allerdings nach ihren Ideen, keine der geringsten war. In dieser Beziehung schienen sie mir die hervorragendsten Leute zu sein, denen ich in Afrika begegnet bin. Ihre Fischerboote kamen und gingen beständig, und selbst während sie mit uns handelten, arbeiteten sie ununterbochen nach Art unserer traditionellen alten Grossmütter und flochten ihre Proviantbeutel, Hüte, Fischnetze oder drehten Bindfaden.

Die Stadt Mokulu ist zwar gross, hat aber doch nicht solche Ausdehnung, wie ich von dem Heim jener überwältigenden Kriegsmacht erwartet hatte, die uns im Jahre 1877 so stolz entgegengefahren war. Das Widerstreben, das die Eingeborenen der von uns beabsichtigten Fahrt den Aruwimi hinauf gegenüber offenbarten, und die sich mir aufdringende unbestimmte Idee von den Arabern aus dem Sudan regten den Wunsch in mir an, den grossen Nebenstrom zu untersuchen, sodass wir uns, trotzdem unsere Zeit sehr werthvoll war, am 17. November auf die Reise machten.

Von einer Breite von 1460 m an der Mündung verengert sich der Fluss einige Kilometer unterhalb Mokulu bis auf 830 m; weiter hinauf werden die Inseln zahlreicher und dehnt der Strom sich wieder bis auf 1280 m von Ufer zu Ufer aus.

Um 8 Uhr morgens hatten wir das Lager gegenüber von Mokulu verlassen; zwei Stunden später hielten wir, um besseres Brennholz zu fällen. Als wir um 2 Uhr nachmittags die Reise fortsetzten, erreichten wir nach dreiviertelstündiger Fahrt Umaneh, eine Stadt, welche noch ausgedehnter ist als Mokulu. An dem lehmigen Ufer lag unter den übrigen Fahrzeugen ein wirklicher Leviathan von Canoe, für welches mindestens hundert kräftige Krieger erforderlich waren, um es bei einem Kampf auf dem Flusse mit genügender Schnelligkeit vorwärts zu bewegen. Die im Hintertheil befindliche Plattform war aus dreizölligem Teakholz und der Bug so massiv hergestellt, dass derselbe ein Kauffahrteischiff hätte zum Sinken bringen können. Der Bord des leeren Canoes lag mindestens 30 Zoll über Wasser und war in seiner ganzen Länge mit geschnitzten Krokodil- und Fischgestalten verziert.

Da Umaneh nur $2^3/_4$ Stunden oberhalb Mokulu liegt, so wurde es mir erklärlich, wie an dem wichtigen Flusse eine so grosse Flotte zusammenzubringen war. Ohne Zweifel waren die Bewohner von Umaneh durch Boten von unserm Kommen benachrichtigt worden, denn eine friedfertigere Versammlung, als wir am Ufer sahen, hätten wir uns nicht wünschen können; die Leute sassen einzeln oder in Gruppen beisammen und betrachteten unsere Schiffe so kaltblütig, wie wenn sie ihr ganzes Leben in Greenwich oder Liverpool zugebracht hätten. Ich hätte mich gern mit solch unübertrefflichen und geschickten Canoebauern, wie diese Basoko sind, über die Kunst des Schiffbaues unterhalten, jedoch gestattete die Zeit uns keinen Aufenthalt.

Gegen 6 Uhr abends befanden wir uns querab von Jakui am rechten Ufer; ein gleichnamiger Ort an der linken Seite, der erst in Sicht kam, nachdem wir eine Insel passirt hatten, war noch grösser als jener.

Am nächsten Morgen stellten sich bei Tagesanbruch Fischer aus Jakui bei uns im Lager ein, um Fische zu verkaufen. Sie nannten sich ganz deutlich Basongo und theilten uns offen die Namen der verschiedenen Dörfer mit; über den Fluss befragt, zeigten sie mit der Hand in südöstlicher Richtung, um den Lauf des Stromes anzudeuten.

Einige Kilometer weiter aufwärts gelangten wir nach

ANSICHT VON BONDEII

Isombo, dem etwa gegenüber sich das erste steilere Ufer, 12 m hoch und stumpf abgerundet, zeigte, von wo ab das Land eine grössere Biegung von Südost nach Nordost machte. Gegen 10 Uhr vormittags bekamen wir Bondeh in Sicht, auf dessen Einwohner unser Anblick einen panikartigen Eindruck gemacht zu haben schien, denn dutzendweise fuhren Canoes mit Frauen, Kindern und Haushaltsgegenständen nach dem linken Ufer hinüber. Hier bemerkten wir auch zum ersten mal eine Veränderung in der Bauart der Häuser. Ueber den wohlbekannten niedrigen Gebäuden mit dem Firstdach in dem am Kongo üblichen Stil, wie wir sie getroffen, seitdem wir den Atlantic verlassen, ragten hier viele hohe kegelförmige Hütten empor, welche fast die Form eines Lichtauslöschers hatten. Da diese runden Hütten am Boden nur gegen 1½ m im Durchmesser zu haben schienen, war es uns anfänglich fraglich, zu welchem Zwecke sie verwendet würden. Auch Bondeh ist ein stark bevölkertes Dorf. Seinem äussersten Ende gegenüber erhebt sich auf dem linken Ufer ein weiterer wichtiger Ort Namens Jambi.

Wo dieses letztere Dorf in Sicht tritt, beginnt eine zweite grosse Biegung des Flusses, die sich, nachdem wir derselben etwa zwei Stunden gefolgt sind, fast als ein vollständiger Halbkreis herausstellt.

Der Compasseurs zeigt mir, dass wir fast parallel mit dem Kongo gefahren sind und die uns von den Eingeborenen in Jakui angedeutete südöstliche Richtung verfolgt haben. Eine kurze Zeit lang bin ich halb und halb der Ansicht zugeneigt, dass der Fluss sich schliesslich doch noch als ein rechter Arm des Kongo erweisen werde. Um Mittag nehme ich mit grosser Vorsicht die Sonnenhöhe, um die genaue Breite zu erhalten, und finde, dass wir auf 0° 59′ 0″ nördl. Br. sind! Am Tage vorher hatten wir 1° 7′ 0″ nördl. Br. gehabt.

Bei meiner vorgefassten Meinung, dass der grosse Nebenstrom der Uëlle sein muss, ist diese Entdeckung geeignet, mich zu verwirren; allein nunmehr ist die Neugier so sehr angeregt, dass wir, wie auch das Resultat sein mag, die Erforschung bis zur endgültigen Lösung fortzusetzen beschliessen.

Gegen 2 Uhr nachmittags erreichen wir die volkreichen Ansiedelungen von Jambua und Irungu, die je aus einer Reihe von etwa sechs Dörfern bestehen, welche am rechten Ufer in niedrigem üppigen Boden auf einer im dichten Walde hergestellten Lichtung sich erheben. Eine Stunde später werden wir durch den stetig fallenden Regen gezwungen, halt zu machen und am rechten Ufer das Lager aufzuschlagen.

Am 19. November sind wir um $6\frac{1}{2}$ Uhr morgens bereits wieder unterwegs, und um 9 Uhr kommt die Hauptstadt Jambumba in Sicht, die sich hoch und trocken im Halbkreise auf einem 12 m über dem Fluss liegenden stumpfen hellfarbigen Rücken ausdehnt und aus einer Menge steiler, kegelförmiger Hütten besteht, deren Strohdächer zwischen dem lebhaft grünen Laubwerk der Feigenbäume, der mächtigen Wollbäume, Palmenhaine und Bananen grau hindurchschimmern. Die Bevölkerung der Stadt dürfte nach ziemlich genauer Schätzung etwa 8000 Seelen betragen; trotz ihrer grossen Zahl schienen sie jedoch nicht geistesstark genug zu sein, um dem Impuls, die Flucht zu ergreifen, als sei der ewige Feind der Schwarzen und Weissen hinter ihnen, Widerstand zu leisten. Anfänglich schienen sie uns mit derselben Ruhe betrachten zu wollen, wie die Bewohner von Umaneh, und in gleichgültiger Haltung stellten sie sich dem Rande des weichen Sandsteinfelsens entlang auf; allein sobald sie das seltsame Keuchen der Dampfer hörten, machten sie sich auf die Beine, wobei die Schilde auf ihren Hüften den Takt zu ihren schnellen Schritten schlugen. Menschlichen Feinden glaubten

sie zweifelsohne Widerstand leisten zu können, dem so tief
und seltsam ächzenden und puffenden Ibansa gegenüber lag
aber ihre einzige Hülfe in der Flucht.

Nach Nordost hin traten einige Hügel in Sicht, welche
eine von Nordwest nach Südost laufende Kette zu bilden
schienen; unser Curs führte dagegen, nachdem wir das obere
Horn der halbmondförmigen Biegung erreicht hatten, in
welcher Jambumba lag, nach Ost weiter.

Allmählich verschwanden die Inseln, sodass der Fluss
nunmehr eine ununterbrochene Breite von 730 m von Ufer
zu Ufer zeigte. Wir bemerkten auch, dass das Wasser in
allmählichem Fallen begriffen war.

Am Morgen des 20. November war alles von dichtem Nebel
eingehüllt, der uns bis 9 Uhr an der Fortsetzung der Fahrt
verhinderte. Eine Stunde später erblickten wir auf dem
rechten Ufer eine lange Hügelkette. Von deren unterm Ende,
auf 1° 16′ nördl. Br., führte der Curs uns einer Curve entlang, die uns bis Mittag nach 1° 14′ nördl. Br. brachte. Vier
Stunden später kamen Stromschnellen in Sicht. Am linken
Ufer standen einige Dörfer, deren Hütten sämmtlich die
scharfe Kegelform zeigten.

Etwa 3 km unterhalb der Stromschnellen schlugen wir
an der rechten Seite ein Lager auf, was die Eingeborenen
des jenseitigen Ufers veranlasste, einen fürchterlichen Lärm
mit ihren Trommeln zu machen. Wir forderten Jumbila
daher auf, wenn möglich eine Unterredung mit den Leuten
zu beginnen; die Folge war, dass dieses Getrommel aufhörte und die Eingeborenen sich fast eine Stunde lang quer
über den Fluss in kindischer Weise über Bananen und Ziegen
unterhielten; der stets hungerige Jumbila schrie ihnen zu, sie
sollten Lebensmittel bringen und für Perlen verkaufen, und die
Eingeborenen bestritten ebenso laut, dass sie welche besässen.

Am folgenden Morgen fuhren wir mit dem Walfischboot hinüber, um den Versuch zu machen, das Wohlwollen der Eingeborenen von Jambuja zu gewinnen; allein nach einstündigen vergeblichen Bemühungen mussten wir denselben aufgeben. Sie behaupteten, sie litten selbst Noth, und spielten die Rolle halb verhungerter Leute ganz vorzüglich. Um sie auf die Probe zu stellen, warfen unsere ungläubigen Matrosen höhnisch einige Stangen Brot an das Land, die Eingeborenen waren jedoch schlau genug, sich mit scheinbarer Gier auf dieselben zu stürzen und sie mit unaussprechlicher Genugthuung zu verzehren, worauf sie ihre Hände ausstreckten und um mehr baten. Einige ans Ufer geworfene Kauris wurden mit derselben Hast aufgesammelt. Wenngleich sie aber nicht veranlasst werden konnten, Ziegen oder andere Lebensmittel zu verkaufen, so waren sie doch nicht abgeneigt, mit uns zu schwatzen; doch fürchte ich, sie waren so vollendete Schauspieler, dass ihre Informationen sehr wenig Vertrauen verdienten, denn trotzdem sie uns zahlreiche Namen nannten, erwähnten sie beispielsweise nicht, dass ihr Dorf Jambuja heisse, vielmehr bezeichneten sie es als Ngonde. Die Stromschnellen nannten sie Ruka oder Luka, den Fluss Massua, Kijo und Ikongo, während unsere mittheilsamen Freunde aus Jakui ihn Bijerre hiessen.

Da wir der uns noch bevorstehenden grossen Arbeit wegen nicht im Stande waren und auch im Hinblick auf die mit dem Befahren so grosser Flussstrecken verbrachte Zeit keine Lust hatten, die Forschungen unter Leuten fortzusetzen, welche unsere Informationen so eifrig zu verwirren suchten, stiessen wir vom Lande ab und ruderten nach den Stromschnellen hinauf. Als ich dieselben vollständig übersehen konnte, gewann ich die Ueberzeugung, dass man leicht über dieselben hinwegfahren könne, wenn man genaue Ortskenntniss besitze. Es musste sogar ein Vergnügen sein, mit dem schäumenden Wasser in einer der Schnellen herabzurauschen, denn es gibt dort keine verrätherischen Wirbel, Strudel oder Gegenströmungen, vielmehr rollt sich die Flut nur steil über ein wahrscheinlich glattes Riff. Die Stromschnellen sind etwa 400 m breit und erstrecken sich von der tiefen Krümmung am rechten Ufer im Bogen nach einer niedrigen vorspringenden Spitze auf der linken Seite.

Auf diese Weise wurde unserer Fahrt den Bijerre hinauf ein Ende gemacht, nachdem wir etwa 146 km zurückgelegt hatten. Da die Mündung des Flusses in den Kongo auf 1° 14' und unser Lager unterhalb der Stromschnellen auf 1° 13' nördl. Br. liegt, so haben wir trotz der drei oder vier halbkreisförmigen Windungen des Stromes fast genau die Richtung nach Ost verfolgt.

Obgleich alle diese geographischen Fragen erledigt werden sollen, muss ich doch hier, wo meinen weitern Nachforschungen ein Ziel gesetzt ist, die Gründe angeben, welche mich an der Meinung festhalten lassen, dass dieser Fluss der Uelle sein muss.

Die Entfernung zwischen diesen Stromschnellen und Inguima am Uelle beträgt in der Luftlinie etwa 250 km. Die Eingeborenen von Jakui nennen den Fluss Bijerre; auch die Basoko geben dies zu, behaupten jedoch, dass nur der obere Aruwimi, d. h. der oberhalb der Stromschnellen liegende Theil des Flusses, Bijerre heisse.

Schweinfurth's Uelle wird von Miani als Ware und Werre bezeichnet, während ein anderer ihn Meri oder Bere nennt.

Es ist ein grosser Fluss von 550 m Breite und $7^{1}/_{2}$ m Tiefe; wir haben denselben in östlicher Richtung einen Längengrad weit erforscht. Ueber den Stromschnellen sehen wir, dass die Hügelkette, welche das Hinderniss im Flusse bildet, die Richtung von Nordwest nach Südost verfolgt. Der Fluss wird durch die Hügel in seinem Laufe abgelenkt; er muss aus nordwestlicher Richtung herkommen und fliesst, nachdem er um den südöstlichen Ausläufer herumgeströmt, direct westlich dem Kongo zu. Man darf annehmen, dass es oberhalb dieser Stromschnellen noch weitere gibt, und die vielen Krümmungen des Flusses, welche wir passirt haben, lassen es möglich erscheinen, dass er noch viele andere Windungen macht. Eine oberflächliche Ansicht der nach Nordwest laufenden Curve oberhalb der Stromschnellen, wie wir sie hatten, hat wenig Werth, dagegen liefert ein Blick auf die grosse halbkreisförmige Biegung zwischen der Vereinigung des Nekke mit dem Uëlle und der Mündung des Gurba in den Uëlle den Beweis, dass zwei grosse Windungen in entgegengesetzter Richtung den Uëlle, Bere oder Werre Schweinfurth's, Miani's und Junker's mit dem Fluss Bijerre, den wir soeben hinaufgefahren sind, etwa verbinden würden. Der Itimbiri ist nicht gross genug, um einen Fluss von der Bedeutung, wie der Uëlle auf den Karten seiner Erforscher gezeichnet ist, aufzunehmen. Das grosse Wasservolumen des Bijerre absorbirt dagegen nicht nur den Uëlle, sondern höchst wahrscheinlich auch den Nepoko Junker's. Zu dieser Jahreszeit ergiesst der Bijerre per Secunde 150000 Kubikfuss Wasser in den Kongo.

Nun beschreibt Dr. Barth den Schari, welcher nach den Behauptungen vieler Geographen den Uëlle aufnimmt, wie folgt:

„Der Fluss war hier gewiss nicht unter 900 Schritte breit; westlich von der erwähnten Sandbank floss er langsam dahin und die Stangen der Fährleute zeigten eine Tiefe von 15 Fuss; in dem schmälern Arm östlich von der Sandbank war er viel reissender und tiefer." (Bd. II, S. 64.)

Angenommen, dieser Fluss, der Schari, sei 600 Yards oder 550 m breit, überall 15 Fuss oder $4\frac{1}{2}$ m tief und habe eine Strömung von 2 Knoten, so berechnet sich das Volumen Wasser auf nur 67000 Kubikfuss pro Secunde, und zwar an einer Stelle, die über 1300 km in der Luftlinie von Munsa's Dorf am Uëlle liegt. Da Munsa's Gebiet an einer Stelle am Uëlle gelegen ist, die mehr als 300 km in gerader Linie von seiner Quelle ab liegt, so haben wir hier einen äquatorialen Strom mit einem fast 3000 km langen Laufe und einem Volumen von nur 67000 Kubikfuss Wasser in der Secunde. Dagegen wälzt der Kongo nach nur 2400 km weitem Laufe ein Volumen von 230000 Kubikfuss in der Secunde bei Njangwe vorbei. In allem diesem liegt aber so viel Unbegreifliches, dass ich nur meine Meinung dahin aussprechen kann, dass, da der Bijerre nur 250 km von dem bekannten niedrigsten Punkte am Uëlle entfernt ist und ein so grosses Wasservolumen in den Kongo ergiesst, die Becken des Uëlle und des Nepoko zu dem hydrographischen Areal gehören müssen, welches den Bijerre mit Wasser versorgt.

Auf der Rückfahrt nahm ich etwa $7\frac{1}{2}$ km unterhalb Jambuja eine Reihe von Messungen der Stromgeschwindigkeit und der Wassertiefe vor. In der Mitte des Flusses lief die Strömung mit einer Geschwindigkeit von 350 m in 5 Minuten, während die grösste Tiefe 12,8 m und die Breite des Flusses 530 m betrug.

Wir übernachteten in Irungu und unterzogen uns dem Opfer des Blutsbrüderschaftschliessens. Von unsern neuen Brüdern erhielten wir die ausserordentliche Mittheilung, dass der Bijerre, nachdem er sich nordwestlich gewandt habe, eine weitere Biegung nach Süd mache und sich mit dem Kongo vereinige. Meiner Ansicht nach muss dies der Nepoko-Zufluss des Bijerre sein.

Unsere friedliche Fahrt den Fluss aufwärts hatte einen solchen Eindruck auf die Bewohner von Jakui gemacht, dass wir in diesem Orte in den Stand gesetzt waren, achttägige Rationen zu kaufen. Auch erfuhr ich hier, dass Araber von der Ostküste am Kongo seien, doch wurde das Gebiet, wo dieselben sich befinden sollten, so unbestimmt angegeben, dass wir die Nachricht nicht sehr beachteten. Als die Eingeborenen jedoch erfuhren, dass wir nach der Rückkehr nach Mokulu den Kongo in derselben Weise zu besuchen beabsichtigten, zeigten sie aus irgendeinem Grunde unverkennbare Zeichen der Freude. Sie dachten offenbar, dass die Bahunga-Marodeure sicherlich arg durchgebläut werden würden, wenn wir sie überholten.

Als wir kurz vor Mittag am 23. November eine kurze Weile bei unserm Lager, Mokulu gegenüber, anlegten, bemerkten wir, dass der Bijerre während unserer Abwesenheit 45 cm gefallen war. Wir setzten darauf die Fahrt nach der Mündung fort, und um die die beiden Flüsse trennende niedrige, bewaldete Spitze herum dampften wir wieder den mächtigern Kongo aufwärts.

DREISSIGSTES KAPITEL.

NACH DEN STANLEY-FÄLLEN.

Beutesüchtige Bahunga. — Seltsames Vertheidigungsmittel. — Verlassene Dörfer. — Eine ungeheuere Canoeflotille. — Gefahr vor uns. — Verheerungen der Araber. — „Der grausame Mensch hat sein Schlimmstes gethan." — Ruinen niedergebrannter Dörfer. — Eine fürchterliche Entdeckung. — Die arabischen Sklavenhändler überholt. — Betrachtungen über Wiedervergeltung. — Ausdehnung des von den Arabern verheerten Gebiets. — Das Elend der Gefangenen. — Eine bejammernswürdige Scene. — Die Gefangenen sämmtlich Frauen und Kinder; ihre Zahl. — Die Ursachen des Sklavenhandels. — Jaugambi. — Der Tschofu-Fluss. — Die Wenja-Fischer. — Schlaue Politik der Araber. — Die Stanley-Fälle. — Beschreibung der Katarakte. — Die Stämme des Districts. — Ihre Fangmethode. — Eine gefährliche Fähre. — Trommelsignale. — Ein fleissiges Volk. — Fische. — Palaver. — Unsere entfernteste Station gegründet. — Binnie zum Chef ernannt und mit der Aufsicht beauftragt. —
Heimwärts!

Während wir die starke ocherfarbige Flut des Kongo hier mit dem Kiele durchschneiden, zeigt sich dem Blick eine weite Strecke des Flusses, und die umherschweifenden Augen erfreuen sich an einer so ausgedehnten Breite des Stromes, wie wir sie zwischen den Ufern des Bijerre nicht erblickt hatten. Frei von Inseln trat der Kongo uns jetzt in seiner offenen Breite von gegen 4 km entgegen, gross genug, um ein Dutzend so mächtiger Nebenströme wie den Bijerre aufzunehmen, obgleich wir uns gleich oberhalb der Mündung des letztern noch 1930 km vom Meere und 1403 km von Leopoldville befanden.

Im Verfolg unsers Ziels halten wir uns am rechten Ufer, das niedrig ist, aber sehr fruchtbaren Boden mit grossartigen dichten Wäldern besitzt. Nach einiger Zeit kommen wir bei einer Lichtung vorbei, welche früher ein Marktplatz gewesen, aber jetzt unbenutzt ist, weil unter der dieses Gebiet bewohnenden Bevölkerung eine Veränderung eingetreten ist. Es sind Gerüchte von beutesüchtigen Bahunga verbreitet, welche in den benachbarten Districten umherschwärmen sollen, und Mistrauen, Furcht und Argwohn lasten schwer auf den Gemüthern der Eingeborenen.

Wir haben auch entdeckt, dass wir selbst ebenfalls nicht über den Argwohn erhaben sind. Wenn wir auch nicht zu den wilden Räubern gezählt werden, welche sich nächtlicherweile auf den weiten Gewässern umhertreiben und die schlafenden Eingeborenen überfallen, so tragen wir doch Kleidung und besitzen die schrecklichen Röhren, welche Donner und Verderben für die Menschen ausspeien. „Ja, fahrt nur den Mburra (Kongo) hinauf, wenn die hohlen Röhren Feuer gegeneinander speien. Wenn wir das nur sehen könnten, es würde ein grossartiges Schauspiel sein!" So denken die Eingeborenen, während wir in vollständiger Unkenntniss bezüglich des Stammes, mit dem wir auf gleiche Stufe gestellt werden, uns den Räubern immer mehr nähern, in einer erstaunlichen Verwirrung darüber, wer sie sein mögen.

Um 4 Uhr passiren wir einen andern Marktplatz, bei welchem wir übernachten wollen, allein als die Leute mit den Tauen an das Land springen, stürzen sie mit blutenden Füssen zu Boden; bei näherm Zusehen entdecken wir, dass das Terrain durch kleine Pflöcke von ausgetrocknetem Rohr vertheidigt wird, die über den ganzen Platz in die Erde gesteckt sind, sodass wir noch eine Stunde weiter zu fahren gezwungen sind, ehe wir einen passenden Lagerplatz im dichten Walde finden.

Am nächsten Morgen 9 Uhr kommen wir bei dem wohlbekannten Markt vorbei, auf welchem einst im Jahre 1877 Käufer und Verkäufer den Verdienst und das Vergnügen des Geschäfts im Stiche liessen, um einen wüthenden Angriff auf uns zu machen; sie hatten keineswegs erwartet, dass die den Fluss herabkommenden Canoes Leute enthielten, deren Muth wiederholt auf die Probe gestellt war, um derartigem Anstürmen Widerstand leisten zu können. Wir alle, die an der damaligen Affaire theilgenommen hatten, erkannten den Schauplatz wieder, und fast jeder Baum rief uns die Ereignisse ins Gedächtniss zurück.

Eine Stunde später passirten wir einen vierten Marktplatz, von dem wir die Einwohner nach einer oder mehrern Inseln am linken Ufer hinwegeilen sahen. Die Entfernung war so gross und das Licht durch den aus der feuchten Hitze entstehenden Nebelschleier so verdunkelt, dass wir die Umrisse der gegenüberliegenden Küste nicht genau unterscheiden konnten.

Das Land erhob sich in hübschen, anmuthigen Hügeln, die überall mit dem Grün des ewigen Frühlings bekleidet und dicht bewaldet waren, an der Flussseite aber stumpf abfielen. Hier und dort blickten Bananenhaine hervor, welche unbedeutende Weiler in den kleinen Lichtungen beschatten. Ohne Zweifel gehört das höhere Land zu den steilen Ufern des Bijerre bei Jambumba.

Nach den Inseln, welche sich hier wieder im Kongo zeigen, hinüberblickend, glauben wir die Bewegung von Rudern zu sehen, das helle, spiegelartige Aufspritzen des

Wassers, das wir an ruhigen Tagen so oft kennen gelernt haben; und langsam die Ufer der Inseln aufwärts verfolgend, kommt es uns halb und halb so vor, als erweiterten sich die Ufer selbst. Als ich indess die seltsame Erscheinung mit dem Feldstecher genauer prüfe, entdecke ich eine grosse Zahl von Canoes, sodass uns sofort der unangenehme Gedanke an einen bevorstehenden Kampf kommt. Die Sorge regt sich wegen eines Conflicts mit den schrecklichen Bahunga, wegen des Niederrennens einer ganzen Flotte von Canoes, wegen eines tollen, mit bewundernswerther Geschwindigkeit ausgeführten Angreifens und Anstürmens, während das scharfe Krachen der Hinterlader klar über dem Lärmen ertönt. Denn was sonst kann eine solche Begegnung zu bedeuten haben? Unsere Mannschaften wissen jetzt alle, dass eine grosse Menge Leute in der Nähe ist, obgleich das rechte Ufer still und unbewohnt zu sein scheint.

Wir werfen das Walfischboot los und der „En Avant" stürmt hinüber, um aus der Nähe einen genauern Ueberblick über diese ungeheuere Flotille zu erhalten; zehn Minuten später können wir eine lange und dichte Colonne den Fluss aufwärts steuernder Canoes erkennen, die im Schatten des überhängenden Gebüsches an einer Insel hinaufkriechen. Die Schiffslinie mag eine Länge von $4\frac{1}{2}$ km haben, vielleicht etwas mehr oder weniger, jedenfalls aber übertraf sie alles, was wir bisher von Canoeflotten gesehen hatten. Ich schätzte die Zahl der Fahrzeuge auf tausend. Wir steuerten langsam aufwärts, indem wir uns in einer Entfernung von 2 km parallel mit der Colonne hielten; ich fürchtete, dass sie einen Angriff beabsichtigten, und dachte an die möglichen Folgen des Ansturmes einer solch ungeheuern Macht, denn selbst wenn in jedem Canoe durchschnittlich nur 5 Eingeborene waren, standen uns 5000 Mann gegenüber, genügend, um uns zu überwältigen, auch wenn sie uns nur mit unbewaffneter Hand angriffen.

Unter solchen Umständen ist Vorsicht die Mutter der Weisheit. Wir lagen mit niemand, nicht einmal mit den Bahunga in Streit, und unsere Mission durfte nicht damit eingeleitet werden, dass wir die Gelegenheit zum Kriege suchten. Unter Berücksichtigung dieser Gesichtspunkte kehrte der „En Avant" zu den übrigen Schiffen zurück, nahm das Walfischboot wieder ins Schlepptau, und die Flotille setzte die Fahrt fort.

Um $4\frac{1}{2}$ Uhr nachmittags zwang uns ein Gewitter mit lebhaften Blitzen und lauten Donnerschlägen, der gewöhnliche Schluss eines solchen nebeligen, schwülen Tages, zu halten, doch hatten wir auf einer behaglichen kleinen Insel ein bequemes Lager, das vollständig vor der Wuth des die ganze Nacht anhaltenden Sturmes geschützt war.

Am nächsten Morgen (25. November) ging es weiter. Zwei Stunden später entdeckten wir in der dichten Waldmauer, der wir entlang gefahren waren, eine Lichtung, deren Lage ich mich noch sehr deutlich erinnerte. Auf meiner alten Karte ist dieselbe „Mawembe" genannt und mit starken Palissaden umgeben; allein so scharf ich auch mit dem Fernglas hinsah, ich vermochte keine Spur weder von Palissaden noch von Hütten zu entdecken. Die Lichtung war allerdings da und die Stelle zu erkennen, wo das verpalissadirte Dorf gestanden hatte, trotzdem sie jetzt leer war. Als wir weiter fuhren, bemerkten wir einige armselige Ueberreste von Bananenhainen, sowie die weissen Pfade, welche vom Rande des Flusses am steilen Ufer hinaufführten, aber nirgends war die Spur eines Hauses oder eines lebenden Wesens zu sehen. Die Ausdehnung, Lage und Beschaffenheit des Platzes, wo das Dorf gestanden hatte, waren unverändert geblieben, die aufrecht stehenden, geschlossenen Palissaden, die kegelförmigen Hühnerställe und die niedrigen Hütten, deren Firstdächer oben über jenen emporgeragt hatten, aber verschwunden.

Als wir querab von der Lichtung waren, bemerkten wir, dass dort vor kurzem eine Feuersbrunst gewüthet haben musste. Die Hitze hatte das Laubwerk selbst der höchsten Bäume versengt und die silberweissen Stämme gebräunt. Die Bananen sahen jämmerlich aus mit ihren zerrissenen und zerfetzten Wedeln, die traurig zu winken und unser Mitleid zu beschwören schienen. Wir mässigten die Schnelligkeit der Maschinen etwas, um uns den Schauplatz genauer anzusehen und über die Bedeutung der Veränderung nachzuforschen.

Vor sechs Jahren waren wir bei demselben Orte ohne anzuhalten vorübergefahren und hatten uns bemüht, die Pläne unserer Feinde, wenn sie solche haben sollten, durch unsere Eile zu Schanden zu machen, und seitdem war die Geschichte dieses Landes ein leeres Blatt für uns gewesen. Das war wahrhaftig eine grosse Veränderung! Als wir dann langsam unsere Reise fortsetzten, erregte ein anderer seltsamer Anblick unsere Aufmerksamkeit. Wir bemerkten nämlich zwei oder drei lange Canoes, welche wie gespaltene hohle Säulen am Rande des Ufers aufrecht auf ihren Enden standen. Was für eine Grille war das und was hatte sie zu bedeuten? Hätte man eins von diesen Canoes gewogen, es würde sicherlich mindestens eine Tonne schwer gewesen sein, und um ein solches Gewicht auf die Seite zu heben und aufzurichten, bedurfte es einer grossen Zahl und der Einigkeit. Dies wäre nie von einer Bande schwatzender Wilden ausgeführt worden. Schweigend wie die Fahrzeuge dastehen, sind sie ein stiller Beweis von den

Resultaten der Energie und des Zusammenwirkens einer vereinten Menschenmenge — und Einigkeit macht stark! Es waren Araber, welche diese Kraftthat ausgeführt hatten, und diese aufrecht stehenden Canoesäulen verriethen die Anwesenheit der Sklavenhändler in der Region unterhalb der Fälle! Später erfuhren wir, dass auf dieser jetzt öden Stelle einst die Stadt Jomburri gestanden hatte.

Einige Kilometer weiter aufwärts fanden wir auf demselben Ufer eine neue Scene der Zerstörung — eine ganze Stadt niedergebrannt, die Palmen umgehauen, die Bananen versengt, viele Acker weit alles mit dem Erdboden gleichgemacht und die Aufstellung der Canoes wiederholt; vor den schwarzen Ruinen kauerten aber am Rande des Flusses ein paar hundert Leute, welche traurig und trostlos, in Gedanken versunken, das Kinn auf die Hände gestützt, uns mit stupider Gleichgültigkeit betrachteten, als könne weiteres Leid ihnen nun nicht mehr geschehen, während ihre ganze Haltung zu sagen schien: „Der grausame Mensch hat sein Schlimmstes gethan. Nachdem wir alles verloren, sind wir deinem Zorn entrückt; ein grösseres Elend, als über uns gekommen, ist unmöglich. Was kann es dir nützen, uns ein Leid anzuthun?"

Als wir unsern Führer Jumbila beauftragten, die Leute zu befragen, was die Ursache dieser traurigen Scene sei, stand ein alter Mann auf und erzählte uns mit ausserordentlicher Zungengeläufigkeit die Geschichte des Jammers und der Trauer. Er beschrieb, wie sein Dorf plötzlich und unerwartet in der Dunkelheit von einer Bande heulender, springender Männer angegriffen und überfallen worden sei, welche ihre Ohren mit mörderischem Schiessen betäubt und die Leute, welche aus den brennenden Hütten ins Licht der Flammen gestürzt seien, niedergemetzelt hätten. Nicht ein

Drittel der Männer sei entkommen; der grösste Theil der Frauen sei gefangen genommen und fortgeführt, wohin, wüssten sie nicht.

„Und wo sind jene Leute jetzt?" fragten wir.

„Sie sind vor etwa acht Tagen den Fluss hinaufgefahren."

„Haben sie denn alle Dörfer niedergebrannt?"

„Alle, überall, auf beiden Seiten des Flusses."

„Wie sehen die fremden Leute aus?"

„Sie sehen aus wie deine Leute auf den Schiffen und tragen weisse Kleider."

„Ah! Und wer sind alle die Menschen, welche wir gestern in vielen Hunderten von Canoes in der Nähe der Inseln sahen?"

„Das sind unsere Leute von diesem und jenem Ufer, die sich des Schutzes wegen zusammengethan haben. Bei Nacht gehen sie auf die Felder, um Lebensmittel zu holen, aber bei Tage leben sie auf den Inseln und halten ihre Canoes stets bereit für den Fall, dass die bösen wilden Männer wiederkommen. Aber geht, geht fort! Fremde sind alle schlecht. Geht zu ihnen, wenn ihr Elfenbein haben wollt, und kämpft mit ihnen. Wir haben nichts — nichts."

Die Geberden des alten Mannes und seine offenen leeren Hände sprachen schmerzlich ausdrucksvoll.

Wir setzten dann die Fahrt fort und dampften so rasch, wie unsere Schiffe den Strom nur zu durchtheilen vermochten. Alle 5—6 km traten uns die schwarzen Spuren der Zerstörer entgegen. Die verkohlten Pfähle, die aufrecht stehenden Canoes, die Pfeiler der einst volkreichen Ansiedelungen, verbrannte Bananenhaine und gefällt am Boden liegende Palmen, alles kündete den unbarmherzigen Ruin an.

Um 4 Uhr nachmittags machten wir bei einem Lager

auf einer Ebene, gleich oberhalb des verwüsteten Dorfes Javunga halt. Seit wir die Mündung des Bijerre verlassen hatten, waren wir bei zwölf vollständig durch Feuer vernichteten Dörfern vorbeigekommen, von denen acht selbständige Gemeinden gebildet hatten.

Javunga gegenüber liegt am linken Ufer der District Japoro. Mit dem Fernrohr konnten wir uns überzeugen, dass der alte Mann in seiner Schilderung nicht übertrieben hatte, denn es war nicht ein einziges Haus sichtbar, wenngleich die ausgedehnte Lichtung andeutete, dass dort ein volkreicher Ort gestanden habe. Dies würde klar ersichtlich gewesen sein, selbst wenn ich mich nicht beim Anblick der für diese Gegend charakteristischen rothen Lehmufer erinnerte, dass ich hier früher eine grosse weithin ausgedehnte Stadt gesehen hatte. Gleich oberhalb derselben hatten wir einen hartnäckigen Kampf mit den Leuten gehabt, welche sich mit dem Rufe „Ja Mariwa" auf uns gestürzt hatten. Dort sah man auch die Tugarambusakette, deren Umrisse ganz unverkennbar waren.

Am Morgen des 27. November wurden wir, weil die Lichtung sehr ausgedehnt und deshalb Brennmaterial knapp war, etwas aufgehalten, sodass wir erst nach 7 Uhr die Fahrt fortsetzen konnten. Anderthalb Kilometer oberhalb des Lagers entdeckten wir einen mit der Strömung den Fluss hinabtreibenden Gegenstand von schiefergrauer Farbe; der „En Avant" dampfte nach demselben hin, und der mit dem Peilstock am Buge stehende Mann wendete, als wir ihn erreicht hatten, ihn mit einem Bootshaken um. Zu unserm Entsetzen fanden wir die Leichen zweier Frauen, die mit Stricken aneinandergefesselt waren! Nach dem Aussehen der Körper musste die Tragödie vor etwa zwölf Stunden sich abgespielt haben.

Neugierig, was die Begehung eines solchen Verbrechens herbeigeführt haben könnte, folgten wir noch weiter der Küste, in deren Nähe die Strömung sehr unbedeutend ist, bis wir das Ende der halbmondförmigen Bucht gleich oberhalb Javunga erreichten; nach einer Stunde fuhren wir um eine Spitze herum, als wir plötzlich, den Fluss rasch hinaufblickend, eine weisse Masse gegenüber dem Landungsplatze eines Dorfes entdeckten. Ich ergriff das Fernrohr und untersuchte sie, und während wir die Schiffe nach der Mitte des Stromes hinausscheeren liessen, bemerkten wir noch eine andere Gruppe weisser Objecte. Es waren Zelte, wir hatten die Araber von Njangwe eingeholt!

Dieselben waren augenscheinlich sehr zahlreich und ihr Lager oder Dorf schien gross genug für eine bedeutende Macht und von einer rohen Palissade umgeben zu sein. Wir formirten uns in Linie und setzten die Fahrt aufwärts fort; als wir näher kamen, bemerkte ich mit dem Fernrohr, dass unser Erscheinen Bewegung am Ufer hervorgebracht habe, das von einer Menge erregt sich geberdender Menschen in weisser Kleidung umsäumt war. Ich bemerkte auch eine grosse Zahl am Landeplatze festgebundener Canoes, die mich sofort über das Geheimniss ihrer plötzlichen mitternächtlichen Ueberfälle aufklärten. Die Leute waren auf irgendeine Weise von Njangwe bei den Fällen vorbei den Fluss herabgekommen.

Ich musste einen kurzen innern Kampf gegen den fast überwältigenden Impuls, für diese Verwüstungen und Niedermetzelungen der schlafenden Eingeborenen Rache zu nehmen, durchmachen. Das Bild der Obdachlosen von Jomburri, die beredte und höchst jammervolle Erzählung jenes alten Mannes, die Leichen der beiden zusammengefesselten Frauen liessen auf kaltblütigen, vorbedachten Mord schliessen, und alles

forderte mich auf, sofortige und vollständige Rache zu üben.
Und dennoch — wer bin ich, dass ich das Gesetz in die
Hand nehmen und sie mit Wiedervergeltung strafen sollte?
Die teuflischen Thaten waren einmal begangen, die glühenden
Ueberreste der niedergebrannten Häuser erkaltet, das ver-
gossene Blut war längst getrocknet. Dann dachte ich aber
wieder daran, dass die Gefangenen noch in ihrer Gewalt seien,
an die noch immer fliessenden Thränen und den noch neuen
Kummer; und welchen Nutzen kann das nackte, auf diese
grausame Weise geplünderte und verwüstete Land noch
haben, wenn es vollständig entvölkert ist? Indess war
es zwecklos, mir diese gewichtigen Gründe für eine Wiedervergeltung der grossartigen Missethaten zu wiederholen. Ich
besass nicht den geringsten Schatten einer Befugniss, die
Gebote der Gerechtigkeit zu vertheidigen. Ich repräsentirte
keine anerkannte Regierung und hatte ebensowenig das leiseste Recht, mich in das Gewand des Censors, Richters oder
Strafvollstreckers zu hüllen. Beide Parteien waren, wie ich
wenigstens hoffte, meine Freunde; die eine, stärkere, hatte
mit Gewalt und Betrug die andere fast vertilgt, aber ohne
Auftrag konnte ich mich in die Sache nicht einmischen.
Wäre ich, während eine der vielen Tragödien sich abspielte,
auf dem Schauplatze erschienen, dann würde ich — denn
eine so ansteckende Wirkung übt der Streit — der schwä-
chern Partei Hülfe geleistet haben.

Nachdem wir in üblicher Weise von den Dampfern
einige blinde Schüsse abgegeben hatten, die mit ebenso vielen
Salven am Ufer beantwortet wurden, stiess ein Boot vom
Lande ab, dessen Insassen uns in Suaheli, der Sprache der
Ostküste, anriefen, worauf wir eine friedliche Antwort gaben.

Wir schlugen dann unterhalb der Araber ein Lager auf
und hatten kaum die Boote befestigt, als unsere Sansi-

barer schon den Manjema-Sklaven Abed bin Salim's, welche in das Land eingebrochen und die Gegend verwüstet hatten, um für ihren Herrn Elfenbein und Sklaven zu holen, die Hände schüttelten.

Diese Banditenhorde — denn in Wirklichkeit und ohne Maske waren sie nichts anderes — stand, wie wir erfuhren, unter der Führung mehrerer Häuptlinge, besonders unter Karema und Kiburunga. Sie waren vor 16 Monaten von Wane-Kirundu, etwa 45 km unterhalb Vinja-Ndjara, aufgebrochen, hatten 11 Monate lang das Gebiet am linken Ufer zwischen dem Kongo und dem Lubiransi mit Erfolg ausgeplündert und dann dasselbe grausame Werk auf der rechten Seite zwischen dem Bijerre und Wane-Kirundu begonnen. Ein Blick auf die Karte zeigt, dass das fragliche Gebiet innerhalb der angegebenen Grenzen am linken Ufer etwa 42000, an der rechten Seite etwa 27000 qkm umfasst, insgesammt also fast 70000 qkm von den Räubern heimgesucht worden sind. Es ist das ein Territorium, welches noch mehrere tausend Quadratkilometer grösser als Irland ist und von etwa einer Million Menschen bewohnt wird.

Als die Bande von Kirundu aufbrach, zählte sie 300 kampfbereite Männer, die mit Steinschloss-, doppelläufigen Percussionsgewehren und einigen wenigen Hinterladern bewaffnet waren, deren Zahl aber durch das Gefolge, die Leibsklaven und Frauen, verdoppelt wurde.

Nachdem ich am Morgen der Erzählung ihrer Abenteuer, soweit sie kein Geheimniss aus denselben zu machen beliebten, zugehört hatte, wurde mir nachmittags gestattet, die von ihnen gesammelte menschliche Ernte zu betrachten, nachdem meine Leute mir übertriebene Angaben von den Gefangenen gemacht hatten, welche sie im Lager gesehen haben wollten.

Das Lager der Araber befand sich etwa 150 m oberhalb der Stelle, die wir zum Rastplatze ausgewählt hatten; es war von einem Zaun umgeben, welcher aus den Hüttenwänden der in der Nähe in Trümmern liegenden Eingeborenenstadt Jangambi hergestellt war. Nur die viereckigen erhöhten und festgestampften Stellen auf dem Erdboden und einige wenige Pfeiler bezeichneten den Platz, wo der Ort gestanden hatte; die Bananenhaine waren ebenfalls dem Boden gleichgemacht und ihre Stämme beim Aufbau der Palissaden um das Lager verwendet.

Innerhalb der Umzäumung befand sich eine Anzahl niedriger Schuppen, die sich in parallelen Reihen unmittelbar vom Rande des Flusses landeinwärts 100 m weit hinzogen. Die Länge des Lagers betrug etwa 300 m. Am Landungsplatze unterhalb desselben lagen 54 grosse Canoes, die je zwischen 10 und 100 Personen zu tragen vermochten.

Der erste allgemeine Eindruck, welchen ich von dem Lager erhielt, war, dass dasselbe bei weitem zu stark bevölkert sei, um behaglich zu sein. Da waren Reihen auf Reihen dunkler nackter Formen, unter denen hier und dort die weisse Kleidung ihrer Räuber sich hervorhob; lange Linien oder Gruppen stehender, liegender oder apathisch umhergehender nackter Gestalten; nackte Körper in den mannichfachsten Positionen unter den Schuppen, unzählige nackte Beine der umherliegenden Schläfer, zahllose nackte Kinder, darunter viele ganz kleine, Knaben und Mädchen jeden Alters, hier und dort eine Schar vollständig nackter alter Weiber, welche keuchend unter der Last schwerer Körbe mit Brennholz, Cassaveknollen oder Bananen von zwei oder drei mit Musketen bewaffneten Männern durch die Menge getrieben werden. Die Einzelheiten mehr beachtend finde ich, dass die meisten gefesselt sind, die Jünglinge mit eiser-

nen Ringen um den Hals, durch die eine Kette von der
Stärke unserer Bootsankerketten hindurchgezogen ist, welche
die Gefangenen in Trupps von je 20 beieinander hält. Die
Kinder über 10 Jahren sind vermittelst dreier Ringe ge-
kettet, die um jedes Bein geschlossen sind und durch ein
Mittelglied zusammenhängen; das erklärt mir die scheinbar
apathische Bewegung, welche mir beim Betrachten der seltsamen Scene anfänglich aufgefallen war. Mit kürzern Ketten
sind die Mütter gefesselt, um die sich ihre Nachkommen-
schaft gruppirt, sodass die grausamen eisernen Ketten, welche
in Schlingen oder Festons über die Brüste der Frauen herabhängen, verborgen sind. Nicht ein einziger erwachsener
Mann befand sich unter den Gefangenen.

Neben dem beschatteten Terrain, welches dicht mit den
umherliegenden oder stehenden Gefangenen besäet war, lagen
überall die Ueberbleibsel der vielen Raubzüge in wilder Unordnung zerstreut umher, und es war kaum ein Quadratfuss
Boden zu finden, der nicht mit irgendwelchen Gegenständen
bedeckt war, wie Trommeln, Speere, Schwerter, Assegais,
Bogen, Pfeile, Messer, allerlei Eisenwaaren einheimischer
Fabrikation, unzählige Ruder, Schalen und Ausschöpfer,
hölzerne Mulden, Elfenbeinhörner, Pfeifen, Büffel- und An-
tilopenhörner, Elfenbeinstössel, hölzerne Götzenbilder, Holz-
perlen und Kügelchen, kleine Zaubermittel, Gewänder der
Medicinmänner, Flaschen jeder Grösse, Netze, vom langen
Schlepp- bis zum kleinen Handnetz, Pack- und Tragkörbe,
Schilde so gross wie eine Thür aus Holz oder geflochtenem
Rohr, Töpferwaaren, grosse Gefässe von 30 Liter Inhalt bis zu
kleinen Kinderbechern, hölzerne Schalen, Becken und Häm-
mer, in Fetzen, Streifen und Stücke zerrissenes Zeug aus
Grasfaser, zerbrochene und halb ausgehöhlte Canoes, Aexte,
Beile, Hämmer, Eisenstangen u. s. w. Alle diese Gegenstände

lagen auf der Erde umher, oder waren aufgehäuft oder aufgestapelt, dazwischen ganze Berge von Bananen- und Cassaveschalen, Cassavemehl und zum Trocknen ausgelegte in Scheiben geschnittene Knollen, überall höchst unappetitliche Bilder und Einzelheiten, die jedoch von dem in den Augen der Gefangenen zu lesenden schrecklichen, unbeschreiblichen Jammer übertroffen werden.

So wenig meine Züge das in mir herrschende Gefühl auch verrathen mögen, drängen sich doch andere Bilder meinem geistigen Auge auf; nachdem ich mich von dem Umfang und der Grösse des Elends vor mir überzeugt habe, wandle ich in einer Art Traum umher, in welchem ich in der Dunkelheit der Nacht die geschmeidigen Formen der Mörder sich nach der dem Untergange geweihten Stadt, wo alles im festen Schlafe liegt, schleichen sehe. Kein Ton, als das einschläfernde Gezirp der Cicaden und das Gequake der Frösche in der Ferne, unterbricht die Stille der Nacht — da plötzlich flammt das Licht der geschwungenen Fackeln auf, die schlafende Stadt ist von einem Flammenmeer eingehüllt, und anhaltende Gewehrsalven mähen die erstaunten und erschreckten Bewohner nieder, von denen viele nach einer kurzen Minute der Agonie in den stillen Schlaf versenkt werden, aus welchem es kein Erwachen gibt. Ich wünschte irgendwo allein zu sein, um ungestört über die Vernichtung nachzudenken, welcher Bandu, Jomburri, Jangambi, Japoro, Jakusu, Ukanga, Jakonde, Ituka, Jarjembi, Jarutsche, das volkreiche Isangi und wahrscheinlich noch 5—600 andere Dörfer und Städte anheimgefallen sind.

Die Sklavenhändler geben zu, dass sie innerhalb der Umzäunung nur 2300 Gefangene haben, obgleich sie ein Gebiet, das noch grösser als Irland ist, der Länge und Breite nach ausgeraubt und überall mit Blei und Eisen Blutbäder angerichtet haben. Auf beiden Ufern des Flusses sind 118 Dörfer und 43 Districte verwüstet worden, in denen die spärliche Beute von insgesammt 2300 Frauen und Kindern und etwa 2000 Elefantenzähnen erobert worden ist! Die Speere, Schwerter, Bogen und Köcher mit Pfeilen beweisen, dass zahlreiche erwachsene Männer gefallen sind. Nimmt man an, dass jedes dieser 118 Dörfer von nur 1000 Personen bewohnt gewesen ist, so stellt sich die Beute auf nur 2 Procent; haben aber diese Gefangenen die Ereignisse und Zufälle der Flussreise nach Kirundu und Njangwe, des Lagerlebens mit seinem schrecklichen Jammer, die Verheerungen der Pocken und der durch das Elend herbeigeführten Pest sämmtlich überstanden, dann wird von dem blutigen Unternehmen knapp ein einziges Procent übriggeblieben sein.

Sie erzählen übrigens, dass bereits Sklaventransporte aus dem Innern in Njangwe eingetroffen sind, welche ebenso zahlreich waren wie der Trupp hier. Fünf Expeditionen sind ausgesandt und mit ihrer Beute an Sklaven und Elfenbein zurückgekehrt. Diese fünf Expeditionen haben also das vorhin erwähnte grosse Gebiet gesäubert, und wenn jede derselben den gleichen Erfolg gehabt hat wie die hier lagernde, dann dürften die Sklavenhändler insgesammt etwa 5000 Frauen und Kinder sicher nach Njangwe, Kirundu und Vibondo, oberhalb der Stanley-Fälle, gebracht haben; 5000 bei einer annähernd eine Million zählenden Bevölkerung kommt aber nur $\frac{1}{2}$ Procent gleich, d. h. 5 Sklaven auf je 1000 Leute.

Das ist bei einer so ausserordentlichen Vergeudung an Menschenleben — denn die Zahl der Gefangenen dürfte anfänglich sich auf 10000 beziffert haben — ein sehr kärglicher Gewinn. Um aus den 118 Dörfern die 2300 Sklaven zu erhalten, müssen in runder Summe 2500 Personen erschossen sein, während weitere 1300 aus Mangel an Lebensmitteln und ihres hoffnungslosen, schrecklichen Elends halber am Wege sterben. Wie viele Verwundete im Walde umkommen oder im überwältigenden Gefühl ihres Unglücks zu Grunde gehen, wissen wir nicht, aber wenn wir die vorstehenden Ziffern als richtig annehmen, dann ist die aus 5000 Sklaven bestehende Beute aus einem Gebiete mit einer Million Einwohner auf Kosten des grausamen Todes von 33000 Menschen gewonnen worden. Und was für Sklaven! Es sind Frauen und kleine Kinder, welche nicht fortlaufen können oder in jugendlicher Gleichgültigkeit bald die Schrecken ihrer Gefangennahme vergessen. Und dennoch hat jedes kleinste Kind einem Vater und drei kräftigen Brüdern und drei erwachsenen Schwestern das Leben gekostet, oder es ist eine ganze Familie von sechs Personen dem Tode geweiht worden, um jenes unbedeutende, schwache, nutzlose Kind zu bekommen!

Das sind meine Gedanken bei Betrachtung der fürchterlichen Scene. Während mein Blick auf derselben ruht, schlägt jeden Moment das Rasseln der Fesseln und Ketten an mein Ohr; meine Augen sehen, wie die Unglücklichen beständig die Hände heben, um dem vom Kragen geschwollenen Hals eine Erleichterung zu verschaffen, und wie die nicht passenden Handfesseln durch ihr Gewicht die entzündeten Gliedmaassen drücken. Meine Nerven werden von der ranzigen Ausdünstung der ungewaschenen Mengen in diesem Menschenstalle beleidigt, und der fast unerträgliche Gestank verpestet die Atmosphäre. Denn was können die armen Leute, die je zu 20 aneinandergefesselt und genietet sind, anderes thun, als sich in ihrem eigenen Schmuz wälzen! Nur die alten Weiber werden hinausgetrieben, um Lebensmittel herbeizuholen, die Cassaveknollen auszugraben und Bananen zu suchen, während die Wachen mit geladener

Muskete sorgfältig aufpassen, dass sich kein rachsüchtiger Eingeborener nähert. Auf diese Weise können nicht viel Nahrungsmittel herbeigeschafft werden; das Wenige, was die alten Weiber bringen, wird vor den einzelnen Gängen auf einen Haufen hingeworfen und gibt Veranlassung zu einem widerlichen Streite. Viele der armen Geschöpfe sind schon seit Monaten in dieser Weise gefesselt gewesen, und ihre Knochen stehen hart und hoch aus der dünnen Haut hervor, die in zahllosen Falten und Runzeln herabhängt. Und dennoch, wer vermag dem Gefühl des Mitleids zu widerstehen, welches die grossen Augen und eingesunkenen Wangen so mächtig erflehen!

Und was war die Ursache dieses ungeheuern Opfers an Menschenleben und des unaussprechlichen Elends? Nichts anderes als die Befriedigung der „wölfischen, blutigen, heisshungerigen und mörderischen Instincte" eines alten Arabers. Er wünschte Sklaven zu erhalten, um dieselben mit Nutzen an andere seiner Landsleute zu vertauschen, und da er genug Waffen, Gewehre und Pulver besass, übergab er sie 300 Sklaven und schickte diese aus, um Mordthaten im grossen zu begehen, gerade wie ein englischer Edelmann seinen Gästen Waffen zu geben pflegt und ihnen gestattet, das Wild auf seinem Besitzthum abzuschlachten. Rechnet man, dass jeder Mensch, der während dieser mörderischen Campagne fiel, 3 Liter Blut besass, so ergibt sich, dass dieser einzige Araber 11400 Liter Menschenblut vergossen hat, genügend um einen Behälter von 13 Kubikmeter Inhalt zu füllen und ihn und seine ganze Sippschaft darin zu ertränken!

Jetzt verstand ich auch, weshalb die Basoko am Bijerre sich so gefreut hatten, als sie hörten, dass wir den Kongo hinaufzufahren beabsichtigten. Sie sprachen von den Bahunga wie Leute, die von der Plötzlichkeit des auf sie gemachten Angriffs verwirrt sind, und hatten den ersten Namen, der ihnen gesagt war, festgehalten. Sie hofften natürlich, dass wir uns gegenseitig vernichten, und dass sie auf diese Weise von ihrer Furcht befreit werden würden.

Wir tauschten mit Karema und seinen blutbefleckten Bundesgenossen Geschenke aus und erhielten von ihnen Führer, die für uns zu den Eingeborenen an den Fällen sprechen sollten, und da wir gern so rasch wie möglich das fürchterliche Schauspiel verlassen wollten, so setzten wir am nächsten Morgen, den 28. November, die Fahrt nach dem Katarakt fort.

Jangambi, welches, wie erwähnt, von den arabischen Sklavenhändlern occupirt war, hat eine wundervolle Lage auf einer ebenen Terrasse am Fusse der Tugurambusa-Kette, welche auf einer Strecke von 12 km mit dem Kongo parallel läuft. Die Gipfel des Rückens, die bis zur Höhe von etwa 60 m über dem Niveau des Flusses aufsteigen, scheinen ein ausgezeichnetes Feld für den europäischen Ackerbauer zu sein. Die Abhänge sind wunderhübsch frisch und grün, und wo sich rothe Felsen erheben, hängen üppige Massen blühenden Unterholzes von denselben herab. Das gegenüberliegende linke Ufer ist flaches, ebenes Land mit weitausgedehnten Lichtungen, ein Terrain, welches sich für Zuckerrohr, Baumwolle, Reis, Mais und Hirse eignet. Auf dem Gebiet über dem Rücken am rechten Ufer, das eine trockene und gesunde Höhe hat, würde man Weizen bauen können.

Einige Kilometer oberhalb der rothen Sandsteinklippen von Tugurambusa liegen oder vielmehr lagen Ituka, Jarutsche und Jarjembi, denn von diesen Ansiedelungen waren ebenfalls nur noch einige traurige Ueberreste vorhanden, während im Jahre 1877, wie ich mich erinnere, die aufgeregten Mengen am Ufer und in den Canoe-Flotillen unsere Expedition mit dem Muthe bissiger Dachshunde anbellten. Beide Ufer waren jetzt entvölkert und dem Schweigen und der absoluten Einsamkeit überlassen.

Bald nachdem wir die Spitze von Jarjembi passirt hatten, erblickten wir eine 18 km lange gerade Strecke des Flusses vor uns. Am rechten Ufer waren drei, am linken fünf verlassene Ansiedelungen, deren Stellen nur durch die kahlen Lichtungen angezeigt wurden. Die Breite des Flusses schwankt zwischen 750 und 1500 m, die Strömung läuft stark, aber stetig. Die Ufer sind fast gleichmässig zwischen 3—10 m hoch und Wald wechselt auf denselben mit Lichtungen für Städte ab.

Am obern Ende der langen Strecke des Flusses hat früher an der rechten Seite die Stadt Jarukombe und am linken Ufer ein ähnlicher Ort desselben Namens gestanden.

Am 30. November führte unser Curs uns von 8 Uhr morgens bis 1 Uhr nachmittags dem rechten Ufer in einem Kanal entlang, der durch die grosse und fruchtbare Insel Busanga gebildet wird, welche, wie ich mich erinnere, einst von einem Stamme der Jakusu bewohnt war. Jetzt ist keine einzige Hütte mehr zu entdecken und sogar die Lichtungen, in denen die Dörfer standen, sind kaum noch zu finden. Auch alle Städte auf dem Festlande sind vollständig zerstört, und von dem ganzen mächtigen Stamme ist kein Mitglied mehr da, das die Geschichte der Metzeleien weiter erzählen könnte.

Um 2 Uhr nachmittags erreichten wir die Doppelmündung des Flusses Tschofu, dessen beide Arme eine Breite von etwa 200 m haben und durch eine Insel getrennt werden, die an der Basis $4^1/_2$ km lang ist.

Mein Führer, der seit längerer Zeit auf dem Flusse marodirt hat, behauptet, derselbe sei etwa 40 km weit schiffbar; dann komme man zur Vereinigung zweier Quellflüsse, von denen der linke Lukebu, der rechte Lindi heisse und die beide von Stromschnellen unterbrochen seien. Die Wenja tauschen auf diesem Flusse ihre grossen Canoes gegen Mengen gedörrter Fische ein.

Am Abend des 30. November regnete es sehr stark, doch klärte sich der Himmel gegen 8 Uhr morgens am 1. December auf, sodass wir unsere Fahrt fortsetzen konnten.

Wir dampften etwa 6 km weit am rechten Ufer hin, steuerten sodann, nachdem wir mit genauer Noth eine kleine Stromschnelle vermieden hatten, quer über den Fluss nach der andern Seite hinüber, und fuhren bis Mittag weiter, um welche Zeit wir uns gegenüber einer kleinen Insel auf 0° 30′ nördl. Br. befanden. Um die Eingeborenen durch den Anblick unserer Flotille nicht zu erschrecken, rieth man uns, bis zu der den Fällen zunächstliegenden Spitze uns dicht dem linken Ufer entlang zu halten; als wir dieselbe erreicht hatten, warfen wir das Walfischboot los und schickten den Führer und einen meiner Diener mit demselben nach den Fällen hinauf, um mit den Eingeborenen zu sprechen. Auf diese Weise gelang es uns, eine Verbindung mit den Wenja-Fischern anzuknüpfen, die dann mit zwei Canoes kamen, um uns einen Besuch abzustatten; eine einstündige Unterhaltung schloss damit, dass wir nach ihrem Dorfe eingeladen wurden.

Als wir um die Spitze herumdampften, traten die untern Stromschnellen der Stanley-Fälle in Sicht, jedoch war deren Strömung so stark, dass wir sie nicht zu bewältigen vermochten und die Schiffe deshalb 3 km unterhalb des Dorfes am linken Ufer festlegten, bis wir mit den versammelten Wenja-Häuptlingen zu einer Verständigung bezüglich einer Ansiedelung gekommen sein würden.

Die Araber hatten bei ihrer Thalfahrt von den Fällen aus schlauer Politik die Wenja im ungestörten Besitze ihrer Inseln gelassen. Sie hatten seit 1878, nachdem Tippu Tib von der Escortirung meiner Expedition nach Vinja-Ndjara nach Njangwe zurückgekehrt war, sich langsam und allmählich den Fällen genähert und auf diese Weise Eingang auf einer grossen Insel zwischen den Fällen gefunden, von welcher aus es ihnen durch Zurschautragung von Macht im Verein mit affectirter Milde und selbst Freundschaft gegenüber denjenigen, die sich ihrem Druck zu unterwerfen geneigt waren, schliesslich gelungen war, sich die Mitwirkung der Wenja-Fischer zu sichern. Auf diese Weise konnten sie von Njangwe nach den obern Fällen hinabfahren, dort ihre Canoes der Aufsicht des Basna-Stammes übergeben und über Land nach dem Asama-Bach marschiren, während die mit dem Fahrwasser des Flusses genau vertrauten Basna-Fischer die Fahrzeuge sicher hinabbrachten. Dann schifften die Araber sich bei dem fünften Katarakt wieder ein und fuhren nach dem sechsten, über welchen die Wane-Rukura-Fischer die Canoes führten. Hier konnten sich die Araber wieder sicher einschiffen zu dem siebenten Katarakt der Stanley-Fälle, wo die Wenja-Fischer bereit standen, die Boote sicher durch die Stromschnellen zu geleiten; von da ab war dann die Fahrt bis zum Stanley-Pool hinab frei. Bei der Rückkehr mit der gewaltsam erzielten Beute genügten ein paar Sklaven, welche die Araber sich freuten los zu werden, um die Wenja-, die Wane-Rukura und Basna-Stämme für die Mühe zu bezahlen, die Flotille in Sicherheit nach dem ruhigen bis nach Njangwe hinaufführenden obern Fahrwasser des Stromes zu bringen.

Die Stanley-Fälle bestehen aus sieben verschiedenen Katarakten, die sich über eine Curve von 90 km Länge vertheilen.

Auf 0° 28′ 30″ nördl. Br. und 25° 24′ östl. L. finden wir den siebenten Katarakt, welcher mit seinen kleinern Stromschnellen die Schifffahrt auf einer Strecke von 3 km unterbricht. Oberhalb dieses Falls ist der Fluss 40 km weit schiffbar bis zum sechsten Katarakt, welcher auf der linken Seite einen völlig unpassirbaren Fall bildet, während er auf der rechten mehr den Charakter von Stromschnellen besitzt, die zu gewissen Zeiten des Jahres wenig mehr Schwierigkeiten darbieten, als man mit kräftigem Rudern bewältigen könnte. Zwischen dem sechsten und fünften Katarakt befindet sich wieder eine 33 km lange leicht fahrbare Strecke mit sanfter Strömung. Der fünfte, vierte, dritte, zweite und erste liegen so nahe zusammen, dass man sie nur der Zahl der einzelnen Fälle wegen rechnet; ein Marsch von 14 km über Land führt an denselben vorbei. Da aber die Basua-Fischer die Canoeflotillen der Araber verschiedenemal sicher über die Fälle auf und ab gebracht haben, so müssen am rechten Ufer offenbar Kanäle vorhanden sein, welche die Passage ausführbar und gefahrlos machen. Die Fälle sind an der rechten Seite wahrscheinlich von ähnlicher Beschaffenheit wie die Stromschnellen des Nil; auf der äussersten linken Seite sind sie dagegen vollständig unpassirbar.

Beim siebenten Katarakt sind vier Kanäle. Am rechten Ufer beginnend, kommt zunächst ein zu durchwatender Kanal von etwa 30 m Breite, bei niedrigem Wasserstande der Ablauf zwischen einer Reihe getrennter Felsen hindurch, welche am obern Ende eine dammartige Barrière bilden. Der Kanal führt 4½ km weit zwischen dem von den Bakumu bewohnten Ufer und einer Insel des Wenja-Stammes, Wane-Rusari oder die Söhne Rusari's genannt. Jenseit der gegen 400 km breiten Insel ist der rechte Hauptarm des Katarakts, welcher 470 m weit ist und von dem 280 m breiten linken Hauptarm durch eine die Mitte einnehmende felsige Insel getrennt wird. Am Fusse des Falls im linken Hauptarme ist eine andere von dem Wane-Mikunga-Stamme der Wenja bewohnte Felseninsel, welche von dem Festlande am linken Ufer durch einen rauhen Kanal von etwa 20 m Breite geschieden wird. Am Falle beträgt die Entfernung in der Luftlinie über Inseln und Wasser hinweg von Ufer zu Ufer etwa 1220 m. Zwischen den beiden bewohnten Inseln Wane-Rusari und Wane-Mikunga vereinigen sich die beiden Hauptarme, um mit unbeschreiblicher Geschwindigkeit durch einen sich bis auf etwa 410 m verengenden Kanal zu stürzen und sich unten 1100 m breit über niedrige Riffe und felsige Vertiefungen zu vertheilen. 3 km unterhalb der Insel Wane-Mikunga wird die Schifffahrt durch felsige Untiefen und kleine Stromschnellen unterbrochen, während man am rechten Ufer die Fahrt entweder in dem schmalen Arm zwischen Wane-Rusari und dem Festland $1\frac{1}{2}$ km weit oder in dem Hauptstrom bis fast dem untern Ende von Wane-Mikunga gegenüber fortsetzen kann.

Etwa 1000 m oberhalb des Katarakts beginnen die Inseln, welche von dem Stamm Wane-Sironga unter der Herrschaft der Häuptlinge Lumami und Jansi occupirt sind.

Die drei genannten Stämme zählen etwa 4000 Köpfe, von denen 1500 auf die Insel Wane-Rusari, 1000 auf Wane-Mikunga und 1500 auf die Inseln Wane-Sironga entfallen. Gegenwärtig sind dieselben im raschen Wachsthum begriffen, da sie von den verfolgten Jakusu grössern Zuzug erhalten. Diese Leute ernähren sich sämmtlich mit Fischfang.

AN UNSERER STATION BEI DEN STANLEY-FÄLLEN; IN DER FERNE DER SIEBENTE KATARAKT.
(Nach einer Photographie.)

Die beiden Hauptkanäle sind an dem Falle fast überbrückt; bei sehr niedrigem Wasserstande pflanzen die Fischer zwischen den Felsen Pfähle auf, keilen dieselben fest, verbinden sie mit Querhölzern und haben sich auf diese Weise Zugang bis zur Mitte der wilden Gewässer verschafft. Vermittelst aus Rohr geflochtener starker Taue lassen sie dort ihre Körbe hinab, in welche die Fische von der Flut hineingeschleudert werden; jeden Tag sehen die kühnen Leute nach diesen Körben.

Nach der kleinen Insel in der Mitte des Stroms fahren sie in grossen breiten Canoes, welche aus dem Holze des weiter abwärts wachsenden Baumwollbaumes ausgehöhlt sind, und es ist ein aufregendes Schauspiel, wenn 40 kräftige Männer, unbekümmert um die kochenden, gefährlichen Gewässer, eins dieser Fahrzeuge durch die Wellen treiben. Sie fahren zunächst am linken Ufer hinauf und steuern dann unter verzweifeltem Rudern in der Diagonale quer über den Strom; das Wasser oberhalb des Falls steht etwa in gleicher Höhe mit ihren Köpfen. Sie verfehlen die Insel jedoch ebenso oft, wie sie dieselbe erreichen; in ersterm Falle werden sie mit reissender Geschwindigkeit durch den vereinigten Arm, eine einzige Strecke tobender Gewässer, getrieben, um dann den gefährlichen Versuch zu erneuern. Gelingt es ihnen aber nur, unter gemeinsamer Aufbietung aller Kräfte und mit den grössten Anstrengungen auf dem Wasser die Höhe zu halten, dann berühren sie die Leeseite der Insel; ein paar rasche Schläge bringen sie an das Land und zu ihren Netzen, die, wenn sie voll sind, mit lautem Triumphgeschrei begrüsst werden, welches von den Leuten, die sich täglich auf den Inseln versammeln, um das kühne Wagniss zu beobachten, freudig erwidert wird. Unglücksfälle kommen häufig vor, gewöhnlich dadurch, dass das Canoe schlecht gesteuert und, weil es dem Strome zu viel Breitseite darbietet, von den rollenden, hüpfenden Wogen gekentert wird. Alsdann benachrichtigen die Leute, für welche die Fischer arbeiten, die Verwandten und Kameraden, welche ihnen von den Felsen aus zugeschaut haben, durch vereintes Schreien die sämmtlichen Inseln von dem Unglück, und von beiden Seiten des Flusses schiesst ein Dutzend Canoes zur Rettung herbei.

Die Ueberfahrt über die tobenden Gewässer zwischen den Inseln Wane-Mikunga und Wane-Rusari gilt ihnen als gefahrlos und wird alle paar Minuten von Männern, Weibern und Kindern gemacht. Eine ähnliche Fähre ist mir nie vorgekommen: die Bewegung ist eine so rasche, der Abhang ein so steiler, dass es aus einiger Entfernung vom Flusse betrachtet fast aussieht, als liefen die Leute auf Schlittschuhen einen eisbedeckten Hügel hinab.

Wenn die Insulaner auch keine elektrischen Signale kennen, so stellen sie doch in gleich wirksamer Weise eine Verbindung her, und zwar vermittelst ihrer grossen Trommeln, die an verschiedenen Stellen geschlagen werden und für die Eingeweihten eine ebenso deutliche Sprache reden wie der Mund; durch dieselben wird stündlich aller Welt mitgetheilt, was auf den Inseln passirt.

Was das Aussehen anlangt, so haben die Wenja, Jakusu und Bakumu sehr grosse Aehnlichkeit mit den Basoko, nur sind die Bakumu von etwas hellerer Hautfarbe.

Die Wenja bebauen den Boden nicht, ihr Reichthum besteht allein in Fischen. Im Durchschnitt beträgt der tägliche Fang vielleicht 1000 Stück von 5—50 Pfund Gewicht, ausschliesslich der Beute, welche die Knaben aus den kleinern Kanälen und von den unbedeutenden Stromschnellen weiter abwärts mit nach Hause bringen. Was die Wenja nicht verzehren oder an die Bakumu gegen deren Gemüse vertauschen, wird von ihnen geräuchert; sie besitzen grosse Vorräthe geräucherter Fische, wofür sie von den Jakusu und den Stämmen am Tschofu Frauen, Sklavenkinder, Canoes und Waffen kaufen.

Diese Fischerstämme haben selbstverständlich, soweit ihre Sicherheit vor den Feindseligkeiten ihrer Nachbarn in Betracht kommt, einen vollständig uneinnehmbaren Wohnsitz. Die Jakusu am ruhigen untern Laufe des Kongo und die Bakumu der Gegend zwischen den Katarakten würden sich gewiss nicht in die Nähe der Inseln der Wenja wagen, die auf fast allen Seiten von den gefahrdrohenden Gewässern geschützt sind.

Die Leute sind fleissig und erfinderisch: in den Dorfstrassen sind Fischräucherer auf ihren Räucherungsanlagen beschäftigt, die ältern Leute machen Beutelnetze und Siebe, die kräftigen Männer flechten Körbe oder Taue aus Rohr, die Frauen bereiten Brot, mahlen Rothholz, sieben Mehl, zerstossen Korn oder verfertigen Töpferwaaren; am Ufer sieht man die Canoebauer mit kleinen Arbeiten beschäftigt, dem Zusammenheften eines zersplitterten Bugs oder Hecks, dem Verstopfen eines Lecks, dem Ausschneiden einer verrotteten Stelle des Fahrzeugs und der Vorbereitung eines Stückes Planke zur Ausbesserung des Schadens.

Das sind die Leute, mit denen wir Verhandlungen bezüglich unserer Theilnahme an den Besitzrechten über das Festland und die Inseln des siebenten Katarakts anzuknüpfen beabsichtigten. Da wir die Araber zu Freunden hatten, brauchten wir offenbar keine gegnerischen Ansichten zu fürchten, denn beiden, den Arabern sowol als auch den Eingeborenen, standen mögliche Vortheile in Aussicht. Unsere Ansiedelung bei den Fällen würde die Mischlinge von Njangwe in den Stand setzen, ihre Kleidungsstoffe sowie verschiedene Kleinigkeiten, wie Messer, Pulver, Perlen, Draht, Tuche, Kattune, Werkzeuge, Nadeln und Zwirn, zu weit billigern Preisen zu erhalten, als von der Ostküste her; ferner konnten sie von unserer Niederlassung an den Wasserfällen Arzneien kaufen, während die eingeborenen Häuptlinge ihren schwerverdienten Reichthum leicht durch monatliche Subsidien an Zeugen beträchtlich zu vermehren vermochten. Der Stamm selbst würde, wenn seine Angehörigen Zeuge trügen, sich weit besser präsentiren als in ihrem gegenwärtigen Zustande der unqualificirbaren Nacktheit.

Am 2. December bahnten wir uns einen Pfad durch das Dickicht am rechten Ufer und begaben uns nach der Insel Wane-Mikunga hinüber, wo wir mit den Häuptlingen aller Stämme zusammentrafen, die von unserm Kommen in gehöriger Weise avisirt worden waren. Sie überreichten uns zunächst ein reiches Geschenk von Fischen: bärtige Welse (Silurus), Seewölfe und eine Art Hecht; unter dem Haufen befand sich auch der mir wohlbekannte schuppenlose Singa des Tanganjika-Sees, sowie ein anderer Schuppenfisch von der Grösse einer Makrele, der, wie wir später fanden, nahrhaft und wohlschmeckend war.

Dann wurde unser Palaver eröffnet. Um die Sache kurz zu machen, wir baten um die Erlaubniss, bei ihnen zu bleiben, eine Stadt zu bauen und als ihre Freunde und Beschützer in Frieden mit ihnen zu leben. Die Darlegung unsers Planes rief eine lebhafte Entgegnung hervor. Ein Sprecher stand auf, liess sich von unsern Führern unsern Vorschlag in kurzen Sätzen vorsprechen, und schien dieselben mechanisch zu wiederholen, während die übrigen ein tiefes Schweigen bewahrten, bis der Sprecher geendet hatte, worauf plötzlich ein wüster Lärm begann. Man hätte glauben mögen, sie wollten sich einer auf den andern stürzen, so wild waren die Geberden, so rasch und heftig die Sprache. Als die Wuth sich gelegt hatte, stand einer nach dem andern auf und setzte seine Ansichten von der Sache auseinander; sprach er gut und traf er den Nagel auf den Kopf, dann sprangen diejenigen, welche seine Worte für angemessen und vernünftig hielten, auf und ordneten das den hintern Theil seines Körpers bedeckende Grastuch, während diejenigen, welche anderer Ansicht waren, eine Flut von Schimpfereien, wie wir annahmen, über ihn ergossen. Dies dauerte so lange, bis sie endlich erschöpft waren, worauf das Palaver bis zum nächsten Tage um dieselbe Stunde vertagt wurde.

Abends schickte der Führer mir einen Boten mit der Nachricht, es werde höchst wahrscheinlich am folgenden Tage zu einer Verständigung kommen, ich möge die aus Perlen, Messern, Spiegeln, Stoffen, Draht u. s. w. bestehenden Geschenke bereit halten.

Am 3. December wiederholte sich das heftige Sprechen und das wüthende Hin- und Herreden, doch ging dies allmählich in eine anständige und ruhige Berathung über. Der Preis wurde festgesetzt, für welchen uns die Oberherrschaft über die Inseln und das Festland am linken Ufer, sowie das Eigenthumsrecht über die nicht occupirten Gebiete übertragen wurden. Da die Ländereien gemeinsames Eigenthum des Stammes waren, so wurden für mehr als 160 Pfd. St. Waaren auf den Boden niedergelegt, damit die Häuptlinge selbst die Vertheilung je nach Rang und Würden vornehmen könnten, was, wie ich wol kaum zu erwähnen brauche, wiederholte heftige Wortgefechte verursachte.

Mittlerweile hatte ich in den Pausen zwischen den Palavern die beiden Ufer mit dem Walfischboot untersucht und für die Station die Insel Wane-Rusari gewählt. Zu dieser Entscheidung wurde ich veranlasst durch die Ausdehnung der Insel, ihre Fruchtbarkeit des Bodens und die leichte Zugänglichkeit des rechten Ufers, von wo wir Lebensmittel erhalten konnten. Wir machten uns sofort ans Werk, am untern Ende der Insel einen Platz auszuwählen und das denselben bedeckende Dickicht auszuroden, wobei wir auf Ueberreste früherer Bewohner stiessen. Am obern Ende der Insel und etwa 1100 m von der Stelle der demnächstigen Station entfernt lagen die Dörfer des Stammes, in welchen wir im Jahre 1877 einen leichten Kampf gehabt hatten.

Nachdem alle Verhandlungen mit den Wenja in wesentlich erfolgreicherer Weise abgeschlossen waren, als irgendjemand erwartet hatte, lag uns noch die Pflicht ob, für die Erhaltung der Station zu sorgen, und ich schickte deshalb den Führer mit einigen unserer Leute zu dem Häuptling der Bakumu, Siwa-Siwa. Als derselbe hörte, wie glücklich die Wenja durch die weissen Fremdlinge gemacht worden seien, begab er sich sofort mit dreissig schwer mit Cassave, Bananen, Yams, süssen Kartoffeln und Kürbissen beladenen Männern von seinem $7^1/_2$ km entfernten Dorfe auf den Weg zu mir; seine Frauen hatten auf Vorschlag des Führers ausserdem auch an die Bedürfnisse der Europäer gedacht und Eier und Geflügel, sowie eine kleine Ziegenheerde mitgebracht, die sofort nach unserer neuen Inselheimat geschafft wurde.

Zwischen Siwa-Siwa und mir herrschte, ich kann wol sagen, vom ersten Augenblick an Zuneigung. Wer von uns beiden mit derselben am verschwenderischesten war, liess sich schwer feststellen. Seine freundlichen braunen Züge zeigten so viel Offenheit und kindliches Entzücken, dass dadurch wahrscheinlich auch auf meiner Seite von selbst ein warmes Gefühl entstand; auch bewunderte ich aufs höchste die liebenswürdige und einschmeichelnde Manier, in welcher seine Frauen mich umgaben und mir die süssesten Worte in die Ohren girrten, ohne dass dadurch Siwa-Siwa's Eifer-

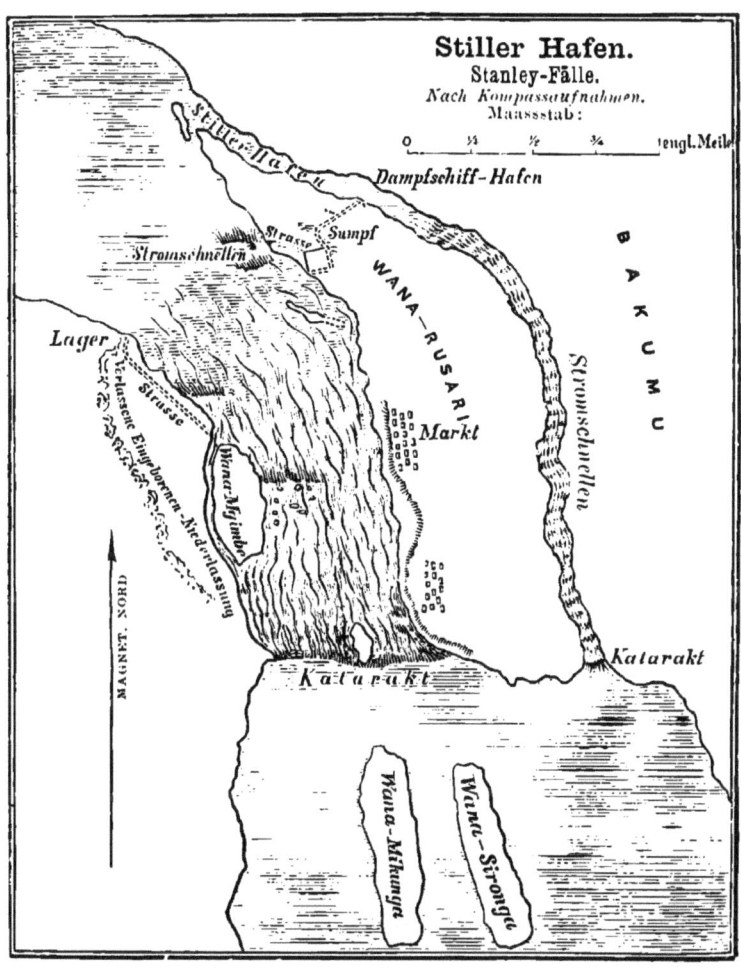

sucht im geringsten wach oder seine Empfindsamkeit verletzt wurde. Bei den Vereinbarungen mit Siwa-Siwa bedurfte es keiner Casuistik, um ihn zum Unterzeichnen zu

bewegen. Die Wenja hatten ihm alles erzählt und waren
zugegen, um seinem Urtheil zu Hülfe zu kommen, wenn er
zögerte. Siwa-Siwa vertraute allein meiner Ehre, dass meine
Ankunft bei ihnen nichts Schlimmes bedeute, aber wer
weiss, wie viel Gutes. „Deine Leute", sagte er, „sollen
während deiner Abwesenheit meine Kinder sein. Zieh hin
in Frieden. Meine Aufgabe wird sein, sie zu ernähren,
und ich werde, bis du zurückkehrst, jede Nacht von dir
träumen." Das Schicksal schien mir wirklich angenehme
Orte in der Wildniss geschaffen zu haben!

Mir blieb nun nur noch eine Aufgabe übrig, deren
Lösung mir anfänglich recht schwierig zu sein schien, und
zwar die Wahl eines Ersatzmanns für den Chef, welchen
ich mit nach den Stanley-Fällen heraufgebracht hatte, damit derselbe die Station übernehme, der mich aber bis
zum letzten Augenblick auf das dringendste bat, ich möge
ihn wieder mit nach der Küste zurücknehmen. Ausser
ihm hatte ich an Europäern nur noch drei Maschinisten,
zwei Schotten und einen Deutschen, sowie einen englischen Matrosen, der als Führer der Dampfbarkasse
„A. I. A." fungirte. Binnie, ein kleiner Schotte von kaum
1,60 m Höhe, bat zwar ernstlich um diesen Posten, doch machte
mir seine unbedeutende Erscheinung Bedenken und Sorge.
Dann dachte ich aber wieder, dass ein Mann, der auf der
Reise nach dem Herzen von Afrika alle Strapazen ertragen
hat und von einem längern Aufenthalt im Innern so entzückt ist, dass er sich freiwillig zu demselben erbietet, doch
einen erhabenen und festen Muth zur Unterstützung irgendwelcher physischen Schwäche haben müsse, und so wurde denn
Binnie, der Maschinist des Dampfers „Royal", zum provisorischen Chef der Station an den Stanley-Fällen ernannt.

Wir lichteten etwa vier Acker Boden für ihn, bauten

ihm ein Wohnhaus, rüsteten ihn mit Geräthschaften, Aexten, Hacken, Hämmern und Nägeln aus, überliessen ihm an Proviant Weizenmehl, Fleisch, Kaffee, Thee, Chocolade, Zucker, Milch, Suppen, eingemachtes Obst, Butter, Kartoffeln, Schinken, Speck, Saucen, Tapioka, Essig, Branntwein und Lichter und versahen ihn mit Vorräthen von verschiedenen Zeugen und Stoffen, buntfarbigen Perlen, Kauris, Messingdraht, Ringen, Bein- und Armringen, verzinnten Tellern, Bechern und Krügen. Dann überwiesen wir ihm 31 bewaffnete Leute — Soldatenarbeiter — und einen reichen Reservevorrath von Munition, gaben ihm eine Unmenge von guten Rathschlägen, er solle klug und gerecht in der Verwaltung, liebenswürdig und geduldig im Verkehr, vorsichtig und muthig sein, und empfahlen ihn dem Schutz der Vorsehung, als wir am 10. December den Bug wieder heimwärts wendeten, den kleinen Mann mit seiner ernsten Verantwortlichkeit allein zurücklassend.

Wir hatten also das äusserste Ziel der Expedition erreicht, nur einen Tag später als das Datum, welches ich dem Comité in Brüssel angegeben hatte. Ein weiteres Vordringen, ohne das Werk der Association vorher zu consolidiren und zu incorporiren, würde unklug gewesen sein. Jetzt mussten wir unsere Aufmerksamkeit zunächst darauf richten, in den Districten zwischen den einzelnen Stationen das Protectorat zu bekommen, um Herr eines ununterbrochenen und fortlaufenden Gebiets zwischen der Station Vivi und den Stanley-Fällen zu werden. Jetzt, da wir an jedem Orte, den wir berührt, den Samen des Wohlwollens gesäet hatten und jeder Volksstamm dazu beitrug, das Gerücht von der Schönheit und dem Werthe unserer Arbeiten zu verbreiten, musste die Durchführung dieser Aufgabe für einen so intelligenten und geduldigen Offizier, wie beispielsweise

Kapitän Hanssens, leicht sein. Das wahre Wohlwollen birgt in sich selbst heilsame Tugenden; unter Naturvölkern hat nichts grössern Reiz oder solche ausdehnbare Macht. Sein Einfluss wächst ohne Anstrengung, sein Scharfsinn wirkt auf alle diejenigen ein, welche in seinen Bereich kommen. Da es unter so unschuldiger Marke kommt, beleidigt es nicht, und es haftet ihm nichts an, was Unwillen hervorbringen könnte. Falls der Stationschef an den Stanley-Fällen sich von Geduld und Sanftmuth leiten lässt, wird der Einfluss des soeben gepflanzten Schösslings bis zur Rückkehr der Dampfer sich durch die Bakumu weit ins Innere, durch die Wane-Rukura zu den Basua an den obern Fällen, durch die Jakusu, welche mit ihren Früchten zu den Wenja kommen, um deren Fische einzutauschen, am Tschofu aufwärts und längs der verheerten Flussufer bis in Gehörweite der verfolgten Familien auf den Inseln ausgedehnt haben. Auch die Basoko werden dann davon hören und bedauern, dass nicht auch bei ihnen ein solcher Schössling gepflanzt worden, damit derselbe unter ihnen aufwachse und sie mit seinem wohlthätigen Schatten schirme.

EINUNDDREISSIGSTES KAPITEL.

DEN KONGO HINAB NACH DEM STANLEY-POOL.

Mit der Strömung abwärts. — Die Araber geben uns ihre Vertrauten als Begleiter mit. — Schiffbarkeit des Lumami und Lubilasch. — Sinken des „Royal". — Das Schiff wird auf das Land geholt und reparirt. — Kalte Winde auf dem Flusse. — Iboko in Verwirrung. — Unverschämte Diebereien. — Ein Gefangener. — „Fest gebunden, fest gefunden." — Ein entsetzter Vater. — Ein Lösegeld abgelehnt. — Herzliche Aufnahme in Ukumira. — Mata-Bwyki in Wuth. — Mehr Gefangene. — Rückgabe der uns gestohlenen Gegenstände. — Freigebung der Gefangenen. — Eine schreckliche Metzelei. — Der junge Glave aus Yorkshire. — Die Bolobo-Station wiederum abgebrannt. — Nachrichten von den Missionaren. — Wieder in Leopoldville. — Unangenehme Nachrichten aus Vivi.

Von der Strömung der lohbraunen Gewässer des Kongo begünstigt und getragen, war die Dampferfahrt den Fluss hinab natürlich wesentlich angenehmer, als die mühsame Reise gegen die mächtige Flut. Gleich nach dem Mittag des 10. December befanden wir uns wieder bei den Arabern im Lager, die dasselbe verlegt hatten und jetzt auf der Stelle des niedergebrannten Jakonde ihre Hütten und Palissaden aufgebaut hatten.

Aus politischen Gründen überredete ich die Häuptlinge, einige ihrer Vertrauten mit uns nach der Küste zu senden, damit dieselben sich aus eigener Anschauung davon überzeugen könnten, welche Einflüsse sich mehr und mehr an dem Flusse geltend zu machen begannen, an dessen Ufern sie solche ausgedehnte Verheerungen angerichtet hatten. Es schien mir besser, auf diese Weise ihnen anzudeuten, anstatt mit vielen Worten zu sagen, dass es klüger für sie sein würde, sich dieser blutigen Raubzüge zu enthalten, als zu riskiren, eines Tages ein Kanonenboot mit einer Polizeimacht an Bord erscheinen zu sehen, die wahrscheinlich in höchst summarischer Weise mit einer solchen Bande von Sklavenjägern verfahren würde, wie diejenige, welche wir so offen an den Ufern des Kongo vorgefunden hatten. Zugleich konnten die Araber diese Gelegenheit benutzen, um einige Stücke Elfenbein mitzunehmen und dafür etwaige Gegenstände einzukaufen, deren sie vielleicht bedurften. Die Häuptlinge nahmen meinen Vorschlag an und schickten demgemäss zehn ihrer zuverlässigsten Sklaven mit je drei Elefantenzähnen an Bord. Es war für uns, die wir mit dem Transport unserer Leute und Vorräthe und der Anlage von Stationen am Flusse beschäftigt waren, natürlich sehr unbequem, nun auch noch Passagiere zu befördern, allein ich betrachtete dies als einen Theil meiner Mission und keineswegs den nutzlosesten Theil meiner Aufgabe.

Am 12. December setzten wir die Fahrt den Fluss hinab fort, auf welcher die an Bord befindlichen Araber manche Vorfälle mit Bezug auf die zerstörten Dörfer mitzutheilen wussten, an denen wir vorüberglitten. Nach kurzer Zeit passirten wir Japoro, und eine Stunde später erreichten wir die Mündung des Nebenflusses Lubiransi. Unsere Passagiere waren denselben hinaufgefahren und hatten beide Ufer auf das gründlichste von den Dörfern befreit. 38 km von der Mündung liegen Stromschnellen; einige Kilometer oberhalb derselben vereinigen sich jedoch der Lumami und der Lubilasch, welche beide mehrere hundert Kilometer weit schiffbar sind. Bei Isangi, einer grossen Stadt in der linken Ecke an dem Zusammenfluss, hatten die Einwohner bereits mit dem Wiederaufbau der Hütten begonnen, bei unserm Erscheinen ergriffen sie jedoch in hastiger, eiligster Weise die Flucht über den Fluss und zeigten sich dabei im Besitz einer Flotille, mit welcher man den ganzen Kongo hätte überbrücken können. Da einige der Canoes sehr gross waren und etwa 100 Personen enthielten, hatten sich wahrscheinlich etwa 12000 Personen eingeschifft.

Die Mündung des Lubiransi ist ungefähr 750 m breit, sodass der Fluss also der Grösse nach in demselben Range mit dem Bijerre steht.

Am 13. December passirten wir bei dem kriegerischen Stamm der Bahunga vorüber, im District von Bunga, und vier Stunden später sprachen wir mit den Barumbu, welche auf den der Mündung des Bijerre fast gegenüberliegenden Hochlanden leben. Wir mussten denselben das Versprechen geben, auf der nächsten Bergfahrt der Dampfer sie zu besuchen und mit ihnen Handel zu treiben. Abends lagerten wir unterhalb Bungungu inmitten des Bahamba-Stammes. Dies war der äusserste Punkt am Kongo, welchen die Araber auf ihrem Raubzuge erreicht hatten.

Am 14. December wurde mir in Iruba, gleich darauf in Mbungu und um Mittag in der neuen Ansiedelung Jalulima der Arm geschröpft; an allen drei Orten hielten wir uns eine Stunde auf, um die Eingeborenen über unsere Gegenwart auf ihren Gewässern aufzuklären.

Folgenden Tages erreichten wir die Stelle oberhalb Ikassa, wo wir auf der Bergfahrt nach dem rechten Ufer hinübergesteuert waren, und da wir jetzt die linke Seite des Flusses von den Stanley-Fällen bis nach Ikassa hinab verfolgt und damals das linke Ufer unterhalb des genannten Ortes erforscht hatten, so fuhren wir jetzt wieder über den Kongo, um die Untersuchung an der rechten Seite fortzusetzen. Bei dieser Gelegenheit steuerte der „Royal" zu nahe an das obere Ende einer Insel hinan, gerieth auf einen unter Wasser festliegenden Baumstamm und sank sofort bis zum Bordrande. Die übrigen Boote kamen rasch zur Hülfe herbei und retteten die Passagiere und die unsern arabischen Gästen gehörende Elfenbeinladung; als wir dann den Zustand des Bootes untersuchten, ergab sich, dass dasselbe auf dem Baumstamm festgelaufen war und von diesem getragen wurde, sodass wir gezwungen waren, die Nacht über zu lagern und den Dampfer bis zum nächsten Morgen seinem Schicksal zu überlassen.

Nach achtstündiger Arbeit gelang es uns am 16. December, von dem Baumstamm genügend Holz abzukappen und den „Royal", nachdem der einen Fuss lange Leck im Rumpfe mit Segeltuch verstopft worden war, flott zu machen und auf eine Bank zu bringen, wo das Boot später ganz auf das Trockene geschleppt und umgekehrt wurde. Es musste ein Stück Holz von drei Fuss Länge und anderthalb Fuss Breite, das in hoffnungsloser Weise gebrochen war, ausgesägt werden, ehe wir mit den Ueberresten des Stauholzes, auf welches wir unsere Zeugballen zu legen pflegten, die Reparatur beginnen konnten. Unsere Werkzeuge bestanden aus einer Säge, zwei Zwickbohrern, einer Bohrdruve mit den dazugehörenden Bohrern, einem Beil, einer Raspel und zwei Dutzend Schrauben. Am Abend des 19. December war die Reparatur fertig, das Boot wieder ins Wasser gelassen, die Maschine befestigt und die Ladung wieder eingenommen für die Abfahrt am folgenden Morgen.

Seitdem wir am 17. November die Fahrt den Bijerre hinauf angetreten hatten, war der Kongo beständig gefallen, und da der „Royal" den verhältnissmässig grossen Tiefgang von 1 m hatte, so war die Untersuchung des Fahrwassers nicht sehr leicht, sobald wir die Hauptarme des Flusses verliessen.

Um 11 Uhr vormittags steuerten wir um die Hügel von Upoto herum, wo wir anhielten, um Lebensmittel einzukaufen, mit Lubungu und Ibansa oder Minjoto Brüderschaft zu schliessen und einen Vertrag zu vereinbaren. Wir kauften ein wunderschönes Stück Land, von welchem man einen herrlichen Blick geniesst. Auch erschienen Vertreter von Ukele, Umangi, Mpissa und Iringi, und da dies Nachbarn von Upoto waren, so schlossen wir mit denselben ebenfalls Verträge ab.

Am 23. December passirten wir den Fluss Ubika, aus welchem die wilden Stämme gekommen waren, die einen so grossen Theil des südlichen Ufers überfallen hatten. Da die Hauptströmung nach der linken Seite hinüberdrängte, so konnten wir dem rechten Ufer des Kongo nur gelegentlich folgen. Die kalten Winde, welche uns auf der raschen von Dampf und Strömung getriebenen Thalfahrt entgegenwehten, warfen uns danieder, und seit Monaten zum ersten mal litt ich wieder an einem leichten Unwohlsein. Bei der Bergfahrt waren wir vor dem Winde gelaufen; von den Stanley-Fällen bis nach Upoto bewegten wir uns seitwärts zur Windströmung; da wir aber nun auf der südwestlich führenden Strecke des Flusses hinabsteuerten, steigerte sich die Kraft des mit einer Geschwindigkeit von 2—3 Knoten von der See heraufwehenden Windes durch die 6 Knoten-Geschwindigkeit der ihm entgegenlaufenden Dampfer zu etwa 9 Knoten, wodurch sofort die unmerkliche Transpiration bei uns gehindert wurde und unser Körpersystem eine Aenderung erlitt. Zwei Weisse und ein Farbiger fielen sogleich an dem ersten

Tage diesem eigenthümlichen Wechsel zum Opfer. Glasfenster, die als Schutz gegen den Wind gedient und uns in den Stand gesetzt hätten, die Dampfer richtig zu steuern, würden uns auch viele Tage der Krankheit gespart haben.

Am 24. December kamen wir an mehrern Dörfern der Wabika vorüber, die ihrerseits von den Bangala belästigt und dadurch veranlasst worden sind, ihre Niederlassungen an kleinen Nebenflüssen des Kongo anzulegen, deren Mündungen leicht versperrt werden können. Dadurch bieten sie nicht blos dem Feinde nur unbedeutende Angriffspunkte, sondern haben auch Gelegenheit zum sichern Rückzug in das Innere, wenn die Bangala sich auf einem ihrer Raubzüge befinden.

Nachdem wir Lusengo passirt hatten, erreichten wir bald nachher das Gebiet der Iboko.

Den Weihnachtstag verbrachten wir in Mittel-Iboko, am Landungsplatze des alten Häuptlings Mata-Bwyki. Der greise Häuptling der Bangala war abwesend und befand sich in Bukumbi am linken Ufer; sein Sohn Kokoro litt an einem starken Geschwür am Fuss. Boleko war im Umzug begriffen und verlegte sein Dorf und Eigenthum nach einer neuen Lichtung am untern Ende von Iboko. Mbembe, der zweite Sohn, hatte eine Handelsreise nach Langa-Langa unternommen. Ndjugu, der Lieblingsneffe des Häuptlings, hatte an einem Tage vier Kinder durch Ertrinken verloren und suchte nun seine Sorgen beim Bierkrug zu vergessen.

„Wenn die Katze nicht zu Hause, spielen die Mäuse auf Stühl' und Bänken." Diebstähle nahmen überhand. Die „Ungewaschenen" von Iboko waren zu Unheil bereit; sie versammelten sich in grossen Schaaren am Ufer und waren scheinbar sehr erfreut, den Bruder ihres „Herrn vieler Gewehre" zu sehen; allein die starke Unterströmung ihrer Mo-

EINE STRASSENSCENE IN UGOGO.

tive, sich so herzlich heranzudrängen, zeigte sich alsbald in
dem geheimnissvollen Abhandenkommen unbeachteter „Kleinigkeiten", wie eines metallenen Ruderklampens, eines Speers,
eines Feldstechers, einer Mütze, eines Sackes mit Kleidungsstücken, eines Regenschirms, und seltsamerweise der Blechbüchse eines Weissen, der immer zu den arglosesten aller
Menschen gehörte und bei jeder Gelegenheit gewarnt werden
musste, den vorgeblichen Freundschaften nicht allzu viel Vertrauen zu schenken.

Die fortwährenden Berichte von Diebstählen durch Leute,
welche selbstverständlich so lange stehlen werden, als sie
durch die grobe Nachlässigkeit anderer bezüglich ihres
Eigenthums in Versuchung geführt werden, waren höchst
ärgerlich, und ich liess deshalb unsere Leute warnen, dass,
wer zuerst die Nachricht von einem neuen Diebstahl brächte,
bestraft werden, dagegen wer einen Dieb fange, eine Belohnung haben solle. Auf die Folgen dieser Anordnung brauchten wir nicht lange zu warten; ein Mann wurde auf
frischer That ertappt, und sofort waren ein Dutzend Hände
bereit, ihn gefangen zu nehmen. Allein die Bangala stürzten
zur Rettung herbei, ergriffen den Mann ebenfalls, und es
würde ihnen gelungen sein, denselben seinen Schergen zu
entreissen, wenn ich nicht zur Hülfe herbeigeeilt wäre.

Wir führten unsern Gefangenen im Triumph an Bord
eines Dampfers, wo wir ihn nach dem Grundsatze „fest gebunden, fest gefunden" sicher fesselten. Dann wurde der Befehl
gegeben, Dampf zu machen.

Eine Stunde verfloss ohne weitern Alarm; dann wurde
wieder ein Mann beim Stehlen einer Bootsflagge betroffen,
die er ohne Zweifel um die Lenden zu tragen beabsichtigte.
Eine derartige Beleidigung der Flagge mit dem goldenen
Stern konnten wir jedoch nicht gestatten; ungestüm stürzten

sich unsere Leute auf den Gefangenen; allein durch übermenschliche Anstrengung gelang es demselben, zu entwischen.

Als Kokoro von dem schmachvollen Benehmen der Unterthanen seines Vaters erfuhr, bestieg er ein Canoe, liess sich am Ufer auf und nieder fahren und bedrohte mit lauter, rauher Stimme die Diebe mit fürchterlicher Rache, allein niemand schenkte seinen Worten die allergeringste Beachtung: als er dies bemerkte, rieth er mir, selbst aufzupassen und alle Spitzbuben abzufangen. Dann fuhr er längsseite des Dampfers, um unsern Gefangenen zu betrachten, wobei er zu seinem Entsetzen entdeckte, dass dies sein eigener Sohn war.

Sein Stoicismus kam demjenigen des Mörders des Tarquinius gleich; er versuchte zu sprechen, allein die Worte wollten nicht über die Zunge. In einem Augenblicke der Wuth hatte er unbewussterweise den eigenen Sohn verdammt. Armer Kokoro! Ich begriff nur zu gut, wodurch seine Bewegung hervorgerufen wurde. Er dachte daran, dass sein Sohn, der Erbe von Iboko, als Sklave nach unbekannten Ländern gebracht werden sollte. Ich hatte es schon auf der Zunge, seine Freilassung anzuordnen, um den schweren Gram des armen Vaters zu erleichtern, allein ich widerstand, da ich die Afrikaner zu gut kannte. Indess sagte ich:

„Kokoro, wenn das dein Sohn ist, dann werde ich mein Eigenthum zurückerhalten, und der Knabe wird sicher in deine Hände zurückgegeben werden."

Kokoro ging mit gesenktem Kopfe und den Finger an den Lippen haltend fort, erwiderte aber kein Wort. Vielleicht dachte er darüber nach, was er der Mutter sagen solle.

Mit einem so wichtigen Gefangenen am Bord war Iboko kein geeigneter Platz für uns, und wir dampften deshalb nach einer gegenüberliegenden Insel. Dorthin folgte uns Ndjugu auf Veranlassung seines Vetters Kokoro, um über die Freilassung von dessen Sohn mit uns zu verhandeln. Er bot uns zwei Elefantenzähne und zwei Sklaven an, wenn wir ihn freigeben würden.

„Nicht für zwanzig Sklaven und zwanzig Elefantenzähne! Sieh hier, Ndjugu. Was meint ihr damit, dass ihr erst Blutsbrüderschaft mit mir und meinen Leuten schliesst und uns dann beraubt? Stehlen ist dasselbe wie Krieg anfangen. Dem Kriege begegnet man mit Krieg. Vergesst ihr den Ibansa, der vor Jahren bei euerer Stadt den Fluss herabgefahren ist? Denkt ihr gar nicht mehr an euern Krieg mit Irebu, der durch das Stehlen der Bangala herbeigeführt wurde? Kehre zurück und sage Kokoro, ich würde den Fluss hinab zu den Bakuti fahren und seinen Sohn mit mir nehmen. Am zehnten Tage werde ich zurückkehren; ich erwarte dann mein Eigenthum zurück, und Kokoro wird seinen Sohn unversehrt wiedererhalten." Bald darauf setzten wir die Fahrt den Fluss abwärts fort.

Am 28. December passirten wir nach Ueberwindung grosser Schwierigkeiten, welche uns die Sandbarren bereiteten, bei den volkreichen Districten Usimbi und Ubengo vorüber, und um 4 Uhr nachmittags gelangten wir in einen nach Ukumira führenden schmalen Kanal.

Diese letztere Niederlassung kam jedoch erst früh am nächsten Morgen in Sicht und schien ihre ganze Bevölkerung herausgeschickt zu haben, um uns zu begrüssen. Ukumira besteht aus zwölf Dörfern, welche sich 15 km weit am Flusse ausdehnen. Das Land ist sehr niedrig, aber dicht bewaldet, und die gegenüberliegenden Inseln zeichnen sich durch die scheinbare Undurchdringlichkeit des Dickichts aus.

Einige Kilometer unterhalb Ukumira ist der stark bevölkerte District Bungata, der sich in langer Linie am rechten Ufer ausstreckt. Von dem obern Ende desselben führt ein breiter Kanal des Kongo schräg nach dem linken Ufer hinüber, wo letzterer durch das trockene hohe Felsengestade von Uranga am Zusammenfluss des Lukungu mit dem Hauptstrom die Biegung abwärts zu machen gezwungen ist. Sobald unsere Schiffe bemerkt wurden, schien auch Uranga seine gesammten Einwohnerscharen auszuschütten, die uns mit den verschwenderischesten Willkommensbezeigungen begrüssten. Unser Ruf hatte sich während unserer Abwesenheit offenbar weit verbreitet. In Uranga waren die Leute sogar noch herzlicher als in Ukumira, und das linke Ufer überbot das rechte in brüderlicher Freundschaft. Siebzig wohlbemannte Canoes schossen um uns herum, riefen Bula-Matari bei Namen, wünschten ihm „mehr Macht" und betäubten ihn mit unzähligen Einladungen nach ihren verschiedenen Dörfern und mit lärmenden Argumentationen über die Superiorität ihrer respectiven Häuptlinge. Auch Inka von Lukolela kam mit einer solchen schreienden Mannschaft längsseite des Dampfers; er hatte sich auf einer Handelsexpedition bis nach Uranga gewagt, bereits einen werthvollen Vorrath von Elfenbein angesammelt, und die Aussichten auf eine Zunahme seines Reichthums waren vielversprechend.

Weil er ein alter Freund von uns war, begleiteten wir ihn zu seinem Hotel-Dorf, wo sich alsbald die sämmtlichen Uranga-Häuptlinge versammelten, um Blutsbrüderschaft zu schliessen, bei ungeheuern Krügen mit Bier zu fraternisiren und ihre Ansichten über die zukünftige Anlage einer Station und die Entscheidung von Streitigkeiten auszutauschen. Da alle Canoes von den Zeugmärkten in Irebu, Usindi, Lukolela und Bolobo schon die neuesten Nachrichten über Bula-Matari's

Thaten nach dem obern Flusse mitgebracht hatten, war die Frucht bereits gereift. Wir schlossen mit Uranga einen Vertrag ab, und ein lautes, aber harmloses Gewehrfeuer feierte das wichtige Ereigniss.

Um 8 Uhr 20 Minuten morgens brachen wir von Uranga auf und um 4 Uhr 20 Minuten nachmittags langten wir bei der Aequator-Station an, wo wir die Lieutenants Coquilhat und Vangele bei guter Gesundheit antrafen; sie hatten ihre Verbesserungen noch fortgesetzt, eine Bananenallee gepflanzt und die Station in mancherlei Weise verschönert. Der Häuptling Ikenge war gestorben, sodass von seiner Seite wenigstens keine weitern Unannehmlichkeiten zu befürchten waren.

Wir zeigten unserm Gefangenen, dem Enkel Mata-Bwyki's, die Aequator-Station, das „grosse Haus" des Mundele, die übrigen weissen Männer und die Garnison, die aufgestapelten Waaren, die Vorräthe von Zeugen und den Reichthum der vielfarbigen Perlen, damit er von allem den besten Eindruck gewinnen und uns unbewusst durch die kunstlose Erzählung von dem, was er unter den Bleichgesichtern gesehen, unterstützen möge.

Am 1. Januar 1884 traten wir die Rückreise nach Iboko an, um unsern Gefangenen daselbst abzuliefern und andere Projecte zu vollenden. Lieutenant Coquilhat begleitete uns.

Um 2 Uhr nachmittags am 5. Januar trafen wir in Iboko ein. Mata-Bwyki war anwesend, und thatsächlich nur eine halbe Stunde nach meiner Abreise nach der Aequator-Station angekommen. Er war wüthend über die Art und Weise, wie wir behandelt worden waren, und erstickte noch jetzt beinahe an seiner eigenen Leidenschaft, als er davon sprach und mir erzählte, was er bei seiner Rückkunft erfahren habe.

„Was Kokoro's Sohn anbetrifft, so halte ihn in Gewahrsam, bis deine Sachen dir zurückgegeben sind. Dass du ihn mit fortnahmst, hat uns anfänglich traurig gemacht; nun, da du ihn aber wieder mitgebracht hast, haben wir keine Furcht mehr vor dir. Es wird ihm eine gute Lehre sein und den übrigen als Beispiel dienen."

Der 6. Januar verging, und noch immer befand der junge Mann sich am Bord; am 7. wurde jedoch von den Häuptlingen von Iboko eine grosse Berathung anberaumt, welcher eine zahlreiche Schar von Männern beiwohnte.

Während der Verhandlung flüsterte Ndjugu mir zu, einer der Diebe, von dem man wisse, dass er von den uns gestohlenen Gegenständen im Besitze habe, sei in der Versammlung zugegen. „Wenn du dich auf deine Leute verlassen kannst, dann ergreife ihn und halte ihn fest. Kokoro's Sohn darf nicht allein Gefangener sein."

Einige einem meiner vertrauten Diener zugeflüsterte Instructionen genügten, um 20 Mann von der Besatzung der Schiffe an das Land zu bringen. Der Dieb wurde ihnen gezeigt und die gehorsamen Burschen, welche unter ihrer Kleidung Stricke verborgen hielten, manövrirten so geschickt, dass jener mitten im Kreise der Häuptlinge verhaftet wurde. Selbstverständlich herrschte Verwirrung und Aufregung, und es wurde heftig und mit wüthendem Geberdenspiel gesprochen, allein trotzdem führten meine Leute den Dieb an Bord, wo sie ihn an Händen und Füssen banden. Nachdem der Lärm sich gelegt hatte, wurde die Berathung fortgesetzt, allein wenige Minuten später wurde hinter dem Rücken eines der Häuptlinge noch ein weiterer Dieb ergriffen und trotz der Drohungen, welche unsere Geduld einmal bis zur äussersten Grenze der Erschöpfung brachten, gefangen fortgeführt.

Der alte Mata-Bwyki freute sich unbändig, Ndjugu und Mbembe verhielten sich ganz ruhig, was die übrigen Häuptlinge zu der Frage veranlasste, was dies alles zu bedeuten habe.

Mata-Bwyki stand auf und erwiderte: „Das bedeutet nur, dass Bula-Matari die Gebräuche der Bangala kennt. Wenn ein Dieb bekannt wird, kann man ihn so lange gefangen halten, bis das gestohlene Gut zurückerstattet ist. Bula-Matari hat jetzt drei Gefangene, von denen der eine mein eigener Enkel ist. Er soll sie behalten, verkaufen oder tödten, ganz wie es ihm beliebt, bis ihm sein Eigenthum zurückgegeben wird. Bula-Matari hat wie ein Bruder gehandelt. Er wurde beraubt. Er ging fort auf zehn Tage; er ist zurückgekommen, um uns noch eine Gelegenheit zu geben. Findet jetzt die Güter, welche ihr ihm gestohlen habt, sonst soll er seine Gefangenen mit fortnehmen und sie in kleine Stücke hacken, wenn er Lust hat. Ich habe gesprochen."

Als die Häuptlinge dies hörten, gelangten auch sie zu der Ueberzeugung, dass es sehr unpolitisch sei, einem mächtigen Manne wie Bula-Matari Schaden zuzufügen; die Stadtausrufer wurden deshalb nach allen Richtungen ausgeschickt, um das Verhängniss anzukündigen, welches den Enkel Mata-Bwyki's und zwei andere Söhne Bangala's ereilen würde, wenn die gestohlenen Gegenstände nicht zurückgeliefert würden. Da Iboko eine sehr ausgedehnte Niederlassung ist, so konnte diese Rückgabe nicht sofort erfolgen, aber am 9. Januar wurden die geraubten Artikel einer nach dem andern zu Mata-Bwyki gebracht, und der alte Häuptling gab sie mir wieder zurück. Als sodann eine genauere Besichtigung vorgenommen wurde und sich zeigte, dass auch nicht ein einziger der Dutzende von gestohlenen Artikeln fehlte, wurden die Gefangenen freigelassen und zu Mata-Bwyki geführt, der seinen bösen Enkel grimmig anlächelte und die versammelten Bangala auf das allerdringendste ermahnte, das Eigenthum Bula-Matari's in Zukunft unangerührt zu lassen, damit den Schuldigen nicht ein schreckliches Schicksal treffe.

Am 10. Januar schlossen wir mit Iboko einen Vertrag ab, und noch am selben Abend dampften wir, in Frieden mit allen Bangala, den Kongo hinab.

Bei Ankunft an der Aequator-Station hörten wir von zwei Europäern eine seltsame Geschichte von einem Ereignisse, dem jene beiden als Augenzeugen beigewohnt hatten und welches stark an die blutdürstigen Gebräuche von Dahomeh erinnerte. Schon früher war uns von grausamen Menschenopfern erzählt worden, doch rührten die Schilderungen stets von Afrikanern her, welche derartige Begebenheiten in der umständlichsten Weise zu beschreiben pflegen. Wenn die Darstellung aber von Europäern ausgeht, macht dieselbe einen entsetzlichen Eindruck.

Ein bedeutender Häuptling der Nachbarschaft, ein alter, längst in den Ruhestand versetzter Potentat, dessen Existenz mir bislang vollständig unbekannt geblieben, war gestorben, und dem Gebrauche der Beijansi und Bakuti entsprechend sollten Sklaven umgebracht werden, damit dieselben den todten Häuptling in das Land der Geister begleiteten. Demgemäss begannen die Verwandten und Frauen so viele Sklaven zusammenzukaufen, wie sie zu erhalten vermochten. Lieutenant Vangelé war Chef über ungefähr 50 Mann, und da er eine vorzügliche Disciplin auf der Station ausübte und seinen Befehlen von der Garnison auf das prompteste Gehorsam geleistet wurde, glaubten die Bakuti, die Soldatenarbeiter im Solde der Association seien Sklaven, und versuchten einige derselben anzukaufen.

Vangelé, neugierig, wozu sie eigentlich die Leute ge-

HINRICHTUNG VON SKLAVEN BEI DEN WAREGU, IN DER NÄHE DER AEQUATOR-STATION.

brauchen wollten, erfuhr auf Befragen von den Vorbereitungen zur Execution, welche zur Feier der Beerdigung des Häuptlings getroffen würden. Selbstverständlich wurden die Vorschläge mit Entsetzen zurückgewiesen und die Bakuti von der Garnison mit Stöcken aus dem Gebiete der Station gejagt.

Schliesslich gelang es den trauernden Verwandten, 14 Männer aus dem Innern anzukaufen. Als Herr Vangelé von den Dorfbewohnern die Mittheilung erhielt, dass die Execution beginnen solle, begab er sich mit seinem Freunde und einigen Mannschaften nach dem Schauplatze der Feier.

Sie fanden eine grosse Schar von Männern dort versammelt. Die zum Tode Verurtheilten knieten mit gefesselten Armen in der Nähe eines hohen jungen Baumes, an dessen Spitze ein Strick befestigt war. Eine Anzahl Leute hielten den letztern und zogen ihn so straff an, dass der obere Theil des Baumes wie ein Bogen gekrümmt war. Dann ward ein Gefangener ausgewählt und ihm das lose Ende des Strickes um den Hals gelegt, worauf man den Baum so weit wieder in die Höhe liess, dass der Unglückliche emporgezogen, der Hals ausgereckt und der Körper fast vom Erdboden gehoben wurde. Mittlerweile war der Henker mit seinem kurzen breitklingigen Schwerte herangetreten und hatte mit der Waffe die Entfernung von seinem Standpunkte bis zur Stelle des Genicks des Sklaven gemessen, wo er den Hals zu treffen beabsichtigte. Zweimal wiederholte er dies; beim dritten mal schlug er zu und trennte das Haupt glatt vom Rumpfe, der durch die Schwungkraft des losgelassenen Baumes empor und mehrere Meter weit fortgeschleudert wurde. In derselben Weise wurden auch die übrigen Sklaven einer nach dem andern abgethan. Die Köpfe wurden gekocht, damit das Fleich von den Schädeln gelöst werden konnte, welche die um das Grab aufgestellten Pfähle zieren sollten. Die Körper wurden fortgeschleppt und in den Kongo geworfen, die mit Blut getränkte Erde wurde gesammelt und zugleich mit dem verstorbenen Häuptling begraben.

So sehr der junge Offizier auch gewünscht hätte, die Opfer dieses barbarischen Gebrauches zu retten, so halfen ihm seine Bemühungen doch nichts, und er musste sich, da die Freiheit der Unglücklichen mit Geld nicht zu erkaufen war, mit dem Bewusstsein trösten, dass er der barbarischen Sitte hülflos gegenüberstünde. Sicherlich wird das Jahr der Gnade zu der ihm bestimmten Zeit auch noch kommen, aber das lässt sich nicht beschleunigen. Den Schlächtern mit dem Gewehr gewaltsamen Widerstand leisten, würde diese einfach selbst zu Opfern gemacht haben und das Land entvölkern.

Am 13. Januar verliessen wir die Aequator-Station, und spät am Nachmittage trafen wir in Usindi ein. Der Führer Jumbila erhielt seinen reichen Lohn und wurde seinem Herrn Mijongo übergeben, der selbst auch durch eine freigebige Belohnung für die Ueberlassung der Dienste seines Sklaven glücklich gemacht wurde.

Nach der Abfahrt von Usindi hielten wir bei Ngombe an, um freundschaftliche Geschenke auszutauschen und das Versprechen entgegenzunehmen, dass uns Concessionen ertheilt werden sollten, und am 14. Januar trafen wir in Lukolela ein. Der junge Herr Glave, aus Yorkshire, hatte keine grossen Fortschritte mit dem Bau seiner Station gemacht, da dies eine sehr schwere Arbeit war; er selbst aber befand sich, was von noch grösserer Wichtigkeit war, in ausgezeichnetem Zustande. Er war so fett wie ein Schlächtermeister geworden, hatte ein Unterkinn bekommen und um ein Drittel seines Umfangs zugenommen. Verzärtelt von den Eingeborenen, wurde er von der Garnison geliebt und stand mit sich selbst auf dem allerbesten Fusse. Er hatte sich mit der Herstellung von Möbeln beschäftigt und Stühle, Tische, Thüren, Fensterläden und Regale angefertigt. Er wusste sehr viel von seltsamen Krankheiten zu erzählen, welche er während seines Aufenthalts in Lukolela kennen gelernt hatte. Fieber waren dort fast unbekannt, dagegen kamen Fingerwurm, Eiterungen, Geschwüre und ähnliche Beschwerden häufig vor.

Die ernsteste Nachricht, welche wir in Lukolela erhielten, brachte ein Brief des Chefs der Station Bolobo. Zum zweiten mal war dieselbe bis auf den Grund niedergebrannt!

Am 15. Januar langten wir in Bolobo an, wo wir uns mit eigenen Augen von den Ueberbleibseln der verheerenden Feuersbrunst überzeugten: die Gebäude, Waaren, Gewehre, ja selbst die Lafette der Krupp'schen Kanone waren zerstört, die Munition und Bomben explodirt.

Der Hergang, wie er mir erzählt wurde, war folgender: Ein Kranker, der sein Ende herannahen fühlte und irre geworden war, beschloss, sich ein ehrenvolles Begräbniss zu verschaffen. Wenn ein Häuptling stirbt, wird die Leiche in Tausende von Metern Zeug eingewickelt und mit umständlicher Feierlichkeit beerdigt; es werden bei den Salven, die über das Grab abgefeuert werden, ganze Fässchen Pulver verbraucht, Sklaven umgebracht, der Erdboden mit Blut getränkt, die Lieblingsweiber strangulirt und deren Leichen neben dem todten Häuptling begraben. Er, freundlos und sterbenskrank, schmachtete ebenfalls nach dieser Ehre und kroch bei Nacht nach Bula-Matari's Haus, um die zerstörende Brandfackel an dasselbe zu legen; und wenn er auch auf der Flucht vom Thatorte ergriffen wurde, so konnte doch nichts mehr geschehen, um die Katastrophe abzuwenden. Da die Gebäude mit Stroh gedeckt und von der tropischen Sonne ausgedörrt und ausgetrocknet waren, so stieg die Furie des Feuers bis zum Himmel empor, und das wüthende Element konnte erst erstickt werden, als einige wenige rothglühende Kohlen die Stelle bezeichneten, wo die unglückliche Station gestanden hatte. Um den Verheerungen der explodirenden Bomben zu entgehen, musste die Garnison in die Sägelöcher und Vertiefungen am Flussufer fliehen. Während der Aufregung entwich der Gefangene, um, ohne Zweifel zufrieden mit den Ehren, die er durch seine wahnsinnige That gewonnen hatte, jenseit Bolobo im Walde zu sterben.

Wie auch immer diese zweite Zerstörung verursacht sein mochte, dieses dritte Ereigniss während der Verwaltung des Chefs der Station schien zu beweisen, dass ein unglücklicher Einfluss über Bolobo schwebe, der vielleicht durch einen verständigen Wechsel des Commandirenden abgewendet werden könnte.

Lieutenant Liebrechts, der während seines Aufenthalts in Leopoldville an chronischer Schwäche zu leiden schien, sodass er schwerfällig in seinen Bewegungen, von bleicher Gesichtsfarbe und unsichern Schritts gewesen, war im September nach Bolobo geschickt worden. Wir fürchteten halb und halb zu hören, dass auch er zu den Dahingeschiedenen gehöre oder nach Hause gereist sei; unsere Ueberraschung war daher sehr gross, als am Landungsplatze eine kräftige, martialische Gestalt, ein Bild der vorzüglichsten Gesundheit und Leibesverfassung, uns begrüsste und sich als Lieutenant Liebrechts erwies. Der Blick auf diesen uns wiedergegebenen Mann, auf seine von Gesundheit gerötheten Wangen, seine von frischer und reicher blühender Männlichkeit strotzenden Züge und in seine, erneute Lebenskraft ausstrahlenden

DIE STATION KINSCHASSA AM STANLEY-POOL.

Augen versöhnte uns so weit, dass wir geduldig die Geschichte von dem zweiten Brande in Bolobo mit anhören konnten. Diesem jungen Manne wurde in der Folge der Wiederaufbau der Station anvertraut; da jetzt 15 Monate seit dem Tage seiner Ernennung verflossen sind, ohne dass ein weiteres Unglück geschehen, so zweifeln wir nicht, dass das ungütige Schicksal endlich in gehöriger Weise versöhnt worden ist.

Was politische Nachrichten und Missionsthätigkeit anlangt, so erfuhren wir in Bolobo, dass Dr. Ballay schliesslich die Mündung des Likuba erreicht und in Bossi eine Station angelegt habe. Der Chef der Livingstone-Inland-Kongo-Mission hatte Bolobo einen Besuch abgestattet, um sich einen Platz auszusuchen, und endlich Misongo unterhalb Tschumbiri als die geeignetste Oertlichkeit für den Bau eines Missionshauses gewählt.

Am 18. Januar trafen wir bei der Station an der Kwa-Mündung ein; dieselbe war gut fortgeschritten, hatte reichlich Lebensmittel und verfügte über viele natürliche Vortheile.

Am 20. Januar gelangten wir nach Kinschassa und bemerkten zu unserer Genugthuung, dass die Station im Schatten der mächtigen Baobabbäume, welche diesen District charakterisiren, im Bau begriffen war und rasch der Vollendung entgegenging. Festes Auftreten in Verbindung mit geduldigem Benehmen und beständiger Langmuth hatten Wunder gethan und der unumgänglichsten Gemeinde am obern Kongo vollständiges Vertrauen zur Ehrenhaftigkeit und Reinheit unserer Motive eingeflösst.

Zwei Stunden nach der Abfahrt von Kinschassa dampfte die Flotille nach einer Abwesenheit von 146 Tagen, während welcher sie 4650 km auf dem obern Kongo zurückgelegt hatte, in die kleine Bucht von Leopoldville ein.

Leopoldville war, wie die glückliche Wahl seines Chefs, Lieutenant Valcke, nicht anders erwarten liess, eine blühende Station, auf der, mit Ausnahme der Sonntage, die Arbeit — und zwar zweckmässige Arbeit — vom Morgen- bis zum Abendläuten in stetigem, ungestörtem Laufe weiter ging. Unter diesen Umständen strotzten die Gärten unter Beihülfe der Natur von Ueberfluss und bildeten die Häuser auf der Terrasse eine imposante Reihe, sodass unsere Gäste aus Njangwe in laute Rufe der Bewunderung ausbrachen, die auf den Booten bei jedermann ein freudiges Echo fanden. Und ebenso wenig fand sich bei genauerer Untersuchung der Einzelheiten irgendwo Ursache zum Bedauern. Die sämmtlichen Häuptlinge der Umgegend standen in den besten Beziehungen zu den Europäern; der auf dem freien Platze in Leopoldville abgehaltene Markt lieferte der Gemeinde alles Nothwendige, und niemand wusste von einem Ausbruch böser Gemüthsart und infolge dessen von stürmischen Ereignissen oder von Verunreinigung zu berichten. Die Magazine waren genügend mit Waaren und Proviant gefüllt, um alle Stationen am obern Kongo sowie die auf der nächsten Reise in jenen Regionen zu gründenden neuen Niederlassungen zu versorgen.

Mittlerweile war aber die Verwirrung am untern Kongo und namentlich an unserm Hauptplatze eine sehr grosse gewesen, und zwar infolge der Thatsache, dass die mir im Jahre 1882 versprochene hervorragende Persönlichkeit, welche als mein erster Assistent, Zweitcommandirender und Verwalter fungiren sollte, nicht eingetroffen war. „Kapitän" D— war nur sehr kurze Zeit in Vivi geblieben, doch war seine Herrschaft eine merkwürdig unglückliche gewesen. Aus mir unbegreiflichen Gründen befand sich Vivi mit seinen Europäern und Eingeborenen in beständiger Gärung. Endlich war Sir Frederick Goldsmith erschienen und hatte die Station von der Gegenwart des „Kapitän" D— befreit; er hatte dann eine Inspectionsreise bis nach Isangila unternommen, war darauf aber nach Europa zurückgekehrt, und der freundliche Einfluss, der sich am untern Strome zu zeigen begann, war mit seiner Abreise sofort wieder verschwunden. Ein Chef nach dem andern hatte bei der Verwaltung dieser Augias-Station sein Glück versucht, aber keinem von allen war es gelungen, mich von den mannichfaltigen Klagen zu entlasten, welche während meiner Abwesenheit Leopoldville überschwemmten. Unter 120 Briefen, welche mich nach der Rückkehr von den Stanley-Fällen erwarteten, waren nur 30, welche nicht die bedauernswerthesten Berichte enthielten und mir nicht eine Sachlage enthüllten, die mich jede Hoffnung aufzugeben zwang, dass es je besser werden würde, solange der Chef der Expedition am obern Kongo weilte. Mit einem tüchtigen Stellvertreter wäre es allerdings möglich, allein mit Ausnahme der Nachricht über Sir Frederick Goldsmith, der bereits wieder nach Europa zurückgekehrt war, lag weder ein Versprechen noch ein Zeichen vor, dass das Comité mich mit irgendjemand zu unterstützen beabsichtigte. Ich machte mich deshalb, nachdem ich dafür gesorgt, dass die Dampfer und Boote gehörig nachgesehen und ausgerüstet wurden, und sehr ausführliche Instructionen zur Richtschnur meines Vertreters, Kapitän Hanssens, ausgearbeitet sowie Vorkehrungen getroffen hatte, dass unsere arabischen Gäste an die See und zurück nach Leopoldville gebracht würden, auf den Weg nach Vivi, 24 Stunden, bevor der tapfere Kapitän seine lange Reise nach den Stanley-Fällen antrat.

ZWEIUNDDREISSIGSTES KAPITEL.

RÜCKKEHR NACH VIVI.

Aufbruch der Karavane. — Ein vielversprechendes Lebewohl. — Ngaljema's letzte Worte. — Ermuthigende Entschlüsse der Offiziere. — Gastfreundschaft der Eingeborenen. — Die Nselo-Fähre. — Streit zwischen Ngombi und Mbimbi. — Friedenstiftung. — Wortlaut unserer Verträge mit den eingeborenen Häuptlingen. — Liste der Districte und ihrer Häuptlinge. — Der Halsabschneider Lutete bessert sich. — Eine sich ausdehnende und gefährliche Spalte. — Lava bei den Kalulu-Fällen. — Woher stammt dieselbe? — Manjanga „durcheinander". — Gastfreundschaft bei Herrn und Frau Ingham im Missionshause. — Eine hübsche Station. — Die Luima- und Lunionso-Thäler. — Klima und Gesundheit. — Kongo la Lemba. — Ansicht von Vivi. — Unangenehme Betrachtungen über seine Vernachlässigung.

Am Morgen, als unsere Karavane den Marsch nach der Küste antreten sollte, erhielt ich tiefen Eindruck auf mich machende Beweise des Erfolges, den unsere geduldigen Bemühungen erzielt hatten. Auf der geräumigen Terrasse, welche wir in einer Grösse von 14000 qm aus dem Abhange des Leopold-Berges herausgehauen und in eine grossartige Promenade und einen Marktplatz umgewandelt hatten, waren alle Häuptlinge von Kintamo und einige hundert ihrer Unterthanen versammelt, um mir Lebewohl zu sagen.

Ngaljema hatte längst den Zustand der kindlichen Bevormundung verlassen. Er war ein vollständiger Mann mit einer gewissen militärischen Subordination, soweit von einer

solchen bei einem unabhängigen eingeborenen Häuptling die
Rede sein kann; er kannte die Sonntage ebenso gut, wie
jeder von uns, und feierte dieselben in gehöriger Weise, indem er die Flagge mit dem goldenen Stern bei Sonnenaufgang aufzog; er machte freundschaftliche Besuche, ohne Geiseln
zu verlangen, war nicht abgeneigt, sich hier und dort über
die Länder jenseit des Meeres zu informiren, hatte seine
ihm angeborene Unverschämtheit und übertriebene Prahlerei
abgelegt und tauschte Geschenke aus, ohne für die seinigen
mehr zu erwarten, als sie werth waren. Ein paarmal hatte
er mich auch durch Gefühlsäusserungen überrascht, was mich
veranlasste, ihn scharf anzublicken, um, wenn möglich, das
Motiv kennen zu lernen, welches ihm dieselben eingegeben
hatte. Beispielsweise klang es seltsam, von Ngaljema zu
hören: „Die Gaben eines Freundes sollen nicht auf ihren
Werth geprüft werden", oder „Eine Erdnuss von einem wahren Freunde ist besser, als ein Bündel Bananen von einem
Feinde", oder „Unter Freunden kann man bei offenen Thüren
schlafen", oder „Ein Blick in Freundesauge ist besser, als ein
Schatz von Stoffen von einem Manne, in welchen man Zweifel
setzt".

Als ich meine Mannschaften in Reih und Glied aufgestellt hatte, drängte Ngaljema sich heran, um mir ein
letztes Wort zu sagen. Er bat mich, meinen weissen Söhnen,
welche ich hier zurückzulassen beabsichtigte, einzuschärfen,
dass sie nicht schroff gegen ihn und seine Leute auftreten,
wenn der Vater fortgegangen sei, dass sie seine Kinder nicht
stossen und schlagen möchten, wenn dieselben nach der Station
kämen, „denn", sagte er, „weisse Männer unterscheiden sich
ebenso sehr voneinander wie schwarze. Wir sind jetzt alle
Freunde und Brüder, aber wenn der alte Mann gegangen
ist, wird der Kopf des jungen Mannes gross und er spricht

mit lauter Zunge; befiehl den Söhnen, die du zurücklässt, sie sollten nicht vergessen, dass wir die Brüder Bula-Matari's sind."

Darauf rief ich Kapitän Seymour Saulez herbei, stellte ihn Ngaljema vor und sprach zum Abschied:

„Sieh, Ngaljema, diesen meinen Sohn. Vertraue ihm, wie du mir vertrauen würdest. Er ist langsam in seinem Zorn und nicht fähig, sein Wort zu brechen. Solange er dieses Gesicht trägt, brauchst du dich nicht vor ihm zu fürchten. Wenn es schwarz wird, dann weisst du, dass er dein Feind geworden ist. Beobachte es täglich, und wenn es die Farbe zu verändern beginnt, dann wirst du erkennen, dass der böse Geist in ihm ist. Bis dahin schlafe in Frieden. Und nun lebt wohl, Ngaljema, Makabi, Mubi, alter Ngako, und ihr — Mansuala, Gantschu, Endjeli — lebt alle wohl!"

Die grosse Karavane, bei der sich viele befanden, welche Leopoldville, bei dessen Bau sie geholfen hatten, nie wiedersehen werden, nahm die Lasten auf und setzte sich auf der nach der Küste führenden Strasse in Bewegung. Der Abschied von den Europäern war ein sehr herzlicher. Kapitän Saulez gab mir das Versprechen, er würde seine Verwaltung durch fleissige Verschönerung von Leopoldville auszeichnen, bis dasselbe eine Musterstation geworden sei; Dr. van den Heuvel versicherte, er werde sein Sanatorium auf dem Gipfel des Leopold-Berges vollenden und seine Pflicht männlich und mit Hingebung erfüllen; der Zimmermann Schnoor erklärte, ich würde nichts Schlechtes über ihn hören, und Kapitän Hanssens versprach, er werde am obern Kongo aufmerksam, wachsam und mit den Eingeborenen geduldig sein. Während alle diese edeln Versicherungen und andere freundliche Worte von allen und jedem mir noch in den Ohren klangen, folgte ich unter dem lauten Hurrahrufen der Garnison und dem Händewinken von der Menge der Eingeborenen meiner jetzt ostwärts ziehenden Karavane.

Der ganzen Strasse entlang hatten die befreundeten Häuptlinge grosse irdene Krüge mit frischem, schäumendem Palmsaft aufgestellt, und in jedem Dorfe hielten die Frauen Töpfe mit kaltem Wasser bereit, um mir und den Leuten einen Abschiedstrunk zu reichen und uns ein herzliches Lebewohl zu bieten.

Ngamberengi, Ngoma und der alte Makoko hatten sich mit ihren Freunden, Sklaven und Kindern am Wege eingefunden, um uns das letzte mal zu sehen, und jedes Dorf, welches wir passirten, zeigte das Aussehen wie an einem allgemeinen Feiertage. Die Bekanntschaft vieler Monate war zur vollen Freundschaft gereift; nicht einmal der Schatten des Zweifels, der in frühern Zeiten ihre Augen geblendet und ihren Blick getrübt hatte, war geblieben. Die gegenseitige liebevolle Zuneigung, welche wir zueinander fühlten, war unverkennbar echt, und ihre rauhen, vielfach durch Arbeit und schlechte Behandlung schwielig gewordenen Hände fühlten sich mir so warm an, wie irgendeine andere Hand, welche ich je gedrückt habe.

Auf unserm Marsche nach Inkissi schliefen wir die erste Nacht in Ngoma's Dorfe, das anmuthig an der Leeseite des schützenden Ijumbi-Berges liegt. Dann überschritten wir einen windigen Rücken, von welchem man auf eine Welt von niedrigen Hügelspitzen herabblickt, die durch schlangenförmige Linien dunkeln Laubwerks voneinander getrennt werden; wir stürzten uns im Thal in das kühle Walddickicht, kamen im hellen Sonnenlicht über den Grat ebener Höhenzüge, tauchten tief in die Schluchten mit ihrem durch die Ströme erfrischten Grün hinab und kletterten dann wieder empor, um unter den freundlichen und anmuthigen Palmen von Mbe zu rasten. Darauf führte der Weg über ein hohes mit Gras bewachsenes Tafelland, wo wir den über eine Reihe aufeinander folgender Terrassen dahinrasenden Kongo wenige Kilometer entfernt zu unserer Rechten hatten. Jenseit der Bananenhaine von Kinsila stiegen wir ins Thal hinab, um die klaren, tosenden Gewässer des Lufu zu überschreiten; einige Kilometer weiter westlich lagerten wir auf einem den Kegeln von Nsangu gegenüberliegenden Berg, von dessen viereckigem Gipfel wir auf die schlangenförmigen hohen Waldgürtel mit undurchdringlichem Laubwerk herabblickten, über welchem die Strahlen des Sonnenscheins ausgebreitet liegen, während die Brise die zarten, schwankenden Spitzen küsst.

Wir setzen den Weg dann fort auf einer leicht wellenförmigen Strasse, darauf über lange, mit Gras bedeckte Höhenzüge, überall begrüsst von den freundlichen Leuten, die in Scharen aus ihren anmuthigen Dörfern kommen, um uns zu sehen, bis wir vor einer tiefen Waldschlucht stehen, durch welche der wasserreiche, rasche Inkissi-Fluss strömt, der sich eine Strecke unterhalb der Fähre in hübschen Cascaden in den Kongo ergiesst.

Die Wächter der Fähre befinden sich in Nselo am westlichen Ufer und laut tönt der Ruf hinüber, dass Bula-Matari und seine Leute gekommen seien. Die Häuptlinge von Nselo stehen in unserm Sold und erhalten monatliche Subsidien wie die andern; sie kommen deshalb schnell herbei, um uns mit ihren Canoes rasch nach dem andern Ufer zu bringen, wo wir in ihrem Dorfe wieder in solcher Weise bewillkommnet werden, dass sie sich damit auch in Zukunft freundlicher Berücksichtigung empfehlen.

Jenseit Nselo ist das Land in beträchtlicher Entfernung eben und von kleinen Zuflüssen des Inkissi durchzogen, der zur Linken von dem Plateau herabfliesst, auf welchem wir

marschiren und das weit genug vom Kongo liegt, dass wir
keine Belästigung durch die tiefeingeschnittenen Hügel haben.
Wir überschreiten dann ein anmuthiges kleines Flüsschen
und folgen einem sanft geneigten Rücken nach dem Dorfe
Mbimbi, in dessen Nähe wir einen an einem Baum ge-
henkten Spitzbuben bemerken, den die Lynchjustiz des
Kongolandes in dieser Weise für einen auf öffentlichem Markte
begangenen Raub bestraft hat.

Die Bewohner von Mbimbi begrüssen uns mit freudigen
Rufen, denn hier sind unsere Träger, die uns alle gut kennen.
Die Leute fegen und säubern die Hütten zum Empfang ihrer
Gäste; auch Schalen und Krüge mit schäumendem Palmwein
kommen hervor als Zeichen ihrer dankbaren Zuneigung zu uns.

Ngombi, nahebei zur Rechten, hat den Zorn Mbimbi's
hervorgerufen, dessen Häuptlinge meinen Rath hören wollten, wie sie ihre Wuth in dem besten Blute Ngombi's kühlen
könnten. Das ist wahrhaftig ein Sturm im Glase Wasser!
Mein Werk des Predigens von Frieden und Brüderlichkeit ist
also noch nicht beendet, und sie müssen deshalb auf meinen
väterlichen Rath hören, den Frieden zu bewahren. Die Strasse
kann und darf nicht geschlossen werden! Es darf kein
Kampf, kein Gewehrschuss gehört werden; die Träger kommen mit leeren Händen, kehren aber beladen von der Küste
zurück und dürfen nicht durch Schlachtenlärm, Kriegs-
geschrei u. dgl. erschreckt werden. Und die Leute von
Mbimbi versprechen getreulich, ihren Zorn zu unterdrücken.
Um sie jedoch zu veranlassen, ihr Versprechen in loyaler
Weise zu halten, schliesse ich mit ihnen, wie mit jedem
Häuptling längs der Strasse, einen Vertrag dahin ab, dass
sie für ein gewisses Quantum Stoffe, welches ihnen monatlich geliefert wird, sich jedes Angriffs und jeder Gewaltthat
gegen ihre Nachbarn enthalten. Der Zweck dieser und an-

derer Vereinbarungen wird am besten durch folgendes Vertragsformular verständlich gemacht:

(Copie.)

EXPÉDITION INTERNATIONALE DU HAUT-CONGO.

Dorf Bansa-Mbuba, District Nsungi,
26. März 1884.

Wir, die unterzeichneten Häuptlinge von Nsungi, verpflichten uns, die Souveränetät der „Association Internationale Africaine" anzuerkennen, und nehmen zum Zeichen hiervon deren Flagge (blau mit goldenem Stern) an. Wir erklären, dass wir die Strasse offen und von allen Abgaben und Steuern frei für alle Fremden halten wollen, die mit einer Empfehlung der Agenten der Association kommen.

Wir werden alle Streitigkeiten zwischen uns und unsern Nachbarn oder mit Fremden irgendwelcher Nationalität der Entscheidung der genannten Association überweisen.

Wir erklären, dass wir vor dieser Vereinbarung mit niemand ein schriftliches oder mündliches Abkommen getroffen haben, welches diesen Vertrag null und nichtig machen würde.

Wir erklären, dass wir und unsere Nachfolger von jetzt ab bei der Entscheidung der Vertreter der Association in allen unsere Wohlfahrt und unsere Besitzungen betreffenden Angelegenheiten uns beruhigen und dass wir mit niemand einen Vertrag abschliessen werden, ohne die ganze Angelegenheit dem Chef von Manjanga oder dem Chef von Leopoldville vorzulegen, oder in irgendeiner Weise dem Inhalt oder dem Sinne dieser Vereinbarung entgegenhandeln werden.

Zeugen:
Dualla's Zeichen ○
Tschami Pard.
Muamba's Zeichen ×
aus Makitu's Dorf.

Kikuru's Zeichen ×
  Häuptling von Nsungi.
Nseka's Zeichen ×
  Häuptling von Bansa-Mbuba.
Nsako's Zeichen ×
  aus Bansa-Muba.
Insila Mpaka's Zeichen ×
  aus Bansa-Mbuba.
Iriaki's Zeichen ×
  Häuptling von Bansa-Mbuba.

(*Vertrag.*)

HENRY M. STANLEY, im Namen und in Vertretung der „Association Internationale Africaine", und die Könige und Häuptlinge von Ngombi und Mafela sind zu einer Conferenz in Süd-Manjanga zusammengetreten und haben nach gehöriger Berathung den folgenden Vertrag abgeschlossen:

Art. 1. Die Häuptlinge von Ngombi und Mafela erkennen es als höchst wünschenswerth, dass die „Association Internationale Africaine" zur Beförderung der Civilisation und des Handels in ihrem Lande fest ansässig sei. Sie übertragen deshalb jetzt, aus freien Stücken, für sich und ihre Erben und Nachfolger für alle Zeiten der genannten Association die Souveränetät und alle souveränen und Herrscherrechte über ihre sämmtlichen Gebiete. Sie versprechen demgemäss der genannten Association bei ihrem Werke der Beherrschung und Verwaltung des Landes zu helfen und ihren Einfluss bei allen übrigen Bewohnern, mit deren einstimmiger Genehmigung sie diesen Vertrag abschliessen, dahin auszuüben, dass allen von der genannten Association erlassenen Gesetzen Gehorsam geleistet werde, sowie dass alle Arbeiten, Verbesserungen oder Expeditionen, welche die genannte Association zu irgendwelcher Zeit in irgendeinem Theile dieser Gebiete veranlassen wird, durch Arbeitskräfte oder auf andere Weise unterstützt werden.

Art. 2. Die Häuptlinge von Ngombi und Mafela versprechen, zu jeder Zeit ihre Streitkräfte mit denen der genannten Association zu vereinigen, um dem gewaltsamen Eindringen von Fremden irgendwelcher Nationalität oder Farbe Widerstand zu leisten oder deren Angriffe abzuschlagen.

Art. 3. Das auf diese Weise cedirte Gebiet hat ungefähr folgenden Umfang: das ganze Ngombi- und das Mafela-Land nebst den ihnen tributpflichtigen Ländern. Die Häuptlinge von Ngombi und Mafela versichern feierlich, dass dieses ganze Gebiet ihnen gehört, dass sie frei über dasselbe verfügen können, und dass sie weder früher Verträge, Cessionen oder Verkäufe von irgendeinem Theile dieser Territorien an Fremde vorgenommen haben, noch solche in Zukunft ohne die Erlaubniss der genannten Association abschliessen werden. Alle Strassen und Wasserläufe, welche sich in diesem Lande befinden, das Recht auf denselben Abgaben zu erheben, alle Jagd-, Fischerei-, Minen- und Waldgerechtsame, sowie irgendwelche nicht occupirte Ländereien, welche die genannte Association sich zu irgendwelcher Zeit später auswählen wird, sollen ihr absolutes Eigenthum sein.

Art. 4. Die „Association Internationale Africaine" verpflichtet sich, den Häuptlingen von Ngombi und Mafela die folgenden Waaren zu bezahlen: ein Stück Zeug monatlich an jeden der unterzeichneten Häuptlinge, ausser einem Geschenk an Stoffen als Darangabe. Die genannten Häuptlinge bezeugen hiermit, dass sie diese Prämie und monatliche Subsidie zur vollständigen Erledigung aller ihrer Ansprüche an die genannte Association acceptiren.

Art. 5. Die „Association Internationale Africaine" verspricht:
1) den Eingeborenen des cedirten Gebiets kein occupirtes oder cultivirtes Land zu nehmen, ausser nach gegenseitiger Verständigung;
2) nach ihren besten Kräften das Gedeihen des genannten Landes zu fördern;
3) die Bewohner vor jeder Unterdrückung oder jedem Eindringen Fremder zu schützen;
4) sie gibt den Häuptlingen die Befugniss, ihre Flagge aufzuhissen, alle localen Streitigkeiten und Palaver zu erledigen und ihre Autorität unter den Eingeborenen aufrecht zu erhalten.

Genehmigt, unterzeichnet und beurkundet
am heutigen 1. April 1884.

HENRY M. STANLEY.

Zeugen der Unterzeichnung:
E. SPENCER BURNS.
D. LEHRMANN.
DUALLA.

Tonki's Zeichen ✕
   Senior-Häuptling von Ngombi.
Mampuja's Zeichen ✕
   Senior-Häuptling von Mafela.

Wir, die unterzeichneten Häuptlinge der nachbenannten unsern Namen gegenüberstehenden Districte, verpflichten uns, unsere Erben und Nachfolger zum Zwecke der gegenseitigen Unterstützung und des gegenseitigen Schutzes feierlich, die nachfolgenden Bestimmungen zu erfüllen:

Art. 1. Wir verpflichten uns, unter dem Namen und Titel des „Neuen Bundes" uns zu vereinigen und zu verbinden, d. h. unsere resp. Districte, ihre Städte und Dörfer sollen zu einem vereinigten Gebiet verbunden werden, welches in Zukunft den Namen „Neuer Bund" (*New Confederacy*) führt.

Art. 2. Wir erklären, dass unser Zweck ist die Vereinigung unserer Streitkräfte und Mittel zur gemeinsamen Vertheidigung aller in dem genannten Territorium liegenden Districte, die Stellung unserer Streitkräfte und Mittel unter diejenige Organisation, welche wir als die beste für das allgemeine Wohl des Volkes und die Wohlfahrt des Bundes betrachten.

Art. 3. Der „Neue Bund" kann durch Zulassung aller der den erwähnten Gebieten benachbarten Districte erweitert werden, wenn deren Häuptlinge darum nachsuchen und ihre Zustimmung zu den hierin aufgeführten Bestimmungen erklärt haben.

Art. 4. Wir, das Volk und die Häuptlinge des Neuen Bundes, nehmen die blaue Flagge mit goldenem Stern in der Mitte als unser Banner an.

Art. 5. Die verbündeten Districte garantiren, dass die untereinander abgeschlossenen Verträge respectirt werden.

Art. 6. Die öffentliche Streitmacht des Bundes soll, nach dem Verhältniss von einem Manne aus je zwei Waffenfähigen, aus eingeborenen oder fremden Freiwilligen organisirt werden.

Art. 7. Die Organisation, Bewaffnung, Ausrüstung und Unterhaltung dieser Macht soll dem Hauptvertreter der „Association Internationale du Congo" anvertraut werden.

Den vorstehenden Bestimmungen, welche das Resultat verschiedener Conferenzen zwischen einzelnen Districten sind, in denen wir die allgemeinen Wünsche kennen gelernt haben, fügen wir souveränen Häuptlinge und andere aus dem Kongo-District hiermit unsere Namen bei, wodurch wir uns verpflichten, uns nach allen und jeder dieser Bestimmungen zu richten:

District Khionso	Zeichen Matauga. „ Mahimpi-Mbesa. „ Mbambi. „ Mbango-Mpambo. „ Mkote. „ Mango-Mbando. „ Mbango-Mkote. „ Mpambo-Kionso. „ Mtimpi-Mavungo. „ Mtimpi-Mpambo. „ Mambouko-Ntamo.
District Vivi.	„ Massala. „ Vivi-Mavungu. „ Kapita. „ Bensani-Kongo. „ Vivi-Mku. „ Mambuku. „ Ngufu-Mpanda.
District Nsanda	„ De-de-de. „ Samuna. „ Sanda-Mundele. „ Sanda-Mallele. „ Sanda-Mpolele. „ Mkandu. „ N'Sanda-Manena. „ Nebangi. „ Nekumbi. „ Ngomi. „ Netsima. „ Suka-Madrata. „ Makaja. „ Mganga. „ Kapita-Nsanda. „ Kapita-Fontula. „ Sanda-Nlelle.

1. April. 1884.] Rückkehr nach Vivi.

District Boëte . . Zeichen Boëte-Nsita.

District Mgangila.
- „ Fulula.
- „ Mavinga.
- „ Nsau.
- „ Ngombi.
- „ Pambu.
- „ Makambu.
- „ Kapita.
- „ Nimpangi.
- „ Nekinga.

District Msuka .
- „ Msuka-Mkwete.
- „ Msuka-Masinga.
- „ Msuka-Mavungu.

District Sadika - Bansi .
- „ Sadika-Bansi.
- „ Bansa-Mansi.
- „ Mku.
- „ Msita.
- „ Mtona.

District Lefuna.
- „ Matanga.
- „ Kapita-a-Matanga.
- „ Singa-Maka.
- „ Madiata.
- „ Mavinga.
- „ Nefula.

District Jellala.
- „ Ntete-Jellala.
- „ Ngombi.
- „ Mambuku.
- „ Moemba.
- „ Mbensa.
- „ Sakala-Konso.
- „ Makaja.

District Kinsala .
- „ Mekukwe.
- „ Mavinga.
- „ Netunga.

District Lussala-Kindunga
- „ Mavinga-Kindonga.
- „ Mavinga.
- „ Mku.

District Vivi .	Zeichen	Matumbo-Nipombo.
	″	Nelomle.
	″	Nefuka-Mossa.
	″	Nigombe.
	″	Nematta.
	″	Nicombbe.
	″	Nesukka.
	″	Matouks.
	″	Kapita-Tschiama.
	″	Nalafundi-Kinkele.
	″	Mangofo.
District Isangila . . .	″	Massuna-Mampuja.
	″	Nsaulelo.
District Ngoma . .	″	Ngoma.
	″	Nsadi.
District Tschiama-Mbongo	″	Tschiama-Mbongo.
District Isenda-Nsendi .	″	Isenda N'Sendi.
	″	Ne-Linsa.
	″	N'Sansi.
District Limama-Majukona	″	Limama-Majukona.
District Lutete	″	Lutete Kimprika.
	″	Tedede.
District Ndambi-Mbongo	″	Ndambi-Mbongo.
″ Mbinda . . .	″	Masau-Tschama (Bindu).
″ Tschionso . . .	″	Tschionso.
″ Kibwanda . . .	″	Matanga-Sissulwa(Kimbwanda).
″ Kincati . . .	″	Itschiakundama (Kincati).
″ Kimbunda . . .	″	Itschiamboma(BansaKimbunda).
District Ganga . .	″	Itschiama-Mbongo.
	″	Lengo-Mbensa.
	″	Itschimo-Mvangu ⎫ Makari.
	″	Lakali-Bwadi ⎭
	″	Matombukele.
	″	Ntete.
District Sellele .	″	Sellele.

District *Maswamba*	Zeichen Loanda-Maswambu. „ Nassoma. „ Natela. „ Itschiama-Kimpioka. „ Tschiomkiandu (Kilonda). „ Lussala-Jori ⎫ Kussala. „ Itschiamambourn ⎭ „ Busalla-Busundi ⎫ Monauganda. „ Itschiamkumama ⎭ „ Sakola-Lema (Makanga). „ Itschiamdebe (Melonde). „ Salamamboina (Makanga). „ Lussala-Wala. „ Inkelia-Lubrofa.
District *Natuma*	„ Kingoma. „ Sukibola. „ Lutete-Majungi.
District *Ntombo*	„ Kinkela-Lenga(Nsanda-Ntombo).
District *Jonga*	„ Malonore. „ Mavindi. „ Itschiampansu. „ Mavambu. „ Itschiakundama (Nganda).
District *Kikai*	„ Lutete-Ngoma. „ Lutete-Nsona. „ Tiama-Sumpa. „ Naboela (Nsundi). „ Kikundama.
District *Moinsi*	„ Kinkela-Nsita. „ Kinkela-Loko. „ Sakala-Jeta. „ Mavamba-Bevakela. „ Lussala-Mkento. „ Malanda-Mbako. „ Sakola-Bato.

204 Zweiunddreissigstes Kapitel. [Manjanga

	Zeichen	Mavambo-Msebwa.
	,,	Sakala-Nianda.
	,,	Sakala-Guila.
	,,	Tscheka-Navundi.
	,,	Babambu-Mkumba.
	,,	Lutete-Landu (Kulukingo).
	,,	Thama-Lutila.
	,,	Lutete-Makundu (Makai).
District Kissimba . .	,,	Kinkelu-Baku (Kinanje).
	,,	Sikidole (Kavunda).
	,,	Sakala-Masefo (Muswambu).
	,,	Miku-Niema (Mbota).
	,,	Kinkela-Manjanga (Bansa).
	,,	Itschiama-Mbonga (Monisi).
	,,	Nsakala-Ronko (Bansabungo).
	,,	Nsakala-Mpansa (Kaisi).
	,,	Itschiama-Lebula (Kissimba).
	,,	Lutete-Mbondi (Kissimba).
	,,	Kenkala - Kadji (Kempampala Kinsras).
	,,	Lutete-Nsemla (,, Kionso).
District Kompola . . .	,,	Lutete-Matanka (,, ,,).
	,,	Itschiama-Likombe(,, Moansa).
	,,	Itschiama-Mbota (,,Kissimba).
	,,	Lutete-Msjala (,, ,,).
	,,	Kenkella-Mpossi (,, Moansa).
District Wunki . .	,,	Sakala-Libemba.
	,,	Lutete-Masiona (Kissemba).
District Mkundu-Mputu	,,	Susi-Moka (Monakila).
	,,	Sakala-Libemba.
	,,	Hussala-Salu.
District Bansa-Kivumba .	,,	Sakala-Maviamu.
	,,	Ntalenta.
District Kimbuda . .	,,	Kinkela-Mbenda.
	,,	Lutete-Ngoma.
	,,	Itschiama-Kansu (Monakidi).
District Mkundu-a-Mputu	,,	Matuna-Mansa (Mbindi).
	,,	Mavambu-Luswaansa(Melonde).

District Ntombo .	Zeichen	Ionia-Mboma (Ngombe).
	,,	Lutete-Mavungu (Kiamba).
	,,	Sakala-Mbwoka (Kaidji).
	,,	Movemba-Motunda (Ntando-Ngombe).
	,,	Siku-Sambi (Makanga).
	,,	Lutete-Mokidi (Nakadji-Kuna-Zoële).
	,,	Kinkela-Makinsi (Kinkongo).
	,,	Mivinse (Kissinga).
	,,	Sakala-Makansa (Mankamba).
District Mokanga . .	,,	Mkanda (Bansa-Njunga).
District Makunga . .	,,	Mkanda (Bansa-Njunga).
	,,	Kassungwa (Bansa Makango).
	,,	Tschiko-Majaka (Nivisa).
District Glonala .	,,	Bako (Mbansa-Tampala).
	,,	Itschiama-Kundi.
District Bemba . .	,,	Bangasi.
	,,	Matunda-Mkassa.
	,,	Kussala-Mputu.
	,,	Nsuki-a-Mbongo (Mavula).
	,,	Msuka-Bansa (,,).
	,,	Malembessa (,,).
	,,	Tschiama-Lutuba (Madioka).
	,,	Nampollele (,,).
	,,	Glonalla-Makuta-Didela(Nsala).
	,,	Tschiama.
	,,	Naowami (Monasala).
	,,	Majemba (Mokinanga).
	,,	Kinsiola (Kinkinka).
District Ngombe .	,,	Jandudu.
	,,	Namampuia.
	,,	Mangomole (Nsieka-Mavalu).
	,,	Bikandu.
	,,	Banumi.

Zweiunddreissigstes Kapitel. [Manjanga

District Kimpiri
- Zeichen Nampampuia (Kunango).
- ,, Makaia (,,).
- ,, Kivesna (Kimbuku).
- ,, Mandangi (Kimbongo).
- ,, Qualuka (Unatiba).
- ,, Majemba (Kissenga).
- ,, Senga (Ngola).
- ,, Mojola (Kinkulu).
- ,, Nialubu (Koisefu).
- ,, Nalekete (Kintoko).
- ,, Mbuku (Kudjadji).

District Bulu
- ,, Sumbu (Bulu).
- ,, Makito.
- ,, Nabukutu.

District Kibonda
- ,, Nausudi (Kaladi).
- ,, Nawadji.
- ,, Nsilabonda (Ntandu).
- ,, Kebawele (Kimbonda).
- ,, Namoina (Mantoba).
- ,, Majossa (Mbindi).
- ,, Bemba (Kiboli).
- ,, Msuela (Kimpange).
- ,, Betani (Nsandu).
- ,, Minina (Broende).
- ,, Kwemsunga (Kulonde).

District Kalemba
- ,, Sukula-Mbonga.
- ,, Tambele.
- ,, Venga.
- ,, Nampuia.
- ,, Nsangi (Makadji).
- ,, Gampoia.
- ,, Lussilo (Konso).
- ,, Monajendi.

District Losi
- ,, Kiboli (Kibunga).
- ,, Kimponda (Kitunda).

District Kibindika
- ,, Lomba.
- ,, Makiona.

	Zeichen	Matari.
	,,	Niangana.
	,,	Majella.
District Ntombo	,,	Kuakalla.
	,,	Makitu.
	,,	Filankoum.
	,,	Longosi.
	,,	Masuka.
	,,	Baghidi.
District Bansi-Kimbuko	,,	Petelo.
	,,	Lovamba.
	,,	Lufuansu.
District Ngoja	,,	Borgi.
	,,	Kimbwanga.
District Lemba	,,	Petolo.
	,,	Komingo.
	,,	Makuata.
District Mbu	,,	Gomantade.
	,,	Gongoulu.
	,,	Djos.
	,,	Tanglongo.
	,,	Matuso Mbongo.
District Ndandanga	,,	Kansa.
	,,	Mkossa.
	,,	Mavungu.
	,,	Luvouma.
	,,	Petelo.
	,,	Soa-Manipuja.
District Ngombi	,,	Msualu.
	,,	Tong.
	,,	Tunso-Mivembo.
	,,	Mballa.
	,,	Petelo.
District Mpanga	,,	Jinda.
	,,	Lolowe.
	,,	Missanga.
	,,	Melengo.

District Lutete	Zeichen Ngombe (Ngombe). „ Makitu (Bansa-Kandoke). „ Lutete (Lufuntschou). „ Issa. „ Dongo (Bansa-Kindingo). „ Tiamutulu (Kinangilwa). „ Kinonga. „ Nsumbu (Kimbanda). „ Dolorwala. „ Ntoba (Funsou). „ Tschiakambongo (Nsoundon). „ Petelo-Secca (Nkoko). „ Petelo-Sumba (Kinibensa). „ Bemba. „ Bolotovo (Kindemba).
District Sello	„ Tusa. „ Tschalla.

(Copie der Anmerkungen des Herrn Stanley.)

Notabene. — In Isangila waren Morgan, Parminter, van Kerckhoven und Hertwig anwesend.

Von Isangila nach Lulu am Südufer im Beisein von Morgan und Parminter.

Lutete Kuna, ein Eingeborener aus Nsanda, war als Dolmetscher zugegen.

Die Originale wurden mit Herrn Morgan, der die Empfangsbescheinigung an Lieutenant Valcke gesandt hat, nach Brüssel geschickt.

General Goldsmith hat eine Abschrift empfangen.

Ich empfing eine Abschrift.

H. M. S.

(Copie.)

EXPÉDITION INTERNATIONALE DU HAUT-CONGO.

Pallaballa, 19. April 1884.

Heute wurde ein Ergänzungsvertrag zwischen H. M. Stanley, Hauptvertreter der „Association Internationale Africaine", und den unterzeichneten Häuptlingen der Districte von Pallaballa abgeschlossen, um die Bedeutung und den Sinn des Ausdrucks „Gebietscession" zu erklären, welcher sich in dem am 8. Januar 1883 zwischen Lieutenant van de Velde und den genannten Häuptlingen von Pallaballa vereinbarten Vertrage findet.

I. Es wird zwischen den obigen Parteien vereinbart, dass der Ausdruck „Gebietscession" nicht den Ankauf des Bodens durch die Association, sondern den Ankauf der Oberherrschaft (Suzeränetät) durch die Association und deren gerechte Anerkennung durch die unterzeichneten Häuptlinge bedeutet.

II. Es ist den unterzeichneten Häuptlingen vollkommen verständlich, dass das Recht des Schiedsgerichts zwischen den Häuptlingen und Eingeborenen von Pallaballa und allen Fremden jeder Farbe und Nationalität der „Association Internationale Africaine" concedirt ist; dass das Recht der Leitung und Arrangirung aller Angelegenheiten zwischen Fremden jeder Farbe und Nationalität und den Eingeborenen von Pallaballa, der Entscheidung in allen Affairen, bezüglich welcher die unterzeichneten Häuptlinge eine solche anrufen, der Bestimmung, welche Europäer sich in irgendeinem Theile des Pallaballa-Districts niederlassen sollen, vollständig der „Association Internationale Africaine" übertragen ist. Die unterzeichneten Häuptlinge erklären auch, dass sie die Flagge der „Association Internationale Africaine" als ein Zeichen für jedermann annehmen, dass die Association die von ihnen anerkannte Oberherrin ist und dass keine andere Flagge innerhalb der Grenzen des Districts Pallaballa gehisst werden darf. In Anbetracht dessen sind die unterzeichneten Häuptlinge zu der monatlichen Prämie berechtigt, welche ihnen in dem ersten mit Lieut. van de Velde abgeschlossenen Vertrage versprochen ist.

Nachdem alles dies den unterzeichneten Häuptlingen ausführlich erklärt worden ist, haben sie zum Beweise, dass sie an den Bestimmungen und dem Sinn dieses Supplementarvertrages festhalten, demselben ihr Zeichen beigefügt.

Zeugen:
HENRY CRAVEN,
   Livingstone-Mission.
DUALLA.

H. M. STANLEY,
   Command. Exp. du Haut-Congo.
Noso's Zeichen ✗
Kiangala's Zeichen ✗
Talente's Zeichen ✗
Nefutila's Zeichen ✗
Nelombe-Katende's Zeichen ✗

(*Copie.*)

EXPÉDITION INTERNATIONALE DU HAUT-CONGO.

Station Süd-Manjanga, 31. März 1884.

Wir, die Häuptlinge Dongosi und Kukuru von Voonda, die alleinigen Herren des gleichnamigen Districts, haben Henry M. Stanley, Chef der Expédition Internationale du Congo, ersucht, uns in den Bund der eingeborenen Häuptlinge aufzunehmen, welcher jetzt zwischen Stanley-Pool und Süd-Manjanga gebildet ist; nachdem uns alle Verantwortlichkeiten und Privilegien erklärt worden sind, welche die Mitglieder jenes Bundes übernehmen oder geniessen, schliessen wir mit dem genannten Henry M. Stanley hierdurch einen Vertrag ab und verpflichten uns, unsere Erben und Nachfolger, die folgenden Bestimmungen zu befolgen:

1) Wir werden sämmtliche Strassen, welche durch unsern District führen, für alle Fremden, weisse oder schwarze, welche eine Empfehlung oder das Wohlwollen der „Association Internationale Africaine" besitzen, frei von Zöllen, Abgaben oder Lasten halten.
2) Wir übertragen alle Rechte, Steuern oder Abgaben zu erheben, den Agenten der genannten Association.
3) Wir verpflichten uns, die Souveränetät der genannten Association anzuerkennen und die Flagge der Association, blau mit goldenem Stern, als ein Zeichen dessen anzunehmen.
4) Wir werden der genannten Association alle Angelegenheiten bezüglich der Regierung, alle Fragen hinsichtlich des Friedens des Landes, alle Streitigkeiten zwischen uns und unsern Nachbarn, oder zwischen uns und Fremden jeder Farbe oder Nationalität, dem Schiedsrichterspruch und der Entscheidung des Vertreters der „Association Internationale Africaine" übertragen.
5) Wir erklären, dass wir kein mündliches oder schriftliches Uebereinkommen mit irgendjemand abgeschlossen haben, welches diesen Vertrag in irgendeinem Punkte null und nichtig machen würde.
6) Wir erklären, dass wir und unsere Nachfolger und Unterthanen uns fortan an die Entscheidungen des Hauptvertreters der „Association Internationale Africaine" halten werden, in allen Angelegenheiten, welche unsere Wohlfahrt, unsere Be-

sitzungen oder unsere Beziehungen zu unsern Nachbarn oder
Fremden jeder Farbe betreffen, und dass wir nicht gegen den
Sinn irgendeines Punktes dieses Vertrages handeln werden,
bei Strafe des Verlustes aller Subsidien, Gaben oder Geschenke, welche uns von den Vertretern der Association gemacht worden sind. Zum Zeugniss dessen haben wir unsere
vertrauten Diener als unsere Bevollmächtigten geschickt,
diesen Vertrag zu unterzeichnen, nachdem wir seinen Inhalt
kennen gelernt und in Gegenwart unsers Volkes mündlich
die Zustimmung gegeben haben, genau zu thun, wie die
Häuptlinge von Ngombi, Lutete und Makitu bereits gethan
haben.

Zeuge:
DUALLA.

Mdombasi Luboki's Zeichen ×
Bevollmächtigter für den
Häuptling Dongosi.
Lofunsu li Mbulu's Zeichen ×
Bevollmächtigter für den
Häuptling Kukuru.

Von Mbimbi ging es wieder allmählich abwärts, und der
Weg führte durch üppiges Gras, bis wir den Bergkegel von
Kisalu passirten und den Fluss überschritten, dem die Eingeborenen keinen andern Namen zu geben wissen, als „der
Strom" oder „Ndjali". Nunmehr folgen wir einem langen
Ausläufer, auf welchem die Dörfer Mani, Ngoma, Kimbensa
und Mpika in ziemlich beträchtlicher Entfernung voneinander,
jedes von seinem Palmen- und Bananenhain beschattet,
liegen. Dann kommt Bansa-Mbuba auf einer hervorragenden
Spitze, von der man ein Gewirr von Hügeln überblickt,
zwischen denen jedoch der schmale Rücken oder Sattel
eines Höhenzugs sich hinzieht. Zur Linken liegt Nsungi,
ein Trägerdorf, bei welchem sich fette, schwarze Schweine
in den ergiebigen Erdnussfeldern umhertummeln; das Dorf
steht auf einem luftigen Hügel, der eher noch höher ist als
derjenige von Mbuba.

Ehe wir Kimpemba erreichen, das, wie sich herausstellte, schon vom Lager in Mpakambendi am Nordufer des Kongo aus zu sehen war, haben wir mehrere glitzernde Flüsse zu überschreiten. Kimpemba liegt nahe am Rande der Kongo-Schlucht, und man kann hier eine Ansicht von einer gewissen Grossartigkeit und malerischen Schönheit geniessen. Von diesem Dorfe schlagen wir den Weg in schräger Richtung vom Flusse nach der Ebene des Mulwassi-Flusses ein, wo wir über vielfach röthlichen Boden nach den unter der Herrschaft Lutete's stehenden mehr verheissenden Hochlanden von Ngombe marschiren.

Ich muss lächeln, wenn ich an die kühne Bemerkung Lutete's denke, als derselbe im Jahre 1882 zum ersten mal einen unserer Agenten sah. Für das Vergnügen, den Mann mit dem blassen Gesicht zu enthaupten, war er geneigt, sich auf Bedingungen einzulassen. Unter der Last des genossenen Palmweins einhertaumelnd, rief er mit erhöhter Stimme der farbigen Escorte zu: „Gebt mir den weissen Mann, dann könnt ihr in Frieden ziehen."

„Was willst du mit dem weissen Manne?" fragten die von der unvergleichlichen Frechheit der Forderung überraschten Leute.

„Ihm den Hals abschneiden", entgegnete der Häuptling roh. Er hatte schon so oft andern Wanderern räuberischerweise Geld abgenommen und dieselben erschreckt, dass es ihm als kein grosses Verbrechen erschien, nunmehr auch diesem so unschuldig und harmlos aussehenden Weissen die Gurgel aufzuschlitzen. Die Escorte war jedoch anderer Ansicht und brachte den Weissen wohlbehalten weiter; als dieselbe aber vom Stanley-Pool zurückkehrte, legte Lutete sich in den Hinterhalt und eröffnete Feuer auf sie, das zu seiner grössten, unangenehmsten Ueberraschung indess von unsern Leuten auf das kräftigste erwidert wurde und damit endete, dass sie trotz ihrer geringen Zahl neun von seinen Kriegern gefangen nahmen, sodass er sich in demüthiger Weise entschuldigen musste, um dieselben wieder freizubekommen. Heute bietet gerade Lutete ein Beispiel davon, was sich aus einem Menschen machen lässt. Wir haben bei seinem Dorfe eine hübsche und glückliche Station, die unter der Aufsicht eines englischen Bootsmannsmaaten steht, der dort ein angenehmeres Leben führt, als er auf den englischen Kriegsschiffen je kennen gelernt hat. Mit einer Garnison von nur 12 Mann haust er friedlich gerade $1\frac{1}{2}$ km von dem „blutdürstigen" Häuptling, und dieser selbe Halsabschneider von vor zwei Jahren liefert jetzt Träger und Hausdiener und schickt seine Kinder in die Baptistenschule. Er ist in der That in jeder Beziehung ein Musterexemplar von Individuum.

Zwischen Lutete und Mpangu passiren wir mehrere Dörfer, deren Bewohner bei mir in grosser Achtung stehen. Wer das in einer Vertiefung liegende Voonda, das durch seine Behaglichkeit und die köstlichen Scenen häuslichen Lebens der Bakongo bezaubert, und Ijensi mit den hohen Palmen, die den reichen erfrischenden Saft zu liefern versprechen, gesehen hat, wird die von mächtigen belaubten Bäumen beschatteten freien Plätze daselbst nicht vergessen.

Bis der Reisende nach Mpangu gelangt, wird es ihm allmählich klar geworden sein, dass das nördliche und südliche Ufer des Kongo ursprünglich ein einziges Pateau gebildet haben müssen, und wenn er verständig über das nachdenkt, was er gesehen hat, wird er die geologische Geschichte, welche die Zeit mit tiefen Furchen in das enge Becken des Kongo geschrieben hat, und das verwickelte System der gewaltigen Schluchten verstehen, welche sich von Norden und Süden her demselben zuwenden.

Beispielsweise stehe ich in der Nähe von Mpangu auf einem Punkte, wie ich ähnliche vielfach nördlich und südlich vom Flusse gesehen habe. Er hat die gleiche Höhe mit den tausend Berg- und Hügelspitzen rundherum, mit Ausnahme einiger weniger, die vielleicht noch ein paar Fuss höher sind. In der Nähe zeigt mir eine tiefe Spalte die Natur des Bodens bis zur Tiefe von mindestens 50 m, die Seiten derselben steigen senkrecht auf, sodass ein von der ausgestreckten Hand fallen gelassener Stein bis auf den Grund gerade hinabfällt, ohne unterwegs eine vorspringende Ecke zu berühren. Augenscheinlich dringt der Spalt vor und nähert sich der öffentlichen Strasse. Während der Regenzeit kann der Karavanenweg jeden Augenblick in die Tiefe des Risses versinken, begleitet von dem Fall eines Thon- und Sandconglomerats, das durch den Sturz aus solcher Höhe in Staub verwandelt wird. Der nächste Regen führt die pulverisirten Trümmer in den benachbarten Bach, mit welchem sie in den nahen schon ungestümern Fluss getrieben werden, der sie in den Kongo ergiesst und damit dem braunen Wasser des grossen Stromes eine um noch einen Schatten dunklere Färbung gibt. Dieser Spalt wird sich tiefer in das Herz des schmalen Plateaurückens, auf welchem ich stehe, ausdehnen und mit den Regengüssen eines jeden Jahres breiter und immer breiter werden; die steilen Seiten verändern sich zu Abhängen und der enge Spalt wird zu einer schmalen, dann weitern Schlucht und schliesslich zu einem Thal. Bei schweren Gewitterregen sammelt sich in demselben Wasser genug, um das aus Sand und Thon bestehende grosse Bett tiefer auszufurchen, bis endlich der felsige Untergrund zu Tage tritt.

Auf diese Weise ist nach meiner Auffassung die geologische Geschichte dieses Gebiets geschrieben, wenigstens wenn man dieselbe im Lichte der auf unserm Ueberlandmarsche festgestellten Thatsachen liest. Steige ich jedoch zum Grunde der Kongo-Schlucht hinab und blicke an den steilen, soliden Felsmauern hinauf, die oft, wie im Pocock-Bassin und auf der ganzen Länge des Engpasses zwischen Mpakambendi und Mbelo, 60 und 90 m hoch aufsteigen, dann führt eine Berechnung der Länge der Zeit, die seit dem Bruch der oben liegenden Plateaus verflossen ist, in solche unermessliche Vergangenheit zurück, dass ich die Lösung dieses Problems lieber Gelehrten überlasse, welche sich besser mit Decimalen zurechtfinden. Ich sehe die Marken des Wassers bis 30 m über dem gegenwärtigen Niveau, und doch vermag selbst der höchste Wasserstand das letztere jetzt nicht mehr als 6 m zu steigern! Wie viele Jahre erforderlich sein würden, um Felsen von solch dauerhafter Beschaffenheit 24 m tief in der Schlucht fortzuspülen, wäre die erste Frage. Bei den Kalulu-Fällen findet man bei niedrigem Wasserstande auch noch Lava; woher ist dieselbe gekommen? Es haben Felsstürze und Erdrutsche stattgefunden, und bei den Inkissi-Fällen sieht man eine ganze Insel, welche volle 130 m tief als intacte Fels- und Erdmasse herabgefallen oder gesunken ist!

Inmitten solcher Scenen, wie hier zwischen Mpangu und Manjanga, erblicken wir den hohen Beri-Berg und in der Ferne und etwas östlich davon den Sphynx-Felsen auf einem ebenen Höhenzug, welcher von kleinen Nebenflüssen des sich unterhalb unserer Station Süd-Manjanga in den Kongo ergiessenden Mpiogo tief durchfurcht ist.

Man kann sich nur schwer ein solches fruchtbares Land wie dieses denken, und trotzdem bietet dasselbe einen so reizlosen Anblick dar. Die Thäler sind reich, doch ist überall so viel abschüssiger, rother, harter und unfruchtbarer

Thon zu sehen, dass man bis ins Herz hinein durchschauert, gerade wie wenn man auf kahle Mauern blickte.

Wir blieben lange genug in Süd-Manjanga, dass ich Gelegenheit hatte, nach Nord-Manjanga hinüberzufahren, um die Arbeiten zu inspiciren, welche während meiner Abwesenheit seit Gründung der Station im Jahre 1881 auf derselben vollendet waren. Ich fand auf derselben alles wie Kraut und Rüben durcheinander, ohne Ordnung und Plan, sodass ich gezwungen war, dem neuen Chef zu befehlen, alles niederzureissen und neu aufzubauen. Die Niederlassung befand sich so weit zurück, dass jede nur einen Monat alte Station am obern Kongo weiter vorgeschritten war, und dennoch muss dieser Ort allein der Association 10000 Pfd. St. gekostet haben! Für eine solche Summe und in einem Zeitraum von drei Jahren hätte ein Europäer mit Hülfe von 30 Arbeitern im Stande sein müssen, etwas Sehenswerthes zu schaffen, allein die Station war ein Mischmasch verkrüppelt aussehender Gebäude, die man eher für die Wohnungen armer Hinterwäldler hätte halten können, die sich dort anzusiedeln beabsichtigen.

Ich traf hier Herrn Spencer Burns und den wackern Kroaten Herrn Lehrmann, die soeben von einer Expedition nach der Mündung des Kuilu zurückgekehrt waren. Herr Lehrmann war mit dem Befehl von Philippeville am Kuilu-Niadi beauftragt, während ich Herrn Burns, der sich bei dieser Gelegenheit besonders ausgezeichnet hatte, zu Wasser nach Vivi sandte, selbst aber mit seinen Eingeborenen den Weg auf dem südlichen Ufer über Land einschlug.

2. April. — Wir setzen den Marsch von Süd-Manjanga westwärts fort, allmählich von der kalten Schlucht uns entfernend, über stark ausgewaschene Hügel, hinab zu den murmelnden Gewässern des Ngaku und steilen Abhängen

entlang nach den fruchtbarern Ebenen in der Nachbarschaft
von Ndunga.

Einige Kilometer jenseit der günstig gelegenen freundlichen Gemeinde Ndunga beginnen wir in das breite Thal
des Lukunga hinabzusteigen, wo wir von Herrn und Frau
Ingham von der Livingstone-Mission auf das gastfreieste
aufgenommen werden. Ich hätte gewünscht, dass meine
„Chefs", welche in Manjanga gearbeitet haben wollten, die
hübsche kleine Station gesehen hätten, welche dieser kriegs-
männische Missionar mit einem halben Dutzend Männern
oder eigentlich Knaben angelegt hatte. Das Wohnhaus der
Mission war im Innern so niedlich, wie eine Wohnung sein
soll; ein geräumiger Garten hinter demselben sah sehr vielversprechend aus; ein wohlgepflegter freier Platz oder Hof war
von Vorrathsräumen, Küche und Schulgebäude umgeben,
und unter den vorspringenden, Schatten spendenden Dächern
bemerkte man die Missionskinder, die eine überraschende
Familienähnlichkeit mit den schwarzen Kindern besassen, die
man in Sansibar, Sierra Leone, Alt-Calabar und Westindien
sieht, und welche dieselbe unterwürfige Miene zeigen, als
lasten die schrecklichen Geheimnisse des Alphabets auf ihnen.
Ich glaube, es war für mich ein ermuthigendes Gefühl zu
sehen, wie eine zarte Dame das Klima des Kongolandes
selbst in dem niedrigen Thale von Lukunga so wacker ertrug.
Ich spreche buchstäblich die Wahrheit, wenn ich sage, dass
mein 20stündiger Aufenthalt in der Mission mir das ausge-
suchteste Vergnügen bereitete. Zehn Mann hätten die auf
dem Missionshause liegende dünne Schicht der Civilisation
vollständig rauben und fortschleppen und alles leer und kahl
machen können; die Geschicklichkeit lag jedoch in den Händen der Dame und in ihrem reichen Taktgefühl, welches
über das bescheidene Haus die von ihr im fernen England

ererbte Anziehungskraft ausgebreitet hatte. Der Werth alles dessen, was ich in der Station sah, betrug vielleicht 100 Pfd. St., doch haben die 10000 Pfd. St., welche in Manjanga ausgegeben worden waren, mir weniger Vergnügen bereitet oder Bewunderung abgewonnen.

Nachdem wir das freundliche Missionshaus von Lukunga verlassen hatten, kletterte die Karavane wieder an den steilen Abhängen nach dem Hochplateau empor. Der nächste Tagesmarsch führte uns über eine meilenweit sich ausdehnende Ebene, die, wenn sie cultivirt wäre, für Tausende von Menschen Weizen und Mais liefern könnte, und würde der hohe, dichte und wilde Graswald durch das ersetzt, was Fleiss in der ungeheuern Wüste zu säen, pflanzen und bauen vermag, dann würde man Schönheit und die Fruchtbarkeit des Bodens beweisenden Reichthum sehen anstatt der todten Monotonie des Anblicks, welche jetzt über der mächtigen Productionskraft ruht.

Vombo liegt am Rande einer der Ebenen, von denen man in das Lukunga-Thal hinabblickt; am westlichen Ende steht Mwembe. Am folgenden Tage geht der Marsch über schmälere, mit Gras bewachsene Rücken, welche durch kleine Flüsschen voneinander getrennt werden, bis wir an die grasbekleidete Ebene von Muluangu gelangen, von der wir in die Mulde des Kuilu hinabsteigen, welchen wir vor ein paar Jahren mit dem Dampfer „Royal" hinaufgedampft sind. Man kann von der Fähre bei Kondo nach dem Kongo hinabfahren, doch muss der Steuermann sich vor unter dem Wasser verborgenen Baumstämmen in Acht nehmen.

Jenseit des Kuilu kommen wir an das breite Thal des Luima, welches durch die aus seinem Bette hervorragenden Kalk- und Schieferformationen bemerkbar ist. Eins dieser breitern Thäler könnte in spätern Zeiten für Strassen

nach dem Stanley-Pool nutzbar gemacht werden, da fast alle
diese Flüsse auf einem weiten, gleichförmigen Höhenzuge
entspringen, welcher die Wasserscheide zwischen den Nebenflüssen des Kwa und des Kongo bildet.

Zwischen dem Thal des Luima und der dann folgenden
Mulde des Lunionso befindet sich ein leichter Pass, über
welchen eine Eisenbahn von Voonda nach dem obern Ende
der langen Flussstrecke oberhalb Isangila geführt werden
könnte. Nachdem wir den Lunionso überschritten haben,
gelangen wir in den kühlen, dichten Schatten des Hains von
Ntombo-Lukuti und sodann über eine mit Gras bewachsene
Fläche nach der Station Bansa-Manteka. In der Nähe der
letztern befindet sich in einer dumpfigen Vertiefung, die vor
dem über die westlichen Hochlande wehenden Winde nur
allzu sehr geschützt ist, eine Station der Livingstone-Inland-
Kongo-Mission.

Von jedem der hügeligen Ueberreste des in frühern
Zeiten zusammenhängenden Plateau bei Bansa-Manteka erblickt man die Baumgruppen zahlreicher Dörfer, wie Mubangu, Bansa-Nkosi, Kinkansa, Bansa-Kulu, Ntombo-Lukuti.
In diesen Dörfern werden grosse Mengen von Erdnüssen
producirt, die nach den Factoreien des untern Kongo geschafft und dort gegen Stoffe und Branntwein umgetauscht
werden.

Ein sechsstündiger Marsch brachte uns von Manteka
nach der Station Isangila, wo ich manches Unangenehme
entdeckte, eine Folge der Unthätigkeit, der unsere Leute
beim Mangel von Beaufsichtigung sich hingeben. Ein Gebäude, welches man schon vor 14 Monaten begonnen hatte,
war noch immer nicht unter Dach. Durch die verrottete
Grasbedeckung des Proviantschuppens tröpfelte der Regen
und verdarb werthvolle Vorräthe. Dort lagerten mehr

als 400 Ballen, aber der die Aufsicht führende Herr zog es vor, anstatt das Grasdach zu verstärken oder zu erneuern, was in fünf Tagen hätte geschehen können, die Ballen zu öffnen und die Zeuge zu trocknen!

Das nächste Thal westlich von dem Ntombo-Lukuti ist das des Lufu, eines bedeutenden Flusses mit rascher Strömung, von dessen mit Wald eingesäumten Ufern wir an felsenbesäeten Abhängen hinaufklettern; dann überschreiten wir eine kleine Reihe von mit Kieselsteinen bedeckten Hügeln und gelangen in die halbdunkeln Gänge eines bewaldeten Berges, von dessen Gipfel wir auf das wüste Gewirr eines zerstörten Plateau herabblicken, das zerrissen und zerfetzt, zerspalten und entstellt, sich Linie hinter Linie, Kegel hinter Kegel, Spitze hinter Spitze ausdehnt, bis das Auge gefesselt wird von Pallaballa, Nokki und Vivi, die aber so fern sind, dass man nur die blassen, magern Umrisse zu erkennen vermag. Die unregelmässige Schlucht des Kongo ist bis weit über Vivi hinaus zu verfolgen. Nach Süden liegen diese unzusammenhängenden Haufen gänzlich unbrauchbaren Landes, auf der Nordseite haben die Plateaus von Mgangila, Sadika-Bansi und Kionso das täuschende Aussehen einer Ebene.

Welche Lehre über das Klima könnte den Europäern von dieser hohen Gebirgskanzel ertheilt werden! Denn hier haben sie bei einem einzigen Blick auf das rauhe und unbewohnte Land die Ursachen vor sich, welche sie entkräften und schwachmüthig machen. Mit zusammenbrechendem Körper und von zähem Ziegenfleisch und unschmackhaften Bananen ungenügend genährtem Magen drängen sie weiter über diese herzbrechenden Hügel, mit den endlosen Auf- und Abstiegen, durch das verworrene Labyrinth des erstickend hohen Grases, und wenn sie ins Licht und Helle treten, trifft stets die grausame Sonne die blassen,

halbbekleideten Körper, verbrennt die Arme, röstet die
Nacken und dörrt den Rücken aus. Jetzt sind sie unter den
Grastunneln dem Blick verborgen, um dann aus der schrecklichen Atmosphäre, der ungesunden, dunstigen und feuchten
Hitze herauszutaumeln und den Durst mit einem Meer von
kaltem Wasser aus den glänzenden Rinnsalen zu stillen,
welche durch die Schluchten fliessen. Einige von ihnen
wollen in ihrem Feuereifer, weiter, schnell weiter zu kommen,
ihre 20 km täglich marschiren, und nach ihrer Ankunft am
Pool, am Ende der Reise, kehren sie um und verfluchen mit
Vorbedacht das Land, das Klima und die Leute, aber niemals ihre eigene wahnsinnige Tollheit. Und doch würden
sie, wenn ich sie in 24 Stunden durch eine Gegend wie diese
hindurchbringen könnte, in Afrika ebenso lange leben wie
in dem feuchten England. Das sind die Leute, welche,
wenn sie in England einen Weg von einer Meile zu machen
haben, sich eine Droschke nehmen, die reichlich Bier und
Spirituosen trinken, enorm viel Rind- und Hammelfleisch
essen, deren erster Gedanke beim Aufwachen ist, was sie
zum ersten und zweiten Frühstück geniessen wollen, und die
ernsthaft darüber nachdenken, welche Fleischspeise ihnen am
Mittag am besten schmecken würde; die sich häufig baden,
deren schwerste Arbeit die Abfassung eines Briefes auf par-
fumirtem Papier an einen Freund ist, und deren glücklichste
Momente diejenigen sind, wenn sie die hübschen Damen auf
der Bühne mit verliebten Blicken anschauen können. Für
diese ist solches Vorwärtsstürmen, der überrasche Schritt,
das endlose Klettern und wüthende Wassertrinken sicherlich
nicht das klügste Verfahren, welches sie einschlagen sollten.
Etwas mehr Kaltblütigkeit und Ueberlegung bei der Bewegung würden besser wirken als diese leichtfertigen und
eigenwilligen Selbstmordversuche.

Einige Kilometer weiter gelangen wir nach Kongo la Lemba, und von diesem hübschen Dorfe steigen wir zum Thal des Luisi-Flusses hinab. Zur Rechten ist der Jellala-, vor uns der Pallaballa-Berg in Sicht. Wenn wir den letztern 300 m hoch erklommen haben, befinden wir uns in einer Höhe von 520 m über dem Niveau des Meeres, 7½ km von Vivi. Auf dem festungsartigen Plateau von Pallaballa lebt eine Gemeinde von Eingeborenen, unter denen eine weitere Missionsstation angelegt worden ist, in Frieden und Ueberfluss: die Luft ist kühl, die Atmosphäre mild, die Erdoberfläche ein reicher röthlicher Lehmboden; Gruppen hoher Bäume, welche angenehmen Schatten spenden, krönen das Plateau, Bananenpflanzungen und Palmenhaine erhöhen die Schönheit der Landschaft, und gutes und kühles Wasser wird in der Nähe gefunden. Der Charakter der Eingeborenen ist freundlich, die Mission hat ihre Zöglinge; und der alte Häuptling Noso hat ein Logirhaus für Fremde errichtet, ein Karavanserai im Kleinen, dessen Wände er zum Amusement seiner Gäste mit alten bunten Bildern geschmückt hat.

Wir bleiben die Nacht in dieser achtungswerthen Gemeinde und setzen am andern Morgen den Weg nach Vivi fort. Zunächst steigen wir 7½ km hinab; dann blicken wir vom Gipfel eines Hügels auf die Jellala-Fälle, die obern Vivi-Stromschnellen, die Station Vivi und alle die sonstigen wohlbekannten Punkte der Gegend. Mit dem Fernglas in der Hand lasse ich mich nieder, um herauszufinden, welche Verbesserungen während meiner langen Abwesenheit nach dem Innern vorgenommen worden sind; aber zu meinem Bedauern muss ich gestehen, dass ich die Rundschau aufgab und ernstlich wünschte, die Geschichte dieses unglückseligen Ortes aus meiner Notiztafel auslöschen zu können. Wäre dies möglich, würde ich von einer Last von Kenntnissen befreit sein, welche meine Meinung von den Europäern vergiften. Es ist unnöthig, aus der grossen Zahl diejenigen hervorzuheben und genauer zu bezeichnen, welche die Ruthe des Tadels wegen ihrer Untauglichkeit am meisten verdienen. Von den Strömen europäischen Lebens, welche im Laufe der fünf Jahre sich nach Vivi ergossen, wurden

ANSICHT DER MPOSO-STATION UND DES KONGO VON VIVI AUS.

einige hauptsächlich durch eigene Wahl, andere durch Ernennung festgehalten; aber gleich dem, der über den Ruinen von Karthago brütete und trauerte, kann ich nur bedauern, dass mein Gedächtniss von so vielen Schatten kindischer Männlichkeit und von Gestalten gehaltloser Jünglinge gequält wird. Mit Sehnsucht habe ich nach einem einzigen kleinen Zeichen des Fortschritts gesucht, nach dem endlichen Beweis, dass eine willensstarke Seele den Versuch gemacht habe, die ehemalige Schroffheit des Platzes oder die halsstarrige Unregelmässigkeit zu verbessern. Ich wäre schon dankbar gewesen, wenn die Strasse einen Meter weit planirt, ein hindernder Felsen zerschlagen oder aus dem Wege geräumt worden wäre; aber soweit ich entdecken kann, ist nicht einmal eine Hütte mit einem neuen Strohdach versehen worden. Welch jämmerliches Resultat, nachdem 260 Europäer aller Nationalitäten die Station passirt haben! Bekümmert und schweren Herzens setze ich den Weg nach der Mposo-Station hinab fort, wo ich ein Boot besteige, um mich über den Kongo nach Vivi hinübersetzen zu lassen.

DREIUNDDREISSIGSTES KAPITEL.

NACH OSTENDE.

Klima und Verhalten. — Vivi in Verwirrung. — Ein Mittel gegen vorgebliche Krankheit. — Verlegung der Station. — Beschreibung der Veränderungen in Vivi. — General Gordon's wahrscheinliche Absichten. — Ich schiffe mich auf dem „Kinsembo" ein. — Loango. — Sette Camma. — Der Küstenhandel. — Der Golf von Gabun. — Fernando Po. — Kamerun. — Duke-Town. — Erforschung des grossen Oelflusses. — Eingeborene Häuptlinge kaufen eiserne Häuser. — Bonny. — Lagos. — Quettah. — Sierra Leone. — Meine Ankunft in London. — Bericht an Se. Maj. den König der Belgier.

Der wunderbare Reichthum des Bodens am obern Kongo schien den tapfern jungen Herren auf der Aequator-Station, in Kinschassa, Leopoldville, Msuata, sowie denen, welche mit andern Arbeiten als dem Bau der Stationen beschäftigt waren, etwas von seiner eigenen zeugungsfähigen Kraft eingeflösst zu haben; wenn dies der Fall ist, dann haben die Sterilität des Terrains bei Vivi und die harten, düstern Profile der nackten Berge wol auch den Geist der Europäer auf dieser Station im Wachsthum gehindert und beengt. Es gibt Leute, welche so eindrucksvoll sind, dass sie ihre Umgebung reflectiren. In England mit seinem feuchten Klima soll es, wie man mir sagt, eine ungeheure Mehrheit von Leuten geben, welche von dem Wunsche beseelt sind, ihre Kehlen mit Bier anzufeuchten, und ich glaube, in Belgien und

Deutschland ist es in dieser Hinsicht ähnlich; dagegen haben wir im trockenen Araberlande ein Volk, welches nur selten trinkt. In dem feuchten Klima des palmenreichen Kongolandes wird Palmwein in erstaunlichen Mengen getrunken, während wir südlich vom Sambesi ein Volk haben, das nur ganz wenig Milch oder gelegentlich etwas Wasser trinkt. Nun, vielleicht ist es die Oede von Vivi, der die unfruchtbaren Resultate einer fünfjährigen Arbeit zuzuschreiben sind!

Bei der Landung finde ich, dass die Herren von Vivi einen Lagerschuppen und ein Wohngebäude für den Buchhalter in der Nähe des „Strandes" gebaut haben. Das Material dazu ist zum grössten Theil einem Wohnhause aus Holzwerk entnommen worden, das 2000 Pfd. St. gekostet hat und dessen übrige Theile 9 Monate lang umhergelegen haben, da niemand gewusst zu haben scheint, weshalb es von Europa gekommen war und zu welchem Zwecke es dienen sollte. Briefe aus Europa theilten mir mit, dass es zu einem behaglichen und bequemen Wohnhause für die in Vivi Ansässigen bestimmt war; allein welchen Nutzen konnte es möglicherweise für eine Anzahl von Leuten haben, die keinen Führer hatten? Der Buchhalter soll seinen Theil davon haben; der Zimmermann mag einen Schuppen davon bauen; das Hospital kann ebenfalls einige Bruchstücke bekommen, und der Rest mag verfaulen!

Ich steige die ursprüngliche Strasse hinauf, welche wir vor fünf Jahren zur provisorischen Aushülfe gebaut haben, um unsere Wagen hinaufzurollen, und sehe, dass sie bis auf den heutigen Tag unangerührt geblieben ist. Auf dem Gipfel des Berges sind zwei Häuser weniger, als ich gebaut habe, der Garten ist eine Wüste, die Umzäunung niedergebrochen, die Mangos, Melonen, Orangen und tropischen Birnen sind zu grossen Bäumen herangewachsen, allein das ist das Werk

FRAUEN UND KINDER UNSERER FARBIGEN ARBEITER.

der Natur. Die Häuser sehen schmuzig und verfallen aus und sind nicht mit Farbe angestrichen. Es sind hier etwa 25 Weisse, aber die meisten derselben scheinen nicht zu wissen, wie in aller Welt sie hierher gekommen sind oder was sie zu thun haben. Einige haben einen rohen, mürrischen Zug im Gesicht, wie wenn sie an einer ungewöhnlichen Arbeitslast zu tragen hätten, die sie nur zu gern auf irgendeine Weise abschütteln möchten. Bei der Table d'hôte finde ich alle versammelt; als der portugiesische Rothwein seine gehörige Wirkung geübt hat, macht sich eine Art Munterkeit in ihrem Wesen bemerkbar, und als das Mahl vorüber ist, suchen viele von ihnen, trotzdem es Mitte des Tages ist, das Bett auf. Wein und Hitze machen sie, wie ich bemerke, schläfrig. Ich sehe nicht, dass eine Arbeit gethan wird, denn wenn auch einige farbige Arbeiter mit irgendetwas beschäftigt sind, so geschieht dies in unordentlicher Weise, da sie von keinem Europäer beaufsichtigt werden.

Als am Morgen die Glocke zur Musterung läutet, fällt mir auf, dass die Krankenliste eine so ausserordentlich grosse ist: etwa 35 Farbige, gerade 30 Procent der ganzen Garnison, bedürfen Pillen, Tränke und Salben. Da ich fürchte, dass eine Epidemie herrscht, von der mir nicht berichtet worden ist, blicke ich den Kranken etwas prüfender ins Gesicht und finde — denn ein 17jähriger Aufenthalt unter den schwarzen Völkern gibt einem eine grosse Kenntniss von dem Charakter des Negers —, dass ihre Farbe gesund ist, ihre Haut genügend Oel ausschwitzt und auch die Augen klar sind, obgleich ihre Züge von Schmerzen verzerrt werden, die einem Mitleid einflössen könnten. Die Veteranen vom obern Kongo, an Arbeit und musterhafte Disciplin gewöhnt, verstehen ein gewisses Zeichen, und der feste Tritt von einem Dutzend meiner Arbeitersoldaten in kriegerischem

Aufzuge erregt die Aufmerksamkeit der Kranken und Krüppel, der an Kolik und Dysenterie Leidenden, die, sobald sie jene sehen, von dem Fenster des Arztes davonstürzen. Dreissig schwache Geschöpfe waren auf wunderbare Weise curirt; nur durch den blossen Anblick von einigen wenigen ernst auf sie zuschreitenden Männern war ihnen die vollständige Gesundheit wiedergegeben!

Empört über den Zustand von Vivi beschloss ich die ganze Station nach dem grössern Plateau zu verlegen. Zu diesem Zwecke wurde eine neue Strasse mit einer leichten Steigung nach dem Nkusu hergestellt, über welchen eine Brücke geschlagen wurde. Dann legten wir eine Decauville-Eisenbahn zwischen den beiden Plateaus an, und der Bau der neuen Station wurde begonnen.

Ein für den obern Kongo bestimmter neuer Dampfer wurde auseinandergenommen und auf mehrere Wagen verladen, die vom Landungsplatze an den Hügeln hinauf nach dem Plateau gerollt wurden, und da Lieutenant Valcke von seinem zeitweiligen Urlaub zurückgekehrt war, wurde derselbe zum Chef der Transportexpedition ernannt, welche den Dampfer nach dem Stanley-Pool bringen sollte.

Eine Reorganisation des Stabes war dringend nothwendig; viele der Europäer hatten nicht die geringste Idee von ihren Arbeiten und Pflichten. Dies war natürlich nur eine Folge davon, dass der Chef der Expedition abwesend gewesen und keine geeignete Persönlichkeit gekommen war, welche in Vivi die Ordnung aufrecht erhalten und eine so grosse Zahl von undisciplinirten Weissen, die frisch aus aller Herren Ländern gekommen waren, zu controliren verstand.

Die folgenden Auszüge aus Briefen an den Präsidenten der Association werden dies und verschiedene andere Punkte noch verständlicher machen:

Herr E. Massey Shaw ist zum Stationschef von Vivi und Herr John Rose Troup zum Polizeichef ernannt worden.

Major Parmenter, der beste Chef, welchen wir bisjetzt in Vivi gehabt haben, war durch Privatangelegenheiten in der Heimat gezwungen, seinen Abschied zu nehmen. Er war ein Mann von wunderbarem Fleisse, und ich bedauere besonders, dass ich ihn gerade in dem Augenblicke verloren habe, als er auf diesem, eine starke Hand erfordernden Platze die Ordnung wiederherzustellen begann.

Herrn Monet's Fähigkeiten sind ganz hervorragende; er übernimmt die Stelle des zurücktretenden Buchhalters.

HERR DEL COMMUNE.

Herr del Commune ist Chef des Transportdienstes auf dem untern Kongo, und ich bin überzeugt, die Expedition wird die wohlthätige Wirkung dieser Veränderung spüren. Er wird sein Hauptquartier in Boma haben und in Zukunft für alle eingehenden Waaren, sowie für das gute Betragen der Dampfermannschaften verantwortlich sein.

Vivi, 23. April 1884.

Vor zwei Tagen bin ich in Vivi eingetroffen und habe mich seitdem in einer fieberhaften Bestürzung befunden über das, was ich hier gesehen habe. Die Gebäude sind genau so, wie sie 1882 standen; selbstverständlich nehme ich dasjenige des Buchhalters aus, das wenigstens erträglich aussieht. Ich fand 25 Weisse hier. Das neue Haus, welches 29 000 Francs gekostet hat, ist vollständig ruinirt, da verschiedene Theile desselben zu unwichtigen, bedauernswürdigen Zwecken verwandt worden sind. Von einer Humor besitzenden Persönlichkeit erfahre ich, dass jeder der vielen Chefs, welche seit dem Eintreffen des Gebäudes vor Monaten von ihrer Stellung zurückgetreten sind, seinen unbegrenzten Dank für das rechtzeitige und reiche Geschenk ausgesprochen hat; was jetzt jedoch von demselben noch übrig ist, genügt kaum für ein kleines Holzgebäude oder eine Hütte von 35 Fuss Länge.

Heute haben sich zwei Fälle ereignet, welche mir so recht den Gemüthszustand dieser jungen Herren deutlich machen, die so lange ohne Führer gewesen sind. Der eine erklärt, er werde die Station nicht verlassen, obgleich er wegen vier grober Vergehen seinen Abschied erhalten hat, und murmelt seltsame Worte über Gewaltthätigkeit. Ein anderer sagt: „Nun, mir ist es einerlei, ich werde die kleine Arbeit in Boma verrichten und dann nach Hause zurückkehren und die Sache dem Comité auseinandersetzen."

Beim Mittagsmahl benutzte ich die Gelegenheit der Anwesenheit aller, um ihnen eine Standpredigt über den bejammernswerthen Zustand zu halten, in welchem ich die Station und sie selbst gefunden hatte. Ich beschrieb ihnen Vivi, wie ich dasselbe verlassen und wie ich es wiedergefunden hatte, wiederholte ihnen die traurige Geschichte von den Veränderungen und Scenen, welche während meiner Abwesenheit vorgekommen waren, und machte mir die Mühe, ihnen auseinanderzusetzen, was man im allgemeinen unter dem Ausdruck Pflicht verstehe, und wie jeder von ihnen gesetzlich und moralisch verbunden sei, nach seinen besten Kräften das zu thun, wozu er engagirt worden sei. Mir komme es zu, die Befehle des Comité auszuführen, ihnen, sich nach ihren Contracten zu richten; wenn sie das nicht thäten, müssten sie die Folgen tragen.

Ich sei nach Vivi gekommen, um das Chaos in Ordnung zu bringen, bevor ich das Commando der Expedition an General Gordon überlasse, der wahrscheinlich ebensowenig wie ich mit der Indolenz und dem ungedeihlichen Zustande sympathisiren werde.

Wir sind so aussergewöhnlich geduldig, väterlich und mild

ihnen gegenüber gewesen, und sie haben so lange keinen Chef gehabt, dass das Benehmen einzelner geradezu schmachvoll geworden ist.

Der neue Dampfer „Ville d'Anvers" ist ein vorzügliches kleines Boot und ausserordentlich fest. Wenn man gut auf dasselbe achtet, wird es eine vorzügliche Acquisition sein.

Der für den obern Kongo bestimmte Heckrad-Dampfer „Le Stanley" wird sofort für den Weitertransport nach seinem Bestimmungsort auseinandergenommen werden.

DER DAMPFER „VILLE D'ANVERS".

Herr del Commune hat mir heute mitgetheilt, er habe mit den Eingeborenen von Boma über das Protectorat erfolgreich verhandelt. Herr Kirkhoven hat unser Gebiet noch ausgedehnt, sodass Vivi jetzt mit Boma in Verbindung steht.

Die eingeborenen Häuptlinge zwischen Nokki und dem Stanley-Pool haben der Association die Souveränetät cedirt; auf diese Weise ist durch die Bemühungen der Herren Hanssens, van de Velde, Destrain, Mikič, Grant Elliott und Spencer Burns das ganze Gebiet von Boma bis zum Lubamba-Flusse am rechten Kongoufer, von da nördlich bis zum Kuilu-Niadi und am linken

Kongoufer von Nokki bis zu den Stanley-Fällen vereinigt und verbunden. Diejenigen Plätze am linken Ufer, welche bereits occupirt sind, wird Hanssens bis Juli vollenden. Signor Massari geht den Kwa hinauf, um im Interesse unserer Politik dort dieselben Aufgaben zu erfüllen.

Während ich am südlichen Ufer herabkam, habe ich genug erfahren, um die Ueberzeugung zu gewinnen, dass drei Viertel der Transporte für den obern Fluss durch Anwerbung von Eingeborenen geschehen werden: der Rest geht wie bisher am rechten Ufer hinauf. Um den Booten auf dem mittlern Abschnitt des Flusses mehr Beschäftigung zu geben, soll die Station Voonda auf der südlichen Seite angelegt werden.

Ich erlaube mir Ihnen Abschriften der Verträge beizulegen, welche der Association die Souveränetät über alle Districte zwischen Nokki und dem Stanley-Pool sichern. Alles, was am Kongo gethan werden konnte, ist geschehen; von jetzt ab muss Europa der Schauplatz der Operationen sein, um die Anerkennung der Association bei den Mächten durchzusetzen.

Ich kann nicht umhin, meinem Erstaunen darüber Ausdruck zu verleihen, dass dem Briefe, welcher mir die unmittelbar bevorstehende Abreise General Gordon's nach dem Kongo meldet, keine Instructionen für mich beigefügt sind, damit ich weiss, in welcher besondern Mission er hierher kommt. In einer Angelegenheit von solcher Wichtigkeit würde es mir wünschenswerth sein zu erfahren, ob er Chef der Expedition, Generaldirector, Administrator, Specialcommissar u. s. w., u. s. w. sein soll. Ich habe nur ein paar kurze Worte empfangen, welche einen Mann bei mir einführen, der mir schon sehr wohl bekannt ist. Ehe ich ihm das Commando übergebe, würde es mir lieb sein, genau zu wissen, wie ich in klaren und deutlichen Worten zu ihm zu sprechen habe, zumal der Brief*, welchen ich von ihm selbst

---

* *(Copie.)*

Brüssel, 6. Januar 1884.

Sehr geehrter Herr Stanley.

Se. Majestät hat mich aufgefordert, hinauszugehen und mich Ihnen bei Ihrem Werke anzuschliessen; ich habe die Aufforderung gern angenommen und reise am 5. Februar von Lissabon ab. Ich werde bereitwillig mit und unter Ihnen dienen und hoffe, dass Sie bleiben,

empfangen, es mir noch schwieriger macht, seine Mission zu verstehen. Ich schliesse daraus, dass er feindliche Absichten gegen den Sklavenhandel im Sudan hegt. Ohne Zweifel ein sehr löblicher Zweck, nur ist mir noch nicht gesagt worden, ob wir den Kongo aufgeben und anstatt mit unsern Ansiedelungen und dem Werke der Ausdehnung und Consolidirung an diesem Flusse uns mit Jagden auf die sudanesischen Sklavenhändler im Nilbecken beschäftigen wollen. Kurz, die ganze Angelegenheit erscheint mir sehr geheimnissvoll.

Da ich dem Comité schon im October 1882, im Januar, Juli und August 1883 und im Januar 1884 meine Absicht, gemäss unserer ursprünglichen Brüsseler Vereinbarung vom Jahre 1878 den Kongo zu verlassen, angedeutet habe, bin ich in Vivi eingetroffen, in der festen Hoffnung, dass ich General Gordon hier vorfinden würde; mit der letzten Post erfahre ich jedoch, dass er einen Auftrag der britischen Regierung, nach dem Sudan zu gehen, angenommen hat. Ich bin deshalb gezwungen, hier zu bleiben, bis ich von einer geeigneten Persönlichkeit abgelöst werde.

Vivi, 11. Mai 1884.

Oberst de Winton ist vor einigen Tagen hier eingetroffen und hat die Zeit seitdem benutzt, um sich die zum gründlichen Verständniss der Situation nöthige Kenntniss der Details anzueignen.

Wenn spät auch besser als gar nicht ist, so kann ich doch nicht umhin, mein aufrichtiges Bedauern auszusprechen, dass eine

---

dann werden wir mit Gottes Hülfe die Sklavenhändler in ihren Höhlen tödten, denn wenn wir in den Ländern, wo sie jagen, gemeinsam handeln und Verträge mit den Häuptlingen abschliessen, können wir ihre Raubzüge hindern und dem Sklavenhandel wirksam ein Ende machen. Alle Sklavenhändler sind jetzt mit Baker & Co. beschäftigt, sodass wir, will's Gott, wenn wir vordringen können, das Feld frei finden werden.

Noch niemals ist ein so wirksames Mittel, den Sklavenhandel an der Wurzel zu fällen, geboten worden, als dasjenige, welches Gott uns, wie ich hoffe, durch die freundliche Uneigennützigkeit Sr. Majestät eröffnet hat.

In Eile

Ihr ergebener

C. G. GORDON.

Persönlichkeit wie Oberst de Winton nicht schon vor 15 Monaten herausgeschickt ist, um mich zu unterstützen.

Ich hoffe im Stande zu sein, den Kongo gegen Ende dieses Monats zu verlassen, da Oberst de Winton bis dahin seine Pflichten begriffen und die Situation erfasst haben wird. Es wird aber gut sein, im Auge zu behalten, dass Sir Francis de Winton als

KAPITÄN HANSSENS.

Chef der Expedition den untern Kongo nicht verlassen kann, weil sonst die Schwierigkeiten in Vivi sofort wieder beginnen werden. Ein gelegentlicher Aufenthalt in Leopoldville und eine Inspicirung der dazwischen liegenden Route sind alles, was nothwendig ist. Sie können sich fest darauf verlassen, dass Kapitän Hanssens seine Mission am obern Kongo gut erfüllen wird.

SANATORIUM IN BOMA AM UNTERN KONGO.

Vivi, 2. Juni 1884.

Die neue Station Vivi schreitet rasch vorwärts. Fünf Häuser sind bereits fertig und eine Bananenpflanzung ist angelegt. Die Brücke ist gut gelungen. Eine Eisenbahn verbindet das alte Vivi mit dem neuen Platz, doch müssten wir zur Vollendung noch weitere 500 Meter Schienen haben.

Der Dampfer „Le Stanley" befindet sich jetzt 9 km von hier. Die Zahl unserer Transporttruppe beträgt 269, von denen 10 Procent täglich krank sein dürften.

Banana-Point, 8. Juni 1884.

Ich erlaube mir Ihnen mitzutheilen, dass ich Vivi am 6. Juni in Begleitung von Oberst Sir Francis de Winton verlassen habe. In Boma habe ich Ihr neues Sanatorium besehen. Ich bewundere den Bau und seine Lage sehr, und Dr. Allard's Hingebung und Sorge für den Comfort der Kranken verdienen grosses Lob. Das Institut gleicht wirklich einem anständigen Hotel.

Am 10. Juni trat der der Britisch-Afrikanischen Dampfergesellschaft gehörende Dampfer „Kinsembo" die Reise vom Banana-Creek nordwärts längs der Küste an, und da ich sehr neugierig war, noch mehr von Westafrika kennen zu lernen, um Vergleiche mit den Ufern des Kongo anstellen zu können, so schiffte ich mich als Passagier ein. Ich beabsichtige jedoch nicht, mehr als ein paar beiläufige kurze nützliche Bemerkungen zu machen.

Eine siebenstündige Fahrt brachte uns nach Landana, dem äussern Aussehen nach ein sehr hübscher Ort. Weisse Factoreien wechseln mit den Massen dunkelgrüner Vegetation ab. Auf dem Gipfel eines baumbepflanzten Hochlandes erblickt man die Mission der französischen Patres, deren Gärten und Fruchtbäume von allen Besuchern bewundert werden. Am folgenden Tage, nachmittags 4 Uhr, halten wir bei einer Gruppe von Factoreien, Black-Point genannt, nehmen ein gewisses Quantum Producte an Bord und setzen dann die Fahrt nach Loango fort, das wir um Mittag des 12. Juni erreichen. Hier erhalte ich einen Bericht des Chefs der Kuilu-Niadi-Division. Am 13. Juni ankern wir bei Mjumba oder Majomba, einer schönen, nach Westen offenen kleinen Bucht; die Fahrt des nächsten Tages bringt uns bis Sette Camma, südlich von dem Sette genannten Fluss. Die unge-

LANDANA.

heuere Brandung, welche beständig an das Ufer rollt und den Strand peitscht, hindert die Verlader nicht, grosse Fässer mit Palmöl, Kautschuk und einen jungen Gorilla an Bord zu bringen. Der 15. Juni bringt uns nach Impango, wo sich eine Zollstation befindet, denn wir sind jetzt nach der Gabun-Kolonie gekommen. Am 16. Juni laufen wir in den Golf von Gabun ein und ankern gegenüber der gleichnamigen

Stadt, dem Sitz der Regierung dieser französischen Colonie.
Auf der Rhede liegen noch ein Wachtschiff, drei französische
Kriegsschiffe, vier Kohlenschiffe, sowie einige kleine Küsten-
und Hafendampfer und Leichterfahrzeuge. Am Lande stehen
an hervorragender Stelle drei aus Backstein erbaute Regie-
rungsgebäude, eine ebensolche Kirche mit einem Dach aus

VON AMBRIS BIS KAMERUN.

geriffeltem Eisen; ausserdem sieht man einen grossen Haufen
Steinkohlen und den Anfang eines steinernen Hafendammes.
Eine unregelmässige Reihe von Gebäuden, die zu acht oder
zehn Factoreien gehören, eine französische (katholische) und
eine amerikanische (protestantische) Mission, sowie ein oder
zwei kleine Läden und ein Logirhaus zeigen uns die ganze,
im Jahre 1842 gegründete französische Ansiedelung. Viele vor

vielleicht 16 oder 20 Jahren gepflanzte Mangobäume, welche in gleichmässigen Reihen vor der Mission und den öffentlichen Gebäuden stehen, fallen durch ihre kugelförmigen Laubkronen auf. Alles in allem macht Gabun einen hübschen und angenehmen Eindruck. Die mit weissen Häusern und grünen Hainen bedeckten kleinen Hügel längs der Küste treten hell aus der tropischen Vegetation hervor und tragen zum allgemeinen Reiz des Bildes bei.

Am 18. Juni erreichten wir die spanische Insel Eloby, an der Mündung des Muni-Flusses in die Corisco-Bai. Man kann die Insel in anderthalb Stunden umwandern. Deutsche und englische Factoreien absorbiren den grössten Theil des Handels, der überall ziemlich denselben Charakter trägt. Vier oder fünf kleine Dampfer holen die Producte an der Küste zusammen.

Von der Insel Eloby steuern wir westwärts tieferm Wasser zu und dann, nachdem wir um das Cap San Juan herum sind, nördlich nach Fernando Po, einer hohen Insel in der Biafra-Bai, wo wir in der Clarence-Bai in Büchsenschussweite vom Lande vor Anker gehen. Die Insel ist nach ihrem Entdecker, dem Portugiesen Fernando Po, genannt. Sie ist rund etwa 1400 qkm gross und namentlich wegen ihres kegelförmigen Berges berühmt, dessen Spitze 3105 m über dem Niveau des Meeres liegt. Etwa 30 km nach Westen steigt der Albert-Berg des Kamerungebirges auf, dessen kühne Umrisse die Höhe von 4206 m erreichen. Die untern Abhänge und Küsten von Fernando Po zeigen eine wunderbare tropische Vegetation, während die höhern Theile der Insel mit Gras bewachsen und baumlos sind. Die Bewohner scheinen einen gemeinern und abstossendern Charakter zu haben, als alle, die ich im Kongolande gesehen habe.

Am 21. Juni trafen wir in Duke-Town am Alt-Calabar- oder Kreuzflusse ein. Dies soll einer der am meisten Oel producirenden Ströme sein. Eine Woche vor unserer Ankunft waren erst 500 Fässer Palmöl verladen, und doch war wieder eine Partie von 300 Fässern für den „Kinsembo" fertig; da ein Fass etwa 15 Centner wiegt, so erhält man einen Begriff von dem Quantum Palmöl, welches von diesem Flusse verschifft wird.

DIE FACTOREIEN AM ALT-CALABAR BEI DUKE-TOWN.

Durch die Freundlichkeit der Kaufleute wurde ich in den Stand gesetzt, diesen Oelfluss in Gesellschaft der Herren James Munroe, Dr. Mackenzie, Albert Gillis und Kapitän Jolly vom „Kinsembo" hinaufzufahren und zu „erforschen". Ich besuchte Creek-Town und eine daselbst befindliche schottische Mission, wanderte zwischen den vom Meere ausgewaschenen Creeks umher und kehrte dann nach der Stadt Duke-Town zurück, von welcher der Leser sich aus vorstehender Skizze ein Bild machen kann. Was mich am meisten überraschte, war die Reproduction des obern Kongo *en miniature*. Wäre ich über Nacht plötzlich mit dem „En Avant" aufgehoben und mit demselben auf dem Flusse in die Nähe des Ikunitu gebracht, ich würde keine wesentlich andere Landschaft erblickt haben als die Scenerie, welche die Dunkelheit der Nacht mir verborgen hatte. Das waren dieselben Palmen, theils gerade, theils geneigt oder in den Strom gefallen, derselbe dichte Wald, dasselbe süsse Grün, derselbe reiche röthliche Lehmboden, dieselbe Art und Weise der Lichtungen und dieselbe Bauart der Hütten. In Duke-Town hatte ich aber einen für mich unbezahlbaren Anblick. Ich bemerkte, dass die Wohnungen der eingeborenen Häuptlinge in England angefertigt und in ihren einzelnen Theilen hierher geschafft waren; die eine kostete 4000, eine andere 3000, eine dritte 2000 Pfd. St. Das war das Resultat des friedlichen Tauschhandels mit Palmöl — Häuser aus geriffeltem Eisenblech für die afrikanischen Häuptlinge! möblirt in europäischem Stile mit Teppichen, Sesseln, Spiegeln und Gardinen! Ist erst der Schrecken des Marsches von Vivi nach Stanley-Pool überwunden, dann vermag ich mir vorzustellen, wie Ngaljema, Makabi, Bankwa, Ibaka, Mangombo, Muguala, Mata-Bwyki und eine Menge anderer Häuptlinge am obern Kongo sich in Europa Häuser aus geriffeltem Eisen und Möbel bestellen gegen ihr Elfenbein, Palmöl, Kautschuk, Gummi, Angolaholz, Orseilleflechte, Wachs, Mais und Gewürze. Duke-Town zeigt, ein wie hervorragender Civilisator der ehrliche Handel ist. Eine Regierung gibt es hier nicht. Gelegentlich läuft ein Kriegsschiff ein und fährt wieder ab. Der Consul war abwesend, aber dennoch lebte alles in Eintracht und Harmonie.

Am 28. Juni ankerte der „Kinsembo" im Bonny-Flusse.

Dort zeigt die von Kapitän Bell befehligte grosse Hulk
„Adriatic" ihre riesigen Formen, das herrliche Modell eines
der alten Collins'schen transatlantischen Dampfer. Auch in
Bonny besitzen eingeborene Häuptlinge Häuser im Werthe
von 3000 Pfd. St. Am Lande liegt ein Haufen Factoreien,
auf dem Flusse eine grosse Zahl alter Hulks, und ein blühender Handel scheint hier jedermann geschäftig zu halten,
trotz des unangenehmsten und traurigsten Klimas, das ich
je kennen gelernt habe. Die grosse Furcht vor dem Klima
verschwindet jedoch beim Menschen. Die Factoreileute
leben gut und in bequemen Häusern. Es ist jetzt Mode
geworden, dieselben aus geriffeltem Eisenblech herzustellen,
im Innern mit Holz verkleidet und behaglich möblirt. Das
Wohnhaus des Herrn Whitehouse war 15,25 m lang und
10,35 m tief und besass eine bedeckte Veranda von 3,35 m
Breite, welche der Vollkommenheit so nahe kommt, wie
dem Talent des Erbauers möglich gewesen war; noch eine
Etage aufgesetzt und jedes Stockwerk ungefähr 1 m höher,
dann würde man bei gleichmässiger und vernünftiger Lebensweise einen noch vollständigern Sieg über die verpestende
und zerstörende Atmosphäre erringen, welche den schlammi-
gen Ufern der in die Bucht von Benin mündenden Flüsse
anhaftet.

Vom Bonny-Flusse, welcher das Hauptfahrwasser nach
dem Alt-Calabar-Flusse bildet, steuern wir nordwärts, und
am 2. Juli ankern wir 15 km von dem Benin-Flusse auf
der Rhede.

Hier lagen die Dampfer „Biafra", „Dodo" und „For-
mosa" bereits vor Anker. Während die Schiffe in den der
Küste zurollenden langen und trägen Meereswogen auf- und
niederschwankten, wurden mittels des Dampfers „Dodo" die
Producte vom Benin-Flusse geholt und nach dem „Kinsembo"

gebracht, wobei der Regen beständig die Decks und die Ladung nässte und durch seine langweilige Monotonie eine düstere Stimmung hervorbrachte. Am nächsten Tage kam der Dampfer „Loanda" mit der bis zum 11. Juni reichenden Post von England an.

Am 5. Juli passirten wir die Rhede von Lagos, auf welcher drei Dampfer und zwei Segelschiffe vor Anker lagen, und am folgenden Tag langten wir in Quettah an. Mittlerweile hatte der „Kinsembo", der auch in den verschiedenen kleinern Häfen Producte an Bord genommen hatte, seine Fracht durch die reichlichen Verschiffungen im Bonny- und Benin-Flusse fast completirt. Die Nun-Mündung, den Hauptkanal des Niger, sahen wir nicht wegen der unerforschlichen Bestimmungen, nach denen die verschiedenen Liverpooler Dampferlinien sich zu richten haben. Die neueste Localnachricht in Quettah war, dass ein Weisser für das Durchpeitschen eines Negers zu 18 Monaten Gefängniss verurtheilt worden sei! In Bay-Beach sahen wir das deutsche Kriegsschiff „Möwe" vor Anker liegen.

Am 12. Juli kamen wir nach Sierra Leone. Mein Freund, der Hafenmeister, der einst meinen Dampfer irrthümlicherweise für ein Seeräuberschiff hielt, ist noch immer in Amt und Würden, und die farbigen Unterthanen Ihrer Majestät sprechen noch immer mit übertreibender Emphase von den Verdiensten „dieser Colonie". Kapitän Jolly vom „Kinsembo" ist indessen anderer Meinung als die farbigen Herren von Sierra Leone; er erhält einen Wink, dass eine pestartige Krankheit in der Stadt herrsche, und eilt daher, um nach nur dreistündigem Aufenthalt so schnell wie möglich die See zu gewinnen. Hier haben wir den afrikanischen Continent zuletzt gesehen.

Am 29. Juli gestatteten die leitenden Directoren der

Britisch-Afrikanischen Dampfschiffahrtsgesellschaft dem Kapitän des „Kinsembo" in liebenswürdigster Weise, mich in Plymouth zu landen, von wo ich sofort nach London eilte.

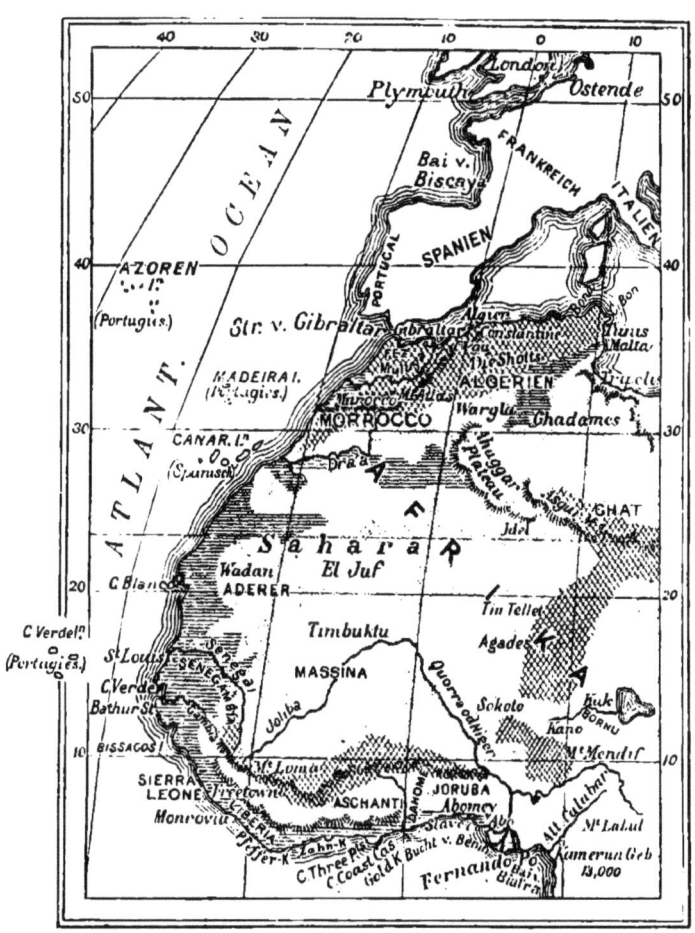

VOM NIGER BIS OSTENDE.

Vier Tage später überreichte ich meinen Bericht Sr. Maj. dem König der Belgier, der den Sommer in Ostende zubrachte, und ich konnte ihm mittheilen, dass die mir von ihm übertragene Mission im Kongobecken mit weit grösserm Erfolg vollendet worden sei, als selbst die sanguinischsten der Herren, die bei der Berathung im königlichen Palais im December 1878 anwesend gewesen waren, je hätten erwarten können. Ich habe keinen Grund anzunehmen, dass Se. Majestät mit den Erfolgen dieser langen Jahre bitterer Arbeit unzufrieden gewesen sei. Dem Leser dieses Werkes überlasse ich es, seine eigenen Schlüsse zu ziehen.

VIERUNDDREISSIGSTES KAPITEL.

EUROPÄER IN AFRIKA.

Europäische Ansichten über afrikanisches Leben. — Zurückgestossen durch den Mangel an Bequemlichkeiten. — „*Amour-propre*" und Empfindlichkeiten. — Wenige Helden der Arbeit. — Uebertriebene Hoffnungen. — „Bah, wir sind nicht hergekommen, um zu arbeiten." — Typus der vernachlässigten und blühenden Stationen. — Vorgebliche Krankheiten. — Unverständige Arbeiter. — „Es geht nichts über Whisky." — Sich von der Arbeit drücken. — Ein angenehmeres Thema. — Die wirklichen Arbeiter der Expedition. — Neue Aspiranten. — Jugendliche abenteuerlustige Offiziere. — Ein trauriges Ereigniss. — Unser Arzt. — Eine muthige Art. — Das Mittel, um sich einen guten Ruf zu erwerben.

„In Europa hielten wir uns für Männer, welche jeder Heldenthat und der grössten Anstrengung fähig wären, wenn wir nur Gelegenheit hätten, Kräfte, Mutterwitz, angeborene Tapferkeit, Kenntnisse und Standhaftigkeit bei Entbehrungen auf die Probe zu stellen; aber als wir in Afrika landeten, entdeckten wir leider, dass die meisten von uns weder Kraft, Witz, noch Muth besassen, dass die Stärke und angeborene Tapferkeit, mit welcher wir uns gebrüstet hatten, zum grössten Theile verschwunden waren und unsere Kenntnisse keinen Werth hatten, weil wir nie fern von der Ueberwachung und Sympathie der Aeltern das praktische Leben kennen gelernt hatten; und als uns Entbehrungen gegenübertraten, da brachen wir vollständig zusammen." Ein solches Geständniss könnte in Wahrheit von manchem jungen Mann unterschrieben werden, der, nachdem er entdeckte, dass er nur von seiner Phantasie und überreichen Einbildungskraft zu dem Glauben verführt worden, seine während einiger vollständig glatt verlaufenen Jahre im Heimatlande gesammelte geringe Erfahrung habe ihn für das rauhe Pionnierleben im äquatorialen Afrika vorbereitet, nach Europa zurückgekehrt ist.

Als sie einzeln, zu zweien, dreien oder in noch grössern Gruppen am Kongo eintrafen, von dem höchsten Eifer beseelt und ausserordentlich stolz darauf, dass der Muth, mit welchem sie sich gebrüstet hatten, nun endlich im fernen Afrika auf die Probe gestellt werden sollte, da war es ein höchst interessantes Studium, zu beobachten, wie der Eifer plötzlich oder mehr oder weniger rasch oft von der allerhöchsten Stufe der Begeisterung plötzlich unter den Nullpunkt herabsank, und wie die übertriebenen Erwartungen, mit welchen sie sich selbst getäuscht hatten, vor den Enthüllungen der Wirklichkeit entflohen.

Anstatt die gewohnten Bequemlichkeiten der Civilisation vorzufinden, deren Vorhandensein sie schon als sicher angenommen zu haben schienen, trat ihnen die Aufgabe entgegen, dieselben erst für die später Kommenden vorzubereiten. Das widerstrebte ihnen der Beschwerden und Mühe wegen, welche damit verknüpft waren. Sie waren wol bereit, die Früchte der Arbeit der ersten Pionniere zu geniessen, hatten aber durchaus keine Lust, nun auch für ihre Nachfolger zu thun, was schon für sie selbst geschehen und von ihnen gedankenlos hingenommen war.

Bei dieser überraschenden Enthüllung vernahm ich oft Worte und Phrasen, welche mir, der ich so lange fern und so viele Jahre allein gewesen war, fremd klangen, weil ich sie fast vergessen hatte. Wie zarte Fühlhörner schossen Worte hervor wie „*amour-propre*" — Eigenliebe? „Empfindlichkeiten" — Eitelkeit? aber wenn die dringende Nothwendigkeit zur Sprache gebracht wurde, dass einer oder der andere eine Arbeit übernehmen müsse, dann zogen sich alle, denen ein leiser Wink gegeben wurde, dass an ihnen die „Reihe" sei, beleidigt und erschrocken zurück. Ganz allmählich entdeckten wir, dass es diesen aufgeblasenen Menschen nicht nur an den erforderlichen Talenten mangelte, sondern dass es ihnen auch an Strebsamkeit so gut wie vollständig fehlte.

Von den Helden der Arbeit, welche sich auf den Arbeitsmärkten Europas durch emsigen Fleiss auszeichnen, habe ich nur wenige getroffen, und leider ist mir das Glück nicht zutheil geworden, viele der edeln Bewerber um Brot oder Ehre zu finden, von denen man in den Annalen der Industrie so viel liest. In den ersten drei Jahren betrug ihre Zahl nur etwa 4 Procent, und die übrigen, nun, sie sorgten dafür, dass ich ihr Dasein nicht vergässe.

Wer dieses Buch bis hierher gelesen hat und den Charakter und die Natur unsers Schaffens in gehörige Erwägung zieht, wird jedenfalls gern einsehen und zugeben, wie ausserordentlich nothwendig ich eine feste, willensstarke Persönlichkeit gebrauchte, wie ich dieselbe geehrt und gesegnet und wie innig ich ihre Ergebenheit bewundert und ihre Gesellschaft des Werthes ihrer für mich hochwichtigen Gegenwart wegen gesucht haben würde.

Viele Europäer sind zweifelsohne physischer Schwäche unterlegen, andere haben einfach ihren Beruf verfehlt.

Der Einfluss von Wein und Bier, der bei der Abreise von Europa dieselbe Wirkung auf ihre Impulse ausübt wie Chinin auf geschwächte Nerven, verflüchtigt sich bald in einem Lande, wo es keinen Wein gibt; und bei der allgemeinen Unfähigkeit, sich in fremde Verhältnisse zu fügen, und dem stetigen Mangel an der aufheiternden Wirkung der gewohnten Getränke wird der durch letztere geschaffene hochtrabende Muth bald durch eine unbesiegbare Niedergeschlagenheit verdrängt, die einige Heimweh, andere Hypochondrie nennen. Viele waren auch nach ihrem eigenen Zugeständniss nur gekommen, um den Fluss zu sehen; ihre Einbildungskraft hatte sie zwischen Heerden von Elefanten, Löwen, Büffeln und Flusspferden geführt, während grosse schlankhalsige Giraffen und anmuthige Zebras den Vordergrund dieses so wenig wie möglich der Wirklichkeit entsprechenden Phantasiebildes einnahmen. Ihre Sinne waren ferner wol auch durch liebende und bewundernde Blicke ihrer Geliebten angeregt worden, als sie denselben den Entschluss mitgetheilt hatten, „nach dem Kongo hinauszugehen", und manche angenehme Stunde haben die Leutchen wol mit der Prüfung der seltsamen Ausrüstung, der Elefanten-Büchsen, der scharfen „Expressflinten", und der glühenden Schilderung des Lebens im fernen Palmenlande an den Ufern des gewundenen Ikelemba oder des mächtigen Kongo verbracht. Auf diese Weise haben sie sowol sich selbst, als auch die Mitglieder des Comité getäuscht, welche die begeisterten Helden freundlich aufmunterten, wenn sie mit verhaltenem Athem ihren unabänderlichen Entschluss ankündigten: „Arbeiten oder sterben."

Der Tod ergriff jedoch weniger schnell die tapfern, braven Leute, als die Scheinhelden, die zahlreich hinweggerafft wurden. Er war stets gegenwärtig in seiner erbitternden Deutlichkeit, seiner unbestreitbar gebieterischen Weise, welche ihre „Empfindlichkeiten" kränkte und ihre Titel und Rechte auf Auszeichnung ignorirte. Die ernste alltägliche Wirklichkeit. die magere Kost und die widerwärtigen Aussichten

demüthigen ihren Dünkel. Sobald sie hören, dass es in diesem
Lande weder Wein noch Bier oder tröstenden Cognac zur Stillung des nagenden, unglücklichen Verlangens nach den gewohnten Getränken gibt, schlägt ihr Herz matter, und die
glänzenden afrikanischen Bilder und wunderbaren Träume von
tropischer Landschaft und Aufregung werden von weiten pfadlosen Regionen ersetzt; in denen nur hohes Rispengras und
werthloses Gestrüpp wuchert. Die glühende Sonne fordert sie
zu dem Versuch heraus, sich mit Gewalt einen Weg durch
das schier undurchdringliche Dickicht zu bahnen; aber die
Entfernung und die Strapazen scheinen unendlich zu sein
und sind stärker als ihr Entschluss, und leider gibt es hier
keine hübschen Mädchen mit goldigem Haar, welche ihre
edeln Bemühungen beim Arbeiten oder Sterben bewundern
können.

Einigen wenigen, die noch nicht ganz verloren und aller
Scham bar sind, mag das Gewissen zuflüstern, dass hier noch
tüchtige Arbeit zu schaffen ist, und dass sie später ebenfalls
die Freude der Colonisten erleben werden, wenn sie sehen,
wie Gemüse, Fruchtbäume und andere nützliche Pflanzen auf
dem weiten Gebiete wachsen, das jetzt von Rohr, Gras und
Dickicht bedeckt ist.

„Ah bah!" geben einige zur Antwort, „wir sind nicht hergekommen, um zu arbeiten, sondern um zu jagen, zu spielen,
zu essen und ein hohes Gehalt von dem Comité zu beziehen."

„Fühlen Sie sich ermattet? Nehmen Sie einen Schluck
heissen Thee oder Kaffee."

„Was!" rufen jene. „Kongowasser trinken? Nein, danke.
Mein Magen ist zu etwas Besserm gemacht, als jungen Krokodilen zum Nest zu dienen."

Ich möchte hier als Beispiel einen Fall anführen. Ein
junger Mann, der sich laut als Held angekündigt hat, wird

nach der Stelle hingeführt, wo die Station gebaut werden soll. Vierzig gelehrige, disciplinirte Schwarze werden seiner Aufsicht unterstellt und drei weisse Gefährten ihm zur Hülfe beigegeben. Ausserdem erhält er zahlreiche Ballen mit Zeugen, Säcke mit Perlen und Messingdraht, genug, um ein grosses Boot mit Ballast zu versehen, damit er Geld zum Tauschhandel hat und von den Eingeborenen die in der Umgegend erhältlichen Lebensmittel zu kaufen vermag. Der Fluss ist voll von Fischen, die er fangen kann, wenn er will; in den Dörfern rundherum gibt es Geflügel, worunter gewiss auch eierlegende Hennen sich befinden; Schafe und Ziegen sind auch erhältlich, und eine genügende Anzahl von Ziegen kann ihn und seine weissen Gefährten mit frischer Milch versorgen; die Eingeborenen aus der Umgegend werden ihm süsse Kartoffeln verkaufen, die gekocht, gebraten, gebacken oder geröstet sehr nahrhaft sind; ausgedehnte Cassavefelder liefern in der essbaren Wurzel die mannichfaltigsten angenehmen Speisen. Auch Tomaten, Bohnen und Kürbisse sind nicht schwer zu erhalten, und da er ausserdem einen Vorrath von Reis, präservirten Gemüsen, Weizenmehl, sowie Thee, Kaffee, Butter, eingemachtes Obst, condensirte Milch, allerlei Fisch-, Fleisch- und Suppenconserven aus Europa besitzt, so kann er sich sehr reichlicher Mahlzeiten erfreuen, vorausgesetzt, dass er bei der Zubereitung derselben die Mühe der persönlichen Oberaufsicht sich nicht verdriessen lässt.

Um die Anlage der Station in Gang zu bringen, werden noch vor unserer Abreise ein festes Blockhaus und die Wohnungen für die Eingeborenen gebaut, damit die Europäer und Farbigen nebst den Waaren unter Dach kommen. Milchziegen werden ausgesucht und legende Hennen gekauft, auch die Eingeborenen zu einem feierlichen Palaver

eingeladen, auf welchem gegenseitig die Bande geselliger
Beziehungen angeknüpft werden.

Seine Instructionen sind kurz und einfach: „Dies ist
Ihre in legitimer Weise erworbene Domäne; sie ist durch
die Ihnen als Chef übertragenen Befugnisse Ihr Staat ge-
worden, über welchen Sie die absolute Controle haben, da
Sie nur unter mir stehen. Ich lasse Sie hier als Chef und
einzigen Schiedsrichter in allen Fragen zurück. Lassen Sie
sich bei Ihrem Verfahren stets von der Gerechtigkeit leiten
und seien Sie freundlich mit Ihren Leuten, an denen Sie
Vater- und Mutterstelle vertreten. Beweisen Sie mir bei der
Rückkehr, dass ich einen guten Griff gethan habe, als ich
Sie wählte. Durch Fleiss können Sie Ihre Station zu einer
Musteranlage machen, als Beispiel für andere, die weniger
erfahren sind als Sie; mit gehöriger Sorgfalt können Sie sie
zum glücklichsten Ort in Afrika machen. Sie haben genügend
landesübliche Münze und reichlich Proviant. Aus diesem
Schreiben werden Sie den Plan ersehen, den ich von Ihnen
befolgt zu sehen wünsche."

Ich bin zehn Monate von der Station abwesend und
finde sie nach meiner Rückkehr in einem viel schlimmern Zustande, als vor meiner Abreise. Die warmen Versprechungen,
welche er mir gemacht, hatten mich verleitet, von einem hier
geschaffenen idealen Paradies zu träumen, allein anstatt des
glänzenden, prächtigen Bildes bemerke ich leider, dass das
wilde Gras unser Eingeborenendorf fast überwuchert hat,
sodass es kaum noch zu sehen ist. Nicht ein einziges
Haus ist zu den Bauten hinzugefügt worden, welche wir
für ihn errichtet hatten. Die Station ist auch in einem
Belagerungszustande, denn eine Palissadenumzäunung zeigt
mir, dass der Chef einmal durch einen Alarm zu krampf-
hafter Thätigkeit angespornt worden ist. Die Besatzung

ist von einer Hungersnoth bedroht, denn das Land muss
vier Tage weit und breit durchforscht werden, um für einige
Stunden Lebensmittel zu erhalten; die Vorrathsräume sind
leer und enthalten nur noch Messingstäbe für drei Tage.
Die Eingeborenen der Umgegend haben den Chef und seine
Station so gänzlich im Stich gelassen, dass er sich thatsächlich dem Verhungern nahe befindet. Welch grosser Contrast
zwischen der Niederlassung und meinem herrlichen Ideal!
Ganz das Gegentheil von den glühenden Versprechungen,
Briefen und Berichten!

„Nun, was ist das? Um Gottes willen, das ist ja nur
noch die Ruine einer Station!" rufe ich. „Sehen Sie das
Dorf, die Strasse, die Station, alles ist im Grase begraben!"

Oh, das ist eine zu starke Erschütterung seines zartbesaiteten, empfänglichen Gemüths, die der unschuldige und
starrköpfige Herr nicht ertragen kann und will. Er schreibt:
„Ich habe die Ehre, Ihnen meinen Rücktritt zu melden", der
selbstverständlich sofort angenommen wird, denn jener ist
eine viel zu aufgeblasene Person, um eine Stellung einzunehmen, in der er harmlos sein würde, und die ich ihm
gern geben würde, damit er kein Unheil anstiften kann.

Der Wechsel der Chefs hatte ein glückliches Resultat
für die Station, die bald die ihrer würdige Bedeutung gewann. Jetzt weiden rundherum grosse Schaf- und Ziegenheerden, auf dem Geflügelhofe tummeln sich Dutzende von
Enten und Hühnern und das Menu der Mittagstafel ist ebenso
gut, wie man es in Europa in einem Hotel zweiten Ranges
erhält. Jeden Morgen wird auf dem freien Platze vor der
Thür, wo die ebenholzfarbigen Kinder spielen, Markt abgehalten, und die eingeborenen Frauen bringen so viel Brot
herbei, dass man täglich für 500 Personen genügend kaufen könnte. Die für die Beamten eingerichteten Gebäude

haben insgesammt eine Länge von nahezu 200 m; die Gärten bedecken ein Areal von 200 Ackern und enthalten 3000 Bananen-, 500 Flaschenkürbiss-, sowie Limonen-, Apfelsinen-, Guaven- und Mangobäume, die sämmtlich vorzüglich gedeihen; ferner werden europäische und süsse Kartoffeln, Yamwurzeln und die mannichfaltigsten Gemüse in genügenden Mengen producirt. Fast 850 Quadratmeter Boden sind für eine grossartige Esplanade verwendet, und zur Station führt eine breite, offene Strasse hinauf. Alle diese Erfolge neben zahlreichen andern Verbesserungen beweisen den Charakter der Veränderungen, welche geduldiger Fleiss und aufmerksame Sorgfalt in einer Wildniss herzustellen vermögen.

In Vorstehendem ist der Typus dieser von aussen so prächtigen Geschöpfe zu finden, die an einem unersättlichen Hunger nach einer Diät leiden, welche das einfache Afrika in seinem gegenwärtigen Zustande der Unentwickelung ihnen nicht zu bieten im Stande ist, und die trotz ihres hohen Salairs und ihrer Contracte nicht die geringste Lust zur Thätigkeit behufs Besserung ihrer Lage haben, vielmehr sich in unnatürlichen, bittern Launen verzehren, bis sie schliesslich für ihre Freunde ein lebender Dorn im Auge und für sich selbst eine Qual sind.

Ein anderer Typus unbrauchbarer Männer war ein Herr, welcher sich von der Arbeit stets zu drücken wusste, indem er Krankheit vorschützte. Derselbe verstand die Kunst der Verstellung mit einer solchen Vollkommenheit, dass er wochenlang uns alle täuschte und sein Verfahren — denn einigen Leuten ist unnöthiger Unfriede höchst unangenehm — noch wer weiss wie lange fortgesetzt haben würde, wenn er seinem fortwährenden Faulenzen nicht freiwillig ein Ende dadurch gemacht hätte, dass er plötzlich und unerwartet seinen Abschied einreichte. Neun Wochen lang hatte der schlaue

Schauspieler seine gauklerische Kunst in vollendetster Weise ausgeübt! Wie viele besänftigende Schmeicheleien hatte ich nicht an diesen hinterlistigen Ränkeschmied verschwendet, den ersten, der seine Kunst am Kongo auszuüben gekommen war! Die Schritte, welche ich auf meinen Besuchen bei ihm während seines angeblichen Unwohlseins gemacht hatte, zählen, wenn ich sie zusammenrechne, nach Meilen. Der Werth der Arzneien, condensirten Milch, eingemachten Früchte, Marmelade, Butter, Suppen, Weine und Biscuits, welche wir in Reserve hielten für Leute, die durch die Kost von Ziegenfleisch und Cassavebrot krank geworden und stündlich abwechselnd von Hitze und Kälte gepeinigt werden und deshalb einige Delicatessen verdienen, und welche dieser offenbare Betrüger nun verzehrt hatte, betrug mehrere hundert Pfund Sterling. Welche Versprechungen bezüglich seiner Beförderung sind ihm, als er in der Besserung zu sein vorgab, nicht gemacht, welche Ermunterungen ihm nicht zutheil geworden, als er eine Sprache führte, als sei er von anhaltender Krankheit vollständig entmuthigt; welche Mühe habe ich mir gegeben, um seine zur Schau getragene Traurigkeit zu zerstreuen und seine angebliche Untauglichkeit zu bestreiten! Und als unsere Arzneimittel fast erschöpft waren und unsere Geduld auf die Neige zu gehen schien, schloss er die Affaire einfach mit einem schriftlichen Entlassungsgesuch ab!

Mit wenigen, aber verständlichen Worten wird ihm mitgetheilt, er möge jede Hoffnung auf eine baldige Rückkehr nach der Küste aufgeben; gleichzeitig werden Anspielungen auf nicht erfüllten Contract, noch zu leistende Dienste, ausgezeichnete Kunst der Täuschung, auf die Nothwendigkeit einer Cautionsstellung u. s. w. gemacht — und eine halbe Stunde später sieht man den geriebenen Burschen ohne Jacke und mit aufgerollten Hemdärmeln in voller Thätigkeit. Seine spätere Geschichte weiss noch von mancher geschickten Arbeit von ihm zu erzählen.

Ein anderer dieser Europäer, die mir nicht wenig Mühe verursacht haben, wird am besten in folgendem Auszug aus meinem Tagebuche, datirt 14. October 1880, geschildert:

„Der arme Bursche — wir wollen ihn Frank nennen — betrachtet wie alle gedankenlosen Menschen sein wunderbar bequemes Leben am Kongo als fast unerträglich. Wäre er der einzige Berichterstatter seiner Erlebnisse seit vorigem November, die Leute würden der Thatsache kaum Glauben schenken, dass schon ein guter Theil von Afrika erforscht ist, so viele neue Entdeckungen — seelenquälerischer Art — könnten ihnen erzählt werden. Sein Gesicht wird täglich länger und den melancholischen Zügen Don Quixote's, den ich irgendwo einmal abgebildet gesehen habe, immer ähnlicher. Und mit der zunehmenden Länge seines Gesichts wächst auch seine schlechte Laune. Aber kranke Menschen sind stets mürrisch, launenhaft und dafür bekannt, dass sie gegen ihren Arzt ungerecht sind."

Die Vorbedingungen für das gesunde Geniessen des afrikanischen Lebens werden von „Frank" und seinesgleichen wenig oder gar nicht verstanden, und es hält sehr schwer, ihnen die elementarsten Lehren über dieses Thema beizubringen. Es ist dies eine höchst undankbare Aufgabe, und der Versuch wird so unangenehm aufgenommen, dass ich mich oft von den sichtbaren Zeichen ihrer Nichtwürdigung meiner Mühe zurückgestossen gefühlt habe. Selten nur bin ich von denen, welchen ich meinen Rath ertheilte, ermuthigt worden, damit fortzufahren. Was ihre eigene Gesundheit betrifft, scheint kein Interesse für sie zu haben. Sie erkennen zwar an, dass sie es sich selbst schuldig sind, so vorsichtig, klug und umsichtig wie möglich zu sein, antworten höflich und lassen es an Versprechungen der Besserung nicht fehlen; aber nie halten sie das Versprochene, und nur selten sehe ich den lebhaften Eifer und die kluge Vorsicht, welche jeden beherrschen sollte, dem sein Leben lieb ist. Die Erfüllung dieser Pflicht scheint zu beschwerlich zu sein, und weder ihr Verstand noch ihr Gewissen unterstützt sie in derselben. Ich erinnere nur an Frank Pocock auf meiner zweiten Reise, der, als kaum mein Rath verhallt, schon über den Schritt nachgesonnen haben muss, welcher ihm das Leben gekostet und mir monatelang jedesmal, wenn ich an sein trauriges Ende dachte, Schmerzen und Qualen bereitet hat.

Es ist mir auch aufgefallen, dass diese Apathie nicht nur da sich zeigt, wo es sich um die Selbsterhaltung handelt, sondern auch bei den alltäglichen Arbeiten der Expedition vorhanden ist, welche die Leute zu leisten verpflichtet sind und für die sie bezahlt werden. Jeder einzelne Befehl wird zu meiner Zufriedenheit und gut ausgeführt, allein wenn ich daran die Hoffnung knüpfe, dass sie dies nun auch als ihre tägliche Aufgabe betrachten möchten, dann wird die Ordre sofort unwirksam, weil ihr nie mehr Folge geleistet wird.

Wenn ich einem Eingeborenen befehle, eine gewisse Kiste nach einem bestimmten Lager zu schaffen, und ihm beim Aufnehmen derselben helfe, bis die Last gehörig auf dem Kopfe ruht, dann marschirt er fröhlich ab und liefert die Kiste dem Auftrage gemäss richtig ab. Füge ich aber hinzu, nach seiner Rückkehr solle er eine andere Last in derselben Weise nach jenem Lager transportiren, dann weiss ich aus Erfahrung, dass ich seinem Gedächtniss oder seinem Talent mehr zugetraut habe, als dieselben leisten können, denn zweifelsohne werde ich nach seiner Rückkehr

ihm wieder bei der Aufnahme des Packens behülflich sein
müssen. In derselben Weise geht es auch mit Europäern;
wenn ich Leuten, von denen man annehmen sollte, dass
sie genügend Verstand besitzen, um einen vernünftigen Befehl zu begreifen, sage, dass sie alle Segel, Zelte, Wagen-
oder Gepäckdecken nachsehen und ausbessern sollen, dann
wird diese Ordre niemals beachtet; wird dagegen ein bestimmter Riss in einer Wagendecke, einem Zeltdach oder
Gepäcklaken bezeichnet, so wird er auch sofort zu meiner
Zufriedenheit reparirt. Oder sage ich zu dem einen oder
andern: „Sieh dich ein wenig im Lager um, was geschehen
muss", so habe ich gefunden, dass ein solcher Befehl viel zu
allgemein ist, um befolgt zu werden, während eine specielle
Ordre mechanisch ausgeführt wird. Das Versprechen der
Beförderung oder höhern Gehalts, sanftes Antreiben machen
keinen Eindruck, und überhaupt habe ich bisjetzt noch kein
Mittel entdeckt, das mächtig genug wäre, den Europäer oder
westafrikanischen Eingeborenen zu veranlassen, ein inneres
reges Interesse an seiner Arbeit zu nehmen. Die einzigen,
auf welche meine Worte von Wirkung sind und bei denen
sie einen nachhaltigen Eindruck hinterlassen, sind unsere
fremden farbigen Angestellten.

Welchen Ursachen ist nun dieser sowol dem Europäer
als auch dem Eingeborenen der Westküste charakteristische
Mangel an verständigem Interesse für ihre Arbeit zuzuschreiben? Dem Klima? Weshalb hat dasselbe dann nicht
bei Albert und mir dieselbe Wirkung? Denn ich muss sagen,
ich erfreute mich in Afrika einer mir in Europa ungewohnten
Lebenskraft, einer unbeschreiblich frischen Stimmung und des
unwiderstehlichen Wunsches nach Bewegung, körperlicher
Thätigkeit und persönlicher Anstrengung jeder Art. Und
Albert war das Leben und das thatkräftige Handeln selbst.

Aber vielleicht fühlen Frank und andere sich noch fremd oder

> Mag sein, dass sie nicht wohl sind.
> Krankheit lässt jede Leistung schwächer werden,
> Die dem Gesunden obliegt; wir sind nicht
> Wir selber, wenn die leidende Natur
> Den Geist dem Körper unterthänig macht.
> Drum will ich nicht den schwachen, siechen Mann
> Für den gesunden nehmen.

Unter allen tollen Abgeschmacktheiten, denen ich in den Tropen begegnet bin, ist die erstaunlichste, dass man zuweilen einen jungen Thoren, der von einem alten Narren gehört hat, es gehe nichts über den Whisky, das Lob der berauschenden Getränke preisen hört. So hat man Mr. Puffyface in halb berauschtem Zustande in Gegenwart unserer jungen Enthusiasten sagen hören: „Trotz allem, was man gegen das afrikanische Fieber vorbringen kann, gibt es nach vierzehnjähriger Erfahrung zur Heilung desselben kein besseres Mittel als Whisky." Das erinnert mich daran, was man sich in den fieberbehafteten Gegenden der südwestlichen Staaten der Union von dem Mantelsack mit der unvermeidlichen Whiskyflasche erzählt. Zum Besten der später nach Afrika Kommenden möchte ich aber jene Behauptung als dummes Geschwätz kennzeichnen. Man zeige mir einen dieser alten Narren an der Westküste Afrikas, und ich werde ihm die Täuschung und Irreführung nachweisen, ihm und allen Zuschauern beweisen, dass er nicht durch seine Liebe zum Whisky vom Fieber frei geblieben ist, sondern einfach durch seine Geschicklichkeit, sich von der Arbeit zu drücken. Ein paar Stunden schwere, angestrengte Thätigkeit oder ein Marsch nach dem Innern würden den faulen Löwen wie einen todten Esel hinstrecken. Genever- und Whisky-Zecher gibt es auch an andern Orten als am Niger und Kongo; wenn man einen solchen Menschen aber an der afrikanischen Küste trifft, dann enthüllt ein Blick auf das zwölf Stunden von ihm getragene Hemd und seine Wäsche die Wahrheit oft deutlicher, als ein Geheimpolizist die Spuren der von ihm verfolgten Verbrecher zu sehen pflegt. Man ist ganz genau im Stande, die Grösse der körperlichen Anstrengung festzustellen, der er sich unterwirft. Ist seine Wäsche frei von Schweissflecken, dann hat er sich einfach von der Arbeit zu drücken gewusst, und es würde schwierig sein zu bestimmen, wie lange Zeit noch vergehen wird, bis seine Leber eine tödliche Eitergeschwulst zeigt oder sich verhärtet. Will man aber der Menschheit einen Dienst erweisen, dann nehme man ihn mit sich auf einen mehrstündigen Marsch durch die afrikanische Wildniss und beobachte die Folgen.

Ein jüngst zwischen Händlern und den Eingeborenen an der afrikanischen Küste vorgekommener kleiner Krieg hat mir in dieser Beziehung werthvolle Einzelheiten, die allerdings nur für mich selbst von grösserm Interesse sein dürften, zur Bestätigung meiner Behauptungen geliefert.

Bei uns am Kongo, wo die Leute arbeiten müssen und körperliche Bewegung an der Tagesordnung ist, scheint schon die Luft der physischen Kraft derjenigen schädlich und tödlich zu sein, die in Whisky, Genever und Brandy ihren Gott sehen. Sie gehen unabänderlich zu Grunde und sind uns eine beständige Quelle von Ausgaben; aber selbst wenn sie schliesslich nicht zu Grabe getragen werden und damit aus dem Gedächtniss schwinden, werden sie doch vollständig hülflos, indem die Krankheiten mit fürchterlicher Geschwindigkeit um sich greifen und häufig sich die Symptome des Wahnsinns einstellen. Mit getrübtem Geiste und geschwächtem Körper werden sie schleunigst nach Hause geschickt, um werthvollern Ersatzleuten Platz zu machen, ohne Rücksicht darauf, ob sie noch einige weitere verdammende Urtheile über Afrika hervorrufen, die gerechterweise nur auf sie selbst anzuwenden wären.

Alle militärischen Befehlshaber, welche das Commando bei einem grossen Manöver oder in einem Kriege führen, grosse Zeitungen, die ein Heer von Specialcorrespondenten zur Berichterstattung über einen Krieg aussenden, bedeutende Firmen, welche im Interesse ihres Geschäfts eine Anzahl Reisende ausschicken, reiche Gesellschaften, welche zahlreiche Factoreien an der afrikanischen Küste besitzen, kennen sämmtlich aus guten Gründen den Unterschied, welcher zwischen den unter ihrem Befehl stehenden oder in ihrem Geschäft angestellten Männern herrscht. Sie wissen ohne Zweifel, welchen Werth derjenige hat, der oft oder beständig „nippt" und zu glauben scheint, dass die ganze Aufgabe des Menschen im Trinken besteht, und wie hoch der nüchterne, emsige Arbeiter zu schätzen ist, welcher weiss, wann er seine schwere Thätigkeit mit einem besänftigenden oder anreizenden Mittel erleichtern muss.

Wenn ich in dieser ernsten Weise meine in den letzten sechs Jahren gesammelten Erfahrungen hier wiedergebe, so beabsichtige ich doch durchaus nicht, Andeutungen über diejenigen zu geben, welche zu Grunde gingen oder nach Europa zurückgeschickt wurden. Das würde einen peinlichen Eindruck machen, und es genügt auch, dass diejenigen, welche die Erwartungen nicht gerechtfertigt haben, selbst die Folgen tragen. In vielen Fällen sind ihre eigenen Sünden ihre Nemesis gewesen. Wenn einige von ihnen Unreinheiten gesucht, im Schlamme gewatet haben, unfähig und unmässig gewesen sind, wenn ihre Empfindlichkeit eine übergrosse gewesen, sie durch Unklugheit ihre Aussichten haben trüben lassen, gleichgültig gegen ihre Pflichten gewesen sind, einen verdorbenen Charakter gezeigt haben oder es ihnen an Männlichkeit gefehlt hat, so kann ich nur sagen — möge das eigene Bedauern ihr Lohn sein.

Für viele von ihnen war es übrigens gut, dass die Expedition nicht von einer Regierung ausgesandt worden war, sonst würden oft extreme Maassregeln ergriffen worden sein, um die ausserordentliche Zügellosigkeit, der manche sich nur zu gern hingaben, zu bändigen und die vielen Unterlassungs- und Begehungssünden, deren andere sich schuldig machten, schwer zu bestrafen. Alles, was wir thun konnten, war, die Uebelthäter schnell zu entlassen, um die Expedition so rein wie möglich zu erhalten. Dass im allgemeinen gute Ordnung und Ruhe herrschte, hatten wir einzig und allein der strengen Durchführung dieses einzigen Mittels zu verdanken, welches wir besassen, um den moralischen Gesetzen den erforderlichen Respect zu verschaffen. Hätten wir aber in unserm Dienste einen höhern Offizier gehabt, der im Stande gewesen wäre, nicht nur die Leute am untern Kongo im Zaume zu halten, sondern auch sich selbst zu beherrschen, dann wäre vieles, was mich in den ersten vier Jahren geärgert und betrübt hat, unmöglich gewesen.

Man braucht nur an die Folgen zu erinnern, welche der Genuss von Branntwein und Sodawasser in Indien gehabt hat, um zu beweisen, wie verderblich und selbstmörderisch die Gewohnheit, alkoholhaltige Getränke in reichlichem Maasse zu geniessen, in heissen Klimaten wirkt. Die Westküste Afrikas hat ebenfalls viele durch Unmässigkeit herbeigeführte Verluste zu beklagen, denn es ist dort trotz des von einer generösen Regierung häufig gewährten Urlaubs — sechs Monate nach einjährigem Dienste — manches werthvolle Leben vernichtet worden.

Aber meiner Ansicht nach ist das entgegengesetzte Extrem ebenfalls unklug. Ich möchte keinesfalls dazu rathen, sich gänzlich des Weintrinkens zu enthalten, weil Unmässigkeit Tollheit ist, ebenso wenig empfehle ich aber den sogenannten mässigen Genuss der Spirituosen. Denn wenn man dieses Wort zulässt, würden gedankenlose Leute annehmen, dass ich den „mässigen Genuss" von Alkohol zu jeder Tageszeit rathe, vorausgesetzt, dass der Trinker sich stets innerhalb der Grenzen der Nüchternheit hält. Dies meine ich jedoch durchaus nicht. Ich warne vielmehr jeden, in den Tropen während der Tagesstunden Spirituosen anzurühren, wenn nicht der Arzt ein gewisses Quantum als absolut nothwendig verschreibt; Wein — guter Roth- oder Weisswein — darf nur nach Sonnenuntergang bei der Hauptmahlzeit genommen werden. Ein Achtelliter, wenn man es lieber mag mit Wasser verdünnt, halte ich für ein mässiges Quantum, welches man zur Beruhigung der Nerven und Beförderung des Schlafes mit Sicherheit geniessen kann. Nachdem man die ganze Nacht geruht hat, wird man mit klarem Kopfe und reiner Zunge aufstehen und in den Tropen ebenso gut und leicht sein Tagewerk verrichten wie in den gemässigten Breiten.

Jetzt möchte ich aber zu einem angenehmern Thema zurückkehren und nachzuweisen suchen, dass die menschliche Natur nicht ausnahmslos schwach und schlecht ist. Es gibt augenblicklich Dutzende von Beamten am Kongo, welche sich durch Tapferkeit und moralischen Muth, sowie die edeln Tugenden der Männlichkeit und des stetigen Wohlverhaltens auszeichnen. Es ist für mich eine stolze und erhebende Aufgabe, die Zahl derer hervorzuheben, welche ihre Dienstzeit untadelhaft, getreu und mit Ehren beendet haben, wenn es auch noch zu früh ist, von manchen Leuten zu sprechen, die noch am Kongo sind und zu den grössten Hoffnungen berechtigen.

Der erste, welcher seine ganze Dienstzeit zu meiner vollen Zufriedenheit und mit Ehren beendete, war Albert Christopherson, ein junger dänischer Matrose, der im Juli 1879 nach dem Kongo kam und im Juli 1882 nach Europa zurückkehrte. Er hat mich von dem Augenblicke an, als die Flotille Banana-Point verliess, bis zur Gründung der Station Msuata und zur Entdeckung des Leopold II.-See beständig begleitet, war stets pflichtgetreu und eifrig, gleichmässig höflich in seinem Benehmen; Albert war ein Jüngling, der stolz auf seine Kraft war und sich des Lebens in Afrika erfreute. Im ersten Jahre vermochte er unsere fremden afrikanischen Arbeiter noch nicht von seinem Werthe zu überzeugen, weil ihm das Land, seine Sitten und Sprache gänzlich fremd waren; sobald er aber den Dialekt genügend verstand, war er auch bald der allgemeine Liebling unserer Leute geworden, wie er sich auch durch offenes Benehmen und einnehmende Männlichkeit die Herzen der Eingeborenen gewann.

Da war keine Arbeit, soweit Männer seinesgleichen sie zu verrichten im Stande sind, die er nicht mit Bereitwilligkeit und Gründlichkeit ausgeführt hätte. Er schien gewisse Ehrenregeln zu haben, an denen er mit der strengsten Ueberzeugungstreue festhielt; wurde er zu einem Werke aufgefordert und hatte er dasselbe übernommen, dann hatte ich keinen Grund zu bezweifeln, dass die Arbeit auch, wenn nicht unüberwindliche Hindernisse eintraten, dem Befehle gemäss verrichtet wurde. Hätten seine Vorbildung und seine sonstigen Talente seinem guten Willen entsprochen, Albert Christopherson würde sich heute in einer beneidenswerthen Stellung befinden. Dem jungen Mann waren die albernen

Laster, welche man bei den meisten seiner Berufsgenossen findet, ebenso fremd, wie seine Constitution von jedem Fehler frei war; ein Paladin wegen seiner Stärke, stets bei guter Laune, fast knabenhaft offen, lehrte er die Eingeborenen, ihn unter den übrigen Europäern als einen arglosen Freund zu betrachten.*

Der zweite war Kapitän Anderson, ein skandinavischer Seemann, der ebenfalls seine drei Jahre ausgedient hat. Schon den Mann sich bewegen zu sehen, gewährte mir grosses Vergnügen. In seiner Gegenwart konnte kein farbiger Arbeiter dem Wunsch Anderson's widerstehen, nach besten Kräften zu arbeiten. Wenn er beim Transport der schwer beladenen Wagen über einen steilen Hügel behülflich war, flog sein scharfes Auge über die lange Reihe der keuchenden, ziehenden Leute und entdeckte sofort den, dessen Arm schlaff am Schlepptaue hing; mit lautem Ruf sprang er zu

---

* Ich erinnere mich, dass eines Tages ein mürrischer Sansibarer vor mir erschien, um sich über Albert zu beklagen, weil derselbe ihn geschlagen habe. Die Lippen des Mannes waren geschwollen, sein Gesicht entstellt, ein Zeichen, dass irgendetwas Ungewöhnliches während meiner Abwesenheit geschehen sein musste. Albert wurde gerufen und trat mit bis über die Ellenbogen aufgerollten Hemdärmeln ein, ein blonder, junger Riese.

„Nun, Albert, was heisst das? Ich höre, Sie haben diesen Mann geschlagen?"

„Ja wohl, das that ich. Der Mann hatte sich seinen Gefährten gegenüber gerühmt, dass er mich durchprügeln könne, und thatsächlich suchte er mit Worten und trotzigen Blicken eine Gelegenheit dazu. Als ich ihn zur Arbeit antrieb und wiederholt zum Fleiss ermahnen musste, sprang er plötzlich in Boxerstellung, die er wahrscheinlich von den Matrosen in Sansibar gelernt hat, auf mich los. Das überraschte mich, aber als ich sah, dass alle von der Arbeit aufblickten, merkte ich, dass die ganze Geschichte von Kungurugua geplant war, um den andern ein Schauspiel zu bereiten, und so versetzte ich ihm eins, dass er zu Boden stürzte; es dauerte lange, ehe er wieder aufstand, doch versuchte er keinen zweiten Gang mit mir."

A. B. SWINBURNE.
CHEF DER STATION KINSCHASSA.

dem Betreffenden hin, griff selbst mit an und feuerte durch
seine Bewegungen die übrigen zu erneuten Anstrengungen
an, bis schliesslich der Gipfel des Berges erreicht war. Wo
ein anderer gedroht, gescholten und gewüthet hätte, elektri-
sirte er die Leute allein durch den gesunden Geist der
Arbeit, der in ihm steckte.

Kapitän Anderson war zu lange Schiffsführer gewesen,
um nicht den Werth des ehrlichen guten Willens bei Ver-
richtung einer Arbeit zu kennen; deshalb verstand er auch
nicht, sich von irgendeinem Unternehmen zu drücken, und
verliess den Kongo mit einem ausserordentlich guten Zeugniss und einem noch substantiellern Beweise der uns geleisteten ausgezeichneten Dienste.

Der dritte ist Herr A. B. Swinburne, ein früherer Stu-
dent von Christ's Hospital in London, der jetzt 41 Monate
am Kongo gedient hat, anfänglich als Buchhalter, dann als
Lager- und Materialverwalter und später als Chef der Station
Isangila, wo er trotz seiner Jugend das erste Backstein-Lager-
haus oberhalb Boma gebaut hat. Er war mehrere Jahre der
einzige Stationschef, welcher begreifen konnte, dass ein Ge-
müsegarten eine werthvolle Zugabe für die Niederlassung sei.
Er machte einen sehr günstigen Eindruck auf mich durch
seine Sanftmuth und sein angenehmes, mildes Wesen, mit dem
er auch auf die Eingeborenen in der Umgegend seiner Station
bedeutenden Einfluss ausübte. Seine kleine Gesellschaft hing
mit grosser Zuneigung an ihm, in seinem Orte herrschte Frieden und kamen nie Streitigkeiten vor, sodass seine Station mehr
einem Familienkreise ähnlich war. Seine Wohnung bot den
nach dem obern Lauf des Kongo bestimmten Leuten einen
ruhigen, kühlen Aufenthalt zur Rast; die kleinen Decora-
tionen und zierlichen Ausschmückungen seines Hauses bewiesen, dass die Einflüsse der Heimat bei ihm noch wirksam

waren. Auf seinem Fremdenbett, umgeben von einer Sauberkeit, welche Erinnerungen an die Civilisation wach rief, liess sich gut ruhen.

Schliesslich vermochte er die kalten Winde des Kongo-Thales nicht mehr zu ertragen; er musste zur Wiederherstellung seiner Gesundheit nach England geschickt werden, kehrte aber schon nach einem Aufenthalt von wenigen Wochen wieder zurück und brachte eine grössere Abtheilung farbiger Rekruten mit, die er in guter Ordnung nach dem Stanley-Pool führte. Dann wurde er zum Chef der Station Kinschassa ernannt, und es hätte keine bessere Wahl getroffen werden können, weil seine Milde und Sanftmuth ihn bei Weissen und Schwarzen gleich beliebt machten. Da er den moralischen Muth besass, die Arroganz der Eingeborenen nicht sofort mit der Pistole in der Hand zu züchtigen, so war seine Station ohne Gefahr. Von dem Augenblicke an, als er seine Flagge dort aufhisste, verschwanden Argwohn und lärmendes Prahlen, und die Association hatte durch die Charaktereigenschaften eines Mannes, die den Ort allein gewinnen und in Frieden erhalten konnten, sich einen wichtigen Posten gesichert.*

---

* Ein vom Januar 1885 datirtes Schreiben des Herrn Swinburne berichtet über seine Fortschritte im Gartenbau und gibt zugleich Aufklärung über das, was in Centralafrika gebaut werden kann:

„Wenn ich nur eine genügende Mannichfaltigkeit an Samen hätte, könnte ich hier fast alles haben. Der Boden ist wirklich ausgezeichnet und für europäische Gemüse ausserordentlich günstig. Einige englische Kartoffeln, welche ich von Teuz erhalten habe, sind schon weit im Wachsthum vorgeschritten. Ich habe einen Versuch damit gemacht, indem ich die Keime abschnitt und im Garten in den Boden steckte. Neulich zog ich einen derselben heraus und fand zu meiner Ueberraschung Kartoffeln von der Grösse eines Marmels daran. Die alten Kartoffeln gediehen ebenfalls, obgleich sie ganz von England hierher gebracht sind. Die Schalotten stehen herrlich. Ich habe auch ein

Der letzte unserer ersten Pionniere war der Italiener Francesco Flamini, ein arbeitsamer, fleissiger Mann, von Gewerbe Mechaniker, der seine Liebe zwischen seiner Frau und seiner Maschine theilte. Mit dieser letztern befand er sich in wunderbarer Harmonie, wie die mit dem Schiffe erzielten Resultate beweisen: das todte Eisen schien seine Zuneigung zu erwidern, mit ihm zu sympathisiren, es gehorchte ihm. Seiner Maschine hat er, wie ich glaube, auch anvertraut, dass er eine noch innigere Liebe zu einem Weibe unter dem blauen Himmel Italiens hege, doch nahm dieses Thema ihn nicht so in Anspruch, dass er und das Schiff nicht hätten ihre Pflicht thun können. In Liebe und Zuneigung, ohne Zank und Streit arbeiteten beide miteinander. Zum ersten mal besass ich eine hübsche Maschine, welche trotz ihrer Zartheit und Kleinheit glatt und vorzüglich arbeitete, wenn der geduldige Flamini ihre Bewegungen mit liebendem Auge überwachte.

Unter denen, die später nach dem Kongo gekommen sind, um die durch Krankheit und Desertion entstandenen Lücken auszufüllen, sind viele, welche auf höhern Rang, Intelligenz und Fähigkeiten mit Recht Anspruch machen können und in Bezug auf Hingebung an das Werk der Expedition den genannten ersten Pionnieren gleichkamen.

Als die Internationale Afrikanische Gesellschaft die Leitung unserer Geschäfte im westlichen Theile Afrikas über-

---

kleines Feld mit Reis und andere mit Moorhirse und Mais, die üppig wachsen. Zuckerrohr ist im Ueberfluss da. Die Versuche mit Kohl, Zwiebeln, Wurzeln, englischen Steckrüben, Kresse und Petersilie sind erfolgreich ausgefallen. In Leopoldville vollbringen sie Wunder beim Gartenbau. Die Mangos, Apfelsinen und Flaschenkürbisse wachsen fast zusehends. Dr. Sims ist von seinen mit Kaffee gemachten Versuchen ganz befriedigt. Es kommt ein Gärtner, von welchem ich mir noch mehr Samen ausbitten werde."

nahm, wurde das Comité d'Études du Haut Congo durch
das Comité der Internationalen Kongo-Association ersetzt,
welches das unter den Auspicien des Präsidenten und der
Mitglieder des erstern inaugurirte Unternehmen fortsetzte.
Die ersten, die am Kongo eintrafen, waren belgische Offiziere, welche den erhaltenen Urlaub benutzten, um ihre Erfahrungen mit den aus einer rauhen Campagne in Afrika zu
ziehenden Lehren zu bereichern.

Die würdigsten derselben treten stetig in den Vordergrund, „befähigt alles zu thun und überall hinzugehen",
wie die Engländer sagen, wenn sie ihre Feste mit einem
Lob auf die braven Soldaten schliessen. Ich nenne von ihnen
in bunter Reihenfolge, nicht nach ihren Verdiensten, die folgenden: Kapitän Hanssens, Lieutenants Valcke, Janssen, Parfoury, Grang, Vangelé, Coquilhat, Destrain, Dr. Allard u. A.

Kapitän Hanssens besitzt ausser der mechanischen Gabe,
strengen, militärischen Gehorsam zu leisten, das lobenswerthe
Streben, sich als über dem Gewöhnlichen stehend zu zeigen:
sein Eifer geht dahin, seine Tüchtigkeit und Fähigkeit zu
beweisen. Mit erhabenem Geiste überwindet er das Ver-
driessliche und Unangenehme seiner Umgebung und hält es
unter seiner Würde, die unzähligen ermüdenden, wenn auch
unbedeutenden Hindernisse für den vollkommenen Genuss
des von ihm erwählten Lebens zu beachten. Ehe er sich in
die tropische Region hineingewagt hat, scheint er über den
Charakter des Lebens, das ihm in Aussicht stand, genau nachgedacht und sich mit dem einzigen Panzer gewappnet zu haben,
welcher sich gegen die ihm entgegentretenden erbärmlichen
Verhältnisse bewährt hat: mit ehrenwerthem, moralischem
Muthe. Er kommt mit dem vollen Bewusstsein zu uns, dass
es in Afrika keine grossartigen Hotels mit luxuriösen Menus
und üppig ausgestatteten Räumen gibt, und nimmt in seinem

Zelte oder zwischen den Lehmwänden seiner Hütte mit
einer Würde Platz, als habe er sein ganzes Leben im Lager
eines Pionniers verbracht. Wird er zu einer Expedition nach
unbekannten Regionen beordert, um dort Stationen zu bauen,
so macht er sich wie ein Arbeiter zum Werke bereit; nie
vergisst er in den Vorrathslisten die geringste Kleinigkeit,
von der Büchse bis herab zur Nadel, und beim Abmarsch
ist seine Colonne so vollständig und wohlausgerüstet, dass
wir seines Erfolgs sicher sind. Man hört dann nicht wieder
von ihm, bis dis Nachricht von der glücklichen Vollendung
seiner Aufgabe eintrifft.

Lieutenant Valcke langte schon früher bei unserer Expedition an und war ein sehr junger Offizier vom Geniecorps; seltsamerweise war gerade Kapitän Hanssens sein
Examinator gewesen. Sein erster Versuch als Pionnier war
ein unglücklicher; er sollte etwa ein Dutzend Felsen sprengen,
welche in der Nähe von Ngoma die Strasse sperrten. Er
wurde krank, später aber zum Chef unsers ersten Lagers bei
Isangila ernannt, infolge seiner Unerfahrenheit in der praktischen Verwaltung und Aufsicht des Lagers und wegen anhaltender Krankheit jedoch nach Vivi zurückgeschickt.

Nachdem er dort sechs Monate geblieben, um etwas mehr
Erfahrungen zu sammeln, wurde ihm gestattet, sich dem Vortrabe wieder anzuschliessen. Er machte dann die Recognoscirungstour nach dem Stanley-Pool mit, und als wir dort fanden, dass einige werthvollere Stoffe uns von grossem Nutzen
sein würden, wurde er nach Loanda gesandt, um die Artikel einzukaufen und mit denselben so rasch wie möglich
zurückzukehren. Er kaufte auch die Waaren und schickte
sie mir, wurde aber selbst wieder krank und reiste nach
Hause.

Erst 18 Monate später, im Januar 1883, habe ich ihn

wiedergesehen. Seine Haltung ist männlicher geworden, und obgleich ich Zweifel bezüglich seiner Geschicklichkeit hege, sende ich ihn doch zu einer kleinen Mission aus, die er, wie ich zugeben muss, zu meiner vollen Zufriedenheit ausführt. Ich prüfe ihn auf einem andern Gebiete, und auch hier zeigt er, obgleich dasselbe ihm unbekannt ist, Intelligenz und treuen Eifer. Bei einem Werke wie dem unserigen führen Verdienste schnell zur Beförderung, und Lieutenant Valcke wird zum Chef von Leopoldville ernannt, wo ein tüchtiger Mann sehr dringend nothwendig ist. In wenig mehr als zwei Monaten ist auf dieser wichtigsten Station des obern Kongo eine wunderbare Veränderung vorgegangen; die im Bau begriffenen Häuser, die erweiterte Terrasse und das Fehlen von Zwietracht beweisen, dass die Niederlassung einen geeigneten Herrn erhalten hat. Die Europäer klagen nicht mehr über armselige Kost, die farbigen Arbeiter nicht mehr über Strenge und grausame Ungerechtigkeit, und ebenso ist es von Streitigkeiten mit den Eingeborenen still geworden. Der freie Platz der Station ist von feilschenden, schwatzenden Weibern belebt, die Häuptlinge haben vollständiges Vertrauen zu ihm gefasst, der Garten ist grün geworden, Bananen, Kartoffeln und Gemüse gedeihen auf das beste, und die Karavanen kommen und gehen in regelmässigen Zwischenzeiten, sodass die Vorrathsräume mit Proviant und Waaren gefüllt sind.

Nun kommt eine andere Prüfung. Vivi, das einzige schwache Glied unserer sonst vorzüglichen Kette von Stationen, ist, weil es dort an einem ähnlichen treuen Agenten fehlt, in Unordnung, und aus den brieflichen Nachrichten vom untern Flusse geht hervor, dass eine feste und tüchtige Leitung zum dringendsten Bedürfniss geworden ist. Lieutenant Valcke wird für den Posten auserwählt und mit voller

Befugniss ausgestattet, als mein Vertreter zu fungiren; die Wirkung seiner Gegenwart ist eine derartige, dass ich meine Aufmerksamkeit den wichtigen Arbeiten am obern Laufe zuwenden kann. Dann wird er wieder nach Leopoldville geschickt, das inzwischen das Centrum eines grossen Areals

LIEUTENANT VALCKE.

geworden ist, da im District von Stanley-Pool noch drei andere Stationen liegen, welche unter der Oberaufsicht des Chefs der grössten Niederlassung stehen. Diese Gruppe von vier Stationen, welche ein Gebiet von etwa 4500 qkm beeinflussen, wird die Division von Stanley-Pool genannt, deren politische Interessen von Tag zu Tag an Bedeutung gewinnen, sodass die Oberaufsicht nur einer Person von bewährtem Talent anvertraut werden kann. Lieutenant Valcke wird deshalb zum Divisionscommandeur ernannt, verwaltet sein Amt fünf Monate lang in ausgezeichnetster Weise und versieht die verschiedenen und mannichfaltigen Pflichten, welche die Verwaltung solcher beständig gärender Districte mit sich bringen, mit grösster Genauigkeit, Umsicht und unermüdlicher Geduld. Bei keinem der Dutzende von Häuptlingen in Bambundu, Bateke und Babari gewahre ich den geringsten Schimmer von Unzufriedenheit.

Nun kommt die letzte Prüfung seiner Fähigkeiten. Der für den obern Kongo bestimmte zerlegbare Dampfer „Le Stanley" ist eingetroffen, durch einen Kapitän Anderson zugestossenen Unfall sind wir aber der unschätzbaren Dienste dieses Offiziers beraubt, während Kapitän Hanssens mit einer Mission betraut ist, für welche gewisse Fähigkeiten nothwendig sind, die keiner in so hohem Grade besitzt wie er. Lieutenant Valcke wird daher für die schwierige Aufgabe auserwählt, das Schiff über Land nach dem Stanley-Pool zu schaffen. Mit genügenden Hülfskräften ist eine solche Arbeit keineswegs schwer; es ist vielmehr die ausserordentliche Langweiligkeit des Transports der einzelnen Sectionen, das oft wiederholte Hin- und Hermarschiren, um die vielen Stücke weiter zu bringen, die peinliche Aufsicht über die unzähligen, zum Dampfer gehörenden Theile, von denen nicht ein Atom verloren gehen darf, wenn nicht die ernstlichsten Folgen entstehen sollen, alles dies und manches andere umständliche Manöver, was die Verantwortlichkeit zu einer bedeutenden machen. Dass er auch dieser Aufgabe gewachsen war, zeigt seine nach den letzten Nachrichten erfolgte Ankunft mit dem Dampfer auf dem halben Wege nach dem Stanley-Pool.

FORTSCHAFFUNG DES ZERLEGBAREN DAMPFSCHIFFS „LE STANLEY" AUS DER VIVI-BAI.

Lieutenant Valcke ist noch sehr jung, aber er besitzt, wie er bewiesen hat, ungewöhnliche Fähigkeiten; gewiss wird die wohlverdiente Anerkennung seiner Leistungen ihn in der Laufbahn, die heute so ausserordentlich viele Aussichten bietet, noch weiter anspornen.

Die Lieutenants Vangelé und Coquilhat sind zwei zu grossen Hoffnungen berechtigende Offiziere der belgischen Armee, die ihren Urlaub in männlicher Weise verwerthet haben. Wenige belgische Offiziere sind berufen, sich in

LIEUTENANT VANGELÉ.

derselben Weise auszuzeichnen, wie es von den Engländern in Indien und Afrika, den Franzosen in Tonkin, Madagascar, Tunis und Algier und den Amerikanern im fernen Westen verlangt wird. Ein ewiges Kasernenleben, vom jugendlichen bis zum reifen Alter, kann meiner Ansicht nach trotz aller Reize, welche die Uniform und der militärische Titel gewähren, doch die Vortheile und Aufregungen nicht bieten, welche der sich nach Abenteuern sehnende kühne Jüngling herbeiwünscht. Es mag der Vorliebe einiger genügen, die bewaffneten Schützer und Hüter der Ruhe und Ordnung in einem friedlichen Lande wie Belgien zu sein; wo es aber in einem civilisirten Lande eine Literatur gibt, die von Abenteuern berichtet, da muss es auch zahlreiche junge Leute geben, welche mit Herzklopfen die anregenden Schilderungen „von kühnen Abenteuern zu Wasser und im Feld, von haarbreitem Entkommen aus des Todes drohender Gefahr" lesen. Die ritterliche That ruht in mancher jugendlichen Brust, die des täglich sich wiederholenden Hin- und Hermarschirens zwischen der Kaserne und dem Exercirplatze müde ist, zu keinem höhern Zwecke, als um zu exerciren. Von der Wiege bis zum Grabe, ein Jahr wie das andere, exerciren! Um Gottes willen, denkt doch an die 500 Millionen Asiaten, 300 Millionen Afrikaner und 50 Millionen Insulaner im Indischen Ocean und in der Südsee, die einen ganz kleinen Theil dieses Exercitiums gebrauchen könnten, das so verschwenderisch einigen tausend vollständig durchgebildeten Offizieren aufgebürdet wird, die vielleicht noch bessere Dienste leisteten, wenn sie etwas weniger exercirten und dafür etwas mehr von der grossen Aussenwelt sähen!

So kamen die jugendlichen Offiziere nach Afrika, beide unsagbar aufgeregt von der Aussicht auf Abenteuer im fernen Innern des Landes. Gleich vielen andern hatten sie nur eine sehr unbestimmte Idee von der Wahrheit; allein ihr innerer Werth zeigte sich, als die eiteln Phantasiegebilde verschwunden waren und sie von der ernsten, schmerzlichen Wirklichkeit, der elenden Kost und dem Verkehr mit der unliebenswürdigen Natur ihrer halb thierischen Umgebung ernüchtert waren, in der sie leben mussten und welche die ihnen angeborene Höflichkeit oft auf die schwerste Probe stellte. Bei ihrer Unkenntniss der Landessprache konnten sie den Kern der Menschen noch nicht unterscheiden, mit denen sie zusammentrafen; sie mussten zunächst die Bedeutung von Ba, Ki, Wa und M lernen, und als sie sich durch eifriges Studium einige Kenntnisse verschafft hatten, wurden sie weiter vorgeschoben unter andere Stämme, deren Geschwätz ihnen wieder vollkommen unverständlich war. Bald darauf wurden sie noch höher den Fluss hinaufgeschickt, aber allmählich entdeckten sie aus dem Wenigen, was sie gelernt hatten, dass unter der rohen bronzefarbigen Gesichts-

LIEUTENANT COQUILHAT.

maske doch warme, zwischen Aerger und Freude, Hass und Freundschaft schwankende Impulse zu finden sind, und mit ehrlichem Ringen und festen Grundsätzen erreichten sie schliesslich die erstrebte glückliche Zufriedenheit.

Wenn die Association je goldene Medaillen zur Belohnung des Fleisses prägt, dann müsste Lieutenant Vangelé die erste, Lieutenant Coquilhat die zweite für die Anlage der am besten gebauten Station am obern Kongo bekommen. Die beiden Offiziere sind die Gründer der Aequator-Station.

Vierunddreissigstes Kapitel.

Um den wirklichen innern Werth des reichen afrikanischen Bodens richtig zu beurtheilen, muss man erst die Bananen gesehen haben, welche auf dem fruchtbaren Lande in der Umgegend dieser Niederlassung wachsen.

Ein höchst trauriger Unglücksfall beraubte mich eines ausgezeichneten jungen Offiziers, der fast drei Jahre mit aller Kraft danach gestrebt hatte, sich durch Tapferkeit, gutes Betragen und Fleiss einen ehrenwerthen Namen zu erringen. Dieser junge Mann war Eugen Janssen, Lieute-

LIEUTENANT JANSSEN.

nant der königlich belgischen Armee. Er war so unerfahren wie ein Knabe nach Afrika gekommen, hatte sich aber nach 18 Monaten so vor seinen Gefährten hervorgethan, dass er zum Chef von Msuata in der Nähe der Vereinigung des Kwa mit dem Kongo erwählt wurde. Nachdem er 15 Monate dort gewesen war, hatte er durch seinen sanften Charakter und seine angenehme Ueberredungsgabe solchen Erfolg gehabt, dass der alte Häuptling Gobila ihn bei allem, was er unternahm, zu Rathe zog. Er war der Lieb-

Europäer in Afrika. 277

ling aller, Alt und Jung, Mann und Weib, geworden, und sein Beiname „Weisses Küchelchen" war 7—800 km weit den Fluss hinaufgedrungen als der eines Mannes, welcher mit allen gut Freund war. Bei seiner Station landeten Hunderte von Insassen auf- und abwärts bestimmter Canoes, nur um Nsusu-Mpembe (dem „weissen Küchelchen") Guten Tag zu sagen.

Er war beauftragt worden, etwas oberhalb Msuata eine Station anzulegen und dem Abbé Guyot eine Stelle unsers

LIEUTENANT PARFOURY.

Gebiets anzuweisen, wo derselbe sein Missionsgebäude errichten könne. Als die Canoes wegen eines schweren Sturmes in grösster Eile nach Msuata zurückkehrten, kenterten dieselben gegenüber Gantschu's-Point, und der junge Lieutenant sowie der Abbé und einige Schwarze ertranken.

Einer der ausgezeichnetsten Leute war Lieutenant Parfoury; er lebte lange genug, um zu zeigen, dass in ihm alle die Elemente vorhanden waren, welche den Mann wegen innern Werthes, moralischen Muthes, Unermüdlichkeit und Talentes hochgeachtet machen. Und dennoch, als er eines Tages unter der brennenden Sonne etwas unbedachtsam war, wurde er uns entrissen, gerade als ich über die grosse Zahl der ehrenwerthen, tüchtigen Männer mich zu freuen begann, welche unter der Flagge der Association nach Afrika strömten.

Eine weitere schätzenswerthe und ehrliche Seele war Lieutenant Grang. 50 Tage lang lebte er in demselben Lager mit mir, und während dieser Zeit habe ich aus dem Verkehr mit ihm die Ueberzeugung gewonnen, dass ich auf ihn als

LIEUTENANT GRANG.

einen meiner Getreuen rechnen könne, denn die einzige Triebkraft seines Charakters waren aufrichtige Ehrlichkeit, ehrenhafte Beweggründe und Absichten. In seinem ganzen Wesen war auch nicht das Allergeringste, was gegen die Männlichkeit verstossen hätte. Seine Körpergestalt entsprach vollständig seinem Charakter. Als ich in Leopoldville, wo die letzte Hand an einen Dampfer gelegt wurde, mit welchem ich mich nach dem obern Kongo begeben wollte, auf Lieutenant Grang wartete, weil ich ihn bei seiner Vertrauenswürdigkeit dort sehr gut verwenden konnte, erfuhr ich, dass er in einem vier Stunden von der Station entfernten Lager einen Gegenstand vergessen habe und zurückgekehrt sei, um denselben zu holen; unterwegs wurde er durch strömenden Regen durchnässt und erkältete sich, weil er die Kleider nicht sofort wechseln konnte. Er wurde dann krank und täglich schlechter; das erste Grab, welches in Leopoldville gegraben wurde, war für den edeln Mann bestimmt.

DR. ALLARD.

Dr. Allard verdient als einer der liebenswürdigsten Menschen, denen ich begegnet bin, und einer der gewissenhaftesten Aerzte, welche ich das Glück hatte kennen zu lernen, das höchste Lob. Einigen Leuten ist die Arbeit so nothwendig wie das liebe Brot, und so galt auch seinem thätigen Geiste jede hindernde Beschränkung bei Lösung einer Aufgabe, die er sich zu vollenden vorgenommen hatte, als eine grausame Entbehrung. Glücklicherweise waren wir im Stande, ihn in dieser Beziehung zu versorgen, als wir den Bau des Hospitals in Boma unternahmen, das ihm eine grosse Genugthuung bereitete. Im Interesse der vom Marsche ermatteten Reisenden und der erkrankten Offiziere war es sehr nothwendig, ein geräumiges Gebäude mit grosser Veranda, luftigen Zimmern und civilisirter Ausstattung nahe zur Hand zu haben, um die von körperlicher Anstrengung Ermüdeten, durch das Klima Entnervten und durch die elende Kost Geschwächten verpflegen zu können; es würde jedoch schwierig gewesen sein, am ganzen Kongo eine Persönlichkeit zu finden, welche den Bau zu leiten vermochte, wenn wir nicht Dr. Allard gehabt hätten. Für ihn war dies eine Liebesarbeit, und ein Kranker musste schon sehr schwach sein, wenn er unter der freundlichen Aufsicht des genannten Herrn und bei der angenehmen Umgebung, den bequemen Betten, der guten Kost und aufmerksamen Pflege sich nicht wieder erholte. Meine langjährige Bekanntschaft mit Dr. Allard hat meine Ueberzeugung von seinen unbezahlbaren seltenen Eigenschaften nur noch mehr befestigt.

Ich müsste auch noch Lieutenant Destraint und Herrn Hodister aus dem Kuilu-Niadi-Thal unter den Belgiern erwähnen, welche sich durch männlichen Charakter und grosse Unermüdlichkeit ausgezeichnet haben, doch habe ich sie persönlich nicht genauer kennen gelernt. Ich schliesse aber aus der Zahl von Jahren, welche sie im Dienst gewesen sind, sowie aus den Berichten anderer Offiziere in jener Gegend, den häufigen Inspections- und Vermessungsreisen, die Destraint unternahm und über die er uns sehr werthvolle Informationen sandte, auf ihre Charaktereigenschaften.

Unter den später angekommenen Engländern, welche sich durch besondere Fähigkeiten und allgemeine Brauchbarkeit auf manchen Gebieten der Arbeit auszeichneten — wenn es auch noch zu früh ist, ihre Dienste bis ins Detail beurtheilen zu können —, sind Kapitän Seymour Saulez, Major Francis Vetch, Major Parmenter, die Herren E. Massey Shaw, Spencer Burns, John Rose Troup und Maschinist Binnie zu nennen.

Kapitain Saulez übernahm, als Lieutenant Valcke mit der Aufsicht über den Transport des „Le Stanley" betraut wurde, den Oberbefehl über den Divisionsdistrict von Stanley-Pool. Er war erst einige wenige Monate in Afrika, nichtsdestoweniger gelang es ihm, obwol der District eine Zeit lang der Mittelpunkt feindseliger Bestrebungen war, durch ruhiges Benehmen, festes Auftreten und aufmerksames, kluges Verfahren den Frieden zu bewahren.

Major Vetch ist der Commandant der Eingeborenen-Transportcolonne; ihm ist die Beförderung der zehn Tonnen Waaren und Proviant anvertraut, welche allmonatlich dem südlichen Ufer des Kongo entlang von Vivi zum Stanley-Pool geschafft werden. Er ist bei den Eingeborenen ausserordentlich beliebt und führt die ihm übertragene Aufgabe trotz ihrer Schwierigkeit mit grösster Regelmässigkeit und Präcision aus.

Alle, die mit Major Parmenter in Berührung gekommen, sind von der Anmuth seiner Manieren entzückt, und Leute, welche sich ein Urtheil abzugeben erlauben dürfen, betrachten ihn als einen vollkommenen Gentleman. Diese günstige Ansicht wird mir auch durch seine Berichte bestätigt, die, wie ich behaupten darf, die vollständigsten und eingehendsten Schilderungen von den Ereignissen in Vivi lieferten, welche ich je erhalten habe. Solange er Chef unserer untersten Station war, überbrachte mir jeder von dort eintreffende Bote einen mit hübscher, fester Hand geschriebenen, ausführlichen Bericht über alles Vorgefallene, der in mir das Gefühl erweckte, dass Vivi mir näher sei und unter meiner

Controle stehe. Ich habe nicht das Vergnügen gehabt, den Herrn persönlich kennen zu lernen.

Herr E. Massey Shaw aus London verdient eine ehrenvolle Erwähnung, weil er während mehrerer Monate in vorzüglicher Weise den Befehl über die Station Vivi geführt und dabei mehr Schmerz und Qual als Annehmlichkeit und Vergnügen gehabt hat. Wegen seines festen, ruhigen Benehmens unter unglücklichen Verhältnissen verdient er herzliche Anerkennung. Wir hatten leider die Dienste eines Bewerbers angenommen, bezüglich dessen wir, da er angeblich früher lange auf der Vereinigten Staaten-Marine und später als amerikanischer Consul in San Paolo de Loanda gewesen war, glaubten, dass er sich zu dem wichtigen Posten eines Chefs sehr gut eignen würde. Wie die Folge zeigte, hatte ich einen sehr groben Fehler begangen, als ich den Mann engagirte und nach Vivi schickte. Nach kurzer, sehr unglücklicher Dienstzeit wurde er entlassen. Die Aufgabe, das viele Unheil, welches jener angerichtet hatte, wieder gut zu machen und den von panikartiger Furcht ergriffenen Eingeborenen und unsern eigenen erschreckten Arbeitern neues Vertrauen einzuflössen, fiel seinem Nachfolger Herrn Shaw zu. Vivi hatte in seiner Entwickelung einen solchen Stoss erlitten, dass es viel Mühe und Zeit kostete, das Werk wieder aufzubauen, und Herr Shaw hatte deshalb keine günstige Gelegenheit, sich auszuzeichnen.

Wenn ich auch meine grösste Unzufriedenheit über den Zustand unserer Hauptstation am Kongo im April 1884 aussprechen muss, so darf ich doch Herrn Shaw nicht die leiseste Schuld hierfür beimessen, vielmehr kann ich mit Vergnügen die sichtbaren Zeichen des wiederhergestellten Vertrauens constatiren, welches sich mir nach langer Abwesenheit im Innern des Landes in Vivi zeigte und einzig und

allein seiner ausgezeichneten Handlungsweise und seinem
anerkennenswerthen Verfahren zuzuschreiben ist.

Nach meiner Ansicht besitzen wir auch in Herrn John
Rose Troup einen durchaus tüchtigen Beamten; zweifelsohne
werden seine Dienste in kurzer Zeit noch besser gewürdigt
werden, sobald sich die Gelegenheit bietet und eine Stellung
gefunden werden kann, wo seine hervorragenden Fähigkeiten
angemessener zur Geltung kommen.

Herr Spencer Burns hat leider nicht unter meiner unmittelbaren Controle gestanden; jedoch habe ich aus der sehr
kurzen Bekanntschaft mit ihm die Ueberzeugung gewonnen,
dass er unter den bemerkenswerthen und würdigen Pionnieren der Expedition einen hervorragenden Rang eingenommen haben würde.

Ehe ich die Liste der britischen Ehrenmänner schliesse,
muss ich noch eines kleinen Schotten, Namens Binnie, gedenken, der zwar physisch nicht von Heldengestalt, aber ein
Held des Geistes und der Muthigste der Muthigen war. Wer
den Bericht liest, wie ich die Station Stanley-Fälle angelegt
und diesen kleinsten aller Freiwilligen ganz allein im Herzen
von Afrika zurückgelassen habe, wo er mindestens 20 Tagereisen von der nächsten Station entfernt, wenigstens sechs
Monate lang zur Isolirung von sympathischen Kameraden verdammt war, nur den Gedanken einer ihm obliegenden grossen
Aufgabe vor sich und 1500 Barbaren 400 m von ihm auf
derselben Insel und weitere 10000 in nächster leicht zur erreichender Nachbarschaft hatte — der wird einsehen, dass
das wackere Herz hier ebenfalls ehrenwerthe Erwähnung
verdient.

Wenn man auch annehmen muss, dass er, als er sich
freiwillig zur Uebernahme seiner Aufgabe meldete, nicht
wusste, dass er sich einem Meer von Schwierigkeiten gegenüber

befinden würde, so standen ihm doch beim Abschiednehmen die Thränen in den Augen, ein Beweis, dass der kleine Bursche jetzt sich seiner kritischen Lage vollkommen bewusst war.

Ich weiss nicht, was für einer Familie er entstammte, aber als Schotte wird er in seiner Kindheit ein Gebet gelernt haben, dessen halbvergessene Worte ihm vielleicht an diesem Abend im Gefühl seiner Verlassenheit wieder eingefallen sind und ihn im Dunkel seiner strohgedeckten Hütte haben niederknien lassen. Ich weiss es nicht, denn ich habe ihn, nachdem ich vor mehr als einem Jahre die Thränen in seinen Augen erblickt, nicht wiedergesehen.

Schliesslich trafen aber die Dampfer bei ihm ein und es zeigte sich, dass der kleine Mann wie ein Held gehandelt hatte. Er hatte seine Besitzung vergrössert, mehr Terrain gelichtet, ein ganzes Dorf gebaut, Gärten angelegt und bepflanzt, und die wilden Eingeborenen in der Umgegend betrachteten ihn als ihren Freund. Binnie war der Schiedsrichter bei allen Zänkereien, der Friedensstifter bei allen politischen Streitigkeiten, kurz er war der Richter bei allen an dem Ort vorkommenden Auseinandersetzungen.

Diesen Fall männlichen Strebens sollten sich sicherlich die traurigen Burschen zu Herzen nehmen, welche nach der Heimat und zu ihren Freunden zurückgekehrt sind, Afrika verfluchen und damit ihren eigenen Mangel an derjenigen Eigenschaft zu entschuldigen suchen, welche den Mann über das niedrige Niveau der Unfähigkeit erhebt. Hier war ein Maschinist, ein keineswegs kräftiger Mann (er wog wenig mehr als 120 Pfund), der freiwillig seine Drehbank in einer schottischen Maschinenfabrik verliess und nach Afrika ging, um Brot für seine alte Mutter zu verdienen, und der nur durch seinen Heldenmuth und seine Unerschrockenheit bis zum höchsten

Range unter den wackern Männern gestiegen ist. Ob er auch „*amour-propre*" und Empfindlichkeit kannte? Ich bezweifle, ob er jemals derartige schöne Phrasen gehört hat, denn eine Maschinenfabrik in Schottland ist nicht gerade der Ort, wo man solche Dinge zu vernehmen erwarten darf, und dennoch handelte er wacker und loyal, weil auch er „*amour-propre*" besass, die bei ihm aber in richtiger Weise Selbstachtung bedeutete. Er fühlte, dass er sein Wort gegeben hatte, treu und eifrig zu sein; und damit niemand in spätern Jahren ihm jemals vorwerfen könne, er habe sein Versprechen nicht in loyaler Weise gehalten, beachtete er die Pflicht der Ehre und Selbstachtung so eifersüchtig, dass er in der Zeit der Noth die Hauptstütze meiner verlorenen Hoffnung wurde.

Deutschland war ebenfalls durch einen Mann repräsentirt, der den Besten aller Länder gleichkam. Dies war Friedrich Drees, ein Handwerker, aber ein Gentleman im Arbeitskleide. Er war so ruhig, so besonnen, so anständig im Wesen und zart in der Sprache, dass man glauben konnte, er habe den Arbeitskittel nur angezogen, um zu zeigen, wie wohl ehrliche Arbeit dem Vornehmen ansteht. Nie wandte er seinem schwarzen Heizer gegenüber eine heftige Sprache an, und das ist ein grosses Lob, wenn man weiss, von welch galliger Laune die Maschinisten im allgemeinen sind. Während der ganzen drei Jahre erfüllte er seine Pflicht mit dem Ernste eines Philosophen, der Würde eines Gentleman und dem allgemeinen Charakter eines Ehrenmannes.

Ein anderer Herr, Namens Lehrmann, ist von Geburt Kroate; derselbe hat mich mehr als alle andern durch die Art und Weise, wie er sich entwickelt hat, überrascht und mir die Lehre gegeben, dass man nicht zu voreilig nach dem Aeussern urtheilen darf. Sicherlich sah kein einziger der Herren so wenig versprechend aus und schien so unerfahren zu sein, wie Herr Lehrmann, und dennoch steht derselbe jetzt als ein durchaus tüchtiger Beamter sehr hoch in meiner Achtung. Energisch, aufgeweckt, rasch an Geist und Körper, seine Leute vorzüglich unter Controle haltend und sich einer ausgezeichneten Gesundheit erfreuend, war meiner Ansicht nach kein besserer Mann als er zu finden, der den Befehl in Philippeville am Kuilu-Niadi übernehmen konnte. Die Station war so abgelegen, dass niemand die Ernennung dorthin übernehmen zu wollen schien; Herr

LIEUTENANT LIEBRECHTS.

Lehrmann dagegen, der früher zu bescheiden gewesen war, um sich meiner Beachtung aufzudrängen, erbot sich, als er das Zögern der andern sah, freiwillig zu dem Posten und hat mich seitdem von jeglicher Sorge wegen seiner eigenen Person, seiner Leute und der Eingeborenen befreit.

Noch viele weitere Beamte verdienen erwähnt zu werden, darunter zunächst Lieutenant Liebrechts, Herr Monet und Graf Posse, doch hat ihre Prüfung kaum lange genug gedauert. Auch darf die „Ehrenliste" nicht gar zu unbestimmt geführt werden. Der Arbeiter ist seines gerechten Lohnes werth, und der vertrauenswürdige Beamte oder Agent darf nach vollständigem Beweise seiner Verdienste nicht geringschätzig behandelt werden.

Aus obiger Skizzirung der edeln Charaktere mögen andere, welche ebenfalls Auszeichnung auf dem Felde der Arbeit erstreben, ersehen, welche Eigenschaften am höchsten geschätzt werden und für eine ehrenvolle Erwähnung nothwendig sind. Dieselben werden wunderschön und klar in den Worten Salomo's, des weisesten der Männer, zusammengefasst: „Siehst du einen Mann rüstig in seinem Geschäft, der soll vor Königen stehen."

Ein griechischer Weiser hat zu einem Freunde gesagt: „Das Mittel, sich einen guten Ruf zu erwerben, ist sich zu bemühen, das zu sein, was man scheinen möchte."

Ein englischer Weiser spricht: „Der unglücklichste aller Menschen ist, wer nicht weiss, was er thun soll, für den in der Welt keine Arbeit bestimmt ist. Denn Arbeit ist das grosse Heilmittel aller Krankheiten und allen Elendes, welches die Menschheit betroffen hat — ehrliche Arbeit, welche man auszuführen beabsichtigt."

Wenn aber das, was ein jüdischer, ein griechischer und ein britischer Weiser jeder zu seinem Volke gesprochen hat, wahr ist, dann muss es gewiss auch für die 260 Belgier, Briten, Franzosen, Deutsche, Schweden und Amerikaner Geltung haben, welche während der letzten sechs Jahre ihr Glück am Kongo versucht haben. Mögen diejenigen, die noch dort sind und denen es vielleicht an Eifer mangelt, dies bedenken!

FÜNFUNDDREISSIGSTES KAPITEL.

DAS KLIMA.

Der Werth verlässlicher Kenntniss. — Das dem jungen Mann gebotene Willkommen in den Tropen und dessen Folgen. — Nasse Unterkleidung und Fieber. — Unmässigkeit. — Sorglosigkeit in Europa. — Prüfung der Krankheitsursachen auf den Stationen am Kongo. — Die Fälle einiger unserer Invaliden. — Die besten Lagen zum Bauen. — Kapitän Burton's Rath: „Fleisch und Bier". — Europäische Ansicht über Afrika im Vergleich zu afrikanischer Ansicht über Europa. — Bansa-Manteka: eine Missionsstation. — Gefahren der niedrig gelegenen Orte. — Ein todbringender Park. — „Beobachte die Gebräuche der Eingeborenen." — Krankheit nicht allein durch Miasma verschuldet. — Die Zahl der Todesfälle bei der Expedition. — Beispiele, auf welche Weise dieselben erfolgten. — Dringender Rath an diejenigen, welche in den Tropen zu gedeihen wünschen.

Je klarer ich mich in diesem Kapitel aussprechen kann, desto besser wird es für denjenigen sein, der entweder jetzt oder im Laufe der kommenden Jahre mit den Regionen unter oder nahe dem Aequator in Verkehr tritt. Ueber das afrikanische Klima sind so viele falsche und gänzlich abgeschmackte Ansichten verbreitet, dass es endlich Zeit wird, dass jemand, der dasselbe kennt, sich offen und ehrlich darüber ausspricht, und da dieses Werk selbstverständlich seinen bestimmten Zweck hat, so würde es ohne dieses Kapitel unvollständig sein.

Ich muss dasselbe mit dem Geständniss beginnen, dass ich selbst — ebenso wie viele andere an der afrikanischen

Küste, an den Oelflüssen, am Niger und Kongo noch in diesem Augenblicke in grösster Unwissenheit bezüglich der sie umgebenden Gefahren leben — viele Jahre in Afrika gewesen bin, ohne die einfache Philosophie eines gesunden und guten Lebens inmitten all der Fährlichkeiten zu kennen. Und ferner kann ich zugeben, dass wenn ich wieder in Afrika leben werde, trotz der in 17 Jahren angesammelten Erfahrungen mir auch dann noch manches unbekannt sein wird. Indess habe ich ungleich vielen andern den ernsten Wunsch und die grösste Neigung, mir so viel Lebensweisheit anzueignen, wie der von Natur langsame Verstand des Menschen begreifen kann. In demselben Maasse wie mein früheres Leben, das ein Gemisch von Unwissenheit, Gleichgültigkeit, Indolenz und natürlicher Unbedachtsamkeit gewesen ist, häufig von Schmerzen und den Folgen meiner Schwerfälligkeit, Unbesonnenheit und Vermessenheit heimgesucht worden ist, werde ich auch in Zukunft ein Opfer mir selbst unbewusst zugefügter Strafen sein, sobald ich gegen das stille und ungeschriebene Gesetz der Gesundheit fehle.

Der junge Europäer, „der Mutter Freude und des Vaters einz'ger Trost", welcher sich nach Abenteuern sehnt, hat uns seine Dienste angeboten und segelt hoffnungsvoll nach dem Kongo. Bei seiner Ankunft befindet er sich offenbar in allerbester Gesundheit, nur weiss er ebenso wenig wie (wenn die Darwin'sche Theorie richtig ist) sein langschwänziger Vorfahr, was er eigentlich mit diesem unbezahlbaren Gut machen soll, das auf der langen Seereise eher noch besser geworden ist. Er hat gehört, dass es am Kongo etwas heiss sein soll — wenigstens behaupten die Meteorologen dies; in Europa hat er jedoch darüber gelächelt und geglaubt, er könne diese Hitze ganz gut ertragen, denn in Europa ist es im Sommer ja „noch viel heisser". Und dennoch sickert ihm, sobald das Schiff bei Banana-Point Anker geworfen hat, eine unbehagliche Menge Schweiss durch die Poren der Haut, und das Flanellhemd, das auf See so angenehm war, wird fast unerträglich. Beim Betreten des Landes nimmt die Hitze noch zu, und das Hemd absorbirt alle Transpiration, bis es nass und schwer wird und in unbehaglicher Weise an dem Körper klebt. Das Unterzeug ist voll Schweiss, die Oberkleidung beginnt auch feucht zu werden, und an den Nähten des Rockes zeigen sich dunkle Streifen, ein Beweis, dass dieselben ebenfalls nass sind, bis er endlich einem mit einem Stück nassem Flanell, wie man es in den Tropen zum Kühlen des Wassers verwendet, bedeckten Wasserkrug gleicht.

Die Idee, dass er zur Vorsicht gegen die schädlichen Einflüsse des ihm neuen Klimas etwas thun müsse, kommt dem unschuldigen Jünglinge nicht. Die Temperatur im Freien beträgt vielleicht 40—44° C., und da es in der Veranda kühler ist und der junge Mann dort freundlich eingeladen wird, Platz zu nehmen, folgt er dieser Aufforderung mit Freude, lüftet den Helm, wischt den Schweiss von dem geröteten, erhitzten Gesicht und fächelt sich mit dem Taschentuch Kühlung zu. Er selbst bemerkt, dass die Temperatur hier beinahe um 15 Grad kühler sei als draussen. Wasser bietet natürlich niemand einem Fremden an, nur Wein, Schnaps, Bier, Genever, Selterswasser u. s. w.

Wie schüchtern der arglose, hausbackene Jüngling die Einladung annimmt! Aber ist er nicht im Kongoland? Weshalb soll er es den wackern bärtigen Männern neben ihm nicht nachthun? „Darf ich um Wein bitten? — Vielen Dank!" und dabei wird ihm ein Glas des braunrothen portugiesischen Weins überreicht, der, wie er bald entdeckt, noch kräftiger ist als eine Flasche Champagner.

Der starke Trunk hat ihm Muth gemacht, führt zur Geselligkeit und beseitigt das scheinbar noch in der Gesellschaft herrschende Fremde. Er bleibt länger, bekommt Interesse an der Unterhaltung, die sich wie gewöhnlich unter Leuten seines Schlages um Fieber, frivole Localangelegenheiten, Krokodile, Flusspferde, „Nigger" und ähnliche Geschichten dreht, und er würde eine „lappländische Nacht" dort sitzen, wenn es mittlerweile nicht Abend geworden und die Essenszeit herangekommen wäre.

Der unglückselige junge Mann hat ein gutes Diner und kräftigen Wein zu sich genommen und legt sich nun bequem in den Lehnsessel, um zu verdauen. Die Nacht ist kühl, aber angenehm und mild, die Sterne scheinen hell, allein in der Luft scheint eine unerklärliche Kälte zu liegen, denn der arme junge Mann hat infolge seiner noch grünen Erfahrung den nassen Zustand seiner Unterkleidung längst vergessen und nicht bemerkt, dass er einem Wasserkühler glich. Endlich sucht er das ihm von dem gastfreien Händler angebotene Lager auf, aber in schweren Träumen wälzt er sich bis zum Hahnenschrei auf demselben umher, und am Morgen fühlt er sich unwohl, die Zunge ist belegt und eine seltsame Mattigkeit hat ihn ergriffen. Allmählich nimmt das unbehagliche Gefühl zu und es stellt sich Uebelkeit ein. Zur Frühstückszeit erhält er Besuch, der nach dem erhitzten Gesicht, den wässerigen Augen und dem raschen Pulsschlag die Krankheit für ein Fieber erklärt.

In rauher, ungeschickter Weise wird der Kranke mit Arzneien versehen, in derber, aber freundlicher Weise gepflegt, allein sein einziger persönlicher Beistand ist ein schwarzer Neger, dem der weisse Mann absolut fremd ist. Die Geschichte endet damit, dass der Kranke entweder der Besserung entgegengeht und langsam wiederhergestellt wird,

oder im äussersten Falle mit dem Tode abgeht, worauf die
Leiche unter den sterblichen Ueberresten anderer Unglücklicher auf der Landspitze beerdigt wird. Jedoch wird aus
diesem Todesfalle ebenso wenig eine Lehre gezogen, wie das
aus den vielen frühern geschehen ist, wenn nicht wenigstens
diejenigen, welche lesen und begreifen können, eine solche
aus diesem Kapitel ziehen werden.

Sicherlich ist es höchst entmuthigend zu finden, dass
unter den zwanzig jungen Leuten und reifern Männern,
welche den Jüngling an jenem einen Abend vielleicht gesehen
haben und in seiner Gesellschaft gewesen sind, nicht ein
einziger im Stande ist, die wirkliche Ursache, welche den
Unglücklichen so vorzeitig dahingerafft hat, annähernd zu
errathen. Jeder hat darüber seine eigene Ansicht: der ältere
Mann bemerkt, es sei schade, dass solch ein Knabe schon
das Aelternhaus verlassen habe; ein anderer deutet an, dass
offenbar irgendeine organische Krankheit den Tod herbeigeführt habe; ein dritter schreibt denselben angeerbter
Schwäche zu und weist auf die Herren de Bloeme, Greshoff,
Muller und andere hin, die schon als Knaben herausgekommen
und trotz des Klimas sich einer wunderbaren Gesundheit
erfreut hätten. Ein vierter ruft gedankenlos: „Wieder ein
Opfer Afrikas! Grausames, mörderisches Afrika!", während
noch ein anderer seine Meinung dahin äussert, der portugiesische Wein, der, wenn er nicht sehr stark verdünnt werde,
so schlimm wie Branntwein wirke, sei die Todesursache gewesen. So gibt jeder einen andern Grund an, aber alles
sind Annahmen, die von der Wahrheit so weit entfernt sind,
wie diese von der Lüge.

Das Fieber ist vielmehr dadurch veranlasst, dass der
Unglückliche in seinem durchnässten wollenen Hemde in der
kalten Nachtluft sitzen blieb. Man weiss, dass in Europa

ein junger Mann, der die nasse Kleidung nicht wechselt, sich erkälten, leicht eine Lungenentzündung bekommen und trotz der aufmerksamsten, liebevollsten Pflege und der grössten Geschicklichkeit des Arztes dahingerafft werden kann.* In derselben Weise entgeht auch in Afrika ein junger Mann nicht den aus ähnlichen Ursachen entstehenden gleichen Folgen, obgleich die aus Europa kommenden Jünglinge seltsamerweise vielfach zu der Meinung hinneigen, dass sie eine nicht so grosse Gefahr laufen, wenn ihre wollenen Hemden durch heftigen Schweiss „zum Ausringen nass" sind, wie andere Leute, welche im Winter durch einen Regenguss durchnässt worden sind und sich eine Erkältung zugezogen haben. Bei der Rückkehr nach Europa sind sie gerade entgegengesetzter Ansicht geworden, denn dann scheinen sie eher zu glauben, dass dort die plötzliche Exponirung des erhitzten Körpers dem Luftzuge weit weniger schädlich sei als ein ähnliches Experiment in Afrika.

Es ist dies kaum glaublich und dennoch kommen solche irrige Meinungen vor; es sind mir etwa zwanzig derartige Fälle, welche diese Behauptung beweisen, zur Kenntniss gekommen. Ein ähnlicher Fall, der mit Pneumonie endigte, wurde noch ganz kürzlich aus Berlin gemeldet, und einer meiner Freunde starb vor einiger Zeit ebenfalls an einer Lungenentzündung, nachdem er mehrere Jahre in vorzüglicher Ge-

---

* Eine ärztliche Autorität in Neuyork hat kürzlich auf die Thatsache aufmerksam gemacht, dass infolge der heftigen Anstrengungen, denen allabendlich 20000 junge Leute in den Rollschlittschuhbahnen sich hingeben, eine besorgnisserregende Zunahme der Lungenentzündungen verursacht worden sei, indem in einer Woche 149 Todesfälle an denselben gemeldet seien. Diese Körperbewegung führt reichliche Schweissentwickelung und Ermattung herbei, allein, unbekümmert um die Folgen, begeben sich die jungen Leute aus den Bahnen in den kalten, scharfen Wind.

sundheit an dem schweren Werk am Kongo mitgewirkt hatte. Ferner haben mehrere mir bekannte Engländer farbige Arbeiter aus Afrika dadurch verloren, dass letztere unbedachterweise im durch die heisse Temperatur in ihren Zimmern erhitzten Zustande sich dem Zug aussetzten.

Ich selbst bin wiederholt das Opfer meiner eigenen Sorglosigkeit geworden, indem ich, obgleich ich die langen bösen Folgen einer solch thörichten Gedankenlosigkeit kenne, mich in der Zerstreutheit oder in unglücklicher Unachtsamkeit verleiten liess, aus dem offenen Fenster eines heissen Zimmers zu schauen, oder von einem langweiligen Menschen vor einer Thür aufgehalten wurde, durch die ein zugiger Wind wehte. Dann kamen ein langwieriger Katarrh, eine schmerzhafte Luftröhrenentzündung und anhaltende Brustaffectionen, sodass ich, wie der alte römische Patricier, der seinem Kaiser die treuen Dienste in dem kalten, düstern, fieberbehafteten Albion aufsagte, auszurufen mich versucht fühlte: „O England, grausames, mörderisches England!"

In Vivi z. B. möchte ich behaupten, dass selbst der kräftigste Mann innerhalb weniger Stunden das Fieber bekommen würde, nur hängt es von der Constitution ab, ob dasselbe schwer oder leicht auftreten wird. Hat das Blut infolge schlechter Nahrung sich schon verschlechtert, und ist der Körper durch verschiedene kleine afrikanische „Erkältungen" ausgemergelt und geschwächt, dann würde das Fieber sich wahrscheinlich als lebensgefährlich erweisen, während der kräftigste Mann mit all seinem frischen Blut, seiner gesunden Körperbeschaffenheit, seinen prophylaktischen Vorsichtsmaassregeln sicherlich auch fünf oder sechs Tage lang die Folgen der unbedachten Exponirung zu bedauern haben wird.

Vivi ist ein vorzüglicher Platz, um die Wahrheit der

obigen Behauptung zu erproben; man lasse dies von einem
Dr. Koch versuchen. Ich würde dies in folgender Weise vorschlagen: Man gehe nach dem Nkusu-Thal oder dem Landungsplatze von Vivi hinab, erhitze sich dabei bis zur Transpiration, steige dann rasch den Hügel hinauf, wodurch die
Ausdünstung offenbar noch befördert wird, setze sich auf
dem Gipfel des Stationsberges in einen bequemen Rohrsessel
und studire Fothergill's, Fayrer's oder Lauder Brunton's
jüngste Abhandlungen über Malaria, bis man nach etwa einer
Stunde völlig abgekühlt ist, und nehme dann seine Mahlzeit
ein, wenn man überhaupt noch Appetit verspürt.

Während meines langen Aufenthalts in Afrika habe ich
mehr als 120 schwere oder leichtere Fieberanfälle gehabt,
und davon mehr als 100, ehe ich eine Ahnung davon hatte,
dass viele derselben auch noch auf andere Weise zu verhüten
seien als durch Verschlucken von Chinin und andern Me-
dicamenten, sowie dass es ausser Malaria und Miasmen auch
noch weitere Ursachen gebe, welche Fieber erzeugen. In
dieser Beziehung habe ich meine Erfahrungen während der
letzten sechs Jahre in Afrika sehr wesentlich erweitert, indem
ich ausser meinen eigenen Leiden auch noch diejenigen von
etwa 260 Europäern beobachtet habe, die bezüglich der Ursachen der Fieber ebenso unwissend waren wie ich selbst.
Ich habe die Krankenlisten der verschiedenen Stationen durch-
gesehen; dabei ist der Wunsch in mir entstanden, zu erfahren,
weshalb Fieber und Krankheiten in dem einen Orte häufiger
als in dem andern vorkommen, und zu meiner Ueberraschung
habe ich entdeckt, dass dieselben insbesondere in den Stationen vorherrschend waren, wo man keine faulende Vegetation
fand, welche dafür verantwortlich gemacht werden könnte.

Beispielsweise liegt das alte Vivi auf einem steinigen
Plateau, von welchem das Wasser an drei Seiten rasch ab-

fliesst und auf dem man nur in der Regenzeit Winde aus
Nordwest hat, wo die hohe Felsenmasse des Castle-Hill
aufsteigt, während der Kongo zwischen Vivi und dem niedrigen Terrain bei Boma, eine Entfernung von 60 km, beständig zwischen den felsigen Abhängen der 60—240 m hohen
Hügelketten dahinströmt. Und dennoch ist, wenn die Krankenliste zuverlässig ist, das alte Vivi mit Ausnahme von
Manjanga der ungesundeste Ort in unsern gesammten Besitzungen, wo ich selbst mehr von unangenehmen kleinen
Fieberanfällen zu leiden gehabt habe als auf irgendeiner
andern Station. Die dritte höchst ungesunde Station ist
Leopoldville, obgleich dort im letzten Jahre eine entschiedene Besserung zu verzeichnen gewesen ist, während wenn
unsere altmodischen Ideen bezüglich der Ursachen des Fiebers correct wären, Leopoldville einen wesentlich geringern
Krankenbestand gehabt haben müsste als mehrere der Stationen am obern Kongo, von denen einige kaum 3 m über
dem höchsten Wasserstande des Flusses liegen und an drei
Seiten auf vielleicht mehrere Hunderte von Quadratkilometern hin von schwarzem fetten Lehmboden oder feuchten
Wäldern umgeben sind. Trotzdem wurden erkrankte und
schwächliche Personen von Leopoldville nach diesen obern
Stationen mit ihrer anscheinend ungesunden Lage geschickt,
mit demselben Erfolge, als wären sie nach einem berühmten
Sanatorium gesandt. So wurde der junge Glave (aus Yorkshire), der in Leopoldville ein immer leichenhafteres Aussehen bekam, seinen Körper immer weniger aufrecht halten
konnte und dessen bleiche Farbe, blutlose Lippen und
schwarz umränderte Augen uns andeuteten, dass der bei
zarten Europäern nicht ausbleibende und nothwendige Wechsel bei ihm eintrete, auf seinen eigenen Wunsch nach Lukolela versetzt, um eine Station zu bauen. Die Veränderung

binnen zwei Monaten war geradezu überraschend; er nahm wenigstens 40 Pfund an Gewicht zu, seine Augen wurden lebhaft, seine Haltung kräftig, sein Körper geschmeidig, seine Bewegungen rasch und jede seiner Handlungen liess die Freude am jungen Leben erkennen. Lieutenant Liebrechts in Leopoldville machte mir ebenfalls grosse Sorge, und ich sprach dem Arzte meinen Argwohn dahin aus, der Mann eigne sich nicht für das Leben in Afrika. Wir machten allerlei Pläne, allein der Doctor war auch nahe daran, an dem Patienten zu verzweifeln. Schliesslich nehme ich ihn auf dem Wege nach den Stanley-Fällen mit nach Bolobo. Als ich zurückkehre, nähere ich mich der Station in der Befürchtung, schlechte Nachrichten von dem Kranken zu erhalten; statt dessen begrüsst mich ein prächtiges Specimen von Männlichkeit, und nach einem überraschten Blicke aller auf dem Dampfer Befindlichen erinnert uns etwas in Ton und Benehmen an unsern vermeintlich schon längst begrabenen Freund. Ja, es ist Liebrechts selbst, jetzt ein starker, gewandter Mann, der uns mit festem Händedruck und fröhlichem Blick herzlich bewillkommnet.

Herr Swinburne, einer der „Getreuen" der Expedition, war in Vivi, Manjanga oder Leopoldville beständig leidend und stets mit Geschwüren oder Fieber behaftet; als er nach Kinschassa am Stanley-Pool, nur $7\frac{1}{2}$ km oberhalb Leopoldville, geschickt worden war, hat er, soviel ich weiss, volle 18 Monate hindurch nicht einen einzigen Anfall von Unwohlsein gehabt, zur grössten Verwunderung seiner Freunde, die nicht begreifen konnten, dass ein kranker Mensch wie er auf einer so niedrig liegenden Station wie Kinschassa leben und gesund sein könne.

Die Lieutenants Vangelé und Coquilhat, die Erbauer der Aequator-Station und die Avantgarde der Europäer am obern Kongo, wurden bei jedem Besuche, den wir ihnen machten, ängstlich gefragt: „Wie ist das Klima?"

„Vorzüglich!" antworteten die wackern jungen Offiziere stets, „es könnte nicht besser sein. Beunruhigt euch nicht um uns; gebt uns nur etwas Kaffee und Thee, sowie gelegentlich *un petit verre* zum schwarzen Mokka, das ist alles, was wir brauchen; das übrige bringen unsere Gärten hervor, und was das Klima anbetrifft, so sollten wir beiden eigentlich jeden von der Gesundheit dieser Gegend überzeugen."

Wenn ich die Liste der Personen durchsehe, welche seit 1882 am obern Kongo oberhalb Leopoldville stationirt gewesen sind, so zähle ich 29 Europäer, von denen zwei ertrunken sind und nur einer infolge von Krankheit gestorben ist; 20 haben entweder schon ihre drei Jahre gedient oder gehen dem Ende ihrer Dienstzeit entgegen, und nur einer hat schwerer Erkrankung wegen seinen Posten aufgeben müssen.

In Anbetracht des Umstandes, dass die Europäer auf Hülfe von auswärts und auf Zufuhren der gewohnten Extraartikel aus Europa zu ihrer einfachen Kost mit um so weniger Sicherheit rechnen können, je weiter sie ins Innere vorgedrungen sind, wirft obige Thatsache doch gewiss ein günstiges Licht auf das Klima.

Leopoldville hat durch Vermehrung seiner Behaglichkeit und Bequemlichkeit infolge der erweiterten Ansichten der Eingeborenen von den Weissen, sowie durch die beträchtlich viel grössern Fähigkeiten und Erfahrungen der die Aufsicht führenden Europäer und die bessere Ordnung und Reinlichkeit seiner Umgebung, trotzdem das unter Cultur genommene Areal erheblich erweitert worden ist, seit 1883 seinen Sanitätsrapport stetig verbessert; indess treten gelegentlich noch leichte Krankheitserscheinungen auf, wenn dieselben auch längst nicht den frühern Umfang erreichen, der zuweilen an einem Tage die Hälfte der Weissen in der Station unfähig zur Arbeit machte.

Was die moralische Atmosphäre in Leopoldville anlangt, so ist dieselbe untadelhaft; das Benehmen sämmtlicher Leute ist entschieden vortrefflich und über jedem Vorwurf erhaben. Auch kann man sie nicht beschuldigen, dass sie starke Weine und hitzige Spirituosen, welche an der Küste im Ueberfluss vorhanden sind, in zu reichem Maasse consumiren, aus dem einfachen Grunde, weil diese Getränke nicht in so grossen Quantitäten nach dem Innern transportirt werden können, um solche Extravaganzen zu gestatten. Die Gebäude sind gross, geräumig, kühl, luftig, gut ventilirt und wohl geschützt gegen die Sonnenglut. Mit Hülfe zahlreicherer Arbeitskräfte werden mit der Zeit noch viele Verbesserungen vorgenommen werden können, indem das noch nicht freigelegte Land in der unmittelbaren Nachbarschaft der Station ausgerodet und drainirt wird; mit jedem Quadratmeter freien Bodens wird die Gesundheit gewinnen, wenn ich auch bezweifle, dass dieselbe bei der jetzigen Lage der Station eine vollkommene werden wird.

Vivi, wo die beständig von der Küste eintreffenden Dampfer stets die zum Leben nothwendigen Dinge und selbst Luxusartikel herbeischaffen, wo es nie an Weinen und Spirituosen fehlt, ist, was die innere Ausstattung und Mobiliareinrichtung anbetrifft, wesentlich besser daran als Leopoldville, steht diesem in Bezug auf gesunde Lage aber erheblich nach. Dies kann jedoch nicht der Thatsache zugeschrieben werden, dass es den niedrigen Ländereien an der Seeküste näher ist als Leopoldville, weil die Station auf dem Plateau von Lutete, das dem Meere noch 120 km näher als jener Ort liegt, einer der gesundesten Plätze am

Kongo ist, und ebenso wenig dem unmässigen Genusse von Wein und Spirituosen, dem einige sich schmachvollerweise ergeben haben, da die enthaltsamsten und solidesten Leute ebenfalls von Krankheiten befallen worden sind, wenn auch bei weitem nicht in dem Grade wie jene. Der felsige Untergrund der Station, die unzähligen Wasserläufe rundherum, das vollständige Fehlen alles dessen, was in Gestalt von faulender Vegetation die Luft verpesten könnte, würden die Lösung des Problems noch schwieriger machen, wenn

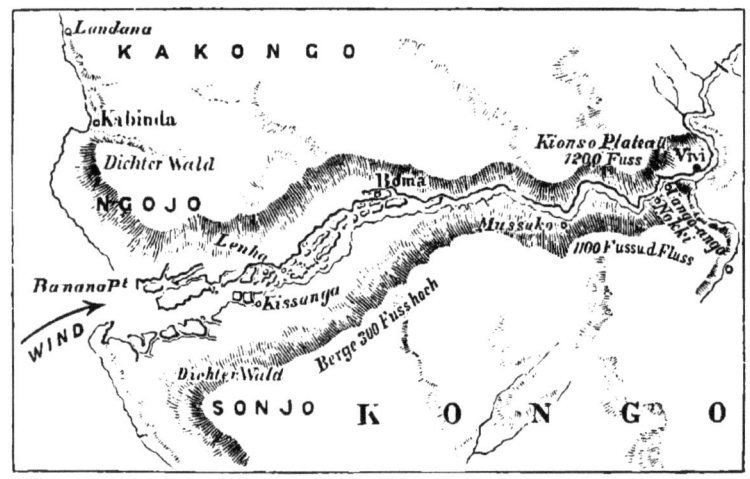

DIE TRICHTERFÖRMIGE SCHLUCHT DES UNTERN KONGO.

man nicht in einem Vergleich der Krankenlisten und der Lagen der Stationen den Schlüssel zu derselben hätte.

Die Wahrheit ist, dass die Krankheit der Station Vivi verschiedenen Ursachen zuzuschreiben ist, zunächst und hauptsächlich aber ihrer mangelhaften Lage auf einem Vorsprung in dem Halse eines Gebirgstrichters, dessen Mündung etwa 21 km breit dem Atlantischen Ocean zugekehrt ist, der sich dann gleich oberhalb Boma bis auf etwa 1½ km und bei Vivi auf etwa 1200 m verengert. Dieses Plateau, auf wel-

chem die alte Station erbaut war, ragt gegen 300 m weit in
diese Breite hinein und empfängt auf solche Weise die kalte
südwestliche Seebrise, die in Banana mit 5 Knoten Geschwindigkeit
weht, in Vivi aber in der Gewalt von 14 Knoten
gespürt wird.

Manjanga, eine andere ebenfalls wegen ihrer ungünstigen
Lage ungesunde Station, liegt noch weiter hinein in den Hals
des Trichters. Leopoldville dagegen ist etwas besser gelegen,

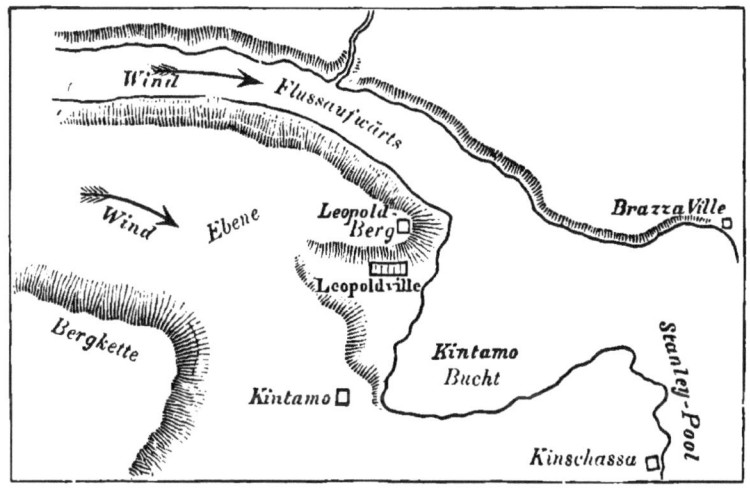

PLAN ZUR ERKLÄRUNG, WIE DIE SCHLUCHT DIE WINDE BEI LEOPOLDVILLE
ENTLEERT.

wenngleich auch noch mangelhaft, da die Station am Abhange
eines Hügels steht, über welchen die über das Plateau
kommende Brise und die obern Schichten der durch die
Schlucht wehenden Stosswinde entweichen, um sich über die
weite Fläche des Stanley-Pool zu vertheilen. Boma ist weit
günstiger gelegen als Vivi, weil das Kongothal dort weniger
eingeengt ist, und würde infolge dessen gesünder sein, wenn
nur das die Station umgebende ebene Terrain besser entwässert
werden könnte. Banana-Point würde in Bezug auf

gesunde Lage beide Stationen übertreffen, weil die Hügel dort noch weiter zurücktreten, wenn nicht der Grund so niedrig und die Umgebung so unangenehm wäre. Der Boden besteht aus Seesand, durch welchen das Meer- und Regenwasser hindurchsickert, und die Folge davon ist, dass in den Höhlungen unter dem Boden sich übelriechende Substanzen ansammeln; auch trägt wol der Mangel einer starken moralischen öffentlichen Meinung viel zu dem frühern und gegenwärtigen schlechten Rufe der Ansiedelung bei. Gleichzeitig würde aber eine weise Verwendung einiger Geldmittel und gute Ordnung die Chancen des Lebens auf der sandigen Spitze wesentlich verbessern. Unter allen Umständen sollte eine gut gewählte Lage an der Meeresküste, unterstützt von einer reinlichen Lebensweise und einiger Klugheit bei den alltäglichen Ereignissen, nicht ungesunder sein als irgendein anderer Platz der Welt; die Hitze allein ist nicht schlimmer als die Kälte, vielmehr werden die bösen Wirkungen derselben nur dadurch hervorgebracht, dass man sich ihnen leichtsinnigerweise aussetzt. Die Hitze ist für den ungeschützten Körper des Europäers ebenso nachtheilig wie für den unbedeckten Kopf, dasselbe gilt aber auch von der starken Kälte. Nur durch verständige Regelung der Lebensweise wird die eine wie die andere unschädlich.

Ich behaupte daher, dass ein Europäer, namentlich wenn die Umgebungen günstig sind, an einem offenen Orte, der so weit wie möglich von allen Ablagerungen und den ungesunden Einflüssen verwesender Vegetationsreste entfernt liegt, wo die Luft frei circuliren kann, bei sorgsamer Vorsicht gegen durch grosse Hitze entstehende Unfälle, aufmerksamer Beobachtung der Temperaturveränderungen, bei guter Nahrung und den Geist zerstreuender und interessirender Arbeit, genügenden Mitteln, um den Einflüssen entgegenzuwirken, welche aus dem durch das tropische Klima bedingten gänzlichen Wechsel der Lebensweise entstehen, und bei gehöriger moralischer Haltung wol im Stande ist, im heissen Klima ebenso gut zu gedeihen wie in Europa oder irgendeinem andern Theile der Welt.

Die Reisenden sind bezüglich dessen, was dem zukünftigen Einwanderer in den Tropenländern zu geniessen frommt, verschiedener Ansicht. Kapitän Burton meint nach einem kurzen Aufenthalt am Kongo: „Fleisch und Bier". So überraschend dies im ersten Augenblick klingt, ist doch etwas Wahres an dieser Behauptung. „Fleisch" unter allen Umständen, denn das ist eine gute, substantielle und nahrhafte Kost; Mannichfaltigkeit der frischen animalischen Speisen, gut gekochtes Rind- oder Hammelfleisch, Wild, Fische und Geflügel, daneben Gemüse — Kartoffeln, Steckrüben, Kohl, Rothe Rüben, Wurzeln — sowie gutes Brot, Butter, eingekochtes Obst, Thee oder Kaffee und alle Speisen, die ein geschickter Koch daraus herstellen kann. Selbst wenn andere äussere Verhältnisse nicht ganz vollkommen sind, wird gute Nahrung den Menschen die Unannehmlichkeiten der klimatischen Veränderung besser ertragen lassen als schlechte. Bezüglich des „Biers" bin ich aber anderer Ansicht. Die englischen Biere sind für Afrika zu bitter, die deutschen nicht absolut nothwendig, solange rothe und weisse Weine — Bordeaux und Madeira — erhältlich sind, indess würde ich auf das dringendste empfehlen, die letztern nur mässig und nur bei der Hauptmahlzeit am Abend, aber nie — absolut nie — zur Tageszeit zu geniessen. Eine Ausnahme wäre nur, wenn der Körper schwer angestrengt gewesen ist, und dann muss man nothwendig zu Hause bleiben, bis die Wirkung des Getränkes vollständig verschwunden ist. Wie gering diese Wirkung auch sein mag, gleichviel ob nur eine leichte Anregung oder vollkommene Berauschtheit eintritt, sie verleiht dem Menschen einen falschen Muth und eine Kühnheit, welche zum Tode führen können, wenn man sich versucht fühlt, der Sonnenglut direct Trotz zu bieten, solange man sich unter dem Einflusse dieser Anregung befindet.

Das Recept, welches der Herzog von Wellington für die Erhaltung der Gesundheit in Indien gegeben hat, würde auch für den Kongo anwendbar sein:

„Ich kenne nur ein Recept zur Bewahrung der guten Gesundheit in diesem Lande, und das ist: mässig leben, wenig oder keinen Wein trinken, sich bewegen, den Geist beschäftigen und wenn möglich mit der ganzen Welt in guter Laune bleiben. Das letzte ist das schwerste, denn man wird oft bemerken, dass es kaum einen Mann mit guter Laune in Indien gibt."

Alle Europäer am Kongo, welche überhaupt nachgedacht haben, werden mir zugeben, dass ein mässiges Leben sich als viel erfolgreicher erwiesen hat als ein unmässiges. Mässigkeit beim Essen sowol wie beim Genuss hitziger Getränke! Etwas Wein zu trinken ist vortrefflich, aber ich kann nicht sagen, dass weder in Afrika noch in Europa vollständige Enthaltsamkeit besser sei als Mässigkeit. Beschäftigung des Geistes habe ich schon erwähnt, und wenn jemand in guter Laune mit der ganzen Welt bleibt, so ist das ein Zeichen, dass er sich infolge verständiger Lebensweise bei guter Gesundheit befindet, eine ihm zusagende Stellung und angenehme Beschäftigung besitzt und die Welt mit ihm froh ist.

Man darf indess nicht ausser Acht lassen, dass wenn jemand im Zustande starker Transpiration seinen ungeschützten Körper dem kalten Zugwind aussetzt, er in Afrika dem Fieber nicht entgeht, auch wenn sein ganzes Leben geregelt, seine

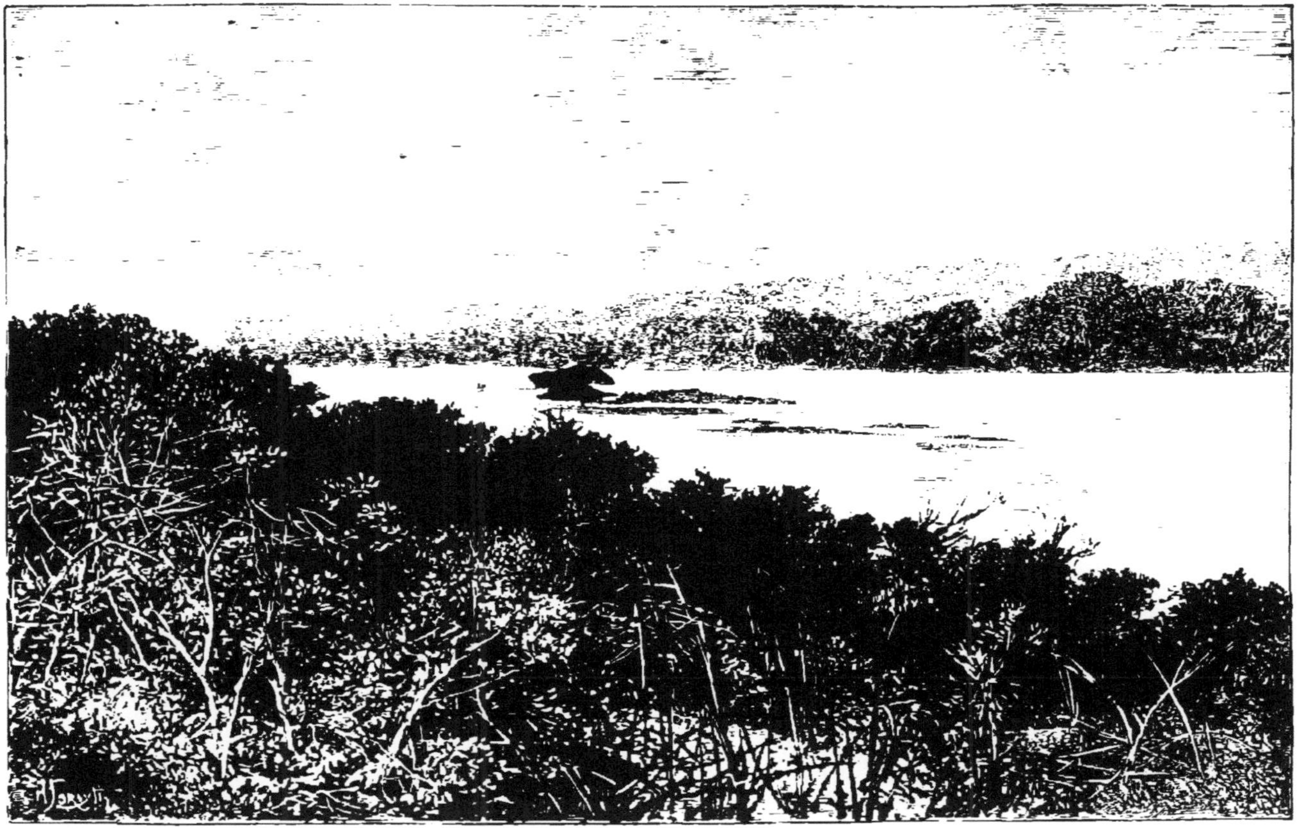

DER KONGO OBERHALB DER EINMÜNDUNG DES LUBAMBA.

II, 1[illegible].

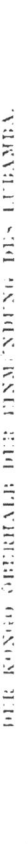

Gewohnheiten mässig, seine Kost reichlich, vernünftig und vortrefflich gewesen sind, so wenig wie dies ihn im nördlichen Europa vor einer Erkältung mit ihren beschwerlichen Folgen bewahren wird. Und ebenso wenig sind „Fleisch und Bier" oder „Fleisch und Branntwein" oder alle Arzneien der Pharmakopöe dazu im Stande. Auch wird eine regelmässige und vorzügliche Kost ihn nicht schützen, wenn er die Lage seines Hauses so unverständig wählt, dass sein Körper beständigen Temperaturveränderungen ausgesetzt ist, wenn er sich einen Augenblick im Zustande der stärksten Transpiration befindet und im nächsten Moment, ohne sich vorher besonders warm anzukleiden, sich dem erkältenden Winde aussetzt, der die Poren schliesst und das am Körper klebende feuchte Hemd durchdringt. Was mich wundert, ist nicht, dass so viele entmuthigt von dem schwachen Widerstande, welchen ihre Constitution dem unbewussten Wechsel hat leisten können, dem ihre Unkenntniss ihren Körper unterwarf, nach Europa zurückgekehrt sind, sondern die Thatsache, dass so viele den Wechsel so wacker ertragen haben. Nun, da manches aufgeklärt worden ist, was uns früher in Afrika ein Geheimniss war, ist es wol angebracht, zu erörtern, wie eine solche Lebensweise sich in dem gut drainirten und wohl verproviantirten London oder in einer andern Stadt bewähren würde. Man heize sein Wohnzimmer, bis die Unterkleider vollständig von Schweiss durchfeuchtet sind, gehe dann aus dem Hause und stelle sich an einem windigen Tage, ohne warme Kleidung anzulegen, an einer Strassenecke auf, um zu sehen, welche Folgen dies am nächsten Morgen herbeigeführt hat. Oder man begebe sich in einen Ballsaal, erhitze sich beim Tanzen, spaziere im Ballcostüm nach Hause, und sage mir dann, ob es noch zu verwundern ist, dass, wenn zu einer solchen monatelangen Lebensweise noch ebenso lange eine armselige, schlecht zubereitete Kost und unbeschreibliche Unbequemlichkeiten hinzukommen, der afrikanische Continent einen so bösartigen Charakter trägt und so viele unglückliche Pionniere des Handels und der Forschung in seiner Erde ruhen.

Mögen die zukünftigen Gouverneure von Sierra Leone diese Ursache der Krankheiten im Auge behalten und versuchen, ob sie die Lage ihrer Residenz und die der Kasernements in der genannten Stadt nicht verbessern können. Vielleicht wird ihnen zu ihrem eigenen Besten und zum grossen Nutzen ihrer Familien ein neues Licht aufgehen.

Ich habe gesagt, Vivi verdanke seine Ungesundheit hauptsächlich der mangelhaften Lage und dem Umstande, dass es dem kalten Winde, welcher von Südwest in dem Bergtrichter heraufweht, so ausgesetzt ist. Ich habe indess die Station nur als Beispiel genannt; ganz dasselbe würde auf jeden andern ähnlich liegenden Lagerplatz, auf jede Station oder Stadt im äquatorialen Afrika anwendbar sein. Eine weitere merkwürdige Illustration hierfür ist, dass wir uns bei der Bergfahrt den Kongo hinauf trotz der dem ganzen Wege einander folgenden sumpfigen Inseln und Ufer und trotz des Mangels an Bewegung auf den kleinen Fahrzeugen einer ausgezeichneten Gesundheit erfreuten, während der Wind auf der raschen Thalfahrt scharf, kalt und durchdringend wehte und uns mehrfach bettlägerig machte. An geschützten Stellen, in der Kajüte oder hinter den Verschanzungen, war die Temperatur warm genug, um einen leichten Schweiss hervorzubringen, aber sobald wir jene verliessen, um irgendeine Arbeit zu vollbringen, brachte der Wind ein erkältendes Gefühl hervor, das mit Fieber endigte. Eine vor unsern Körpern angebrachte Glaswand würde uns beim Abwärtslootsen der Schiffe vor diesen unangenehmen Angriffen bewahrt haben.

Ich habe ferner gesagt, dass diese Exponirung und der schnelle und häufige Wechsel, dem man ausgesetzt ist, wenn auch der Hauptgrund, so doch nicht die einzigen Ursachen des Fiebers seien, und auch behauptet und nachgewiesen, dass die warme Temperatur des äquatorialen Afrika nicht gefährlich ist, sowie dass die indirect aus derselben entstehenden schlimmen Folgen leicht zu beseitigen sind, vorausgesetzt, dass die Umstände es gestatten und auch die meisten sonstigen Ursachen zu verhindern sind.

Die nach Afrika gehenden Europäer sind in Bezug auf das Land gerade so unwissend, wie die centralafrikanischen Ureinwohner beim Besuche Europas. Beide begehen die ernstesten Unklugheiten, und wenn sie die schweren Folgen ihrer Unvernunft und Thorheit tragen müssen, beschuldigen sie in ihrer Unwissenheit das Land und sein Klima. „Grausames, mörderisches Afrika!" ruft der Weisse aus dem nördlichen Europa aus. „Tödliches, hassenswerthes Europa!" schreit der dunkle Ureingeborene aus den afrikanischen Tropenländern, wenn der erste kalte Zug durch die geöffnete Thür oder das Fenster ihm einen lange anhaltenden Bronchialkatarrh bringt.

Ich habe das Unzulängliche unsers richtigen Urtheils hervorgehoben, und die Krankenlisten von Boma, Vivi, Isangila, Manjanga, Bayneston und Leopoldville werden dasselbe bestätigen. Ich muss jetzt aber auf eine andere Krankheitsursache hinweisen, um darzuthun, mit wie langem Leiden und zahlreichen Calamitäten man die Erfahrung erkaufen muss, wenn auch der grösste Theil der Sterblichen erst durch dynamitalen Schrecken zum sofortigen Handeln veranlasst werden kann.

Als Beispiel bei einer andern Krankheitsursache will ich Bansa-Manteka wählen, eine Station der frommen, strebsamen und ausdauernden Missionare der Livingstone-Inland-Kongo-Mission. Dieselbe liegt in einer Vertiefung, einem Becken, das tief in die umgebenden Hügel eingesunken ist. Eine von der Krone der einen Spitze bis zum Gipfel des gegenüberliegenden Berges gezogene Linie würde die Station in der Mitte schneiden und ziemlich 2 km lang sein. Auf einer Seite, und zwar derjenigen, welche den auf dem hohen windigen Plateau herrschenden Winden gegenüberliegt, ist der Kessel offen und steht mit dem Thal von Ntombo-Lukuti in Verbindung. Hier, würde man sagen, ist ein kleines behagliches Nest, in welchem die heulenden Winde den blasswangigen Europäer nicht zu Tode erkälten können, um so weniger, als die armen Leute in ihrem Arbeitseifer und dem Bestreben, ihr Heim so bequem wie möglich zu machen, Gärten von Bananen und Flaschenbäumen angepflanzt haben, deren wunderhübsches Laubwerk und schlanke Wedel die Wohnung dieser gottgefälligen Menschen fast verbergen.

Auf den hohen, exponirten Stellen halten wir die Regensaison für die gesündeste Jahreszeit. Einige nehmen als Grund dafür die grössere Klarheit und Reinheit der Luft an; in Wirklichkeit liegt dies aber in dem Umstande, dass keine kalten Winde wehen und eine mehr gleichmässige Wärme herrscht. Wenn aber diese Jahreszeit in Vivi und andern Stationen an der Kongoschlucht die beste ist, so ist sie in solchen Vertiefungen wie die Stationen Bansa-Manteka und Lukunga gerade die allerungesundeste.

Nach dem Regen ist die Atmosphäre klar und der Himmel von einer Färbung wie in Italien. Während dieser zeitweiligen Klarheit bietet die Luft der directen Macht der Sonne den geringsten Widerstand, und wenn die Hitze auf den Hügelspitzen schon stark ist, so wird sie in den kesselartigen Vertiefungen zur röstenden Glut. Unaufhalt-

sam dringt sie durch den dicksten Korkhelm, und spannt
man einen Schirm auf, so wird die von oben drohende
Gefahr zwar vermindert, gleichzeitig aber die ungeheuere
Transpiration noch vervielfältigt, weil man sich in einer
Wolke warmer Dünste befindet, welche aus der feuchten
Erde aufsteigen und einen auf Schritt und Tritt einhüllen.
Je nach der Natur und Beschaffenheit der unorganischen
Körper in der Nachbarschaft steigt dieselbe in dichterm
oder heisserm Zustande auf. Ist die Umgebung felsig,
so brennt die Hitze fast unerträglich im Gesicht und durch-
glüht die Kleidung; besteht sie aus nassem Grase oder
durchweichter Erde, so herrscht die feuchte, durchdringende
Wärme vor, die den Menschen bald eine Sündflut von
Schweiss vergiessen lässt. Die obere Schicht des in Schwa-
den liegenden abgestorbenen Grases ist fast trocken; schiebt
man aber die Hand unter dieselbe, dann fühlt man über-
raschenderweise die Feuchtigkeit von einer Temperatur wie in
einem Backofen und erhält eine Idee von den Verhältnissen,
welche den raschen Verfall in diesen Ländern herbeiführen.
Hast du, lieber Leser, noch nie die Hitze kennen gelernt,
welche selbst mitten im Winter in den grossen heimatlichen
Düngerhaufen herrscht? Selbst die kräftigste Constitution
würde die erstickende Atmosphäre nicht lange einathmen
können. Nun, auf der Bansa-Manteka-Station ist die heisse,
dumpfige, moderige Luft, welche wie eine feuchte Wolke
aufsteigt und beständig und unaufhaltsam die schädlichen
Einflüsse der alten verdorrten Gräser am untern Ende der
grünen Schösslinge und der am Stamme der hübschen Bananenbäume sich ansammelnden und verrottenden Blätter auf-
wirbelt, der Gesundheit noch verderblicher, als das Leben
auf einem Düngerhaufen in einem ungedielten europäischen
Hause sein würde, es sei denn, dass man noch einen erhitz-

ten Backofen hineinstellt, um das Quantum Malaria — die schlechte Luft — welche in dem ungesunden Kessel von Bansa-Manteka eingeathmet wird, auszugleichen. Wie es heisst, hat dieser und jener Missionar wegen perniciösen Fiebers, das heisst eines Gallenfiebers von aussergewöhnlicher Stärke, nach Europa zurückkehren müssen. In der Nkusu-Schlucht in der Nähe von Vivi hatte sich ein junger Offizier eine Eingeborenenhütte gebaut inmitten eines Platzes, den er romantisch „Park" nannte. Er liess hier Wege anlegen — eine „Avenue de Valcke", „Avenue Stanley", „Avenue de Bruxelles" — und um die Romantik auch in Wirklichkeit zu geniessen, wohnte er in seiner Villa, allein sehr bald wurde der arme Mensch von einem schweren Gallenfieber ergriffen und etwa 60 Stunden später war er eine Leiche. Diese Schlucht des Nkusu ist noch enger als der Kessel von Bansa-Manteka.

Auf offenem Terrain strömt die Luft während der Regenzeit diese pestilenzialischen, mit Moder und Verwesung geschwängerten Dünste aus; Bewegung ist dann eine Erleichterung nicht nur von der gefährlichen Hitze von oben, sondern zugleich auch von dem wie eine dünne unsichtbare Säule vom Boden aufsteigenden Dunst.

Wer schwer zu überzeugen und leicht zu Zweifeln geneigt ist, wird sagen, dass auf dem offenen, hohen Lande auch Krankheit vorkomme. Ja, aber man kann als „offenes, hohes Land" nicht ein Plateau oder eine Ebene bezeichnen, deren Oberfläche von dichtem Graswald und alles versperrendem Gestrüpp bedeckt ist. Das tropische Gras überragt den erwachsenen Menschen um mehrere Fuss an Höhe, und je kleiner das ausgerodete Areal ist, auf welchem man sich befindet, desto ungesunder ist der Standpunkt. Auf dem schmalen Fusspfade der Eingeborenen, wo einem das Gras

$1/2$—$1^1/_2$ m über den Kopf ragt und die Sonne mit brennender Glut herniederstrahlt, wird man den Aufenthalt bald unerträglich finden, wenn man längere Zeit stillsteht; gelangt man dann zu einer kleinen offenen Stelle im Grase, wie sie behufs Abhaltung der Märkte vielfach vorkommen, so fühlt man sofort Erleichterung; hat man aber ein mehrere Quadratkilometer grosses Areal ebenen oder leicht gewellten Landes ohne Sumpf, Lagune oder stagnirendes Wasser, eine Fläche, wo das abgestorbene Gras ausgerodet und an seiner Stelle Gemüse und Getreide wachsen, besitzt man ferner ein zweistöckiges Haus mit Fenstern, die das Licht hereinlassen, den nöthigen Vorrichtungen zum Lüften, ohne Zug hervorzubringen, mit breitem, solidem und geräumigem über die Mauern vorspringenden Dach, dann wird die andauernde Gesundheit beweisen, dass man sein Heim in den Tropen ebenso gesund und behaglich machen kann wie im lieben alten Vaterlande.

Man beobachte diesbezüglich die Sitten der Eingeborenen, nehme an den dunkeln Brüdern ein Beispiel und verbessere nur, der Erziehung der Europäer entsprechend, seine Umgebung, nachdem man die von jenen empfangene elementare Lehre sich gehörig eingeprägt hat.

Wo findet man in der Kongoschlucht ein Eingeborenendorf, nachdem man Mussuko verlassen hat? Man blicke nur einmal auf die Karte. Auf dem ganzen Wege von Mussuko an sind beide Ufer verlassen; zwar liegen an der Stanley-Pool genannten Ausweitung des Flusses Kintamo, Kinschassa, Kimbangu, Kimpoko, Mfwa und Malima, allein die Bewohner sind Elfenbeinhändler, welche mit den Leuten vom Weijansi-Flusse Handel treiben. In der Nähe von Msuata trifft man die ersten Spuren von Bevölkerung, doch ist dieselbe dem Flusse entlang bis hinauf an die Grenzen des Districts von Bolobo nur spärlich. Die höher gelegenen Ebenen sind je nach den Vortheilen, welche die Umgegend bietet, wie Nähe des Trinkwassers, Fruchtbarkeit des Bodens, Schatten und Sicherheit vor Gewaltthätigkeiten, mehr oder weniger dicht bewohnt; die geringe Zahl der Eingeborenen und ihre Furcht vor stärkern Nachbarn sind aber die Ursache gewesen, dass sie manches zu thun unterlassen haben, was im gesundheitlichen Sinne als eine Grausamkeit gegen sich selbst und ihre Familien zu verdammen ist. Solange sie die Wahl hatten, haben sie, wie man sieht, stets vorgezogen, den Fluss und seine Ufer zu meiden und sich auf den hohen und verhältnissmässig offenen Plateaus und Ebenen anzubauen.

In Bansa-Manteka hat man beispielsweise eine Illustration davon, dass die Eingeborenen ungesunde Vertiefungen nicht aufsuchen und die Weissen in dieser Beziehung sich einer Thorheit schuldig machen. Rundherum, so weit man von dem Missionsgebäude sehen kann, liegen die Haine, unter denen die Eingeborenen ihre Dörfer angelegt haben; in dem Kessel erblickt man nur ein einziges derselben, während das Haus der Weissen an der allertiefsten Stelle steht, gerade als wenn sie im Besitze eines Zaubermittels wären, um die ungesunde Luft und die aus dem dumpfen Thale aufsteigenden Gase fortzutreiben. Die Erfahrung hat gelehrt, dass die Zaubermittel, Tränke und Arzneien den weissen Mann ebenso wenig in den Stand gesetzt haben, die tödlichen Einwirkungen zu bekämpfen, wie die absurden Fetische des Schwarzen diesem dazu verholfen haben, dort zu leben.

Längere Zeit, nachdem ich das Blockhaus von Leopoldville gebaut hatte, theilten die Eingeborenen des Kintambu-Districts mir mit, es habe an derselben Stelle schon früher ein Dorf gestanden. Ich hatte dies auch schon aus einzelnen Oelpalmen und einigen Scherben geschlossen und machte mir seitdem ich durch unsere Krankenlisten aufgeklärt worden bin und die interessante Untersuchung über die Ursachen der dortigen ungesunden Lage fortgesetzt habe, schon oft Vorwürfe wegen meiner merkwürdigen Blindheit. Zur Entschuldigung kann ich nur anführen, dass ich die Ursache der Krankheiten anfänglich in diametral entgegengesetzter Richtung suchte, indem ich vor allem Dinge und Plätze möglichst zu vermeiden suchte, welche Miasmen erzeugen, wie faulende vegetabilische Stoffe, Schlammniederschläge, stagnirende Gewässer, flache Schluchten, feuchte, fette Alluvialanschwemmungen, sumpfige Vertiefungen, üppige, geile Vegetation: denn die Aerzte erklären in ihren Werken, von denen ich eine Menge besitze, sämmtlich in ihrer Weisheit, dass solche Orte Malaria hervorbringen. Und was ist Weisheit denn anders als gesammelte Erfahrungen? Ich wollte den Ursachen der Krankheit aus dem Wege gehen und baute deshalb in Vivi die Station auf einem soliden festen Felsplateau 104 m über dem Flusse, wo ich der tropischen Hitze Trotz bot. Dann baute ich Manjanga auf dem Gipfel eines Hügels, in dessen Umkreise auf mehrere Tagereisen Entfernung nichts Stagnirendes und Ungesundes zu finden war. Allein als meine weissen Gefährten einer nach dem andern zu erkranken und dahinzuschwinden begannen, als Kraft, Jugend, Moralität und unantastbare Charaktereigenschaften nichts halfen, als der Tod ein Opfer nach dem andern dahinraffte, da ergriff mich, wie ich gestehen muss, die äusserste Verwirrung, bis der vorzüglich gute Gesundheitszustand der obern Stationen mein Interesse erregte und die nur 7½ km oberhalb Leopoldville liegende Station Kinschassa mir einen Fingerzeig zu geben schien. Als ich dann rasch die ganze Reihe der Stationen durchging, von allen die Oberaufsicht führenden Offizieren mir Bericht erstatten liess und bei jeder Position mir Bemerkungen machte, da sah ich, dass unsere Niederlassungen ein seltsames Gemisch von Gesundheit und Ungesundheit darboten. Indem ich die Resultate in Tabellenform brachte, blitzte mir plötzlich eine klarere Idee von der Wahrheit auf, die ich jetzt in deutlichern Worten für das Verständniss aller derjenigen auszusprechen mich bemüht habe, welche gegenwärtig am Kongo weilen oder in Zukunft sich dahin zu begeben beabsichtigen, einerlei ob als Beamte des neuen Staates, Missionare, Händler, Touristen, Forscher, Ackerbauer oder Bergleute.

Zu der Zahl der Opfer des kalten Zugwindes, welche diejenige der andern weit überschreitet, kommen noch die Unglücklichen, deren Constitution den Aufenthalt in ungesunden tiefen Gegenden nicht ertragen konnte, dann die, welche ein unmässiges und unkeusches Leben führten, ferner diejenigen, welche einer nahrhaftern Kost bedurften, als die Verhältnisse uns zu geben gestatteten, und schliesslich diejenigen, welche infolge von Unfällen, hervorgebracht durch Sorglosigkeit, Gleichgültigkeit, unvernünftige Verwegenheit, angeborene Hülflosigkeit und Schwäche der physischen Constitution, ums Leben kamen.

Andererseits ist es aber sehr befriedigend, dass die Gesundheit der Europäer, welche während der letzten sechs Jahre am Kongo gelebt haben, sich in bemerkenswerther Weise gebessert hat. Nach der Namensliste derer, welche Europa in voller Gesundheit und mit frischem Muthe verlassen haben, sind bis zum heutigen Tage nicht weniger als 263 an den Ufern des grossen Stromes eingetroffen, und zwar:

Das Klima.

Nationalität der Beamten.	Zahl.	Nationalität der Beamten.	Zahl.
Amerikaner	6	Holländer	3
Araber	1	Italiener	3
Belgier	81	Oesterreicher	5
Dänen	6	Portugiesen	2
Deutsche	32	Schweden	37
Engländer	80	Schweizer	1
Franzosen	6		263

Jahre.	Zahl der engagirten Weissen.	Todesfälle infolge von Krankheit.	Todesfälle infolge von Unfällen.	Zurückgekehrt aus verschiedenen Ursachen.	Am Ende des Jahres noch im Dienst.
1879	18	2	—	4	13
1880	13	2	—	7	28
1881	13	1	—	7	32
1882	33	3	2	12	69
1883	93	8	2	25	151
1884	83	7	—	37	142
1885	10	1	1	—	—
	263	24	5	92	

In manchen Fällen wäre der Tod zu vermeiden gewesen, in andern war er die Folge offenbaren Wahnsinns, und bei wenigen mir bekannt gewordenen Todesfällen waren die Umstände derart, dass man keine Moral und keine Lehre aus denselben ziehen könnte. Alter oder ursprüngliche physische Schwäche sind nur in sehr wenigen Fällen als Grund anzuführen; die Verstorbenen waren alle Männer in der Blüte des Lebens. Ermattung, Mangel an geeigneter Nahrung, Exponirung in der Sonne, in einzelnen Fällen eingewurzelte Unmässigkeit, dazu die Unkenntniss des Lebens in den Tropen, welche ich in diesem Kapitel zu bekämpfen suche, die aber verzeihlich ist, weil wir uns alle derselben schuldig gemacht haben, sind die Ursachen dieser Sterblichkeit gewesen. Ich möchte nicht das Gefühl der trauernden

Verwandten kränken und werde deshalb die Namen der unbesonnenen Unglücklichen nicht nennen; meine erste Pflicht gehört jedoch den Lebenden, die ich vor Thorheiten warnen muss, welche zur Selbstvernichtung führen.

Ein in seiner Arbeit geschickter, williger und treuer Europäer kehrt nach fast zweijährigem erfolgreichen Dienste bei dem Werke der Expedition, während welcher Zeit er sich einer ungewöhnlich guten Gesundheit erfreut hat, von einer Reise den Fluss hinauf zurück und erkrankt plötzlich an einer leichten Dysenterie, die in ein paar Tagen geheilt wird; dann bekommt er aus irgendeiner unbekannten Ursache einen Rückfall; zwei Aerzte geben sich die allergrösste Mühe, ihn zu curiren, wochenlang wird er mit der sorgsamsten Aufmerksamkeit gepflegt und schliesslich hat er seine Kraft so weit wiedergewonnen, dass er nach der Küste gebracht werden kann. In wesentlich besserm Zustande trifft er dort ein, und schon nach wenigen Tagen Aufenthalt im Hospital wird er für genesen erklärt, sodass er die Reise nach Europa antreten kann. Am selben Abend tauscht er in Abwesenheit der Wärterin für einen Rock eine Flasche Branntwein ein, leert dieselbe, und 12 Stunden später wird er in Boma beerdigt.

Ein anderer hat drei Jahre zur vollen Zufriedenheit am obern Strome gedient, wird mit Ehren entlassen und kehrt nach einiger Zeit nach dem Kongo zurück, um sich gegen höhern Gehalt aufs neue für eine Reihe von Jahren anwerben zu lassen. Mittlerweile hat er aber auf unerklärliche Weise Geschmack an hitzigen Getränken bekommen, und wenige Tage nach seiner Ankunft fällt er in berauschtem Zustande über Bord in den Fluss und ertrinkt.

Ein dritter trifft mit den besten Zeugnissen bezüglich seiner Geschicklichkeit und Nüchternheit am Kongo ein;

zwei Monate nach Beginn seiner Thätigkeit wird er todt hinter einem Schuppen aufgefunden, neben ihm eine geleerte Branntweinflasche.

Zwei Freunde kommen zur Küste herab, besuchen den Postdampfer, trinken gemüthlich miteinander und kehren wieder zum Lande zurück; beide werden ernstlich krank, erholen sich jedoch glücklicherweise wieder, wenn sie auch sehr abgemagert und schwach sind. Der eine reist nach Madeira und bleibt am Leben, der andere trinkt, wie mir erzählt wird, am ersten Abend seiner Reconvalescenz zu viel starken Wein, sitzt abends lange in der kühlen Nachtluft, bekommt den Starrkrampf und stirbt unter den grässlichsten Schmerzen.

Zwei andere Freunde treffen sich im Innern; der eine besitzt eine Flasche Burgunder, der andere eine Flasche Cognac, und sie beschliessen, die frohe Begegnung mit einem gemeinsamen Mahle zu feiern. Bis spät in die Nacht hinein sitzen sie beisammen, unterhalten sich und trinken wahrscheinlich auch dabei. Dann setzt der eine die Reise nach der Küste fort, während der andere seine Arbeit wieder aufnimmt; bald nachher tritt die Sonne aus den Wolken hervor und strahlt eine fürchterliche Glut auf die Erde herab, der junge Mann erhält plötzlich einen Sonnenstich, wird nach der nächsten Station getragen und 12 Stunden später zur Gruft bestattet.

Es bedarf wol keiner weitern Beispiele, um zu beweisen, wie der Mensch zu seinem eigenen ärgsten Feinde werden kann. In allen Ländern kommen Fälle selbstmörderischer Gleichgültigkeit und grober Misachtung der aus einem solchen Benehmen resultirenden Folgen vor. Allzu viel Predigen hilft auch nichts, und deshalb wird man in Zukunft immer wieder von derartigen bedauernswerthen vorzeitigen

Todesfällen hören. Gäbe es eine Gesellschaft, welche die an der afrikanischen Küste sich ereignenden Fälle kritisch zu prüfen hätte, sie würde eine fürchterlich lange Liste von menschlichen Schwächen veröffentlichen können, und man würde finden, dass viel von dem, was dem Klima zugeschrieben wird, auf ganz andere Ursachen zurückzuführen ist.

Mögen diejenigen jungen Leute in Europa, welche einen Theil ihres Lebens am Kongo zuzubringen beabsichtigen, beherzigen, dass sie ausser dem, was ich schon über die Unannehmlichkeiten geschrieben habe, welche, wie z. B. die gezwungenerweise gewählte ungesunde Lage einiger Stationen wie Vivi, aus nicht von ihnen zu controlirenden Verhältnissen entstehen, es auf das allerstrengste vermeiden müssen, nach starker Bewegung und reichlicher Transpiration sich einer kühlen Temperatur auszusetzen oder sich beim Heraustreten aus dem warmen Zimmer — denn in den Tropen sind die Zimmer stets warm, wenn die Luft auch angenehm kühl sein mag — von der Zugluft durchwehen zu lassen. Sie vergrössern unnöthigerweise ihre Unbehaglichkeit, und nur sehr wenige Constitutionen sind im Stande, diesen heftigen, plötzlichen Wechsel von geöffneten zu geschlossenen Poren und von der gleichmässig warmen Temperatur zu einer plötzlichen Abkühlung zu vertragen. Die Philosophie dieser Lehre ist, dass die durch Bewegung in der heissen Sonnenglut hervorgebrachte hohe Temperatur sich beim Zustande der Ruhe bald abkühlt und die ausserordentliche Transpiration die normale Körperwärme in derselben Weise verringert, wie Wasser in einem den Sonnenstrahlen ausgesetzten porösen Gefässe rascher abkühlt infolge der Verdunstung, welche sofort eintritt, wenn die feuchte Oberfläche des Kühlers die Einwirkung der Hitze fühlt. Auf diese

Weise der Sonne ausgesetztes Wasser wird angenehm kühl, während das physische System des Menschen bei demselben Verfahren gestört wird: die Transpiration wird gehindert, die Poren schliessen sich, und den Körper durchdringt ein unbehaglich kaltes Gefühl. Bei einer Durchnässung der wollenen Kleidung durch Schweiss, Regen, Thau oder einen Unfall im Wasser ist der Störungsprocess im Körper ein noch weit rascherer. Exponirung in der Sonne führt die Verdunstung der Feuchtigkeit in der Kleidung herbei, leitet gleichzeitig die normale Wärme des Körpers ab und überlässt denselben Krankheiten zur Beute. Jetzt wird der Leser den Grund verstehen, weshalb Commis, Factoreileute und Händler, die sich selten Bewegung in der Sonnenglut machen, eine bessere Gesundheitsliste aufweisen als die Beamten in Vivi, die zu allen Stunden des Tages der Sonne ausgesetzt sind auf einem gebirgigen Plateau, an welchem der Auf- und Abstieg eine ungewöhnliche Schweissentwickelung hervorruft und ihnen beständige ausserordentliche Thätigkeit ihrer organischen Functionen auferlegt.

Eine weitere wichtige und gleichfalls abzuändernde Ursache der Fieber an der ganzen Kongoschlucht entlang besteht darin, dass, wie Dr. von Danckelman gefunden hat, 90 Procent der Winde von der See her den Fluss herauf wehen, über die miasmatischen Inseln, Sümpfe und schwarzen Schlammansammlungen zwischen Boma und Banana kommen und die Luft auf allen direct in der Bahn der Pest liegenden gesündern Hochlanden verschlechtern. Die an der Leeseite dieser Winde gelegenen und ihnen ohne Schutz und Schranke offen ausgesetzten Wohnungen werden leicht von der durch jene erzeugten Krankheit heimgesucht. Der beste Schutz ist das Anpflanzen von Bäumen, die als Schirm für die Häuser dienen und durch ihr Laubwerk die Miasmen anziehen; nach der Ansicht von Sir Thomas Watson ist sogar eine Hecke besser als gar nichts. Sir Thomas räth auch zur Bebauung des Bodens vor dem Wohngebäude und wenn möglich rundherum um dasselbe.

Vorsicht ist besser als Nachsicht, heisst es, und wenn ich auch nicht zu lehren vermag, wie man alle die langwierigen Krankheiten verhindern kann, zu welchen die Sorglosigkeit und Unwissenheit der Weissen in Afrika so sehr leicht Veranlassung gibt, so glaube ich wenigstens rathen zu müssen, um die Zahl derselben zu verringern. Da das Klima in Afrika dem Europäer ebenso neu und ungewohnt ist wie das europäische dem geborenen Afrikaner, so ist die Unwissenheit gewiss verzeihlich; da ich jetzt aber die Verstandeskräfte der europäischen Jünglinge in die richtige Bahn geleitet habe, werden sie, je länger sie in den Tropen leben, desto mehr den Ausspruch Shakespeare's sich zu eigen machen: „Dem Weisen ist die ganze Welt ein sicherer Port, ein glücklich Heim".

Diejenigen aber, welche durch die unsinnige Gewohnheit, mit jedem ihnen begegnenden weinlüsternen Freunde zu trinken, einen vorbedachten Selbstmord begehen und sich muthwillig selbst vernichten wollen, vermag ich nicht zu bedauern; ich warne sie wiederholt auf das allerernstlichste, dass der Genuss von Wein, Spirituosen oder andern berauschenden Getränken während der Tageszeit, wenn derselbe nicht von ärztlichem Rathe verordnet wird, die grösste Thorheit ist, welche es in tropischen Ländern gibt, und Gesundheit und körperliche Kraft aufs höchste gefährdet.

SECHSUNDDREISSIGSTES KAPITEL.

DAS KLIMA.
(FORTSETZUNG.)

Dr. von Danckelman's Beobachtungen. — Definition der Hitze. — Kälte. — Exponirung. — Vortheile der Sonnensegel. — Gleichmässige Körperwärme. — Temperatur in Südamerika. — Ungleichmässigkeit des Klimas am Kongo. — Lange Märsche und das Trinken kalten Wassers. — Ein kühler Ort. — „Er scherzt nur." — „Das Grab des weissen Mannes." — Rath für Aerzte. — Essen und Trinken. — Die tägliche Lebensweise. — Arznei. — Krankheit. — Meteorologische Tabellen.

Aus Wasco-County im fernen Oregon hat jemand, der nach dem Kongo auszuwandern beabsichtigt, die nachstehenden Fragen an mich gerichtet, die ich mit Vergnügen erhalten habe, weil sie mir Gelegenheit geben, die Erfahrungen, welche Dr. von Danckelman während seines Aufenthalts auf einer der Stationen am untern Kongo mit ungeheurem Fleiss gesammelt, bekannter zu machen. Diejenigen, welche die wissenschaftliche Broschüre im Original zu studiren vorziehen, verweise ich auf das „Mémoire sur les observations météorologiques faites à Vivi (Congo inférieur), et sur la climatologie de la côte sud-ouest d'Afrique en général, par A. von Danckelman" (Berlin, A. Asher & Co., 1884).*

---

* Das diesem Werke beigefügte vollständige und reichhaltige Inhaltsverzeichniss wird jeden in den Stand setzen, die umfangreichen und mannichfaltigen Informationen aus dem Text herauszufinden.

Der Auswanderer schreibt:

Würden Sie die Güte haben, mir über Boden, Klima, Naturproducte, allgemeine Gesundheitsverhältnisse und Anpassung an die Bedürfnisse des civilisirten Weissen Mittheilung zu machen? Theilen Sie mir, bitte, die durchschnittliche Regenmenge mit, wie viel Zoll dieselbe beträgt und wie sie sich vertheilt, wie viele Monate nass und wie viele trocken sind, wie viel Zoll Regen in jedem Monat und ob derselbe sanft oder in Strömen fällt? Ist das Land für Viehzucht und Landwirthschaft geeignet? Findet man jene afrikanische Pest, die Tsetsefliege, welche die Heerden mordet, im grossen innern Becken? Was für Vieh haben Sie? Wie wird die Landwirthschaft betrieben und welche Arten Getreide und Gemüse werden gebaut? Haben Sie viel Bauholz und welche Arten und von welchem Werth? Kommen heftige Stürme und Gewitter vor? Ist es in Afrika sehr heiss? Bitte, nennen Sie mir die grösste Hitze und theilen Sie mir mit, ob dieselbe lange anhält. Wie ist die Temperatur während des ganzen Jahres? Sind die Eingeborenen damit einverstanden, dass die Weissen sich in ihrem Lande niederlassen? Wie kann man von ihnen oder von der Internationalen Association Land erwerben, um echte Rechte daran zu erlangen, und zu welchem Preise pro Acker, Abschnitt oder Meile ist dasselbe erhältlich? Welche Steuern hat der Bürger oder Ansiedler zu bezahlen? Gibt es viele Reptilien und sehr gefährliche wilde Thiere? Gibt es viel Wild, Fische und wildes Geflügel und welche Arten? Wünscht die Association die Einwanderung zu begünstigen?

Nennen Sie mir gefälligst die Namen der Stationen der Internationalen Association und bemerken Sie dabei, ob sie an Flüssen oder Seen, in Thälern oder Ebenen oder auf Bergen liegen.

Eine andere wissbegierige Persönlichkeit, welche wahrscheinlich der Ansicht ist, dass ihre Constitution das Klima am Kongo vertragen könnte, fragt mich: „Welcher Art ist die Hitze am Kongo?" Da die Beobachtungen des Herrn Dr. von Danckelman einem solchen Fragesteller vielleicht nur einen unvollkommenen Begriff von diesem Gegenstande geben, kann ich nicht besser thun, als die höchst populären

Definitionen abzudrucken, welche der Reisende James Bruce von der Hitze gibt. Derselbe schreibt:

1) Es ist warm, wenn der Mensch, entsprechend gekleidet, im Zustande der Ruhe nicht schwitzt, aber bei mässiger Bewegung transpirirt und wieder abkühlt.

2) Es ist heiss, wenn der Mensch im Zustande der Ruhe schwitzt und bei mässiger Bewegung stark transpirirt.

3) Es ist sehr heiss, wenn der Mensch in dünner oder wenig Kleidung im Zustande der Ruhe stark schwitzt.

4) Es ist über die maassen heiss, wenn der Mensch, nur mit einem Hemde bekleidet, über die maassen stark schwitzt, wenn jede Bewegung beschwerlich ist und die Knie wie nach einem Fieber ermattet sind.

5) Es ist äusserst heiss, wenn die Kraft schwindet, Neigung zu Ohnmachten eintritt, in den Schläfen sich eine Straffheit bemerkbar macht, als wäre ein dünner Strick um den Kopf gewunden, wenn die Stimme schwach, die Haut trocken ist und der Kopf grösser und leichter als gewöhnlich zu sein scheint. Bei einer Temperatur von 20—26° C. ist es kühl, zwischen 26° 34° gemässigt, bei 34° beginnt die Wärme. Die Grade des Thermometers geben hiervon nur einen sehr unvollkommenen Begriff.

Bei solch klaren Definitionen wird es dem ländlichen Leser nicht schwer werden, die Art der Hitze am Kongo zu verstehen. Das Mittel der Temperaturbeobachtungen beträgt nur $32\frac{1}{4}$° C., das Mittel der niedrigsten nur $19\frac{1}{2}$°. In geeigneter Arbeitskleidung könnte der Europäer am Kongo ebenso viel leisten wie in England, vorausgesetzt dass er ein Dach oder Sonnensegel über sich hat. Die Sonnenhitze steigt an einem klaren Tage auf 37° bis 46° C. und ist natürlich gefährlich, wenn man stillsteht und sich ihrem Einfluss aussetzt. Auf dem Marsche braucht man sie dagegen wegen unmittelbarer tödlicher Folgen nicht zu fürchten, aber wenn dieselben auch nicht unmittelbar eintreten, so regt die Sonnenhitze doch heftige Transpiration an, welcher gänzliche Abspannung und Verlust an Energie folgen, die man in einem neuen Lande wie am Kongo höchst wahrscheinlich nicht so rasch wiedergewinnen würde. Man wird daher in allen meinen Reiseberichten finden, dass ich meine Märsche stets auf die frühen Morgenstunden von 6 bis 11 Uhr vormittags beschränkt habe.

Während drei Monaten des Jahres ist es positiv kalt und in der übrigen Zeit der Himmel so bewölkt und wird die Hitze von den Winden des Südatlantic so gemässigt, dass wir selten von ihrer Intensität leiden. Dagegen würde man bald die Macht der äquatorialen Sonne verspüren, wenn man nach einem die Atmosphäre reinigenden Gewitter der Gewalt der Sonnenhitze sich direct aussetzt. Die Nächte sind kühl, zuweilen sogar kalt, und man wird rasch merken, dass eine wollene Decke ganz unentbehrlich für die Behaglichkeit ist.

Auf den Stationen, Missionen und Factoreien liegt keine Nothwendigkeit vor, sich der Sonnenhitze auszusetzen; ein doppelter Bezug des Schirmes gewährt ausreichenden Schutz, und es gibt wenig Orte, wo der Schatten eines Baumes nicht nahe genug ist, dass man denselben bei der Beaufsichtigung der Arbeiten ausser dem Hause benutzen könnte. Auch die europäischen Arbeiter würden, ausser bei seltenen Gelegenheiten, nicht gezwungen sein, sich zu exponiren; aber keine Vorsichtsmaassregel ist zu gross, wenn sie vor dem Sonnenstich schützt. Zimmerleute, Bootbauer, Schmiede, Maschinisten, Steinhauer, Maurer und ähnliche Handwerker arbeiten unter Schuppen, wo sie absolut sicher sind; europäische gewöhnliche Arbeiter braucht man nicht und wird sie auch in Zukunft nicht brauchen. Sollte man je gelernte Arbeiter für den Strassenbau, für das Sprengen z. B., nöthig haben, so wäre die erste Pflicht, bewegliche Schuppen zu bauen. Die Sonne ist der einzige wirkliche Feind des Europäers; einen wirksamen Schutz gegen ihre bösen Einflüsse herzustellen, ist zwar immer möglich, geschieht aber selten. In dieser Beziehung ist die Stellung der Factoreigehülfen die sicherste, obgleich dieselbe nicht selten durch andere als klimatische Ursachen gefährdet wird. Auch der Missionar sollte vor Krankheit sicher sein; allein derselbe hat gewöhnlich seine Kräfte schon vor Ankunft an seinem Bestimmungsort durch unsinniges Gehen und Erforschen der tiefen Grastunnel, mit denen türkische Bäder in Bezug auf Hitze keinen Vergleich aushalten, zu stark angestrengt. Oft hat er auch während eines einzigen Tagemarsches den Magen mehreremal mit kaltem Wasser gefüllt und zahlreiche Temperaturübergänge und Schwankungen von durchschnittlich vielleicht 22° C. durchgemacht.

Die Bruce'sche Wärmedefinition Nr. 1 schildert das Kongoklima. Wenn der Körper ruht, ist die Transpiration äusserst gering, dagegen bringen starke Bewegung, das Marschiren bergauf und bergab, sowie alle schweren Anstrengungen unter dem directen Einflusse der Sonne bald eine reichliche Schweissentwickelung hervor. An sich wäre dies vielleicht nicht schlimm, die Gefahr liegt vielmehr darin, dass man schnelle Erleichterung und Abkühlung erstrebt, den Schatten eines Baumes oder einer Veranda aufsucht und sich unvorsichtigerweise den kalten Winden aussetzt, welche die Kleidung und den Körper plötzlich durchkälten, wodurch die Poren der Haut sich schliessen und das Körpersystem vollständig gestört wird.

Von dieser Gefahr kann der Bewohner der Station, Mission, Factorei, Plantage oder Farm sich leicht frei halten, wenn er stets darauf achtet, dass die Temperatur seines Körpers so gleichmässig wie möglich bleibe. In heissern Gegenden der Erde, wie in dem unter dem Aequator liegenden Pará in Südamerika, wo die Schwankungen der Temperatur nur 5° C. betragen, macht letztere das Klima für Invalide sehr geeignet und trägt wesentlich zu hohem Alter bei.

Ein Herr Norris gibt die Temperatur in Pará nach den von ihm angestellten Beobachtungen während der Monate Juni, Juli und August für Juni und Juli im Mittel auf $26^2/_3°$, im Maximum auf 30°, im Minimum auf 25° an; für August im Mittel auf $27^1/_4°$, im Maximum auf 30°, im Minimum auf 25°. W. H. Edwards sagt: „Ausserdem wurden wir zur Nachtzeit niemals durch die Hitze belästigt, sondern schliefen ohne Ausnahme unter einer wollenen Decke. Diese Gleichmässigkeit der Temperatur macht das Klima von Pará der Gesundheit besonders zuträglich. Der Durchschnitt des Lebensalters ist ebenso hoch wie in der Stadt Neuyork."

Gerade vor der Ungleichmässigkeit des Klimas hat man sich am Kongo zu hüten. Wenn der dort Ansässige der Malaria und den Miasmen weniger Beachtung schenkt und sich dafür mehr mit der Aufgabe beschäftigt, seinen Körper gegen die verderblichen Einflüsse der ausserordentlichen Temperaturschwankungen zu schützen, dann braucht er keine grosse Furcht vor dem Kongo zu haben. Ueber diese eine Thatsache liesse sich ein Buch von Beweisen schreiben. Wer wird sich, wenn er den Schauplatz der Reisen Tuckey's besucht, jetzt noch über den unglückseligen Ausgang von dessen Expedition wundern? Einer seiner Tagemärsche ist mehr als 45 km lang! Er stürzt sich bei einer Temperatur von 44° in die mit Gras bewachsenen Schluchten, erklettert die Hügelabhänge, wenn die Sonnenhitze 46° beträgt, schreitet über die glühenden Plateaus in die Tiefen der vom Grase gebildeten Tunnel, steigt wieder in eine Schlucht hinab, auf deren Grunde ein Flüsschen mit klarem kalten Wasser von 20° Wärme dahinströmt: den Magen mit diesem kalten Wasser gefüllt, klimmt er wiederum in einer Sonnenhitze von annähernd 46° an einem im Winkel von 45 Grad steil aufsteigenden Hügel bis zum 200m hohen Gipfel empor, wo im Schatten eines Baumes eine Temperatur von nur 22° herrscht. Unter dem angenehmen Schutzdach ruht er aus; der Wind presst das durchkältete Flanellhemd gegen den erhitzten Körper; aber nachdem er gerastet hat, setzt er den fürchterlichen Marsch fort, um sich an demselben Tage noch mehreremal diesen unglaublichen Uebergängen auszusetzen. Spät abends, um 9 Uhr, trifft er, vollständig ermattet von den ausserordentlichen Anstrengungen, denen er seinen Körper ausgesetzt hat, in einem Eingeborenendorfe ein und bittet um Unterkunft. Auch unter unsern 250 Leuten sind mehrere, welche dieselben ausserordentlichen Thaten vollbrachten, allein wie Tuckey und seine Gefährten haben sie die letzte aller irdischen Strafen bezahlen müssen, und der Gedanke ist traurig, dass sie ihr Leben aus zu vermeidenden Ursachen hingegeben haben.

Bei einigen zur Ausführung grosser Thaten im Kongostaat Berufenen werden diese Kapitel über das Klima den Wunsch anregen, sich gegen die Wirkungen dieser Ungleichmässigkeiten und Schwankungen der Temperatur zu schützen, auf andere, bei denen alles vergeblich ist, dürften sie keinen Einfluss haben, denn diese werden entweder in die Heimat zurückkehren und in ihrer Unklugheit auf, sie wissen selbst nicht was, schelten, oder den ohnehin fruchtbaren Boden des Kongolandes mit ihren Leibern bereichern. Es gibt Leute, welche lesen können, aber doch nicht verstehen, was sie lesen, welche Augen haben und nichts sehen und Ohren und nichts hören. Das Wort aus alten Zeiten, dass das Schicksal diejenigen, welche es für einen frühen Tod bestimmt hat, zuerst toll macht, hat auch heute noch Geltung.

Höchst wahrscheinlich werde ich zu andern wieder dasselbe zu sagen haben, was ich kürzlich einem soeben von England eingetroffenen Oberst erklärt habe: „Jene exponirte Ecke ist der Gesundheit nicht zuträglich", und wie der Oberst werden jene mir zur Antwort geben: „O, Unsinn, Sie haben mich zum besten! Dieser köstlich kühle Ort tödlich! Herr Doctor, was sagen Sie dazu?"

Und der Doctor, selbst ein Reisender, welcher viele Länder durchwandert hat, entgegnet: „Er scherzt nur." Und dennoch waren beide, Oberst und Doctor, einige Tage später trotz reichlicher Dosen von Hopfenbittertropfen nur wenig geneigt, auf einen Scherz einzugehen.

Zu andern werde ich wieder wie zu einem neu von England eingetroffenen Maschinisten zu sprechen haben: „Lieber Freund, die kleine schwarze pfannenartige Mütze des britischen Kauffahrteidienstes ist sicherlich im Maschinenraum eines Dampfers sehr bequem, allein sie bietet nur einen armseligen Schutz gegen die afrikanische Sonne." Und aufs neue wird ein Maschinist mir antworten wie jener: „Ich bin anderer Ansicht, mein Herr. Ich fühle mich ganz behaglich; ich bin von jeher an diese Mütze gewöhnt." Dieser Maschinist ist jedoch nie nach Europa zurückgekehrt.

Sicherlich werde ich auch wieder zu einem englischen Matrosen oder schottischen Maschinisten sagen müssen: „Lieber Freund, lass dich von mir warnen! höre auf mit dem Trinken, an welches du, wie ich höre, gewöhnt bist. Schottischer Whisky oder «Old Tom», so wohlthätig sie auch in deinem Heimatlande gegen rauhen Nebel und eisigen Hagelsturm sein mögen, vertragen sich nicht mit der afrikanischen Sonne." Und der Matrose oder schottische Maschinist wird wie früher sagen: „O, mein Herr, ich trinke nur sehr wenig, das wird mir nicht schaden." Aber weder der Matrose noch der Maschinist sind zurückgekehrt, um die Mutter in der Heimat von ihrer Sorge zu befreien.

Die Aerzte, welche 5 und 10 Pfund schwere Bücher mit vielen gelehrten Sachen über den Malaria-Bacillus und ähnliche Themata geschrieben haben, werden mich als Empiriker bezeichnen; ich will jedoch garantiren, dass ich jeden von dem fanatischen Vertrauen zu der von ihnen vertheidigten Prophylaxis curiren kann. Wenn ich auch nicht leugne, dass ein gewisses Quantum Miasma in der Luft vorkommt, so glaube ich dennoch, dass dieses das kleinste der Uebel war, an welchen die Mitglieder unserer Expedition gelitten haben. Die Europäer haben in Banana und Boma, welche Orte inmitten morastiger Ausdünstungen und fast am Rande des Wassers liegen, sich einer bessern Gesundheit erfreut als in Vivi, auf jener eigenthümlichen Felsenplattform, 104 m über dem Niveau des Flusses. In Kinschassa, gerade 3 m über dem höchsten Wasserstande, war der Gesundheitszustand ein besserer — ja derselbe war sogar vollständig frei von Krankheit — als in dem $7\frac{1}{2}$ km weiter abwärts, aber 25 m über dem Flusse liegenden Leopoldville. Auf der Aequator-Station, wo der Kongo nur $1\frac{1}{2}$ m niedriger als die Fundamente derselben, der Boden schwarzes, kleberiges, fettes Alluvium und die Niederlassung von tintenschwarzen Bächen umgeben ist, erfreuen die Europäer sich einer bessern Gesundheit als in Manjanga, 73 m über dem Flusse und 335 m über dem Meere. 22 km von Manjanga und 12 km vom Kongo entfernt besitzen wir eine Station auf der Ebene von Ngombi, 450 m über dem

Meere, wo der Gesundheitszustand unserer Leute ein besserer war als auf dem Manjanga-Berg, der einen Durchmesser von 135 m besitzt und rundherum auf allen Seiten, mit Ausnahme einer schmalen 27 m breiten Zunge, von 60 m tiefen Schluchten umgeben ist. Banana-Point, 6 Breitengrade unterhalb des Aequators, ist nur 1½ m über dem Brackwasser seines Creek, erwiesenermaassen aber weit gesünder als Sierra Leone, mehr als 8 Breitengrade nördlich vom Aequator, welches „das Grab des weissen Mannes" genannt worden ist trotz der zahlreichen ärztlichen Inspectoren, die nach bestem Ermessen und bester Erfahrung sich bemüht haben, die den Ort umgebenden tödlichen Einflüsse zu beseitigen. Aber die in jener Colonie Ansässigen werden, wenn sie die Zusammenstellungen im vorhergehenden Kapitel studiren, vielleicht einsehen, dass die fürchterlichen Krankheiten, welche die europäischen Einwohner schon so oft decimirt haben, weniger auf die Malaria zurückzuführen sind, als auf die Thatsache, dass ihre Stadt vom Löwenberg und den benachbarten Hügeln umgeben ist, durch deren Oeffnungen die Seebrise weht, welche den Körper der von der schwülen und durch die kesselartige Lage des Ortes gefährlichen Hitze umgebenen Leute plötzlich abkühlt.

Ich bin so oft von der unempfindlichen Gleichgültigkeit derjenigen, welche ich zu retten hoffte, zurückgestossen worden, dass mein Interesse an der Erhaltung des Lebens jener Leute etwas abgenommen hat, minder lebhaft geworden und nicht mehr so allgemein ist, wie es früher war. Denn ich kann wol fragen: weshalb soll ich mich um die Gesundheit einer Person bemühen, welche so äusserst gleichgültig gegen sich selbst ist? Weshalb soll ich mich darum kümmern, ob die Leute vorziehen, in zugigen Ecken sich aufzuhalten, um den erhitzten Körper abzukühlen, ob sie ihr Gehirn mit alkoholischen Getränken verbrennen oder kleine pfannenförmige Mützen tragen und die äquatoriale Sonne geradezu herausfordern, ihnen den Kopf zu versengen? Im Kongoland kann wie überall jeder mit seiner Person thun, was ihm beliebt, und wenn es ihm gefällt, sich den Kopf zu zerschmettern, so fühle ich mich, weiss der Himmel, fast versucht, mit ihm darin übereinzustimmen, dass das vielleicht das Klügste wäre. Bei denjenigen, welche die Pflicht noch höher stellen als das Leben, mögen meine Bemerkungen aber möglicherweise dazu beitragen, dass dieses Leben zur Erfüllung der Pflicht erhalten bleibt, und vielleicht auch zu Bemühungen anregen, weitere Ursachen zu entdecken, welche der Gesundheit schädlich sind, und in der Folge Methoden zu finden, um die bisjetzt mit so geringem Erfolge belohnte ärztliche Behandlung zu reformiren.

Unsere Aerzte würden ebenfalls gut thun, die Frage zu studiren, welche Nahrung die beste für in den Tropen lebende Leute ist. In dieser Richtung liegt für die Forschung und Entdeckung ein fruchtbares physiologisches Feld. Ich würde gern über dieses Thema einen Essay schreiben, wäre ich nicht überzeugt, dass jeder Arzt, welcher nur ein wenig gesunden Menschenverstand besitzt, dies mit weit grösserer Autorität unternehmen könnte. Ich möchte meinerseits aber gern auch einige wenige Bemerkungen dem Geiste des eigentlichen Forschers einprägen, die sich auf jene „andern der Gesundheit schädlichen Ursachen" beziehen.

Wir wissen aus bitterer Erfahrung, dass alkoholhaltige Getränke, zur Tageszeit genommen, Sonnenstich und Sonnenfieber herausfordern. Um dieselben zu vermeiden, müssen wir uns an Thee und Kaffee halten. Thee ist aber ein zusammenziehendes Mittel und wirkt, wenn er nicht rein ist, niederschlagend; Kaffee, von dem man allgemein glaubt, dass er anrege, übt oft gerade die entgegengesetzte Wirkung aus. Der ölige Schaum auf dem Cacao verursacht, abgesehen von seiner Unschmackhaftigkeit, Mistrauen zu seinen galligen Eigenschaften. Milch ist bisjetzt noch nicht erhältlich, wird in Zukunft aber vielleicht reichlicher zu haben sein. Suppe setzt voraus, dass Fleisch vorhanden ist, von dem sie bereitet werden kann: aber Ochsen- und Hammelfleisch sind es gerade, die man in einiger Entfernung vom untern Laufe des Kongo nicht immer erhalten kann, während eine aus Ziegenfleisch hergestellte Brühe, täglich drei- oder viermal gereicht, nicht sehr befriedigt, selbst wenn sie mit Hühnersuppe abwechselt. Ausserdem ist aber auch die Mehrzahl der mässigen Europäer infolge ihrer diätetischen Erziehung von vornherein an anderes gewöhnt, hauptsächlich an Thee und Kaffee. Ersterer wird jedoch, wie schon erwähnt, ebenfalls zu einer Quelle der Beschwerde, wenn er in unmässiger Weise getrunken wird. Palmwein übt eine gefährliche Wirkung auf Nieren und Magen aus, wenn er nicht in vollständig frischem Zustande genossen wird.

Nicht die geringste unserer Unannehmlichkeiten am Kongo ist die entschiedene Abneigung, welche wir alle bald gegen in Büchsen eingemachtes „amerikanisches, australisches und neuseeländisches" Rind- und Hammelfleisch und Fische verspüren, trotz der lauten und übertriebenen Prahlerei, mit der die Fabrikanten diese Delicatessen empfehlen. Eine afrikanische Ziege, einerlei wie zäh und geil das Fleisch sein mag, ist unabänderlich jenem vorzuziehen. Die in Büchsen eingesetzten, in Oel schwimmenden Sardinen und der gelbe Lachs in seiner noch gelbern fetten Sauce regen nicht den Appetit an, sondern verursachen einen galligen Geschmack. Was noch übrigbleibt und dessen Genuss als vollständig sicher bezeichnet werden kann, ist äusserst wenig:

heimisches Brot, Reis, einige Gemüse, Früchte und condensirte Milch.

Was wir am Kongo am nothwendigsten gebrauchen, ist ein harmloses, mildes Getränk, das nicht nur angenehm und schmackhaft, sondern auch nicht berauschend wie Thee und so wohlthuend für den Magen ist wie Milch, das weder die Nerven noch die Nieren afficirt und sich durch Vermittelung der Verdauungsorgane leicht in Nahrungsstoff verwandelt. Bis jemand, der die Physiologie mit Ernst studirt hat, unsern Mängeln Abhülfe schafft, schlage ich folgende einfachen Regeln für diejenigen vor, für welche die Erhaltung ihres Lebens noch einiges Interesse hat:

1) Gib beim Bau des Hauses, der Mission oder Factorei gut auf die Lage Acht. Baue nie, wenn du es vermeiden kannst, in einer Schlucht, einem Thal, einem Spalt oder einer grössern Vertiefung des Landes, die als Canal für die sich ansammelnden Windströmungen dienen kann. In der Umgebung ist eine freie Vertheilung der Luft dringend erforderlich. Die sichersten Stellen sind die Punkte, welche der See, Ebenen und ausgedehnten Plateaus am nächsten gelegen und von dominirenden Höhen, welche unregelmässige Luftströmungen hervorbringen, möglichst entfernt sind. Das Parterre des Hauses muss frei von der Erde sein, wenn man den Fussboden nicht durch Cement oder Asphalt gedichtet hat. Auf mit Gras bewachsenen Ebenen sollte der Fussboden des Wohnzimmers mindestens $3\frac{1}{2}$ m über der Erde liegen.

2) Vermeide es, dich unnöthigerweise der Sonne auszusetzen.

3) Hüte dich vor Nebel, Thau und Abend- und Nachtkühle.

4) Nimm so gute Nahrung, wie die Umstände es dir

gestatten, aber sei weise in deiner Auswahl. Butter, Käse und in ölartiger Substanz schwimmende Speisen eignen sich nicht für die klimatischen Verhältnisse. Geröstete Erdnüsse sind ein Fehler.

Lass stets das Fett am Fleisch auf dem Teller zurück. Alles Fett verursacht in den Tropen Galle, Ranzigkeit und Uebelkeit.

Beginne den Tag nie mit einem aus Fleisch bestehenden Frühmahl. Auf der Station gebackenes Brot ist besser als Hartbrot.

Kaffee oder Thee mit Milch ist das Beste, was man am Morgen zuerst nimmt.

Um 11 Uhr vormittags höre auf mit der Arbeit und iss ein weise ausgewähltes Frühstück: mageres Fleisch, Fisch, Gemüse, trockenes Brot mit schwachem schwarzen Thee und condensirter Milch.

Um $1\frac{1}{2}$ Uhr beginne wieder mit der Arbeit und um $6\frac{1}{2}$ Uhr nachmittags nimm die klug ausgewählte Hauptmahlzeit: gekochten Fisch, gebratenes Huhn, gebratenes Hammelfleisch, Gemüse, trockenes Brot, Reis, Tapioca, Sago und Maccaroni-Pudding, nebst schwachem Rothwein oder 2 Unzen Madeira mit Wasser oder ebenso viel Champagner mit Wasser. Vertreibe dir die Zeit bis 9 Uhr abends mit geselliger Unterhaltung oder Lesen und lege dich dann zur traumlosen Ruhe nieder, um am nächsten Morgen mit klarem Verstand, zur Arbeit aufs neue gestärkter Muskelkraft und Liebe zur ganzen Welt wieder aufzustehen.

5) Schlafe auf wollenen Decken und decke dich bis zur Brust zu mit einer wollenen oder andern Decke.

6) Auf dem Marsche stehe um 5 Uhr morgens auf, trinke deinen Kaffee oder Thee mit Milch und sei um $5\frac{1}{2}$ Uhr zum Aufbruch fertig. Mache in deinem eigenen, sowie

im Interesse deiner Leute und Thiere um 11 Uhr vormittags halt und thue an diesem Tage nichts mehr. Auf dem Halteplatze hülle dich in einen Paletot oder Ueberrock ein, damit du allmählich abkühlst. Befindet sich das Lager an einer exponirten Stelle, dann begib dich so schnell wie möglich unter ein Schutzdach, als ob es regnete. In dieser Weise kannst du jährlich mehr als 6000 km zurücklegen.

7) Beobachte die strengste Mässigkeit. Lass alle Gedanken an tonische Mittel fallen, die den Regeln der „Leute von der Westküste", der „alten Händler", der „Afrikareisenden" oder deiner eigenen selbsttäuschenden Phantasie entsprechen. Wenn du absolut das Bedürfniss nach einem tonischen Mittel fühlst, dann wende dich an den Arzt oder halte dich an die einfache Regel, am Tage niemals mehr als eine Unze Spirituosen oder Wein zu trinken. Das beste tonische Mittel für dich würden 2 Gran Chinin sein, wie Burroughs & Welcome* (Snow-Hill Buildings, London) dasselbe bereiten.

Hast du auf einer Station oder in einer Factorei Durst, so bereite dir ein Glas Scherbet. Auf dem Marsch vermische eine Tasse Wasser mit einem Täfelchen säurehaltiges Pulver, wie jene Apotheker es bereiten, oder stille den Durst mit versüsstem schwachen Thee aus der Feldflasche.

8) Begib dich bei Beaufsichtigung der farbigen Arbeiter ausser dem Hause niemals auch nur einen Augenblick

---

* Ich kann die von diesen Apothekern bereiteten Arzneien mit gutem Gewissen als für tropische Regionen geeignet empfehlen. Dieselben haben von fast jeder Medicin, die verlangt wird, kleine Dosen in Gestalt von Täfelchen angefertigt, welche man einnehmen kann, ohne Uebelkeit zu empfinden, was von hohem Werthe ist, wie alle diejenigen bezeugen werden, welche den unangenehmen, Uebelkeit erregenden Geruch der gewöhnlich von den Droguisten bereiteten Arzneien kennen gelernt haben.

ohne einen starken doppelten Schirm in die Sonne — ein grosser an dem mit einer Spitze versehenen Stock, ähnlich wie ein Zelt, würde noch besser sein. Betreffs der Kopfbedeckung hat man die Wahl zwischen dem Korkhelm, dem Topee und der Kongomütze, die alle andern übertrifft.*

9) Bist du auf dem Marsche so unvorsichtig gewesen, dass du dich nicht mit einem grossen Schirm versehen hast, so ist eine Durchnässung nicht nothwendigerweise gefährlich; sie wird aber positiv gefährlich, wenn du nach starker Transpiration, Regen oder einem Unfall beim Uebersetzen über einen Fluss dich eine Weile ausruhst, ohne die Kleidung zu wechseln.

10) Je leichter du auf dem Marsche gekleidet bist, desto besser, weil du dann beim Rasten an die Nothwendigkeit des Paletots oder Ueberrocks erinnert wirst. Sehr leichter Flanell genügt der Bewegung wegen vollständig für die Kleidung. Leichte Schuhe aus rothgarem Leder an den Füssen, Kniehosen aus dünnem Flanell, ein Hemd aus losem leichten Flanell, eine Flanellbinde um den Leib und eine Kongomütze auf dem Kopf werden dich in den Stand setzen, täglich 18 km ohne Beschwerde zurückzulegen.

11) Auch auf den Stationen, Factoreien oder Missionen muss die Kleidung leicht sein, wenn auch nicht wie die Halbuniform des Marsches, weil man nicht weiss, ob man nicht jeden Augenblick eine Arbeit zu verrichten hat, welche starke Transpiration hervorbringt, die, wenn nicht zwingende Gründe vorliegen, vermieden werden sollte.

12) Ich darf wol annehmen, dass du die Leibesübungen nicht vergessen wirst; wenn deine Hauptbeschäftigung im

---

* Man betrachte die Mütze auf dem Titelbild dieses Bandes.

DER KONGO, FAST GEGENÜBER VON ISANGILA.

Hause ist, so sind hierfür die Stunden von 6—7 Uhr morgens und 5—6 Uhr abends die sichersten.

13) Bade dich nicht in kaltem Wasser, wenn du nicht erst vor kurzem aus dem gemässigten Klima gekommen bist. Die Temperatur deines Bades ist unter 30° C. nicht gesund. Bade dich morgens oder vor der Hauptmahlzeit. Ein lauwarmes Bad ist das geeignetste.

14) Früchte wie Orangen, Mangos, reife Bananen, Guaven und Flaschenkürbisse sollte man, wenn überhaupt, nur am Morgen essen, vor dem Kaffee oder Thee mit Milch; von den Ananas ist nur der Saft zu empfehlen. Iss in den Tropen niemals Früchte beim Mittagsmahl.

Arznei. Besorge dir reine und gut bereitete Arznei. Die Herren Burroughs & Welcome werden dich mit grössern oder kleinern Kisten mit Arzneimitteln für die Tropen auf einen Monat oder zehn Jahre ausrüsten. Sie haben den besten ärztlichen Rath nachgesucht und scheinen wirklich bestrebt zu sein, die besondern Erfordernisse des Reisenden, Soldaten, Händlers und Missionars in Ost-, West-, Central-, Nord- oder Süd-Afrika zu studiren. Ich habe ihnen die wenigen von mir beobachteten Krankheiten mitgetheilt, und sie haben die Arzneimittel bereitet, welche ich während der letzten 17 Jahre meiner afrikanischen Erfahrungen probirt habe.

Dieselbe Vorsicht, welche man in Europa anwendet, um sich gegen Zug, plötzliche Abkühlungen, Katarrhe, Bronchitis und Lungenkrankheiten zu schützen, sollte man auch in den Tropen beobachten, nur mit dem Unterschied, dass die behufs gehöriger Sorgfalt erforderliche Kleidung nicht so schwer sein darf.

Auf der Reise nach dem tropischen Afrika werden die meisten unerfahrenen Leute das Opfer der Neckereien seitens der Offiziere auf den Europa verlassenden Dampfern.

Sechsunddreissigstes Kapitel.

Solche Gecken in Kleidung und Manieren stellen so viele einfältige Fragen, dass sie die Offiziere geradezu verlocken, sich die Unerfahrenheit zu Nutze zu machen, wodurch bei jenen oft eine unbestimmte Furcht vor unbekannten und tödlichen Krankheiten hervorgerufen wird, die bei Ankunft an der Küste häufig die moralische Kraft der Leute zerstört und ihre Constitution entnervt hat.

Die Krankheiten am Kongo sind sehr einfach und bestehen in Fiebern und Dysenterie. Erstere sind dreierlei Art: das gewöhnliche kalte Fieber, das remittirende Fieber und das perniciöse Gallenfieber.

Das gewöhnliche kalte Fieber ist weniger zu fürchten als eine Erkältung in England. Ich habe nie von einem Falle gehört, der mit dem Tode geendet hätte. Gewöhnlich dauert es ein bis drei Tage. Es hat vielleicht seinen Ursprung in einer geringen Menge Miasma in der Luft, aber die Mittel sind so einfach, dass der Eingeweihte sich binnen kurzer Zeit selbst curiren kann. In neun Fällen von zehn kann der Eingeweihte sich auch vollständig vor demselben hüten, indem sich rechtzeitig gewisse Symptome zeigen, welche auf eine leichte Störung im Körper hindeuten.

Das remittirende Fieber ist einfach eine Verschlimmerung des kalten Fiebers, die durch mehr oder weniger lange Exponirung in der Sonne, durch Transpiration und Erkältung herbeigeführt worden ist. Diese Art Fieber dauert vielleicht mehrere Tage.

Das perniciöse Gallenfieber ist ein verstärktes remittirendes Fieber, tritt heftiger in seinen Symptomen auf, ist von ernstlichern Beschwerden begleitet und deshalb gefährlicher. Seine Stärke hängt von den Gewohnheiten des Patienten und dem Grad der Exponirung, übermässiger Ermattung und Erschöpfung desselben ab. Diese Krankheit kann bei kluger und guter Lebensweise und durch beständige Beobachtung und strenge Befolgung der vorstehend angegebenen einfachen Regeln gänzlich verhindert werden. Viele versuchen sich durch Trinken von Brandy, Whisky oder Genever und übermässiges Tabackrauchen selbst zu curiren, allein Spirituosen und Taback sind keine prophylaktischen Mittel gegen eine Krankheit.

Einige kurze Auszüge aus dem Werke Dr. Martin's: „Influences of tropical Climates", werden alles bestätigen, was ich hier gesagt habe:

1) Sorgfalt in Bezug auf Nahrung, Kleidung und Leibesbewegung sind für die Erhaltung der Gesundheit viel wesentlicher als ärztliche Behandlung.

2) Der richtige Weg, um Krankheiten zu entgehen, ist die Beobachtung strengster Mässigkeit und die Verringerung der Hitze auf jede mögliche Weise.

3) Nachdem die Hitze den Körper für die Krankheit vorbereitet, hat plötzlicher Eintritt von Kälte den allerschlimmsten Einfluss auf die menschliche Constitution.

4) Die grosse physiologische Regel, um die Gesundheit in heissen Klimaten zu bewahren, ist, den Körper kühl zu halten. Der gewöhnliche Menschenverstand sagt, dass erhitzende Getränke zu vermeiden sind.

5) Ein kaltes Bad ist nach jeder grossen Ermüdung des Körpers und Geistes der Tod.

6) Ausschweifungen sind von viel gefährlicherer und zerstörenderer Wirkung als in Europa.

7) Eine grosse Menge thierischer Nahrung erhitzt das Blut, anstatt Kräfte zu geben, macht das System fieberhaft und schwächt infolge dessen den ganzen Körper.

8) Brot ist eins der besten Nahrungsmittel. Reis und getrocknete Erbsen sind gesund und nahrhaft. Gemüse, wie Möhren, Steckrüben, Zwiebeln, einheimischer Kohl u. s. w., sind für gute Gesundheit von Wichtigkeit.

9) Früchte sind in reifem und gesundem Zustande wohlthätig, anstatt schädlich.

10) Dasselbe Quantum Spirituosen ist unverdünnt viel schädlicher als mit Wasser vermischt.

11) Europäer können bei regelmässiger Vorsicht und Beobachtung der gewöhnlichen Gesetze der Hygieine in den Tropen ebenso lange leben wie sonstwo.

Noch eine Bemerkung wird genügen. Wie gut der Europäer bei weiser Selbstbeherrschung das Klima auch ertragen mag, so muss doch jahrelange hohe Temperatur im Verein mit der Monotonie und Dürftigkeit der Nahrung einen entnervenden und niederschlagenden Einfluss ausüben, wenn auch das Leben vielleicht nicht in Gefahr ist. Die physische Kraft, Stärke und Thätigkeit wird durch die Hitze geschwächt, sodass nach einigen Jahren eine Wiederherstellung in einem gemässigten Klima nothwendig wird. Um vollständige Gesundheit zu bewahren, rathe ich dem Händler, Missionar, Kaffeepflanzer und Ackerbauer, der seine volle Kraft sich zu erhalten wünscht, nach achtzehnmonatlichem Aufenthalt eine dreimonatliche Erholung im nördlichen Europa zu suchen, aus demselben Grunde, aus dem ein angestrengt arbeitender Geschäftsmann in Europa nach achtzehnmonatlicher Thätigkeit weise handeln würde, ein paar Monate Ferien zu machen. Ausser dem, was ich vorstehend angeführt habe, gibt es im Kongolande nichts, was den Menschen entmuthigen könnte, im Gegentheil viel weniger als in manchen Theilen von Ostindien, Südamerika oder Westindien.

Mein Zweck ist, wie der Leser bemerkt haben wird, die einfältige Furcht vor dem Klima zu beseitigen. Bei Beobachtung der vorstehenden Regeln werden wenigstens drei Viertel der Krankheiten verhindert werden, welche unsere unklugen Jünglinge gestraft haben. Vielleicht werden die Vernünftigen sich belohnt finden, wenn sie die Regeln so streng wie möglich befolgen; die Unvernünftigen und Gedankenlosen werden ebenfalls ihren Lohn erhalten.

Die folgenden Tabellen enthalten einen Theil der werthvollen meteorologischen Beobachtungen Dr. von Danckelman's über die Klimatologie der Kongoregion:

Temperatur, in Vivi beobachtet.*

1882	Celsius Maximum	Celsius Minimum	Absol. Unterschied
Januar	32,2	21,1	11,1
Februar	34,5	19,7	14,8
März	33,5	20,7	12,8
April	33,9	19,9	14,0
Mai	34,4	19,6	14,8
Juni	30,3	15,7	14,6
Juli	28,8	13,0	15,8
August	29,6	13,2	16,4
September	31,5	19,1	12,4
October	33,9	20,2	13,7
November	36,2	20,5	15,7
December	32,6	20,8	11,8
Höchstes Jahresmittel	32,6	—	—
Niedrigstes Jahresmittel	—	18,6	—
Mittel des Unterschieds	—	—	13,9
Höchste Temperatur in 1882, am 5. November	36,2	—	—
Niedrigste Temperatur in 1882, am 29. Juli	—	13,0	—
Niedrigste Temperatur 1883, am 19. Juli	—	14,4	—

Jahresschwankungen des Barometers in Millimetern.

1882. Mai	6,5	November	5,3
Juni	5,6	December	5,9
Juli	4,9	1883. Januar	5,9
August	6,2	Februar	6,2
September	5,8	März	5,7
October	5,2	April	5,7

* Von Dr. von Danckelman.

Sechsunddreissigstes Kapitel.

Die Station Vivi liegt:

nach dem Siedepunkt 427 Fuss oder 130,1 m über dem Niveau des Meeres;

nach Fortin's Barometer 430 Fuss oder 131,2 m über dem Niveau des Meeres;

nach drei grossen Aneroid-Barometern 428 Fuss oder 130,5 m über dem Niveau des Meeres.

Höhe des Flussniveaus bei Vivi 84 Fuss oder 25,6 m über dem Niveau des Meeres.

Höhe der Station über dem Flussniveau nach trigonometrischen Berechnungen $276 \tfrac{1}{2}$ Fuss oder 84,33 m.

Höhe der Station über dem Flussniveau nach dem Aneroid-Barometer 343 Fuss oder 104,6 m.

Einfluss der Bewölkung auf die Temperatur.*

Vivi 1882—1883.	Klare Tage	Temperatur °C.	Bewölkte Tage	Temperatur °C.
Januar	0	0	4	24,4
Februar	8	26,5	3	24,9
März	0	—	1	23,0
April	0	—	0	—
Mai	8	26,8	3	24,3
Juni	5	22,9	8	21,9
Juli	12	21,9	7	21,1
August	7	21,8	8	21,3
September	2	24,4	9	23,2
October	2	25,3	4	23,9
November	1	28,1	2	23,9
December	1	27,4	4	24,7

1882—83.　　　　　　　　　　　　　Zahl der Tage.

Ganz bewölkter Himmel 44

Fast ganz bewölkter Himmel 115

Bedeckter Himmel 135

Fast heiterer Himmel 58

Ganz heiterer Himmel 10

---

* Von Dr. von Danckelman.

Das Klima. (Fortsetzung.)

Unter 1098 von Dr. von Danckelman angestellten Beobachtungen der Windrichtung in Vivi ergaben:

Windstille. N. NNO. NO. ONO. O. OSO. SO. SSO. S. SSW. SW.
195   86   1   8   10   3   13   3   3   11   32   422
WSW. W. WNW. NW. NNW.
102 106 16   19   8

Um Mittag wurde die Richtung der Windströmungen zwischen West und Nord wie folgt beobachtet:

W.   WNW.   NW.   NNW.   N.
$32^0/_0$ $11^0/_0$ $16^0/_0$ $12^0/_0$ $13^0/_0$

Um 3 Uhr nachmittags:

W.   WNW.   NW.
$74^0/_0$ $10^0/_0$ $6^0/_0$

Um 9 Uhr abends mit grösserer Stärke:

S.   SSW.   SW.   WSW.   W.
$10^0/_0$ $26^0/_0$ $21^0/_0$ $14^0/_0$ $18^0/_0$

Dr. von Danckelman beobachtete auch, wie oft der Wind so stark wehte, dass die Holzgebäude in Vivi erschüttert wurden[*], und zwar:

Mai 1882.	. 11 mal	December 1882 .	2 mal
Juni „ .	. 17 „	Januar 1883 . .	6 „
Juli „ .	. 13 „	März „ .	4 „
August „ . .	12 „	April „	0 „
September „ . .	15 „	Mai „	. 9 „
October „ .	17 „	Juni „	(8) „
November „ .	2 „	Juli „	17 „

Die Geschwindigkeit des Windes betrug nach den Messungen Dr. von Danckelman's am Anemometer:

---

[*] So starke Windstösse kommen an der Seeküste kaum vor; ein Beweis, dass die trichterförmige Schlucht die sanfte Seebrise sammelt und anzieht, bis der Wind zum starken Sturm wird.

Vom 2. Juni bis	12. Juni	145,1	engl. Meilen pro Tag.			
„ 12. „ „	22. „	146,6	„	„	„	„
„ 22. „ „	2. Juli	109,4	„	„	„	„
„ 2. Juli „	12. „	98,4	„	„	„	„
„ 12. „ „	22. „	142,0	„	„	„	„
„ 22. „ „	1. Aug.	106,0	„	„	„	„
„ 1. Aug. „	11. „	141,1	„	„	„	„
„ 11. „ „	21. „	183,5	„	„	„	„
„ 21. „ „	31. „	166,4	„	„	„	„
„ 31. „ „	10. Sept.	166,1	„	„	„	„
„ 10. Sept. „	20. „	152,2	„	„	„	„
„ 20. „ „	30. „	192,7	„	„	„	„
„ 30. „ „	10. Oct.	221,7	„	„	„	„
„ 10. Oct. „	20. „	225,4	„	„	„	„
„ 20. „ „	30. „	159,2	„	„	„	„
„ 30. „ „	9. Nov.	136,9	„	„	„	„
„ 9. Nov. „	19. „	114,4	„	„	„	„
„ 19. „ „	29. „	90,1	„	„	„	„
„ 29. „ „	9. Dec.	66,6	„	„	„	„
„ 9. Dec. „	19. „	65,3	„	„	„	„
„ 19. „ „	29. „	76,5	„	„	„	„
„ 29. „ „	8. Jan.	116,1	„	„	„	„
„ 8. Jan. „	18. „	94,6	„	„	„	„
„ 18. „ „	28. „	121,6	„	„	„	„
„ 28. „ „	7. Febr.	85,4	„	„	„	„
„ 7. Febr. „	17. „	89,2	„	„	„	„
„ 17. „ „	27. „	74,9	„	„	„	„
„ 27. „ „	9. März	85,3	„	„	„	„
„ 9. März „	19. „	102,4	„	„	„	„
„ 19. „ „	29. „	95,2	„	„	„	„
„ 29. „ „	8. April	75,0	„	„	„	„

In Vivi wehen die Winde am stärksten nachts, und zwar aus Südwest, den Kongo herauf. Zwischen dem Stanley-Pool und der Ausbuchtung des Kongo oberhalb Tschumbiri weht der Wind in den Stunden von 9 Uhr vormittags bis 4 Uhr nachmittags häufig als starker Sturm, während es nachts windstill ist. Die Canoes der Eingeborenen setzen daher nachts ihre Fahrten fort.

Das Klima. (Fortsetzung.) 345

Oberhalb des Aequators ist der Wind von 1 bis 3 Uhr nachmittags am stärksten.

Ueber den Regenfall am untern Kongo bemerkt Dr. von Danckelman Folgendes:

In Vivi fällt der stärkste Regen in den Monaten November und April. Im Jahre 1882 hörte die Regenzeit am 12. Mai mit einem letzten starken Gewitterregen auf. Ein Regen von mehr als 0,25 mm wurde noch am 18. Mai beobachtet. Der erste wirkliche Regen fiel dann wieder am 4. October, worauf starker Gewitterregen erst am 10. November folgte. Der Regen dauerte dann mit Unterbrechung von ein bis zwei trockenen Tagen bis 27. November. Dann hörte derselbe bis zum 6. December auf. Vom 27. December bis 11. Januar war eine neue Zwischenzeit von Trockenheit mit nur 2 mm Regen. Das Wetter blieb noch vollständig trocken vom 29. Januar bis 16. Februar. Im März wurde der Regen gewöhnlich durch mehrere trockene Tage unterbrochen, aber im April fiel derselbe wieder anhaltender. Am 6. Mai erreichte die Regenzeit ihr Ende; von da ab war kein bemerkenswerther Regen mehr. Die stärkste Regenmenge an einem Tage war am 17. December 1882 101,9 mm; dieser Regen trat abends ein und dauerte 2 Stunden 50 Minuten.

Dr. von Danckelman stellt den Regenfall wie folgt zusammen:

		Millimeter.
Juni	1882	0
Juli	„	1
August	„	0
September	„	0
October	„	13
November	„	288
December	„	227
Januar	1883	92
Februar	„	36
März	„	144
April	„	231
Mai	„	51
	Zusammen	1083

Sechsunddreissigstes Kapitel.

Auf meinen Märschen habe ich die Zeit des Regens notirt und bin dabei zu folgenden Resultaten gekommen:

1880/81.			1881/82.		
Monat.	St.	Min.	Monat.	St.	Min.
September	5	0	September	27	30
October	11	15	October	27	50
November	40	0	November	56	5
December	42	0	December	15	30
Januar	28	0	Januar	25	10
Februar	73	0	Februar	49	30
März	30	30	März	15	0
April	28	0	April	25	0
Mai	24	0	Mai	9	0
	281	45		250	35

Regenfall 1880/1881.

Datum.	Art des Regens.	Dauer in St. M.	Stunden im Monat.	
1880.				
Sept. 9	Nebelartiger Regen	0 15		
,, 11	,, ,,	0 20		
,, 12	,, ,,	0 10		
,, 13	,, ,,	0 5		
,, 14	,, ,,	0 10		
,, 15	Starker Schauer (Donner und Blitz)	2 0		
,, 19	Sehr leichter Schauer	1 0	5·00	Zwischen Vivi und Isangila.
Oct. 19	Starker Regen (Donner und Blitz)	4 0		
,, 24	Sehr leichter Schauer	0 15		
,, 25	Starker Regen	3 0		
,, 27	Sehr leichter Regen	2 0		
,, 28	,, ,, ,,	1 0		
,, 29	,, ,, ,,	1 0	11·15	

Das Klima. (Fortsetzung.)

Datum.	Art des Regens.	Dauer in St. M.	Stunden im Monat.	
Nov. 1 .	Viel Regen . . .	3 0		
„ 2 .	Lebhafter Schauer .	1 0		
„ 3 .	Starker Regen . .	6 0		
„ 4 .	„ „ . .	5 0		
„ 5 .	Sehr leichter Schauer	1 0.		
„ 10 .	Starker Regen . .	5 0		
„ 11 .	Lebhafter Schauer .	2 0		
„ 12 .	Sehr leichter Schauer	1 0		
„ 14 .	Böig	2 0		
„ 15 .	Starker Regen . .	10 0		
„ 19 .	Sehr leichter Regen .	0 30		
„ 25 .	„ „ „ .	0 30		
„ 28 .	Stetiger Regen . .	3 0		
			40·00	
Dec. 2 .	Starker Regen . .	5 0		
„ 4 .	„ „ . .	9 0		
„ 5 .	Stetiger Regen . .	5 0		
„ 6 .	„ „ . .	3 0		
„ 9 .	Starker Schauer . .	1 0		Zwischen Vivi und Isangila.
„ 11 .	Anhaltender starker Regen	4 0		
„ 12 .	Schauer	1 0		
„ 15 .	Starker Regen . .	6 0		
„ 18 .	Mässiger „ . .	2 0		
„ 20 .	Starker Schauer und Sturm	0 30		
„ 21 .	Sturm und Regen .	1 0		
„ 23 .	Sehr leichter Regen .	1 0		
„ 28 .	Starker Schauer . .	2 0		
„ 30 .	Böig	1 30		
			42·00	
1881.				
Jan. 4 .	Regen	2 0		
„ 8 .	„	6 0		
„ 9 .	„	7 0		
„ 15 .	„	3 0		
„ 28 .	Leichter Regen . .	10 0		
			28·00	

Sechsunddreissigstes Kapitel.

Datum.	Art des Regens.	Dauer in St. M.	Stunden im Monat.	
Febr. 4 .	Leichter Regen . . .	12 0		⎫ Zwischen Vivi
„ 5 .	Starker „ . . .	4 0		⎬ und Isangila.
„ 6 .	Leichter „ . . .	11 0		⎭
„ 11 .	Starker „ . . .	7 0		
„ 13 .	„ „ . . .	10 0		
„ 14 .	„ „ . . .	16 0		
„ 28 .	Sehr leichter Regen .	13 0		
			73·00	
März 4 .	Leichter Regen . .	6 0		
„ 6 .	„ „ . .	3 0		
„ 7 .	„ „ . .	1 0		
„ 9 .	„ „ . .	1 0		
„ 11 .	„ „ . .	1 0		
„ 18 .	„ „ . .	1 0		
„ 19 .	„ „ . .	3 0		
„ 23 .	Anhaltender starker Regen	12 0		
„ 30 .	Starker Schauer . .	0 30		
„ 31 .	Leichter Regen . .	2 0		
			30·30	
April 2 .	„ „ . .	0 30		⎫ Zwischen
„ 4 .	„ „ . .	1 0		⎬ Isangila und
„ 5 .	„ „ . .	1 0		⎭ Manjanga.
„ 7 .	„ „ . .	1 0		
„ 8 .	„ „ . .	3 0		
„ 9 .	Starker „ . .	0 30		
„ 10 .	Leichter „ . .	1 0		
„ 14 .	„ „ . .	2 30		
„ 18 .	„ „ . .	10 0		
„ 19 .	„ „ . .	1 0		
„ 21 .	„ „ . .	0 30		
„ 22 .	„ „ . .	3 0		
„ 23 .	Starker „ . .	2 0		
„ 24 .	Leichter „ . .	2 0		
			28·00	
Mai 4 .	⎫			
„ 7 .	⎬ Starker Regen, etwa	24 0	24·00	
„ 11 .	⎭			
„ 13 .				

Das Klima. (Fortsetzung.)

Regenfall 1881/1882.

Datum.	Art des Regens.	Dauer in St. M.		Stunden im Monat.	
1881.					
Sept. 19 .	Starker Regen (Don- und Blitz) . . .	8	0		
„ 20 .	Leichter Regen . .	2	30		
„ 23 .	„ „ . .	8	0		
„ 24 .	„ „ . .	2	0		
„ 30 .	Mässiger „ . .	7	0		
				27·30	
Oct. 5 .	Starker Schauer . .	3	0		
„ 11 .	Schauer	2	0		
„ 13 .	Sehr leichter Schauer	0	10		
„ 17 .	„ „ „	0	10		Zwischen
„ 24 .	„ „ „	2	30		Manjanga
„ 26 .	Starker Schauer . .	2	0		und
„ 28 .	„ „ . .	2	0		Stanley-Pool.
„ 29 .	Leichter Regen . .	8	0		
„ 31 .	„ „ . .	8	0		
				27·50	
Nov. 1 .	„ „ . .	6	0		
„ 4 .	„ „ . .	4	0		
„ 6 .	„ „ . .	3	0		
„ 7 .	„ „ . .	10	0		
„ 10 .	„ „ . .	5	0		
„ 14 .	„ „ . .	6	0		
„ 18 .	Starker Schauer . .	3	0		
„ 20 .	„ „ . .	7	0		
„ 26 .	Sehr leichter Schauer	0	5		
„ 27 .	Leichter Regen . .	12	0		
				56·5	
Dec. 3 .	„ „ . .	4	0		
„ 7 .	„ „ . .	3	0		
„ 14 .	Böig	1	30		
„ 22 .	„	0	30		Leopoldville
„ 25 .	„	3	0		
„ 27 .	Starker Regen . .	3	30		
				15·30	

Sechsunddreissigstes Kapitel.

Datum.	Art des Regens.	Dauer in St. M.	Stunden im Monat.	
1882.				
Jan. 14 .	Starker Regen . .	2 0		
„ 17 .	„ „ . .	3 10		
„ 20 .	Sehr leichter Schauer	5 0		
„ 21 .	Sehr leicht . . .	3 0		
„ 29 .	Leichter Regen . .	7 0		
„ 31 .	Starker „ . .	5 0	25·10	
Febr. 1 .	Böig	6 0		
„ 5 .	Heftiges Gewitter .	2 0		
„ 8 .	„ „ .	15 0		
„ 10 .	Böig	1 30		
„ 14 .	Stetiger Regen . .	8 0		
„ 16 .	„ „ .	6 0		Leopoldville.
„ 17 .	Sehr leichter Schauer	4 0		
„ 24 .	Mässiger Regen . .	7 0	49·30	
März 12 .	Sehr leichter Schauer	3 0		
„ 20 .	Heftiges Gewitter .	2 0		
„ 24 .	„ „ .	4 0		
„ 26 .	„ „ .	1 0		
„ 27 .	Böig	3 0		
„ 28 .	„	2 0	15·00	
April 2 .	Heftiges Gewitter .	2 30		
„ 4 .	Sehr leichter Schauer	1 30		
„ 18 .	Leichter Regen . .	2 0		
„ 20 .	Heftiger Regen und Sturm	8 0		
„ 26 .	Heftiger Regen und Sturm	7 0		
„ 27 .	Heftiger Regen und Sturm	4 0	25·00	Zwischen Leopoldville und dem Kwa-Fluss.
Mai 3 .	Leichter Regen . .	2 0		
„ 4 .	Starker „ . .	4 0		
„ 5 .	Leichter „ . .	3 0	9·00	

Das Klima. (Fortsetzung.)

Allgemeine meteorologische Tabelle.

Regenfall			Winde			Jahrestemperatur		
Zahl der Tage.	in Stunden.	in Millimetern.	mittlere Geschwindigkeit in engl. Meilen per Tag.	aus westl. Richtung.	höchstes Mittel Celsius.	niedrigstes Mittel Celsius.	mittlerer Unterschied.
1880/81. 80 1881/82. 59	St. M. 281 45 } 250 35 }	1083	125	0/0 90	° 32,6	° 18,6	° 13,9

SIEBENUNDDREISSIGSTES KAPITEL.

DER KERN DES GANZEN.

Ausdehnung des Kongoflusses. — Die schiffbaren Flussstrecken. — Die Seeregion. — Die Gebirgsregion. — Höhen, Vegetation und Production. — Bevölkerung. — Das innere Becken des obern Kongo; seine Ausdehnung und Höhe. — Schiffbarkeit der Nebenflüsse. — Tabellen über Länge der schiffbaren Gewässer. — Das von den Flüssen entwässerte Areal. — Tabellen über die Bevölkerung des obern Kongobeckens. — Ansichten von Dr. Pogge und Lieutenant Wissmann, Tippu-Tib und Dr. Schweinfurth. — Landesproducte. — Vegetabilischer und animalischer Reichthum. — Mineralien. — Ausdehnung der Lualaba-Section. — Schiffbarkeit des Lualaba. — Charakteristik des Lualaba-Landes. — Dr. Livingstone's Schilderung. — Das Tanganjika-Gebiet. — Die Märkte von Udjidji. — Uebersicht über das gegenwärtig bekannte Kongobecken, sein Areal und seine Bevölkerung. — Möglichkeiten des Handels. — Zusammenstellung des Werthes der afrikanischen Producte in Liverpool. — Aussichten der Factoreien. — Vortheile einer Eisenbahn. — Bemühungen, das äquatoriale Afrika zu civilisiren. — Vergleich mit andern Ländern. — Seine zukünftige Entwickelung und Grösse.

Der Kongo hat eine Länge von mehr als 4800 km, und zwar, wie folgt gemessen: vom Atlantischen Ocean bis zur Station Vivi eine schiffbare Strecke von 176 km; von da aufwärts nach Isangila, der untern Reihe der Livingstone-Fälle 80 km; von Isangila bis Manjanga eine grösstentheils schiffbare Strecke von 141 km; zwischen Manjanga und Leopoldville liegt die obere Reihe der Livingstone-Fälle in einer Entfernung von 137 km; von Leopoldville bis zu den Stanley-Fällen ist eine ununterbrochen schiffbare Strecke von 1718 km; von dem untersten dieser Fälle bis nach Njangwe liegt eine Distanz von 620 km; von Njangwe zum Moero sind 708 km; der Moero-See ist 108 km lang; von dort nach dem Bangweolo-See sind 354 km; der Bangweolo- oder Bemba-See ist 274 km lang und der Tschambesi hat von dort bis zu seinen Quellen in den Tschibale-Bergen eine Länge von 580 km; sodass also die Gesammtlänge der verschiedenen Flussstrecken 4896 km beträgt.

Sowol der leichtern Beschreibung halber, als auch wegen der physischen Beschaffenheit des Kongobeckens muss ich den Lauf des Flusses in fünf Abschnitte theilen, und zwar in den untern Kongo vom Meere bis Leopoldville, der die See- und einen Theil der Gebirgsregion umfasst, den obern Kongo, welcher von den Livingstone-Fällen bei Leopoldville bis zu den Stanley-Fällen reicht, die Webb-Lualaba-Region*, die Tschambesi-Section und das Becken des Tanganjika-Sees.

In der Section des untern Kongo ist der Fluss auf einer Strecke von 177 km schiffbar, zunächst 112 km weit auf einer meerbusenartigen Ausweitung, deren Breite zwischen 3 und 11 km schwankt, dann auf einem engen Kanal, welcher an manchen Stellen mehr als 100 m tief und circa 1400 m breit ist. Der gegenwärtige Seehafen des Flusses liegt am rechten Ufer des Banana-Creek an der Mündung des Kongo.

Was man im strengen Sinne die Seeregion des Kongo nennen kann, ist eine sehr schmale Zone zwischen dem Meere und der hügeligen Gegend. In der Nachbarschaft von Boma

---

* Von Livingstone so benannt zu Ehren des Herrn W. F. Webb in Newstead Abbey, Nottingham.

beginnt die gebirgige Region mit unzähligen Linien und Gruppen geringerer Hügel, welche noch miteinander zusammenhängen und nach einer ungeheuern Menge von Unebenheiten bis zur Höhe von 700 m über dem Niveau des Meeres aufsteigen.

Die Breite der Bergregion in directer Richtung von Ost nach West beträgt in Wirklichkeit 386 km, doch wird dieselbe von dem Kongo in der Diagonale durchschnitten, und zwar in Gestalt einer spaltenartigen Mulde, die von Nordost nach Südwest läuft, und in welche Schiffe vom obern Ende des Meeresarmes 75 km weit einzulaufen vermögen; in derselben Weise ist auf der Ostseite eine 280 km lange Strecke schiffbar, die zu den ebenenartigen Gegenden des obern Kongo führt.

Bestreicht man beispielsweise von dem 694 m über dem Niveau des Meeres liegenden Gipfel der Ijumbi-Kette den Horizont rundherum mit dem Theodolit, so variirt die höchste Höhe der hervorragendsten Hügel, welche auf dem etwa 4600 qkm weiten Areal sich dem Blicke zeigen, nicht um 15 m, obgleich dort eine unendliche Zahl von Hügelspitzen und aufgethürmten grauen Hochflächen ist, die durch Spalten, Schluchten und gewundene Wasserläufe voneinander getrennt sind, ein Beweis, dass die von uns vermessene Gegend ein abgetrenntes Plateau ist, welches im Laufe der Jahrtausende durch die zahllosen tropischen Regenzeiten seiner reichen Lehmschicht entkleidet worden ist. Auf den grössern ebenen Flächen, wo der lehmige Grund liegen geblieben ist, sieht man Palmenhaine und kleine Flecken tropischen Waldes, welche vielleicht andeuten, wie das Land ursprünglich beschaffen gewesen ist. Die Vertiefungen, in welche der Humus hineingewaschen worden ist, oder die sein Fortspülen aufgehalten haben, sind an den dunkeln, wellenförmigen

Linien, den Gürteln und Streifen des Laubwerks leicht zu verfolgen, die um so düsterer werden, je weiter sie zurückweichen. Tritt man an den Rand einer dieser Vertiefungen und blickt in die Tiefe der Schluchten hinab, dann sieht man ein ausgedehntes versunkenes Bett immergrüner Vegetation, so dicht und finster, dass es zweifelhaft ist, ob man dieselbe durchdringen kann. Kurz, fast jeder tafelförmige Hügel von etwas grösserer Ausdehnung ist mit einem Palmenhain oder einer Waldgruppe gekrönt; die kleinern Hügel und Abhänge sind nur Wüsten vertrockneten Grases, während die Vertiefungen, Spalten, Schluchten und Thäler von wunderbar reichem vegetabilischen Leben strotzen.

Die Producte der Gebirgsregion, welche sich für den Handel eignen, sind höchst einfach: die Ebenen in der Nähe der Palmgrotten und Dörfer bringen die vom Handel geschätzten Erdnüsse hervor; aus den hochrothgelben Nüssen der Palmen (*Elaëis guineensis*) wird die Palmbutter extrahirt, und in den Waldschluchten werden die Kautschuk-Schlingpflanze, sowie etwas Orseilleflechte und Kopalharz gefunden.

In der Nachbarschaft der Meeresküste und des schiffbaren Theils des untern Flusses ist das Land bereits ziemlich gut ausgebeutet worden. Gewisse Handelsrouten der Eingeborenen, wie z. B. diejenigen vom Stanley-Pool nach Sombo, nach San Salvador und der Küste, sowie nach Loango, sind gut entwickelt: dagegen ist der grössere Theil dieser Gegend, ausgenommen in ganz indirecter Weise durch die Anlage von Handelsdepots an dem untern Kongo und der Küste, nur sehr unbedeutend vom Handel beeinflusst.

Das Areal der See- und Bergregion des Kongo, welche den ganzen Theil des Beckens umfasst, der sich zwischen dem Meere und dem untern Ende des Stanley-Pool befindet, besitzt eine Oberfläche von etwa 33000 engl. Quadratmeilen.

Siebenunddreissigstes Kapitel.

Die Bevölkerung kann infolge des Sklavenhandels und der innern Kriege auf nicht mehr als etwa 9 Seelen auf die Quadratmeile veranschlagt werden, insgesammt auf circa 300000, die von mindestens 300 Häuptlingen beherrscht werden. Durch unsern höchst friedfertigen Verkehr während sechs Jahren, der in Bezug auf die unmittelbar unter unserer Controle stehenden Stämme nur zweimal eine Unterbrechung erfahren hat, haben wir den Beweis geführt, dass die Eingeborenen lenksam sind; auch legt die Beschaffenheit unserer eingeborenen Transportcolonne Zeugniss dafür ab, dass die Einwohner dieser Gegend gelehrig und der Besserung und Disciplin zugänglich sind. Die letzten Berichte aus dem Jahre 1885 zeigen, dass monatlich etwa 1500 Träger beschäftigt werden.

Die nächste Section, welche wir zu betrachten haben, ist das innere Becken des obern Kongo, das auf der Länge von Leopoldville am untern Ende von Stanley-Pool beginnt und bis zum Längengrad der Stanley-Fälle reicht.

Bei den Stanley-Fällen ist die Höhe des Flusses $460\frac{1}{2}$ m über dem Meere.* Die Senkung beträgt auf dem curvenförmigen 1718 km langen Lauf von Ost nach West und von 45 km nördlich vom Aequator bis 2° 13' nördlich und herab bis 4° 17' südlich vom Aequator über 9 Längengrade nur 4 Zoll auf die englische Meile oder etwa 10 cm auf den Kilometer. Die Concave dieses einem Bogen sehr ähnlichen Laufes des obern Kongo ist von den Quellen der ihm von Süden zuströmenden Nebenflüsse in directer Linie 1469 km, der convexe Theil des Bogens von der Wasserscheide, welche die Zuflüsse von Norden her speist, 531 km in der Luftlinie entfernt.

---

* Spätere Messungen weichen um keine 10 m von dieser Angabe ab.

Der Kern des Ganzen.

Die grössten der südlichen Nebenflüsse sind der Kwa, Mohindu, Ikelemba, Lulungu und Lubiransi.

Fährt man den Kwa hinauf, so findet man den Fluss 452 km weit, bis zum obern Ende des Leopold II.-See, schiffbar; die Mbihe- und Ngana-Arme fügen dieser schiffbaren Strecke noch weitere 350 km Wasserlauf hinzu.

400 km oberhalb des Kwa wurde der Lukanga entdeckt, der uns in den Mantumba-See führte, dessen volkreiche Ufer von den zukünftigen Händlern des obern Kongo nicht vernachlässigt werden dürfen.

Die Entfernung von der Vereinigung des Lukanga mit dem Kongo bis zum Ende des Mantumba-See beträgt 112 km.

96 km oberhalb des Lukanga gelangt man an den schönen Mohindu-Fluss. Wir haben denselben nur etwa 125 km aufwärts erforscht, doch dürfte seine Schiffbarkeit in Anbetracht seiner Grösse und nach den Berichten der Eingeborenen auf etwa 1000 km zu veranschlagen sein.

Etwa 48 km weiter den Kongo hinauf mündet der Ikelemba, der nach meiner Schätzung etwa 200 km weit dem Handel zugänglich sein dürfte. Derselbe ist das Handelsreservegebiet des Bakuti-Stammes.

Der nächste Fluss ist der Lulungu, welcher mit seinen Nebenströmen Lulua und Lubi sich mehr als 1200 km weit schiffbar erweisen wird. Seine Ufer sollen noch stärker bevölkert sein als diejenigen des Kongo. Dieser Fluss wird hauptsächlich von den Bauranga und Bakumira ausgebeutet.

Der dann folgende Lubiransi ist nur 40 km weit schiffbar und wird dann durch Stromschnellen unterbrochen; wenn auch nur sehr unbedeutend, so sind sie doch gross genug, um ein Hinderniss für die Schifffahrt zu bilden.

Beim Stanley-Pool beginnend gelangt man bei Untersuchung der schiffbaren Nebenflüsse auf der Nordseite zuerst an den Lawson-Lufini-Fluss, der 45 km weit befahren werden kann.

Der nächste ist der Mikene-Alima, den man 45 km weit hinauf gelangen kann. Oberhalb desselben folgt der Likuba, der vielleicht 75 km weit schiffbar ist. Einige Kilometer höher liegt die Mündung eines Nebenstromes, der verschieden Isanga oder Bunga genannt wird und wahrscheinlich der Likona Ballay's ist. Nach allen Berichten kann dieser Fluss 190 km aufwärts befahren werden. Der Mündung des Lukanga fast gegenüber ist der Balui, ein grosser Fluss, der durch ein Delta in den Kongo strömt. Mein Freund Mijongo aus Usindi lässt mich nach den Beschreibungen seiner Reise vermuthen, dass der Balui etwa 560 km weit schiffbar ist. Der nächste Fluss oberhalb des Balui ist, soweit man bis jetzt entdeckt hat, der Ubangi, und oberhalb desselben ist der Ngala, welcher auf dem halben Wege zwischen Upoto und Iboko von Osten her in den Kongo fliesst; eine Fahrt von 75—80 km den Ngala aufwärts lässt mich erwarten, dass derselbe nebst seinen Nebenströmen über 700 km schiffbar sein wird. An seinen Ufern finden sich unzählige grosse Städte.

Oberhalb des Ngala ist der Itimbiri, den wir 48 km weit erforscht haben, und dessen Schiffbarkeit ich im Hinblick auf seine Grösse und die Berichte der Eingeborenen auf insgesammt 400 km veranschlage. Der Nkuku, sein unmittelbarer Nachbar, kann vielleicht 90 km aufwärts befahren werden, während der Bijerre sich 154 km weit als schiffbar erwiesen hat und der Tschofu nach einer Fahrt von 40 km aufwärts bereits unpassirbar wird.

Danach hat man also, von der kleinen Einbuchtung des Kongo bei Leopoldville kommend, die folgende ununterbrochene Schifffahrt zur Verfügung:

Am linken Ufer:

Engl. Meilen*

Von Leopoldville direct nach den Stanley-Fällen 1068
Kwa-Fluss, Kwango und Leopold II.-See . . 500
Lukanga und Mantumba-See 70
Mohindu-Fluss 650
Ikelemba-Fluss 125
Lulungu und Nebenflüsse 800
Lubiransi 25
Nseleh, Wampoko und Lagunen am linken Ufer 200

Am rechten Ufer:

Lawson-Lufini-Fluss 30
Mikene-Alima 30
Likuba 50
Isanga-Bunga oder Likona-Fluss 120
Balui 350
Ubangi und Nebenflüsse 350
Ngala und Nebenflüsse 450
Itimbiri und Nebenflüsse 250
Nkuku-Fluss 60
Bijerre-Fluss 96
Tschofu-Fluss 25

Insgesammt 5249

Die nachstehende Tabelle der Länge der Flüsse und ihrer wichtigsten Nebenströme, welche diesen Theil des Kongobeckens durchfliessen, lässt ersehen, eine wie grosse weitere Schiffbarkeit nach Entwickelung unserer geographischen Kenntnisse dem Handel dienstbar wird.

---

* Die Angaben sind in englischen Meilen = 1,524 km.

Rechtes Ufer.

Namen der Flüsse.	Länge der Zuflüsse der Nebenströme.	Länge der wichtigsten Nebenströme.	Zusammen.
	Engl. Meilen	Engl. Meilen	Engl. Meilen
Lawson-Lufini	—	150	150
Mikene-Alima	—	170	170
Isanga-Likona	—	260	260
Balui	—	510	710
Westarm desselben	200	—	
Ubangi	—	—	500
Ngala	—	850	1350
Westarm desselben	500	—	
Itimbiri	—	510	510
Nkuku	—	340	340
Bijerre	—	765	
Nepoko	520	—	1705
Bomokandi	250	—	
Nanda	170	—	
Tschofu	—	350	650
Lindi	300	—	
			6345

Linkes Ufer.

Kwa und Kuango	—	600	
Mfini und Leopold II.-See	281	—	1200
Oestlicher Arm des Kwa	320	—	
Mohindu oder Kuilu	—	850	1380
Lulo	530	—	
Ikelemba	—	280	280
Kassai	—	1275	
Luaschimo	250	—	2535
Lufua	585	—	
Luabo	425	—	
Lubiransi oder Lubilasch	—	935	
Lumani	765	—	2125
Lubi	425	—	
			7520

Insgesammt 13865

Bezüglich des Lubilasch und des Lumani, welche zusammen den Lubiransi bilden, habe ich die feste Ueberzeugung, dass dieselben noch weitere 800 engl. Meilen schiffbares Wasser besitzen, da die Araber aus Kiburuga mir erzählt haben, sie hätten diese Flüsse mehrfach überschritten und seien Tage lang auf ihren Gewässern gefahren. Sie kannten übrigens nur die 40 km oberhalb seiner Mündung in den Kongo liegenden Stromschnellen.

Das von den vorstehend genannten Flüssen entwässerte Oberflächenareal umfasst 1 090 000 englische Quadratmeilen*, in welche man mit Dampfschiffen direct 5250 englische Meilen weit, die aber nach Passirung einer Stromschnelle auf über 6000 englische Meilen vermehrt werden können, Eingang hat. Der Reichthum des äquatorialen Afrika liegt in dieser Section. Dieselbe wird durch den Aequator in zwei Hälften durchschnitten, auf welche die Regenzone während 10 Monaten des Jahres ihre Schauer herabgiesst. Je weiter man sich von der äquatorialen Linie nach Norden oder Süden entfernt, von desto längerer Dauer werden die trockenen Perioden. Auf 4° südl. Br. währt die lange trockene Jahreszeit 4 Monate, von Mitte Mai bis Mitte September, die kürzere 6 Wochen, von Mitte Januar bis Ende Februar. Auf 6° südl. Br. herrscht noch etwa drei Wochen länger Trockenheit.

Die Bevölkerung dieses ungeheuern Areals der obern Kongo-Region kann annähernd festgestellt werden durch Schätzung der Zahl der Bewohner in jedem District, den wir am rechten Ufer und zur Linken jener grossen Curve des Kongo zwischen Stanley-Pool und den Stanley-Fällen, sowie an den Ufern des Bijerre, Mohindu, Kwa und Lukanga besucht haben, und Theilung des Gesammtgebiets durch die Zahl der erforschten Zonen.

---

* 1 englische Quadratmeile = 2,589 qkm.

Rechtes Ufer, den Kongo aufwärts.

Name des Districts oder Dorfes.	Bevölkerung nach Schätzung.	Name des Districts oder Dorfes.	Bevölkerung nach Schätzung.
Gordon-Bennett bis Lawson-Fluss	13 000	Bumba	207 500
		Bumba	10 000
Lawson-Fluss bis Mikene-Fluss	15 000	Unter-Jambinga	8 000
		Ober- „	8 000
Mikene-Fluss bis gegenüber Lukolela	10 000	Ngingiri	5 000
		Dörfer	3 000
Von dort bis Bungata	50 000	Alt-Jalulima	300
Bukoko	4 000	Bungele	2 000
Ukumira	15 000	Basaka	2 000
Ubengo	3 000	Boruu	6 000
Usinbi	3 000	Basoko von Mokulu	15 000
Iboko	30 000	Ober- und Unter-Jomburri	13 000
Lusengo	3 000		
Ubika	10 000	Dazwischenliegende Dörfer	8 000
Von dort bis Iringi	10 000		
Umangi	12 000	Jangambi	5 000
Ukele	5 500	Jarutsche	3 000
Upoto und Ngombe	6 000	Jarjembi	2 000
Luku	2 000	Jarukombe	2 000
Ndobo	8 000	Jakusu	11 000
Ibunda	8 000	Wenja und Bakumu	3 000
	207 500		313 800

Linkes Ufer, den Kongo aufwärts.

Name des Districts oder Dorfes.	Bevölkerung nach Schätzung.	Name des Districts oder Dorfes.	Bevölkerung nach Schätzung.
Kintamo	3 000		212 000
Kinschassa	3 000	Bunga	2 000
Lema	3 000	Mutembo	500
Kimbangu	3 000	Imeme	500
Mbama und Mikunga	4 000	Marundja	1 000
Kimpoko und Umgegend	1 500	Mpakiwana	2 000
Bis zum Wampoko-Fluss	2 000	Mpa	1 000
Wampoko-Fluss bis Msuata	5 000	Alt-Rubunga	2 000
		Jakongo	2 000
Msuata und Umgegend	3 000	Ikassa	1 000
Kwamündung	500	Dörfer	1 500
Kwa-Fluss bis Bolobo	60 000	Jalulima	15 000
Von Bolobo bis Lukolela	50 000	Irubu	3 000
Lukolela	4 000	Mbungu und Inseln	13 000
Ngombe	4 000	Bahamba	10 000
Nkuku		Bandu	5 000
Butunu	28 000	Bahunga	20 000
Usindi		Buugungu	3 000
Irebu		Isangi	8 000
Von dort zum Mohindu-Fluss	22 000	Japoro	4 000
		Ukanga	3 000
Uranga	8 000	Jakonde	3 000
Bolombo	3 000	Jarukombe	2 500
Bukumbi	5 000	Wenja	4 000
	212 000		319 000

Der Bijerre-Fluss, 154 km weit erforscht:

Umaneh am rechten Ufer		15 000
Dorf am linken „		1 000
Jakui, „ „ „		10 000
„ am rechten „		4 000
Isombo „ „ „		4 000
Dörfer		2 000
Jambi		2 000
Boudeh		10 000
Irungu		5 000
Jambua		5 000
Dörfer		500
Jambumba		20 000
Dörfer		1 000
Von dort bis Jambuja		15 000
		94 500
Kwa-Fluss und Leopold II.-See		54 000
Bis zum Mantumba-See		25 000

In Tabellenform gebracht, würde die auf diese Weise abgeschätzte Bevölkerung folgende Ziffern aufweisen:

Länge in engl. Meilen						Bevölkerungszahl
1068	längs beider Ufer des Kongo					632 800
96	„	„	„	„	Bijerre	94 500
281	„	„	„	„	Kwa und des Leopold II.-See	54 000
70	„	„		„	des Lukanga-Flusses und des Mantumba-See	25 000
1515						
2						
3030	Gesammtzahl der Bewohner beider Ufer					806 300

Nimmt man an, dass diese 806 300 Seelen auf einem Gürtel von 3030 engl. Meilen Länge und 10 Meilen Breite leben und dass die Dichtigkeit im ganzen Gebiet des obern Kongo eine gleichmässige sei, so würde sich die Bevölkerungszahl auf 29 Millionen berechnen.

Ueber den südlichen Theil dieses Gebietes schreiben die Herren Dr. Pogge und Lieutenant Wissmann, welche den obern Lubilasch überschritten haben:

Das Land ist dicht bevölkert und einige der Dörfer sind meilenlang. Sie sind sauber und haben geräumige Häuser, die von Oelpalmen und Bananen beschattet und von sorgfältig abgetheilten Feldern umgeben sind, auf welchen man, ganz gegen den üblichen Gebrauch in Afrika, die Männer den Boden bestellen sieht, während die Frauen die Hausarbeit besorgen.

Vom Lubilasch dehnt sich nach dem Lumani eine fast ununterbrochene Prairieregion von grosser Fruchtbarkeit aus, die zukünftigen Weidegründe der Welt. Der röthliche Lehmboden, welcher den Granit bedeckt, trägt üppiges Gras und Baumgruppen; nur die Ufer sind dicht bewaldet.

Während acht Monaten des Jahres, vom September bis April, fällt Regen, jedoch ist derselbe nicht besonders stark. Die Temperatur schwankt zwischen 16 und 27° C., fällt aber während der trockenen Jahreszeit gelegentlich bis auf 7° C.

Tippu-Tib, der grosse arabische Häuptling im Innern, der den südöstlichen Theil dieses Gebietes durchzogen hat, beschrieb mir persönlich sein Erstaunen über die Dichtigkeit der Bevölkerung und dass er bei mehrern Städten ein paar Stunden gebraucht habe, um dieselben zu passiren. Er schilderte mir die Schönheit des Savannen-, Park- und Prairielandes, das er gesehen, und erzählte, dass man nach sechsstündigem Marsche aus dem Lager am Abend den am Morgen verlassenen Rastplatz habe sehen können.

Bezüglich des nordöstlichen Theils dieser Section haben wir das Zeugniss Dr. Schweinfurth's in folgenden Worten: „Von dem Uélle nach dem Wohnsitz des Monbuttu-Königs Munsa führte der Pfad durch eine paradiesische Landschaft... Der Weg war mit nur geringern Unterbrechungen beiderseits von den idyllischen Wohnungen der Monbuttu besetzt."

Er schätzt die Ausdehnung des Niamniam-Landes auf etwa 5400 englische Quadratmeilen und die Bevölkerung auf 2 Millionen, sodass also auf jede Quadratmeile die ausserordentlich hohe Ziffer von 370 Seelen entfällt!

Die Flüsse Mohindu und Itimbiri, von denen wir einen gewissen Theil erforschten, bestätigen, was Mijongo aus Usindi bezüglich des Lulungu erzählte, dass nämlich die Bevölkerung um so zahlreicher werde, je weiter man sich von den unmittelbaren Ufern des grossen Flusses entferne.

Die vegetabilischen Erzeugnisse dieses Gebietes sind reich und mannichfaltig, doch kann wenig Nutzen aus denselben gezogen werden, solange der Verkehr nicht erleichtert ist. Der Reichthum erklärt sich leicht dadurch, dass diese Region durch den Aequator in der Mitte durchschnitten wird, durch die zehn Monate dauernden Regen und die feuchte Wärme, welche die Vegetation mit ausserordentlich fruchtbarer Kraft nährt.

Die bemerkenswerthesten unter den vegetabilischen Erzeugnissen sind die Palmen, von denen es eine enorme Mannichfaltigkeit gibt; die für den Handel wichtigste ist jedoch die Oelpalme (*Elaëis guineensis*). Ihre Nüsse liefern das an der Westküste so wohlbekannte dunkelrothe Palmöl, während ihre Kerne zur Verarbeitung zu Oelkuchen für das Vieh hochgeschätzt werden. Man findet keine Baumgruppe, ja kaum eine Insel ohne diese wunderhübsche und sehr nützliche Palme; in einigen Gegenden, wie in dem District zwischen dem untern Lumani und dem Kongo, gibt es ganze Wälder derselben. Am Bijerre nimmt die *Raphia vinifera* ihren Platz ein. Die grössere Zahl der Inseln in diesem Flusse sind weiter nichts als ganze Wälder von dieser Palme. Da die Oelpalme jährlich zwischen 500 und 1000 Nüsse trägt, so könnte in diesem Gebiete eine enorme Quantität ihrer

Früchte gesammelt werden, deren Transport nach der Küste mit der Eisenbahn sich gut bezahlt machen würde.

Das nächstwerthvollste Product des noch unberührten Waldes dieser Gegend ist das Gummi der *Laudolphia florida* oder Kautschukpflanze. Es gibt drei Arten Gewächse, welche diesen Artikel erzeugen, doch ist dasjenige, welches aus einer *Euphorbia* ausschwitzt, von nicht so elastischer Beschaffenheit, wenn es auch seine Verwendung finden mag. Auf den Inseln des Kongo, welche insgesammt ein Areal von 3000 englischen Quadratmeilen umfassen, sowie auf einem Gebiet von 8000 Quadratmeilen an den Ufern des Hauptstromes könnte meiner Ansicht nach in einem Jahre genügend Kautschuk gesammelt werden, um die Kosten für eine Kongo-Eisenbahn zu decken.

Anderes Gummi, wie dasjenige der *Trachylobum*- und *Guibourtia*-Arten, sind zu Firnissen sehr gut zu verwenden. Der Werth des fossilen, durchsichtigen weissen und rothen Kopalgummi ist zu wohlbekannt, als dass ich darüber noch etwas zu bemerken hätte. Den Eingeborenen sind ungeheure Ablagerungen desselben bekannt. Im Gebiete der Wenja entdeckte ich grosse, mehr als 45 cm im Durchmesser haltende Kuchen von reinweissem Kopalharz; in einigen Fischerdörfern macht man daraus Fackeln, weil man es zu einem andern Zwecke nicht zu brauchen weiss.

Vegetabilische Oele werden aus der *Arachis hypogea* oder Erdnuss, der Oelbeere und der Ricinuspflanze extrahirt; das erstere wird zum Brennen, das zweite zum Kochen und zu Fleischsaucen, das dritte, wie bei uns, zu medicinischen Zwecken verwendet.

Ungeheure Waldstrecken sind mit der Orseilleflechte umhüllt. Zwischen Iboko und Langa-Langa sah ich einen fast 100 km langen Waldgürtel mit dem Moos drapirt, das wie ein grüner Schleier auf den Bäumen lag. Jedes Dorf besitzt fertige Rollen mit pulverisirtem Rothholz, und es gibt wenig Niederlassungen zwischen dem Aequator und dem Kwa, welche nicht im Stande sind, auf Verlangen sofort ein paar Centner davon zu liefern. Jedes auf dem obern Kongo fahrende Handelscanoe hat unter seinen übrigen Verkaufswaaren einen gewissen Vorrath dieses allgemein verlangten Artikels.

Auch bezüglich der grossen Mengen von Fibern zur Herstellung von Papier, Tauwerk, Körben, feinen und groben Matten und Zeugen ist die Vegetation des obern Kongo bemerkenswerth; diese Stoffe liefern *Papyrus antiquorum*, Aloëpflanzen, *Stipa tenacissima*, *Calamus indicus*, *Phoenix spinosa*, *Raphia vinifera* und *Adansonia*.

Wie der Mantumba-See die grössten Mengen Rothholzpulver, Iboko Matten von Palmfibern, Irebu Sonnendächer und Fussbodenmatten aus Calamusfibern, Jalulima Doppelglocken und Ubangi Schwerter liefert, so ist Lukolela berühmt wegen seiner Tabacksrollen, mit denen die dortigen Eingeborenen einen ausgedehnten Handel am Flusse treiben. Ebenso hat Lukolela auch einen Namen wegen seiner schönen Hölzer und seines wilden Kaffees.

Zu den minder wichtigen in dieser Gegend vorhandenen Artikeln, deren Verwerthung der commerzielle Verkehr die Eingeborenen lehren würde, zählen Affen-, Ziegen-, Antilopen-, Büffel-, Löwen- und Leopardenfelle, die prächtig bunten Federn tropischer Vögel, Hippopotamuszähne, Bienenwachs, Weihrauch, Myrrhen, Schildkrötenschalen, *Cannabis sativa* und endlich Elfenbein, welches heutzutage als das werthvollste Product betrachtet wird. Man kann annehmen, dass es im Kongobecken etwa 200 000 Elefanten in ungefähr 15 000 Heerden gibt, von denen jedes Thier wahrscheinlich im Durchschnitt 50 Pfund Elfenbein am Kopfe trägt, welches, gesammelt und in Europa verkauft, einen Werth von 100 Millionen Mark repräsentiren würde. Diese Schätzung mag manchen Leuten hoch erscheinen, sie ist aber weit mässiger als die Behauptung, welche ein Herr kürzlich mir gegenüber aufstellte, indem er auf das heiligste versicherte, er sei an einem kleinen Flusse einer Heerde von mindestens 300 Elefanten begegnet und habe mit seinem Diener so viele davon abgeschlachtet, dass der Bach über seine Ufer getreten und wie ein zweiter zorniger Skamander ihn und seinen Genossen zu verschlingen gedroht habe.

Herr Ingham, ein Missionar, hat jüngst 25 Elefanten geschossen und das Elfenbein verkauft. Ebenso hat Major Vetch an einer andern nicht weit entfernten Stelle 20 erlegt. Da das Kongobecken ein grosses Areal umfasst und seit den letzten 80 Jahren viele, viele Tonnen Elfenbein aus der östlichen Hälfte Afrikas bezogen worden sind, so habe ich vielleicht die Zahl der in der noch unberührten jungfräulichen westlichen Hälfte des Continents lebenden Elefanten zu gering veranschlagt.

Meiner Ansicht nach nimmt Elfenbein unter den Naturproducten des Kongobeckens jedoch erst die fünfte Stelle ein. Der Gesammtwerth des in dieser Region gegenwärtig noch, wie man annimmt, vorhandenen Elfenbeins kommt nur demjenigen von 107500 Tonnen Palmöl oder 30000 Tonnen Kautschuk gleich. Wenn nun jeder Krieger unmittelbar an den Ufern des Kongo und seiner schiffbaren Nebenströme, die eine Gesammtlänge von 10800 engl. Meilen haben und von dem oberhalb Leopoldville befindlichen Kaufleuten leicht zu erreichen sind, das ganze Jahr alltäglich nur $1/3$ Pfund Kautschuk sammelt oder $2/3$ Pfund Palmöl schmilzt und dasselbe zum Verkaufe an den Händler bringt, so könnte man vege-

Der Kern des Ganzen. 369

tabilische Producte im Werthe von 100 Millionen Mark erhalten, ohne die wilden Erzeugnisse des Waldes zu erschöpfen. Oder wenn jeder eingeborene Krieger in derselben Weise täglich ein halbes Pfund Kopalgummi suchte, oder ein halbes Pfund Orseilleflechte sammelte, oder durch sein Weib täglich ein halbes Pfund Angola- oder Rothholz zu Pulver zerstossen liesse, dann würde man ausreichenden Beweis dafür erhalten, dass jedes dieser Producte als Handelsartikel einen weit höhern Werth als Elfenbein hat. Obwol dieses ein so werthvoller Artikel, ist es doch keineswegs unerschöpflich und deshalb kann es auch nicht sehr hoch veranschlagt werden. Durch geringfügigste Arbeit würden die an den Uferrändern der schiffbaren Flüsse wohnenden rüstigen Krieger in einem Jahre mehr Palmöl, Kautschuk, Gummi, Orseille oder Rothholz erzeugen können, als alles Elfenbein im Kongobecken werth ist.

Gleichwol ist es, wenn auch unter Beschränkung, ein werthvolles Product und wird als solches Handelsartikel bleiben. Wenn wöchentlich 200 Zähne oder jährlich für etwa 5200000 Mark am Stanley-Pool anlangen, so würde es nur noch 25 Jahre bedürfen, um den Elefanten im Kongobecken auszurotten.

Auch an Mineralien ist diese Gegend keineswegs arm. Eisen kommt im Ueberfluss vor. Jalulima, Iboko, Irebu und Ubangi sind berühmt wegen ihrer Schwerterschmiede. Die Jakusu und Basoko leisten Hervorragendes in der Anfertigung von Speeren. In dem Museum der Association in Brüssel befinden sich Speerspitzen von 1,80 m Länge und 10 cm Breite, welche ich bei diesen Stämmen gesammelt habe.

Die Kupferminen in der Nähe von Philippeville versorgen einen sehr grossen Theil des westlichen Afrika mit geschmolzenem Kupfer, und auf dem Markte von Manjanga werden mehrere Centner umgesetzt. Der südöstliche Theil des Kongogebiets liefert zahlreichen Karavanen die Vorräthe an geschmolzenem Kupfer. Graphit kommt ebenfalls im Ueberfluss vor. Gold ist von den umherschweifenden Arabern in den Betten der Ströme gefunden, und ich bin einigen begegnet, die auf der Rückkehr von ihren Sklavenraubzügen kleine Glasflaschen im Besitz hatten, welche den von ihnen gefundenen Schatz in Gestalt kleiner Goldkügelchen enthielten.

Jedes Eingeborenendorf besitzt seine Zuckerrohr- und Maisanpflanzung. Bananen und Pisang gedeihen schon von Natur in bewundernswerther Weise. Im Kwa-Thale essen die Eingeborenen Brot aus Hirsemehl, während die bittern und süssen Arten der Cassave- oder Maniokstauden den Leuten am Hauptstrom die wichtigste mehlhaltige Nahrung liefern. Unter den Hülsenfrüchten ist die schwarze Feldbohne am beliebtesten, die dem türkischen Weizen sehr ähnlich, wie dieser sehr fruchtbar und widerstandsfähig ist, dagegen nur wenig Cultur braucht.

Von Gemüsen gibt es Yams, süsse Kartoffeln, Gurken, Melonen, Kürbisse, Tomaten u. s. w. In neuerer Zeit sind auch Kohl, europäische Kartoffeln und Zwiebeln gepflanzt, die in Leopoldville und Kinschassa sämmtlich in vielversprechender Weise gedeihen.

Am östlichen Rande dieses Gebiets haben die Araber mit ausserordentlichem Erfolge den grosskörnigen Hochland-Reis eingeführt; in Wane-Kirungu ernteten sie im Jahre 1882 30000 Bushels oder über 10000 Hektoliter Reis und etwa 500 Bushels oder 180 Hektoliter Weizen. Während die Association von Westen her mit Mangos, Melonen, Limonen, Orangen, Ananas und Guaven vorgedrungen ist, haben die Araber von Osten her mit denselben Früchten bemerkenswerthe Fortschritte gemacht.

Die Zahl der Pflanzen, welche, wie der Kerzenbeerbaum, werthvolle Oele liefern, ist eine unendlich grosse; zu medicinischen Zwecken dienen der Acajoubaum, *Jatropha purgans*, *Strychnas*, *Amomum*; ferner findet man wilden Ingwer und Muskatnüsse, den *Semecarpus anacardium* oder indische Herzfrucht, doch haben diese sämmtlich weniger Handelswerth und eigentlich mehr Interesse für den Botaniker. Baumwolle sieht man dagegen überall wild und einheimisch, besonders aber an den Stellen der verlassenen Ansiedelungen; vielleicht wird man sie später in der weiten, ausgedehnten, so vorzüglich dafür sich eignenden Gegend für etwas anderes als eine Seltenheit ansehen.

Die nächste Region ist die Webb-Lualaba-Section, welche beinahe 54 Gradquadrate einnimmt und zwischen 28° nördl. und 12° 30' südl. Br., sowie zwischen 25° 20' und 30° östl. L. liegt. Das Areal hat einen Umfang von 246000 engl. Quadratmeilen. Der Lauf des grossen Flusses von der Mündung des Tschambesi in den Bangweolo-See bis hinab zu dem letzten Katarakt der Stanley-Fälle hat eine Entfernung von 1260 engl. Meilen von Südwest und Nordwest. In diese Region schliesse ich, solange die Sache noch nicht weiter aufgeklärt ist, den Muta-Nsige-See mit ein, nicht aber den von Sir Samuel Baker entdeckten Albert-See. Direct westlich von dem im Jahre 1876 von mir aufgefundenen See haben wir wasserreiche Zuflüsse, welche in den Webb-Lualaba strömen und ein Entwässerungsgebiet haben müssen, das jedoch, wenn wir den Muta-Nsige-See ausschliessen, nicht gross genug sein würde, um solche bedeutende Ströme wie den Lowwa, Ulindi und Lira zu speisen. Nach den Berichten der Eingeborenen, mit denen man, obwol sie im höchsten Grade unzuverlässig sind, wegen Mangels an bestimmter Information rechnen muss, kann das Areal dieses Sees auf 5400 Quadratmeilen veranschlagt werden. Der Bangweolo-See hat nach den oberflächlichen Vermessungen Livingstone's eine Ausdehnung von 10 200 Quadratmeilen, der Moero-See nach derselben Quelle ein Areal von 2700 Quadratmeilen. Der Kassali-See und die dazugehörige Kette kleiner Seen umfassen insgesammt ein Areal von 2200 Quadratmeilen.

Jenseit der Stanley-Fälle ist der Webb-Lualaba bis 9 km vor Njangwe, im ganzen 500 km weit, schiffbar. Aufwärts ist der erste Nebenstrom auf der Rechten der Leopold-Fluss, den man etwa 45 km weit aufwärts befahren kann; dann folgt der Lowwa, ein Nebenfluss erster Klasse, der wenige Kilometer oberhalb seiner Mündung durch die Vereinigung zweier Ströme gebildet wird. Etwa $22\frac{1}{2}$ km südlich vom Lowwa erreicht man den Ulindi, den wir im Jahre 1877 einige Meilen weit befahren haben und der an der Mündung fast 400 m breit ist; noch 140 km weiter südlich trifft man den in den Webb-Lualaba sich ergiessenden 300 m breiten, tiefen und klaren Lira. Etwas nördlicher als 5° südl. Br. gelangt man an den Luama, dessen Lauf 375 km weit bekannt ist; 60 km weiter nach Süden ist der halb so lange Luigi, und 45 km jenseit des Luigi hat man den Luindi oder Lukuga, den Ausfluss des Tanganjika-Sees.

Beim Baswa-Katarakt, dem obersten der Stanley-Fälle, wiederbeginnend, hat man auf dem südlichen Ufer zunächst den kleinen Schwarzen Fluss; den nächsten nach der Biegung hielt ich für den Lumami, doch ist es, wie die Araber mir mittheilten, der Lufu, ein dem Kasuku ähnlicher Strom, der sich auf 4° südl. Br. in den Webb-Lualaba ergiesst. Der folgende grosse Fluss, welcher in diesen Abschnitt des Webb-Lualaba mündet, ist der Seen bildende Kamolondo.

Die Gesammtlänge der Webb-Lualaba-Section, des Hauptstromes und seiner wichtigsten Nebenflüsse, beträgt

5000 Meilen und kann in zwei schiffbare Hälften von je 550 Meilen getheilt werden; die erste liegt zwischen den Baswa-Fällen und den Njangwe-Fällen, die zweite reicht von den Kasongo-Fällen bis zu den Stromschnellen unterhalb des Moero-Sees.

Diese Region ist hauptsächlich den Ufern des Flusses entlang und in einem ungeheuern Theil des Innern während der letzten 20 Jahre dem verderblichen Einfluss der Sklavenraubzüge ausgesetzt gewesen. Wie gross die Bevölkerung vor dem zerstörenden System der Vernichtung ganzer Gemeinden durch das Abschlachten der Männer auch gewesen sein mag, gegenwärtig darf man die auf die Quadratmeile entfallenden Seelen mit nicht mehr als 20 annehmen, sodass die Gesammtbevölkerung nahe an 6 Millionen betragen würde.

Die wichtigsten Stämme dieser Region sind die Bakumu, Balegga, Banjema, Bakonde, Bagenja, Barua, Bakuss, Bamarungu und Balunda.

Am untern schiffbaren Theil des Webb-Lualaba sind vier Handelsniederlassungen der Araber und ihrer Sklaven, in Kasongo, Njangwe, Wibondo und Wane-Kirundu. Diese Gemeinden sind dem Händler von der Westküste leicht zugänglich und würden werthvolle Bundesgenossen für die Ausbreitung des Handels über diese Region sein, da sie grosse Mengen disciplinirter Sklaven haben, von denen Hunderte während der letzten 20 Jahre in der Kunst und der Praxis des Handels erzogen worden sind. Selbstverständlich würde der Geschmack dieser Leute ein feinerer sein als derjenige der Eingeborenen. Mit ihrer Hülfe könnte das Vieh von Usige, Ruanda, Urundi und Udjidji auf einem Marsche von wenigen Wochen zum Lualaba gebracht werden, nachdem auch die Rinder von Njangwe, die sich den neuesten

Nachrichten zufolge zu ganz achtungswerthen Heerden vermehrt haben, den Beweis geliefert haben, dass ihrer Zucht und erfolgreichen Fortpflanzung im Kongothal kein Hinderniss im Wege steht.

Die natürlichen Producte des Landes sind denen ähnlich, welche ich als zur Region des obern Kongo gehörig aufgezählt habe.

Die nächste Section ist diejenige des Tschambesi, die eine Oberfläche von 46 000 engl. Quadratmeilen bedeckt. Dieselbe wird nur durch den Tschambesi und seine Zuflüsse, welche die Quellflüsse des Kongo bilden, entwässert. Sie liegt in einem Becken ca. 1150 m über dem Meere und ist rundherum von Bergen umgeben, im Norden von der Losanswe-Kette, im Süden und Osten von dem Lokinga-Gebirge, dem mauerartigen Plateau von Bisa und der Tschibale-Kette.

Nach Livingstone's Beschreibung ist der Fluss an der Stelle, wo er ihn überschritt, 400 m breit und besitzt derselbe eine klare Strömung von zwei Knoten und eine Tiefe von $5\frac{1}{2}$ m. Einer seiner Zuflüsse, der Lubansensi, wird als 280 m breit und $5\frac{1}{2}$ m tief beschrieben, während der Lokulu als ein noch grösserer Nebenfluss geschildert wird.

Einige Citate nach Livingstone's Beschreibung werden einen bessern Begriff von dem Lande geben, als man auf andere Weise erhalten würde:

Rundherum ungeheuere sumpfige Ebenen, ausgenommen in Kabende.

Die Gewässer sind in dieser Gegend ausserordentlich gross; Ebenen, sich weiter ausdehnend, als der Blick reicht, stehen 4—5 Fuss unter klarem Wasser; die benachbarten Gegenden sind 20—30 Meilen weit eben.

Wir marschirten durch Papyrus, hohe Binsen, Zahnwurz und Gras, bis wir vollständig ermüdet waren. Fünf Stunden lang hatten wir uns auf mit steifem Gras bewachsenen und 3—4 Fuss unter Wasser stehenden Prairien verloren.

Das Land ist überall so sehr flach, dass die Flüsse hier nothwendigerweise sich hin und her winden müssen. Fische und andere Nahrungsmittel sind reichlich vorhanden; die Bewohner sind höflich und vernünftig.

Man sieht unendliche Grasebenen mit Baumgürteln von Viertelmeilen Breite, die dann wieder der Ebene Platz machen. Die Ebene wird alljährlich überflutet, ihre Vegetation besteht aber aus Gras.

Aus Vorstehendem ergibt sich, dass das Becken des Tschambesi hauptsächlich ebene prairienartige Gegend ist, die auf allen Seiten ganz allmählich nach dem Bangweolo-See abfällt und während der Regenzeit in seinen tiefern Theilen, namentlich in der Nachbarschaft des Sees, überschwemmt wird. An der Mitte des Flusslaufes steigt das Land aber in wunderhübschen Abstufungen zu den ebenen Wiesengegenden, auf denen die Rinderheerden der Babisa weiden, bis zum Fuss des Mambwe-Plateau im Nordosten und der 2100 m hohen Tschibale-Gebirgskette im Osten auf.

Die Bevölkerung dieser Region kann auf nicht mehr als 10 Personen auf die Quadratmeile geschätzt werden, sodass das ganze Gebiet 460000 Seelen besitzen würde.

Der letzte Theil des Kongobeckens, der noch zu beschreiben wäre, ist das Tanganjika-Territorium, welches ein Areal von 93000 engl. Quadratmeilen besitzt, von denen 9400 Quadratmeilen auf den See entfallen, der eine Länge von 595 km und eine durchschnittliche Breite von 36 km hat.

In einigen Theilen dieser Region, wie z. B. in Usige, Urundi, Uhha, dem östlichen Itawa, Udjidji und einigen Theilen von Unjamwesi, ist die Bevölkerung eine dichte, während andere Gebiete, wie Kawendi, Marungu und Ufipa, nur spärlich bewohnt sind. Nach mässiger Schätzung leben 25 Personen auf der Quadratmeile, sodass die Bevölkerung des ganzen Beckens 2325000 Seelen ausmachen würde.

Das Niveau des Sees liegt 838 m über dem Meere. Im Nordwesten wird derselbe von 762 m hoch aufsteigenden Bergen, im Südwesten von Hügelketten begrenzt, deren Höhe zwischen 450 und 600 m schwankt. Dem östlichen Ufer entlang beträgt die durchschnittliche Höhe des Tafellandes 450 m über der Oberfläche des Sees, und im Norden ist ein breites, trichterförmiges Thal, welches zu den luftigen Hochlanden von Ruanda hinaufführt.

Die eine Hälfte dieses Gebiets züchtet zahlreiche Rinderheerden; die Warundi, Wahha, Wasige und Wanja-Ruanda, ein sehr hervorragender Menschenschlag, würden nicht ohne ihr Rindvieh existiren können. Auch die mit ihnen verbündeten Wadjidji und Wanjamwesi führen ein Hirtenleben, während sie andererseits die Cultur von Getreide, Sorghum, Hirse und Mais gleichfalls nicht vernachlässigen.

In Udjidji, Uvira und Usige befinden sich Handelsniederlassungen der Araber; auf der Westseite des Tanganjika liegt eine Station der Londoner Missionsgesellschaft, und etwa in der Mitte der Ostküste ist eine Station der Internationalen Afrikanischen Association.

In Udjidji verschwindet die Oelpalme, dagegen sind die übrigen Producte des Landes denen des obern Kongogebiets ähnlich. Im östlichen Theile des Beckens bilden Cerealien das Hauptnahrungsmittel der Bewohner, während dasselbe in den westlichen Theilen namentlich aus Bananen und Cassave besteht.

Auf den Märkten von Udjidji sieht man eine Anzahl der wichtigsten Producte zum Verkauf ausgestellt — Elfenbein, Mais, Sesam, Hirse, Bohnen, Erdnüsse, Zuckerrohr,

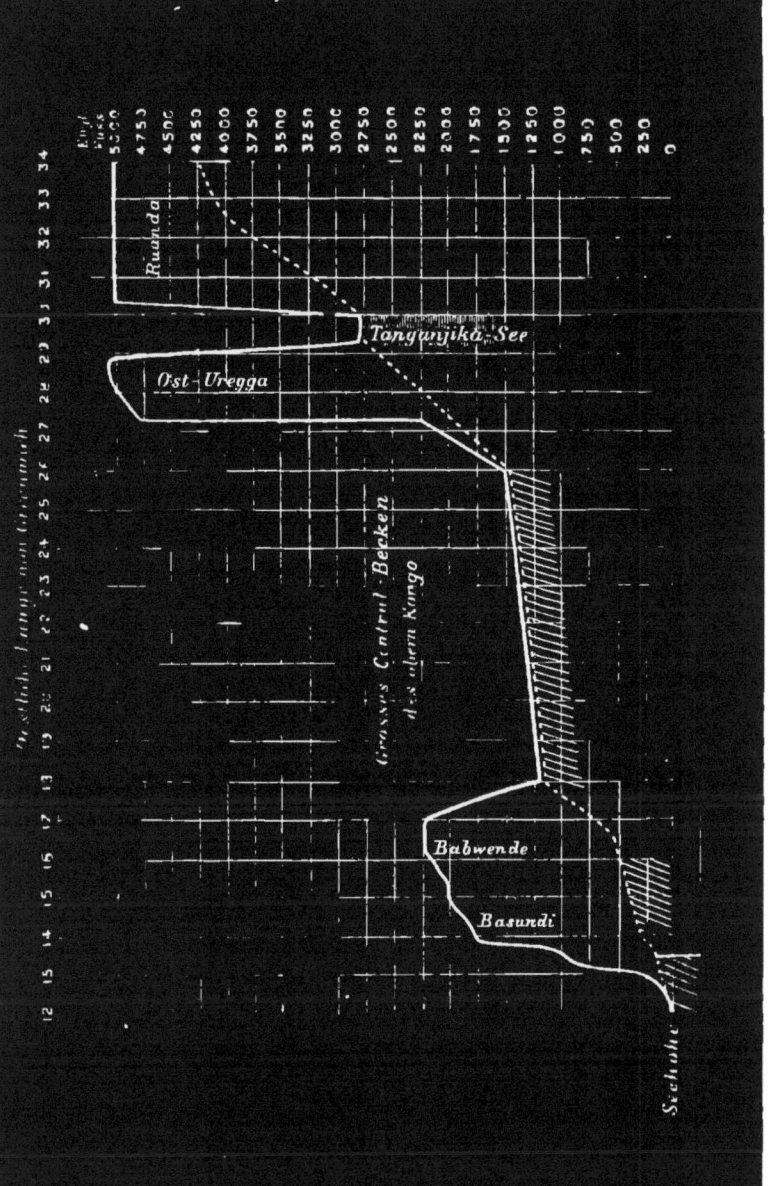

PROFIL DES LANDES ZWISCHEN DEM MEER UND RUANDA QUER DURCH DAS KONGOBECKEN.

spanischen Pfeffer, wilde Früchte, Palmöl, Bananen, Pisang, Honig, Ziegen, Schafe, Rinder, Geflügel, Fische, Taback, Fischnetze, kupferne Armspangen, Eisendraht, Stoffe aus Baumrinde, Bogen und Pfeile, Hacken, Speere, Sklaven u. s. w.

In Uvira, an der Nordwestseite, sind grosse Schmelzwerke und werden Eisendraht und Eisenwaaren hergestellt. In dem etwas südlicher liegenden Usansi wird der beste Taback gebaut; in Ukawendi findet man die grössten Honig- und Wachsvorräthe; von Urungu bis Mambwe kommt das schönste Elfenbein, von Marungu die grösste Zahl von Sklaven; Urundi und Uhha liefern die bedeutendste Menge von Rindvieh, und Udjidji versorgt das Land mit Ziegen und Schafen.

Nachstehende Tabelle veranschaulicht in gedrängter Form unsere wirklichen Kenntnisse vom Kongobecken:

Sectionen.	Areal in engl. ☐Meilen.	Bevölkerung per ☐Meile.	Gesammtbevölkerung.	Länge der Schifffahrt.	Namen der Seen.	Areal der Seen in ☐Meil.
Der untere Kongo	33 000	ca. 9	297 000	110	Leopold II.	950
					Mantumba	400
Der obere Kongo	1 090 000	über 26	29 000 000	5 250	Bangweolo	10 200
					Moero	2 700
Lualaba	246 000	20	4 920 000	1 100	Kassala und die kleinen Seen	2 200
Tschambesi mit Bangweolo	46 000	10	460 000	400	Tanganjika	9 400
					Muta-Nsige	5 400
Tanganjika	93 000	25	2 325 000	391	Kuta-Kebir	444
	1 508 000	24 durchschn.	37 002 000	7 251		31 694

Umstehende Tabelle zeigt, wie das Kongobecken gegenwärtig nach den Beschlüssen der Berliner Conferenz eingetheilt ist:

	Areal in engl. ☐Meilen.	Bevölkerung.
Französisches Gebiet .	62 400	2 121 600
Portugiesisches „	30 700	276 300
Herrenloses Gebiet . . .	349 700	6 910 000
Kongo-Freistaat	1 065 200	27 694 100
Gesammtgebiet des Kongobeckens	1 508 000	37 002 000

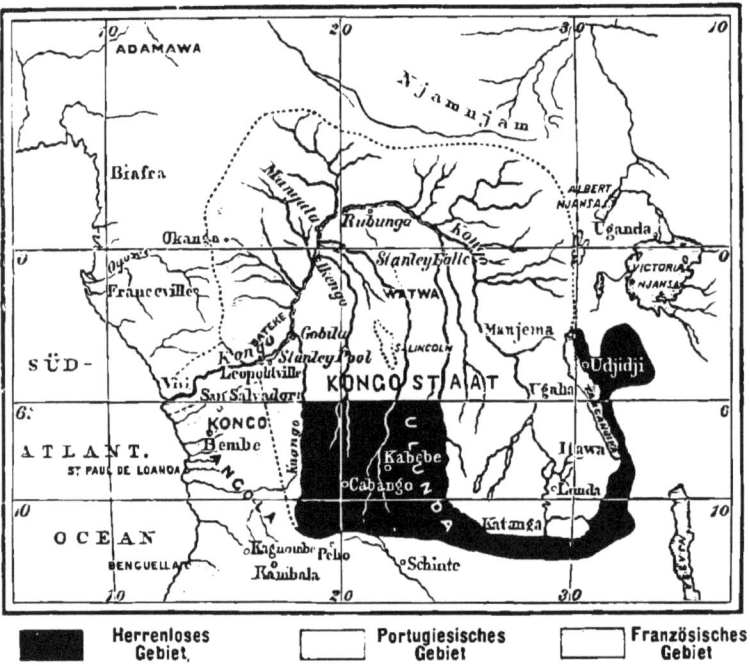

POLITISCHE EINTHEILUNG DES KONGOBECKENS.

Vorstehendes ist eine gedrängte Beschreibung des Beckens, über dessen Hülfsquellen ich im Jahre 1878 etwa 50 Vorträge in den grössern Städten Frankreichs und Englands gehalten habe. Genauere Erforschung und intimere Kenntniss der Bevölkerung, die ich mir während meines spätern sechsjährigen Verkehrs mit derselben angeeignet, haben meine Ueberzeugung nur noch verstärkt.

Der Kern des Ganzen. 379

Die gescheiten, praktischen Leute in Manchester fragen mich: „Und was können die Eingeborenen uns als Gegenleistung für unsere Stoffe geben?"

Ich antworte: Der Handel Westafrikas bezifferte sich im verflossenen Jahre auf 32 Millionen Pfd. St., von denen wahrscheinlich etwa 17 Millionen auf Exportartikel entfallen, welche durch Segelschiffe und Dampfer von einer nur 2900 englische Meilen langen Küstenlinie nach Europa geschafft werden konnten. Nachdem ich durch etwa 400 astronomische Beobachtungen, geduldige Forschung, persönliche Untersuchung, kühnes Vordringen mit unsern kleinen Dampfern in noch wilde Regionen und eifrige Nachfragen bei eingeborenen Schiffern für Genauigkeit gehörig besorgt gewesen bin, habe ich nachgewiesen, dass in der Ober-Kongo-Section des Kongobeckens 5250 engl. Meilen ununterbrochenes, schiffbares Wasser sind, die nach Ueberwindung geringer Schwierigkeiten bei einer Stromschnelle mit leichter Mühe auf 6000 Meilen vermehrt werden können.

Das Areal, welches von diesen schiffbaren Kanälen durchzogen wird, hat eine Oberflächenausdehnung von mehr als 1 Million engl. Quadratmeilen und ist überall eine fruchtbare Gegend, welche in Bezug auf Mannichfaltigkeit der Producte nicht übertroffen werden kann. Das Gebiet ist von 29 Millionen eingeborener Afrikaner bevölkert, die sich, nach den unter einer Million hiervon gesammelten Erfahrungen zu schliessen, der Vernunft und klugen Behandlung ebenso zugänglich erweisen werden wie alle Eingeborenen, mit denen wir zu thun gehabt haben. Da wir festgestellt haben, dass den 3030 engl. Meilen Flussufer entlang 806300 Menschen wohnen, so darf man annehmen, dass an den beiden Seiten der 6000 Meilen langen schiffbaren Gewässer, den mithin 12 000 Meilen langen Flussufern, 3 200 000 Menschen leben.

Siebenunddreissigstes Kapitel.

Diese 12000 Meilen Kongoufer übertreffen an Qualität die Seeküste. In diesem Werke erzähle ich, wie ich Oelpalmen und Kautschukschlinggewächse, das als Farbstoff dienende Rothholzpulver und die Orseille-Flechte, Ablagerungen von Kopal und ganze Wälder von Gummi producirenden Bäumen an jedem Orte, welchen ich besuchte, gefunden habe, und schildere, wie eifrige, eingeborene Händler uns Meilen weit für das kleinste Stück Zeug gefolgt sind. Ich erwähne ferner, dass die Eingeborenen, die viele Meilen gewandert waren, um für Elfenbein und pulverisirtes Rothholz Zeuge einzutauschen, verzweifelnd fragten: „Nun was wollt ihr denn eigentlich haben? Sagt uns, was, und wir werden es für euch besorgen."

Als ich mich vor jene Gesellschaft praktischer, nüchterner und intelligenter Männer, die als Handelskammer von Manchester incorporirt ist, wagte, begegnete man mir mit der seltsamen Frage: „Was können die Eingeborenen uns als Gegenleistung für unsere Stoffe geben?" Als erste Antwort füge ich die folgende Liste der Producte des Kongo an.

Wenn die Bewohner von Manchester Segelschiffe und Dampfer nach dem obern Kongobecken schicken können, dann werden sie mindestens dreimal mehr westafrikanische Erzeugnisse erhalten, als sie von der gesammten Küste Westafrikas, vom Gambia bis San Paolo de Loanda beziehen, d. h. Producte im Werthe von 50 Millionen Pfd. St. Da sie jedoch weder Segelschiffe noch Dampfer hinzusenden vermögen, so müssen sie zwei Sectionen einer schmalspurigen Eisenbahn von resp. 80 und 145 km, die durch Dampfschifffahrt miteinander in Verbindung stehen, oder eine einzige ununterbrochene Eisenbahn von 360 km Länge bauen; sie werden dann so viel Producte, wie eine solche Eisenbahn fortzuschaffen vermag, von ihren Handelsagenten am obern Kongo

Der Kern des Ganzen.

erhalten, die von mehr als einer Million Eingeborener sammeln, von Leuten, die nur darauf warten, dass man ihnen sage, welche andern Artikel man haben will ausser Elfenbein, Palmöl, Palmkernen, Erdnüssen, Kopal, Gummi, Orseille, Angolaholz, Colanüssen, Traganthgummi, Myrrhen, Weihrauch, Pelzen, Fellen, Häuten, Federn, Kupfer, Kautschuk, Grasfibern, Wachs, Rindenzeug, Muskatnüssen, Ingwer, Ricinusnüssen u. s. w.

Memorandum der Herren Hutton & Co., The Temple, Dale-Street.

Liverpool, 12. März 1885.

Preisliste afrikanischer Producte in Liverpool.

	£	s	d	
Palmöl (Kongo)	28	5	—	p. Ton.
Palmkerne „	12	5	—	„
Erdnüsse, geschält	14	10	—	„
„ ungeschält	12	—	—	„
Copra	16	—	—	„
Kautschuk	1s 4d bis	2	1	p. Pfund.
Elfenbein, Zähne	45—60	—	—	p. Ctr.
„ Bruchstücke	25—45	—	—	„
Barholz	3	10	—	p. Ton.
Angolaholz	21—23	—	—	„
Ebenholz	6—14	10	—	„
Kaffee, kleine Bohnen	1	10	—	„
„ grosse „	1	12	—	„
Baumwolle	—	—	5½	p. Pfund.
Baumwollsamen	4	10	—	p. Ton.
Bermisamen	2	5	—	p.384Pfd.
Kopalgummi, rothes Angola	5	15	—	p. Ctr.
„ weisses Loanda	1	15	—	„
„ Sierra Leone	—	—	6½	p. Pfund.
Paradieskörner	—	19	—	p. Ctr.
Spanischer Pfeffer	1 £ 5s—2	10	—	„
Ingwer	—	1	16	„
Ricinussamen	—	—	9	„

		£	s	d	
Krebsblumensamen	. . . —		5	—	p. Ctr.
Wachs . . .	. . . .	5—6	10	—	„
Orseille, Angola .	. 1 £ 17s	6d—2	10	—	„
Kolanüsse, frisch .	. . . . .		1	—	—	„
Stuhlrohr	. . . .		8	—	—	p. Ton.
Stachelschweinstacheln .		—	14	—	p. 1000
Affenfelle . . .	. . . .	—	1	—	p. Stück.
Calabarbohnen	. . . . .	—	—	4	p. Pfund.
Walrosszähne		—	2	—	„
Adansonia- oder Baobabrinde oder Fiber	11	—	—	p. Ton.
Oelnüsse (Kerzenbeeren) } nominell { .	—	7	—	p. Ctr.
Egusisamen . . . } { .	—	10	—	„

Erdnüsse, ausgehülst oder geschält, kommen vom Kongo, ungeschält vom Gambia, Senegal und den Flüssen nördlich von Sierra Leone.

Koprah oder Copra, der in der Sonne getrocknete Kern der Cocosnuss, wird von verschiedenen Theilen der Küste bezogen.

Kautschuk. Das beste und reinste, im Werthe von £ 10. 10s per Centner, kommt vom Kongo und wird „thimble" genannt.

Elfenbein. Das theuerste ist das grünliche aus Gabun; grosse Zähne werden mit 60 £ und theurer per Centner bezahlt. Grosse Zähne aus Angola bringen 55—60 £.

Bermisamen gleicht dem Gingellysamen.

Paradieskörner werden zur Verfälschung des Bieres verwendet.

Kolanüsse. Nur zu verkaufen, wenn frisch; unser Muster ist eingetrocknet; es kommen rothe und weisse vor.

Calabarbohnen wurden vor einigen Jahren mit 2s 6d per Pfund bezahlt, bringen jetzt aber der überreichen Einfuhr wegen nur 3—4d per Pfund; sie werden zu pharmaceutischen Zwecken gebraucht.

Baobab- oder Adansonia-Fiber, zur Papierfabrikation verwendet, wird hauptsächlich vom Kongo und der Südwestküste eingeführt.

Oelnüsse werden wenig importirt; sie sind von der Grösse eines Taubeneies und enthalten etwas Oel.

Egusisamen, wenig bekannt, enthält Oel; wird dann und wann eingeführt; sieht ähnlich wie Melonensamen aus.

Ebenholz. Importirt aus Alt-Calabar, hat einen Werth von £ 6 bis £ 6. 17s 6d, aus Gabun von £ 7 bis £ 14. 10s, je nach der Grösse der Stücke.

Gerade die Einfachheit der Frage der Kaufleute in Manchester beweist, dass sie eine sehr einfache Antwort bedürfen. Zu ihrem, sowie zum Besten anderer wähle ich die folgende höchst einfache Methode der Antwort.

Angenommen, es seien einige wenige Factoreien am obern Kongo, in Isangila und in Manjanga angelegt, so würden in Anbetracht dessen, was auf dem untern Kongo verschifft worden ist, verladen worden sein:

Factoreien.	Producte.	Bruttowerth.	Gewicht.
		£	Tonnen
Isangila	Erdnüsse	370 000	25 000
Manjanga	„ . .	370 000	25 000
Isangila u. Manjanga	Palmöl . .	310 000	10 000
Stanley-Pool u. s. w.	Orseille . .	450 000	10 000
„	Elfenbein	260 000	232
„	Hippopotamuszähne	11 200	20
Ober-Kongo . . .	Kautschuk . . .	1 530 000	10 000
„ . . .	Felle	20 000	1 800
„ . . .	Palmöl . . .	1 240 000	40 000
„ . . .	Wachs	5 000	50
„	Kopalgummi . . .	600 000	10 000
Leopold II.-See u. Mantumba-See	Rothholz .	480 000	20 000
Kwamündung . . .	Sesam	20 800	4 000
		5 667 000	156 102

Der aus vorstehender Schätzung sich ergebende Gesammttonnenbetrag würde einer täglichen Verladung von 427½ Tonnen gleichkommen, ein Quantum, welches die Hülfsmittel einer solchen Eisenbahn vollständig in Anspruch nehmen würde. Bei einer Fracht von einem Penny per Ton und englische Meile würden die Bruttoeinnahmen der Eisenbahn sich auf 152000 Pfd. St. beziffern; und berechnet man ferner die Fracht für die nach dem Innern gehenden, für den Handel, den Staat und die Missionen bestimmten Güter, so begreift man leicht, dass die Gesammtsumme der Hin- und Herfracht sich ausschliesslich der Einnahmen aus dem Passagierverkehr auf 300000 Pfd. St. per Jahr belaufen würde.

Die Entfernung von Vivi nach Isangila beträgt 52 englische Meilen, sodass die für diese Strecke erforderliche Eisenbahn, bei einem Herstellungspreise von 4000 Pfd. St. per Meile, ein Kapital von 210 000 Pfd. St. beanspruchen würde. Vier Dampfer im Preise von je 5000 Pfd. St. müssten die Verbindung zwischen Isangila und Manjanga unterhalten, wodurch man sich 60 000 Tonnen Erdnüsse und Palmöl im Bruttowerthe von 1050000 Pfd. St. sichern würde. Von Elfenbein und Kautschuk könnte man leicht für 300 000 Pfd. St. einkaufen, weil das grosse Handelsdepot dann am Endpunkte der Bahn, in Manjanga, sich befinden und die 800 Träger, welche jetzt die Waaren auf der 235 engl. Meilen langen Strecke zwischen Vivi und Stanley-Pool transportiren, zum Tragen der Producte zwischen dem Pool und Manjanga, eine Entfernung von 95 Meilen, verwendet werden könnten.

Die Gesammteinnahme aus dem durch Handel, Staat und Missionen bedingten Verkehr in beiden Richtungen würde sich ohne Berücksichtigung der Personenfahrpreise auf ca. 120000 Pfd. St. bei einem Kostenaufwand von 230000 Pfd. St. stellen.

Brennmaterial wäre in den Bundi- und Ngoma-Wäldern zu bekommen, welche von der Eisenbahn durchschnitten

Der Kern des Ganzen.

werden. Selbstverständlich würde letztere eine Niveaubahn sein, an welcher ausserordentliche Kosten nur durch einige wenige Brücken verursacht werden.

Sollte die Bahn von Vivi direct nach Stanley-Pool, eine Entfernung von nur 235 engl. Meilen, geführt werden, so würden die Baukosten, zu 4000 Pfd. St. per Meile berechnet, sich auf 940 000 Pfd. St. belaufen. Ein Bruttoeinkommen jährlich von 300 000 Pfd. St. wäre sicherlich eine hohe Verzinsung für eine solche Kapitalanlage! Ist erst einmal eine Eisenbahn gebaut, dann müssen 1 Million Quadratmeilen zu deren Unterhalt beitragen dadurch, dass der Handel von 5200 Meilen ununterbrochener Flussschifffahrt die Bahn passirt in Gestalt von Producten von grossem Umfange, welche, da Baargeld, Cheques und Banknoten uns im Kongobecken nutzlos sind, gegen ebenso umfangreiche Waaren, wie Baumwollstoffe, Perlen, Musketen, Pulver, Porzellan, Messerschmiede- und Eisenwaaren, ausgetauscht werden.

Als blosse Speculation stellt nichts auf der ganzen weiten Welt einen solch grossen Nutzen in Aussicht wie diese kleine Eisenbahn. Thiere jeder Art und menschliche Träger sind probirt worden und haben sich als Fehlschlag erwiesen; die Katarakte sind unpassirbar, die Luftschifffahrt kann leider mit den Eisenbahnen noch nicht concurriren, und so muss der Mensch bis dahin nothwendigerweise dieser Eisenstrasse die Frachtgebühren bezahlen.

Gegenwärtig werden von den einheimischen Händlern, der Internationalen Association und drei Missionen zwischen Stanley-Pool und der Küste an Trägerlohn jährlich 52 000 Pfd. St. bezahlt, welcher Betrag $5\frac{1}{2}$ Proc. der Summe von 9 400 000 Pfd. St. gleichkommt, die für den Bau der Eisenbahn nach dem Pool erforderlich sein soll. Ist aber erst die

Bahn von Vivi nach Stanley-Pool gebaut, dann würde man eine Armee von Grenadieren nöthig haben, um die Händler daran zu verhindern, sich die günstigsten Plätze im commerziellen Eldorado Afrikas zu sichern.

Die äquatorialen Regionen Afrikas haben jahrhundertelang dem Islam, dem Christenthum, der Wissenschaft und dem Handel Trotz geboten. Wie die Wogen an ein Felsgestade schlagen, so hat der Islam sich wiederholt von Norden her in vergeblichen Bemühungen vorwärts gestürzt, um den Aequator zu erreichen. Auch das Christenthum hat während der letzten drei Jahrhunderte erfolglose Versuche gemacht, in derselben Region festen Fuss zu fassen; die Unkenntniss des Klimas hat dasselbe jedoch zum Rückzug veranlasst. Die Wissenschaft hat strategische Angriffe gegen das dichtbelagerte Gebiet unternommen, und es ist ihr gelungen, mit glänzenden Resultaten zurückzukehren; indess sind ihre Erfolge nur zeitweilige gewesen, weil der Handel, welcher ihr hätte folgen sollen, von den sich den Pionnieren entgegenstellenden Hindernissen geblendet wurde.

Auf diese Weise ist die Aequatorregion, welche dem Unternehmungsgeist so grosse Aussichten eröffnet, sich selbst überlassen, um in ihrem eigenen Saft und Fett zu schmoren; und die schon so oft zurückgewiesene Civilisation schilt auf die Barbarei und die Wildheit, welche ihren Bemühungen eine solche undurchdringliche Front gegenüberstellen. Sie thut als vergässe sie, durch welchen Process England, Frankreich und Belgien von der Barbarei erlöst wurden, und ruft, weil das grosse Herz Afrikas mit seinen unzähligen Millionen ohne den geringsten Belag der Künstlichkeit auf dem natürlichen Zustande des Menschen zu dieser späten Stunde noch aus Licht hervorbricht, gedankenlos aus, die afrikanischen Wilden seien unbezähmbar. Wie können die Eingeborenen

Afrikas, deren Fesseln in einem so unzugänglichen Gebiete geknüpft sind, anders sein? Kein Volk, von welchem wir Kenntniss besitzen, hat sich je aus dem Sumpfe der Barbarei ohne äussere Hülfe erhoben. Europa ist aus den Ueberbleibseln vieler Nationen und Stämme zusammengesetzt, aus Celten, Hunnen, Gothen, Vandalen, Griechen, Römern, Franken, Sachsen, Normannen, Sarazenen, Türken, welche während vieler Jahrhunderte tausendmal miteinander in Zank und Streit gelegen haben. Aus diesen Fragmenten der sich bekriegenden Myriaden sind die gegenwärtigen abgeschliffenen Nationen Europas entsprungen. Wäre es einigen wenigen Völkerwogen, welche über Nordafrika hin- und herfluteten, gelungen, die Barrière des Aequators zu überspringen, die ureingeborenen schwarzen Stämme des südlichen Afrika würden sich wesentlich von den Wilden unterscheiden, denen wir heute begegnen.

Bis zur zweiten Hälfte des 19. Jahrhunderts wusste die Welt aber nicht, was jenseit der Stromschnellen von Isangila läge oder wie leicht das Hinderniss sei, welches die Civilisation von der breiten natürlichen Hochstrasse scheidet, welche die dunkeln jungfräulichen Regionen Afrikas in zwei gleiche Hälften getheilt hat; es war ihr nicht bekannt, wie die Natur noch hundert andere schiffbare Kanäle geschaffen habe, auf welchen man Zutritt zu ihrer jüngsten Gabe an die Menschheit hatte. Als einer von diesen Menschen, für welche sie dieselbe reservirt hat, freue ich mich, dass ein so grosses Gebiet der Erde der Entwickelung der künftigen Geschlechter noch vorbehalten ist; es macht mir Freude zu finden, dass es nicht das werthloseste, sondern das Land ist, welches sich vor allen übrigen bekannten Gegenden durch die Zahl und Mannichfaltigkeit der kostbaren Gaben auszeichnet, mit denen die Natur es ausgestattet hat.

Man nehme beispielsweise Nordamerika und zwar den reichsten Theil desselben, das Mississippibecken vor seiner Entwickelung durch das Rassengemisch, welches sich heutzutage Amerikaner nennt, und vergleiche es mit dem Kongobecken. Als de Soto den „Vater der Gewässer" befuhr und die Indianer die unbestrittenen Herren des ausgedehnten Flussbeckens waren, würde der Unternehmungsgeist als natürliche Producte nur einiges Pelzwerk und Bauholz gefunden haben.

Das Kongobecken verspricht jedoch in demselben Stadium der Unentwickelung viel mehr. Die Wälder am Kongo sind mit kostbarem Rothholz, Pockholz, Mahagoni und wohlriechendes Gummi erzeugenden Bäumen gefüllt; am Fusse derselben kann man unerschöpfliche Quantitäten fossiles Harz finden, mit welchem die Wagen und Möbel der civilisirten Länder gefirnisst werden; ihre Stämme schwitzen Myrrhen und Weihrauch aus, und ihr Laubwerk ist mit der als Farbstoff geschätzten Orseille drapirt. Das Rothholz liefert, wenn es gefällt, in Späne geschnitten und geraspelt ist, ein hellrothes Pulver, das einen werthvollen Farbstoff enthält; die in Festons von Baum zu Baum hängenden Schlinggewächse sind grösstentheils Pflanzen, aus denen Kautschuk hergestellt wird, das in bester Waare mit 2 Shilling per Pfund bezahlt wird; die Nüsse der Oelpalme geben eine Art Butter, einen wichtigen Handelsartikel, und die Fibern anderer dienen zu den besten Tauen. Unter den wilden Gesträuchen findet man häufig die Kaffeestaude. Auf den Ebenen, im Dickicht und Sumpf schwelgen die Elefanten, deren Zähne das zu 8—11 Shilling per Pfund verkäufliche Elfenbein liefern; in den Gewässern wimmelt es von unzähligen Heerden von Flusspferden, deren Zähne gleichfalls werthvoll sind. Auch Felle von Löwen, Leoparden, Affen und Ottern, sowie Häute von Antilopen, Büffeln, Ziegen und Rindern u. s. w. sind hier erhältlich. Was aber noch mehr Werth hat, ist, dass es gegen 30 Millionen mässige, fleissige und leitungsfähige Leute besitzt, was die rothen Indianer nie waren. Und was die in Aussicht stehenden Vortheile und Wohlthaten betrifft, welche wir von dieser neuesten Gabe der Natur erhalten werden, so stehen dieselben an Zahl und Werth denjenigen des wohlentwickelten Mississippi-Thals nicht weit nach. Mit dem Kupfer des Obern Sees rivalisirt dasjenige aus dem Knilu-Niadi-Thal und aus Bembe. Reis, Baumwolle, Taback, Mais, Zucker, Weizen würden gleichgut auf den breiten Ebenen des Kongo gedeihen. Nach einer höchst oberflächlichen Untersuchung einer nicht viel über 75 km breiten Zone weiss man nur erst von diesen Artikeln. Man erzählte mir auch von Gold und Silber, doch bedarf diese Nachricht noch der weitern Bestätigung, und ich möchte nicht gern etwas behaupten, was ich nicht aus persönlicher Anschauung weiss.

In Bezug auf das Klima ist das Mississippi-Thal günstiger gestellt, doch ist ein grosser Theil des Kongobeckens, der für den Einwanderer gegenwärtig noch unzugänglich ist, mit einer Temperatur gesegnet, unter der jeder Europäer gedeihen und sich vermehren kann; es gibt aber keine Gegend im Kongobecken, in welcher der europäische Händler nicht jahrelang mit ebenso wenig Risico wie in Indien seinen Wohnsitz aufschlagen und den Handel zu seinem Vortheil entwickeln kann.

Besonders um den Handelsgeist zu erwecken, habe ich ausführlicher die Vortheile des Kongobeckens hervorgehoben, das jedoch kein Feld für arme Einwanderer ist. Ohnehin gibt es schon gegen 30 Millionen eingeborene „Paupers" in dem in Rede stehenden Gebiete, die arm und verkommen sind, nur weil sie rundherum von feindlichen Natur- und Menschenkräften eingeschlossen sind, welche jegliche Berührung und jeden Verkehr mit denjenigen Elementen verhindert haben, die ihre unglückliche Lage hätten bessern können. Unter sie verpflanzte europäische Armuth würde dort bald auf die niedrige Stufe der eingeborenen Verkommenheit herabsinken. Der vorsichtige Händler, der nicht ohne die Mittel zum Rückzuge vordringt, der unternehmende kaufmännische Agent, der mit der einen Hand die Rohproducte von dem Eingeborenen entgegennimmt und mit der andern dafür die Erzeugnisse der Webstühle der Fabrikanten austauscht, der europäische Vermittler, welcher seine Heimat in Europa und sein Herz in Afrika hat, das sind vielmehr die Leute, welche man gebraucht. Diese können den schwarzen „Pauper" leiten und lehren, welche aus der Menge Dinge um ihn und in seiner Nachbarschaft er sammeln soll. Sie sind die Missionare des Handels, die sich für kein Land so gut eignen wie für das Kongobecken, wo es so viele müssige Hände und solche reiche Gelegenheiten innerhalb einer natürlichen Ringmauer gibt. Ich beabsichtige nicht den Versuch zu machen, die gänzlich schwachmüthigen, unentschlossenen und greisenhaften Leute, welche Skepticismus vorschützen und denselben wie einen Schild vor sich halten, um die eigene Feigheit vor der allgemeinen Beobachtung zu verbergen, für Afrika zu interessiren. Unter den 325 Millionen Menschen in Europa gibt es sicherlich einige, denen das durch Vermittelung von acht Sprachen in diesem Buche gepredigte Evangelium des Unternehmens ein paar Thatsachen darbieten wird, welche sie für werth erachten, im Gedächtniss zu behalten, und die sie zu einem gewissen Handeln anregen. In diesem Glauben werde ich durch die rasche Absorption verschiedener Ideen bestärkt, welche ich in den letzten wenigen Jahren über den Dunkeln Welttheil öffentlich verbreitet habe. Fromme Missionare haben sich gottergeben aus Werk gemacht, in die schwer begreifenden, gedankenlosen Stämme die Keime der heiligen Region zu pflanzen; allein die sich ihnen entgegenstellenden materiellen Schwierigkeiten sind zu gross, sodass die von ihnen gemachten Fortschritte in keinem Verhältniss zu dem Muth und dem Eifer stehen, welchen sie bewiesen haben. Jetzt wende ich mich an die weltweisen Kaufleute, zu deren Nutzen und Bequemlichkeit eine Eisenbahn gebaut werden muss.

ENTFERNUNGEN UND ZEITTAFEL

ZWISCHEN

BANANA-POINT UND DEN STANLEY-FÄLLEN.

	Entfernung in engl. Meilen.	Aufwärts. St. M.	Abwärts. St. M.
Von Banana-Point an der Küste nach			
Ponta da Lenha	—	3 30	
Ponta da Lenha nach Boma	—	3 30	
Boma nach Mussuko	—	3 45	7 —
Mussuko nach Nokki	—	1 15	
Nokki nach Vivi	110	1 10	
Vivi nach Leopoldville über Land	235	94 —	94 —
Leopoldville nach Kimpoko	—	9 —	
Lager	—	10 —	14 —
„	—	10 —	
Msuata-Station	102	2 30	13 —
Msuata nach der Station an der Kwa- mündung	—	4 50	—
Lager	—	10 —	—
„	—	10 —	—
Bolobo-Station	88	1 30	15 35
Bolobo nach Ungende	—	8 —	—
Lager	—	10 —	—
„	—	10 —	—
Lukolela-Station	—	7 —	18 30
Lukolela-Station nach dem Verlas- senen Dorf	114	5 —	
Ngombe-Station	—	10 —	—
Usindi	—	6 45	—
Irebu	—	1 15	—
Lager	121	10 —	—
Aequator-Station	—	10 45	—
Transport	770	243 45	162 5

Entfernungen und Zeittafel.

	Entfernung in engl. Meilen.	Aufwärts.	Abwärts.
		St. M.	St. M.
Transport	770	243 45	162 5
Aequator-Station nach dem Lager	—	10 —	
Uranga	—	7 —	
Lager	—	10 —	22 —
„	—	10 —	
Bolombo	—	7 30	
Bangala-Station, Mittel-Iboko	122	7 —	33 35
Lager	—	10 —	—
„	—	10 —	—
„	—	10 —	—
„	—	10 —	—
„	—	10 —	—
„	—	10 —	—
Rubunga- oder Upoto-Station	208	4 20	14 5
Neu-Rubunga	—	2 30	—
Lager	—	8 —	—
„	—	10 —	—
Ibunda	—	6 25	—
Unter-Jambinga	—	3 50	—
Alt-Jalulima	99	8 10	17 —
Jambungu	—	8 15	—
Basaka	—	8 —	—
Barua	—	8 —	—
Basoko	72	7 15	15 30
Lager	—	10 —	—
„	—	10 —	—
„	—	10 —	—
„	—	10 —	—
Lager an der Mündung des Tschofu	—	10 45	—
Stanley-Fälle-Station	142	5 15	—
Insgesammt	1413	486 —	264 15

ACHTUNDDREISSIGSTES KAPITEL.

DIE BERLINER CONFERENZ.

Verstärkung des Baues. — Präcedenzfälle. — Die Verträge mit den Häuptlingen und ihre Gültigkeit. — Der englisch-portugiesische Vertrag. — Das Vorgehen der Vereinigten Staaten. — Fürst Bismarck's Ansichten. — Die Stellung Grossbritanniens. — Deutsche und französische Interessen. — Handelsfreiheit. — Die Berliner Conferenz. — Liste der Bevollmächtigten. — Berathungen und Beschlüsse der Conferenz. — Die Acquisitionen Frankreichs und Portugals. — Freihandel. — Eine sichere Jurisdiction. — Der königliche Gründer.

Die Gründung des Kongostaates kann mit dem Bau eines Hauses verglichen werden. Wir Mitglieder der Expedition sind gleichsam die Arbeiter, welche das Terrain lichteten, den Boden ebneten, die Zugänge in Ordnung brachten, Laufgräben herstellten, den Grundstein legten und schliesslich die Mauern bis zur bestimmten Höhe aufführten, während Oberst Strauch und Kapitän Thys vom Bureau der Association uns die Geräthschaften und den Mörtel lieferten. Aber das Gebäude kann in solchem Zustande, wenn es lange Zeit den Elementen ausgesetzt ist, auf die Dauer nicht halten. Die Handlanger, Maurer und Steinmetzen verlassen den Bau, und der Eigenthümer muss sich an die Zimmerleute und Dachdecker wenden, damit dieselben Thüren und Fenster anbringen und das Dach decken. Wenn auch diese ihre Arbeit vollendet haben, werden Tischler und Tapezierer gerufen, um das Haus bewohnbar zu machen. Die Expedition des obern Kongo und das Bureau hatten ihre Pflicht erfüllt, aber der königliche Gründer des Staates war, um dessen Prosperität und Dauer mit dem Fortschreiten des Werkes zu sichern, gezwungen, die verschiedenen Regierungen in Europa und Amerika um Anerkennung, Sicherung und friedlichen Schutz zu ersuchen, mit Frankreich und Portugal Verträge abzuschliessen, welche die Grenzen festsetzten, sowie mit allen ein Uebereinkommen wegen Aufrechterhaltung der Neutralität zu treffen.

Die Präcedenzfälle der englischen Puritaner von der „Mayflower" im Jahre 1620, der Kolonisten von New-Hampshire im Jahre 1639, der Ostindischen Compagnie, von Sarawak, Liberia und Borneo sprachen zu Gunsten der Berechtigung einzelner Individuen, Staaten zu gründen und zu errichten auf Grund der Cession von Gebieten nebst der Souveränetät über dieselben durch die unabhängigen Souveräne, Häuptlinge, Herrscher oder Versammlungen, welche ursprünglich Eigenthümer und Inhaber jener Gebiete waren.

Die Association war im Besitz von Verträgen, die mit mehr als 450 unabhängigen afrikanischen Häuptlingen abgeschlossen waren, deren Recht, wie jeder zuzugeben gewillt war, unbestreitbar war, da sie ihr Land durch ungestörten Besitz, kraft langjähriger Nachfolge und kraft des wirklichen göttlichen Rechts besassen. Aus eigenem freien Willen, ohne Zwang, aber gegen substantielle Entschädigungen und sich nur einige wenige leichte Bedingungen vorbehaltend, hatten sie ihre Souveränetäts- und Eigenthumsrechte der Association übertragen. Die Zeit war nun gekommen, wo eine genügende Anzahl Verträge abgeschlossen waren, um die verschiedenen Miniaturreiche zu einem concreten Ganzen zu verbinden, das sich der Welt vorstellen konnte behufs allgemeiner Anerkennung seiner Rechte, jene im Namen eines in gesetzmässiger Weise und entsprechend dem Sinne und Inhalt des Völkerrechts gegründeten unabhängigen Staates zu regieren und zu besitzen.

Das Comité für die auswärtigen Beziehungen in den Vereinigten Staaten sagt in seinem Bericht an den 48. Congress: „Es kann kaum bestritten werden, dass die eingeborenen Häuptlinge das Recht besitzen, diese Verträge abzuschliessen. Die geschickten und erschöpfenden Auslassungen des hervorragenden englischen Juristen Sir Travers Twiss und des nicht weniger ausgezeichneten belgischen Publicisten Professor Arntz lassen keinen Zweifel bezüglich der Frage der im Hinblick auf das Völkerrecht gesetzlichen Befugniss der Internationalen Afrikanischen Association, jede diesen eingeborenen Häuptlingen und Regierungen gehörende Macht zu übernehmen, welche dieselben ihr zu übertragen oder zu cediren belieben.

„Die praktische Frage, welche von ihnen aus anscheinend unbestreitbaren Gründen in bejahendem Sinne beantwortet wird, ist folgende: «Können unabhängige Häuptlinge wilder Stämme privaten Bürgern (Personen) ihren ganzen Staat oder einen Theil ihrer Staaten mit den zugehörigen Souveränetätsrechten in Uebereinstimmung mit den traditionellen Gebräuchen des Landes cediren?»

„Der in dieser Behauptung aufgestellte und von jenen Autoritäten so wohlbegründete Lehrsatz stimmt mit der Ansicht der Regierung der Vereinigten Staaten darin überein, dass die Besitzer eines Landes zur Zeit der Entdeckung desselben durch andere und mächtigere Nationen das Recht haben, Verträge bezüglich der Verfügung über dasselbe abzuschliessen, und dass Privatpersonen, welche in einem solchen Lande sich zum Schutze oder zur Selbstregierung verbunden haben, mit den Bewohnern zu jedem Zwecke verhandeln können, der nicht das Völkerrecht verletzt."

Auf Grund der im November 1882 begonnenen und am 25. Februar 1884 beendeten Verhandlungen zwischen der britischen und portugiesischen Regierung wurde endlich ein Vertrag abgeschlossen, durch welchen die ganze südwestafrikanische Küste von 8° bis 5° 12′ südl. Br. von der britischen Regierung als portugiesisches Gebiet anerkannt wurde. Selbstverständlich war hierin auch der untere Kongo eingeschlossen, sodass das Gebiet der Association vom Meere abgeschnitten war. Der Vertrag wurde am 26. Februar 1884 von Earl Granville im Namen Grossbritanniens und von Senhor Miguel Martins d'Antàs im Namen der portugiesischen Regierung unterzeichnet.

Earl Granville erklärte jedoch vor Unterzeichnung des Abkommens, dass bevor der englisch-portugiesische Vertrag in Kraft treten könne, die Anerkennung desselben durch die andern Mächte unentbehrlich sei, dass aber Grund zur Annahme vorhanden sei, dass diese Anerkennung verweigert werden würde, was nothwendigerweise die Ratificirung verzögern müsste.

Bis dahin war das Gebiet, welches, soweit England in Betracht kam, an Portugal gegeben werden sollte, als neutral angesehen worden, und der auf diese Weise abgeschlossene Vertrag kennzeichnete eine radicale Aenderung in der britischen Politik, denn eine lange Reihe englischer Minister hatte es länger als ein halbes Jahrhundert entschieden abgelehnt, die portugiesischen Ansprüche anzuerkennen.

Nach Veröffentlichung des englisch-portugiesischen Vertrages legten die europäischen Mächte, besonders Frankreich und Deutschland, nachdrücklichen Protest gegen denselben ein, und in England traten Männer aller politischen Parteischattirungen vereint öffentlich gegen ihn auf, hauptsächlich aus Furcht, dass die Beschränkungen des Handels, wie Portugal sie in andern seiner Colonien eingeführt hat, so drückend sein möchten, dass sie denselben in der Kongoregion vollständig unmöglich machen würden.

Der wichtigste Protest gegen den englisch-portugiesischen Vertrag wurde jedoch von den Vereinigten Staaten von Amerika erhoben. Einem der getreuen Mithelfer des Comité der Internationalen Association, General H. S. Sanford aus Florida, ehemaligem Gesandten der Vereinigten Staaten in Belgien, war es gegen Ende des Jahres 1883 mit Hülfe der Presse und seiner intimen Bekanntschaft mit den Behörden gelungen, ein echtes öffentliches Interesse für die Kongofrage hervorzurufen. Das amerikanische Volk hatte offenbar vergessen, dass die Freistaaten von Liberia durch die Philanthropie seiner Mitbürger gegründet worden waren, welche bei deren Errichtung 2558987 Dollars eigenes Geld hergegeben hatten, um den zur Ansiedelung dorthin geschickten 18000 freien Afrikanern Heimat und Behaglichkeit zu schaffen. Dieser Staat, welchen Amerika mit ehrlichem Stolze betrachten könnte, besass jetzt ein Areal von 14300 Quadratmeilen (oder 33200 qkm) und Einkünfte im Betrage von 100000 Dollars. Amerika schien ferner vergessen zu haben, dass durch die Freigebigkeit eines seiner Mitbürger und die Entdeckung und Rettung Dr. Livingstone's durch einen andern seiner Unterthanen die öffentliche Aufmerksamkeit auf Afrika gerichtet worden war, und dass es einen halben Antheil an der Ehre der Erforschung des Kongobeckens hatte, die nunmehr ihren Höhepunkt erreicht hatte, weil sie die Aufmerksamkeit der Welt erregte. Als General Sanford seine Landsleute an diese Thatsachen erinnerte und ihnen in Aussicht stellte, dass ihr einst so bedeutender Handel in Westafrika wieder aufgebaut werden könne, da war es nicht schwierig, den Congress zu einer nüchternen Prüfung der Frage zu veranlassen, und nach geduldiger Untersuchung nahm der Senat der Vereinigten Staaten am 10. April 1884 eine Resolution an, welche den Präsidenten autorisirte, die Internationale Afrikanische Association als regierende Macht am Kongoflusse anzuerkennen.

Die Anerkennung durch die Vereinigten Staaten war für die Association, deren Existenz durch gegnerische Interessen und Bestrebungen ernstlich bedroht war, die Geburt zu neuem Leben, und dadurch, dass die europäischen Mächte diesem Beispiele gefolgt sind, ist ihr Platz unter den souveränen Staaten befestigt und gesichert worden. Dieser Act, das Resultat der wohlerwogenen Entscheidung der amerikanischen Staatsmänner, ist im Auslande stark kritisirt worden, ebenso wie die Theilnahme der Vereinigten Staaten an der Berliner Conferenz, zu der jener direct führte, in der amerikanischen Presse. Es war eine der Geschichte der grossen Republik würdige Handlung, nicht nur in der öffentlichen Anerkennung und Unterstützung des grossen Werkes der Civilisation und in der Beförderung der Handelsentwickelung in Afrika die Führung zu übernehmen, sondern auch wegen der grossen Bedeutung bezüglich ihrer Interessen für das zukünftige Wohl der innerhalb ihrer Grenzen lebenden 7 Millionen Menschen afrikanischer Abkunft.

Die britischen Handelskammern, und insbesondere diejenigen von Manchester, Liverpool und Glasgow, setzten dem mit Portugal abgeschlossenen Vertrage entschiedenen Widerstand entgegen; allein trotz der kräftigsten Opposition in kaufmännischen Kreisen und im Hause der Gemeinen ist es doch zweifelhaft, ob in England etwas hätte geschehen können, um zu verhindern, dass durch diesen Vertrag ein wirksames Siegel auf das Unternehmen im Kongobecken gedrückt werde, wenn nicht dem königlichen Gründer die Hülfe des deutschen Kanzlers und die Sympathien der französischen Regierung zutheil geworden wären. Es waren viel liberalere Bedingungen erforderlich, um den Handel in die Grenzen des Kongobeckens zu locken, als irgendwelche Bestimmungen, welche der Vertrag enthielt. Eine solche Vereinbarung, wie sie auf dem Wiener Congress im Jahre 1815 getroffen wurde, durch welche die freie Schifffahrt auf den grossen europäischen Flüssen, wie Rhein und Donau, proclamirt wurde, wäre nothwendig gewesen; und nun, da die Association Hunderte von kleinen souveränen Staaten an einem grossen Theil des Flusses hatte in sich aufgehen lassen, nachdem Frankreich an andern Orten der Kongo-Ufer in derselben Weise vorgegangen war und Portugal seine Ansprüche auf die von den Gewässern des grossen afrikanischen Stromes bespülten Gebiete kräftig verfolgte, war es absolut und dringend nöthig, dass die Mächte hervortraten und den Regierungen am Kongoflusse solche Verpflichtungen auferlegten, dass der am untern Lauf des Stromes bereits blühende Handel nicht gefährdet oder unterdrückt werde.

Am 7. Juni 1884 hob Fürst Bismarck seine Einwände gegen den englisch-portugiesischen Vertrag dem Grafen Münster gegenüber in folgender Weise hervor:

...Auch mit den von der Königlich grossbritannischen Regierung in der Anlage vorgeschlagenen Modifikationen würde, wie ich glaube, der Vertrag keine Aussicht auf allseitige Anerkennung haben. Die portugiesische Regierung selbst scheint, wie ich Euerer Excellenz bereits unter dem 20. v. M. mitzutheilen die Ehre hatte, sich in Folge der ihr zugegangenen Aeusserungen anderer Regierungen von der Nothwendigkeit überzeugt zu haben, die Kongofrage zum Gegenstand einer internationalen Regelung zu machen; sie hat deshalb bei verschiedenen Regierungen den Gedanken einer Konferenz angeregt.

Wir werden, wenn dieser Gedanke bei den an dem Kongohandel interessirten Mächten Anklang findet, gern bereit sein, einen deutschen Bevollmächtigten zur Betheiligung an den Verhandlungen zu ernennen.

Wir sind indess nicht geneigt, die Gewährung von Vorzugsrechten an irgend eine der bei dem Kongohandel betheiligten Mächte als eine geeignete Grundlage der Unterhandlungen anzusehen. Portugal besitzt nach unserer Ansicht keinen stärkeren Anspruch auf das untere Kongogebiet als jede andere dort verkehrende Macht. Handel und Verkehr sind dort für alle Nationen bisher gleichmässig von jeder Einschränkung frei gewesen.

Seine Majestät der Kaiser fühlt sich verpflichtet, dem deutschen Handel die Vortheile dieses bestehenden Zustandes auch für die Zukunft zu wahren und sie womöglich durch ein Uebereinkommen unter allen betheiligten Nationen zu befestigen.

Wir sind daher nicht in der Lage, der portugiesischen oder einer anderen Nation dort Vorrechte einzuräumen.

Die, wie Lord Granville konstatirt, von Kaufleuten aller Nationen geäusserte Befürchtung, dass die Thätigkeit portugiesischer Beamten lähmend für den Verkehr sein würde, theilen wir.

Gerade deshalb können wir nicht dazu mitwirken, dass, wenn zur Bestreitung von Einrichtungen, welche dem fremden Handel zu Gute kommen sollen, die Erhebung von Zöllen oder Abgaben überhaupt nothwendig werden sollte, die Verwaltung oder auch nur die Leitung dieser Einrichtungen portugiesischen Beamten übertragen werde....*

Bisher war Grossbritannien die unternehmendste Nation auf dem Gebiete der Forschung und des Handels in Afrika gewesen. In den Annalen der Erforschung des Dunkeln Welttheils suchen wir vergeblich unter den andern Nationali-

---

* Abgedruckt aus: „Aktenstücke betreffend die Kongo-Frage. Dem Bundesrath und dem Reichstag vorgelegt im April 1885." Auch die weiter folgenden Aktenstücke sind, soweit sie in dem deutschen Weissbuche enthalten, diesem entnommen.

täten nach einem Namen wie dem Livingstone's. Er ragt über alle hervor; er vereinigt in sich alle die besten Eigenschaften anderer Entdeckungsreisenden, die methodische Ausdauer Barth's, den Philo-Afrikanismus Moffat's, den Unternehmungsgeist von Rohlfs, die Vorliebe Duveyrier's für geographische Details, die buchstäbliche Genauigkeit Burton's und die bestrickende Einfachheit und verführerische Gutmüthigkeit Speke's den Eingeborenen gegenüber; er ist ein seltenes Stück menschlicher Mosaik, ein wirklicher Ruhm für England. Dem Engländer Burton kann aber Deutschland Barth, Frankreich Duveyrier gegenüberstellen, für Speke weist ersteres Rohlfs, letzteres René Caillie auf; für Cameron hat Deutschland Nachtigal, für Baker Schweinfurth, wenn man sich auch zwei grössere Gegensätze kaum zu denken vermag, während Frankreich sich rühmen kann, de Compeigne und de Brazza zu haben. Grossbritannien hat jedoch, nachdem es Bruce, Park, Clapperton, Denham, die Landers hervorgebracht, sich selbst übertroffen, als es den starken und ausdauernden Schotten Livingstone erzog.

Auch im westafrikanischen Handel hat Grossbritannien einst fast allein gestanden. Macgregor Laird hat im Jahre 1841 den Niger ausgebeutet; Englands Kaufleute betrieben ihre Geschäfte am Gambia, am Roquelle, an der Goldküste, in Lagos, an den Oelflüssen, in Gabun und Kabinda, und Firmen in Glasgow, Liverpool und Bristol waren durch ein Heer von Agenten vertreten, welche sich an verschiedenen Punkten der 4400 km langen Küstenlinie niedergelassen hatten. In neuern Jahren hat aber infolge der Apathie der englischen Kaufleute auch der Unternehmungsgeist Deutschlands sich an verschiedenen Orten festgesetzt, und grosse Häuser, wie dasjenige Woermann's, sind emporgeblüht und haben alle einzelnen englischen Firmen gestürzt, welche ihre

Factoreien und Agenten nach Dutzenden zählten. Hamburg und Bremen stachen Liverpool und Glasgow aus. Deshalb hatte Deutschland solide und wichtige Gründe, um seine kaufmännischen Interessen zu wahren und eifersüchtig zu schützen, während Frankreich, unterstützt durch die Energie und die Fähigkeiten des Herrn de Brazza, in den an und jenseit der Colonie von Gabun liegenden Gebieten, selbstverständlich in den Districten, welche es durch den Eifer und die Energie seiner Agenten erworben hatte, sich so festzusetzen trachtete, dass man sie ihm nicht mehr streitig machen konnte.

Die politischen Talente des Deutschen Kanzlers Fürst Bismarck sind nicht gewöhnlicher Art. Diejenigen, welche den ausgetretenen Pfaden und vorgeschriebenen Regeln der diplomatischen Kunst, rein veralteten Principien Machiavelli's folgen, werden von der festen, geraden, standhaften Aufrichtigkeit, welche seine Politik beeinflusst, verwirrt und verlieren sich in tiefen Speculationen über seine Absicht, während sein Zweck in deutlichen Buchstaben, in lesbaren Briefen und verständlicher Sprache vor ihnen liegt. Deutsche Gelehrte hatten Gebiete, die von keiner Macht beansprucht wurden, erforscht, deutsche Kaufleute in ehrlicher Weise an gewissen Orten an der westafrikanischen Küste sich niedergelassen; die intelligentesten und unternehmendsten Söhne Deutschlands hatten 24 geographische Gesellschaften gebildet, und ferner waren neben afrikanischen ein Dutzend Colonial-Gesellschaften in Deutschland gegründet worden. Eine Deutsch-afrikanische Gesellschaft hatte bereits Bastian, Güssfeldt, Pechuel-Loesche, Buchner, Pogge, Wissmann u. A. ausgerüstet und bereitete die Aussendung weiterer Reisender vor. Alle diese Thatsachen wurden in deutschen Zeitungen und Wochenschriften veröffentlicht; keine Bewegung wurde verheimlicht, alles war ehrlich und unversteckt, und die ganze Welt erfuhr von den bescheidenen Bemühungen Deutschlands, seine Colonialmacht auszudehnen.

Als grosser Staatsmann fühlte Fürst Bismarck diesen starken Pulsschlag des modernen deutschen Lebens. Er vernahm mit dem Stethoskop das Murmeln der verborgenen Neigung seines Zeitalters, und schaffte, als er sie entdeckt, mit seinem Genie ein gesundes colonialpolitisches System, nicht übereilt, wenn auch die ausser dem Kreise seines Geistes Stehenden es für excentrisch halten mochten. Er ist eifrig in allem, was er unternimmt, und sucht Rath bei denen, welche fähig sind, ihn zu geben. Das ist seine Excentrität; es ist nicht üblich, dass ein Staatsmann eine Anzahl Fachleute zusammenruft, um den besten Weg zu berathen. Die Woermann und Meier aus Hamburg und Bremen wurden zum Fürsten nach Friedrichsruh berufen. Während ihres Besuches hat Fürst Bismarck durch seine Fähigkeit, alles in sich aufzunehmen, so umfangreiche Localkenntnisse von den wenig bekannten westafrikanischen Gebieten erworben, dass ich behaupten darf, wenige Minister des Auswärtigen haben je ähnliche Kenntnisse besessen.

Am 13. September 1884 schreibt Fürst Bismarck an den französischen Botschafter in Berlin, Baron de Courcel:

Ebenso wie Frankreich wird die deutsche Regierung eine wohlwollende Haltung bezüglich der belgischen Unternehmungen am Kongo in Folge des Wunsches der beiden Regierungen beobachten, ihren Angehörigen die Handelsfreiheit in dem ganzen Gebiete des zukünftigen Kongostaates sowie in den Stellungen zu sichern, welche Frankreich an diesem Strome einnimmt und dem liberalen System, welches man von dem zu gründenden Staate erwartet, zu unterwerfen beabsichtigt. Diese Vortheile würden den deutschen Angehörigen für den Fall verbleiben und ihnen gewährleistet werden, dass Frankreich in die Lage kommen sollte, das ihm seitens des Königs der Belgier eingeräumte Vorzugsrecht im Falle einer Veräusserung der durch die Kongogesellschaft gemachten Erwerbungen auszuüben.

Ich muss hier bemerken, dass die Internationale Association, als sie nach Veröffentlichung des englisch-portugiesischen Vertrages kein anderes Mittel sah, um sich von den Folgen desselben zu befreien, 57 Tage später, am 23. April 1884, eine Vereinbarung mit Frankreich abgeschlossen hatte, der eine Karte beigefügt war und die folgenden Wortlaut hatte:

Die Internationale Gesellschaft des Kongo erklärt im Namen der freien Stationen und Territorien, welche sie am Kongo und im Thal des Niadi-Kwilu angelegt hat, formell, dass sie dieselben an keine Macht abtreten wird, unter Vorbehalt der besonderen Vereinbarungen, welche zwischen Frankreich und der Association zum Zweck der Feststellung der Grenzen und Bedingungen ihrer respectiven Action abgeschlossen sein mögen. Dagegen verpflichtet die Gesellschaft sich, in dem Wunsche, Frankreich einen neuen Beweis von dem sie beseelenden freundschaftlichen Gefühl zu geben, ihm das Vorkaufsrecht zu übertragen für den Fall, dass die Association eines Tages durch unvorhergesehene Umstände veranlasst werden sollte, ihre Besitzungen zu realisiren.

STRAUCH.

Der Ministerpräsident Jules Ferry antwortete in einer Weise, welche Frankreich formell verpflichtete, das Gebiet der Association zu respectiren.

Fürst Bismarck schreibt weiter an Baron de Courcel:

Der Meinungsaustausch, welchen ich mit Euerer Excellenz zu pflegen die Ehre hatte, beweist, dass die beiden Regierungen in gleichem Maasse wünschen, für die Schiffahrt auf dem Kongo und dem Niger die Grundsätze zur Anwendung zu bringen, welche der Wiener Kongress angenommen hatte, um die Freiheit der Schiffahrt auf einigen internationalen Flüssen zu sichern, und welche später auf die Donau angewandt worden sind.

Um die naturgemässe Entwickelung des europäischen Handels in Afrika zu sichern, würde es zugleich nützlich sein, sich über die Formalitäten zu verständigen, deren Beobachtung erforderlich wäre, damit neue Besitzergreifungen an den Küsten Afrikas als effective betrachtet werden.

Ich bitte Euere Excellenz, der Regierung der Republik vorschlagen zu wollen, dass die Identität unserer Ansichten über diese Punkte durch einen Notenaustausch festgestellt und eine Einladung an die anderen bei dem afrikanischen Handel interessirten Kabinete, sich auf einer zu diesem Ende einzuberufenden Konferenz über die zwischen den beiden Mächten getroffenen Abreden zu äussern, gerichtet werde.

VON BISMARCK.

In seiner Antwort auf diese Mittheilung bemerkt der französische Botschafter Baron de Courcel: Er habe nicht ermangelt, seiner Regierung die Note des Fürsten Bismarck mitzutheilen, worin der wesentliche Inhalt ihrer Varziner Unterhaltungen wiedergegeben sei. Die französische Regierung stimme mit der kaiserlich deutschen Regierung vollständig darin überein, dass es wünschenswerth sei, zu einer gegenseitigen Verständigung über die Abgrenzung der Gebiete an der westafrikanischen Küste, namentlich wo die deutschen Besitzungen an die französischen stossen, zu kommen. Er erkennt ferner an, dass sich das Einverständniss der beiden Regierungen auf Grundsätze von weittragender Bedeutung für den Handel in Afrika erstreckt, deren wichtigste die sind, welche die Handelsfreiheit im Becken des Kongo leiten müssen. Er stimmt auch dem Plane zu, dass, nachdem die Internationale Afrikanische Association, welche eine Anzahl Stationen am Kongo errichtet hat, sich bereit erklärt hat, das Princip für den ganzen Umfang derjenigen Gebiete anzunehmen, über welche sie Rechte ausübt, auch Frankreich die Handelsfreiheit in den Stellungen gewähre, welche es am Kongo einnimmt oder später erwerben wird, und bemerkt, dass Frankreich sogar seine Bereitwilligkeit erklären würde, diese Freiheit aufrecht zu erhalten, falls es in die Lage kommen sollte, aus den vom Fürsten erwähnten Arrangements, welche Frankreich im Falle der Veräusserung der von der Internationalen Gesellschaft erworbenen Gebiete das Vorkaufsrecht zusichern, Nutzen zu ziehen. Er definirt Handelsfreiheit als freie Zulassung aller Flaggen, Verbot jedes Monopols und jeder differentiellen Behandlung, wogegen die Einführung von Abgaben nicht ausgeschlossen ist, welche als Ersatz nützlicher Ausgaben für den Handel erhoben werden. Baron de Courcel schreibt ferner, dass Frankreich, wenn es auch diese wohlthätigen Concessionen für kaufmännische Unternehmungen für das Kongobecken zulasse, doch nicht gewillt sei, dass auch Gabun, Guinea oder der Senegal derselben theilhaftig werden, sondern nur der Kongo und der Niger. Die französische Regierung, heisst es dann, stimme auch mit andern Ansichten, welche Fürst Bismarck ausgesprochen, überein, und Herr Jules Ferry sei bereit, sich mit dem Fürsten über den Erlass einer Einladung an die übrigen am afrikanischen Handel interessirten Cabinete zu einer Conferenz zu verständigen, deren Aufgabe es sein würde, sich über die von Frankreich und Deutschland im Einverständniss aufgestellten Regeln auszusprechen.

Am 2. October sendet Baron de Courcel auf ein Schreiben des Fürsten Bismarck die folgende Antwort:

Mein Fürst!

Ich habe mich beeilt, die in der Mittheilung Eurer Durchlaucht vom 30. September dargelegten Anschauungen, betreffend die nach Berlin zu berufende Konferenz von Vertretern der verschiedenen, an dem Handel von Westafrika betheiligten Nationen, zur Kenntniss meiner Regierung zu bringen. Die Regierung der

Republik beauftragt mich, Ihnen mitzutheilen, dass sie mit Ihren Vorschlägen bezüglich des Zeitpunktes der Eröffnung der Konferenz und des bei den Einladungen zu beobachtenden Verfahrens einverstanden ist.

Herr Jules Ferry ist wie Euere Durchlaucht der Ansicht, dass ausser Frankreich und Deutschland in erster Linie Grossbritannien, die Niederlande, Spanien, Portugal, Belgien und die Vereinigten Staaten von Amerika an der Konferenz Theil zu nehmen hätten. Er theilt Ihre Auffassung auch in der Hinsicht, dass, um den Beschlüssen der Konferenz die allgemeine Zustimmung zu sichern, es sich empfehlen würde, später alle Grossmächte und die skandinavischen Staaten aufzufordern, an den Berathungen Theil zu nehmen.

ALPH. DE COURCEL.

Demgemäss wurden an die nachstehenden Regierungen Einladungen erlassen, und am 15. November 1884 waren folgende zur Theilnahme an den Conferenzen befugte Bevollmächtigte in Berlin versammelt:

Für das Deutsche Reich	Otto Fürst von Bismarck, Präsident des preussischen Staatsministeriums, Kanzler des Reichs;
	Paul Graf von Hatzfeldt, Staatsminister und Staatssekretär des Auswärtigen Amts;
	August Busch, Wirkl. Geh. Legationsrath und Unterstaatssekretär im Auswärtigen Amt;
	Heinrich von Kusserow, Geh. Legationsrath im Auswärtigen Amt.
Für die Oesterreichisch-Ungarische Monarchie	Emerich Graf Széchényi von Sárvári Felsö-Vidék, Kammerherr und Wirkl. Geh. Rath, ausserordentlicher und bevollmächtigter Botschafter.
Für das Königreich Belgien	Gabriel August Graf van der Straten Ponthoz, ausserordentlicher Gesandter und bevollmächtigter Minister;

Die Berliner Conferenz.

	August Baron Lambermont, Staatsminister, ausserordentlicher Gesandter und bevollmächtigter Minister.
Für das Königreich Dänemark	Emil von Vind, Kammerherr, ausserordentlicher Gesandter und bevollmächtigter Minister.
Für das Königreich Spanien	Don Francisco Merry y Colom, Graf von Benomar, ausserordentlicher Gesandter und bevollmächtigter Minister.
Für die Vereinigten Staaten von Amerika	John A. Kasson, ausserordentlicher Gesandter und bevollmächtigter Minister der Vereinigten Staaten von Amerika; Henry S. Sanford, früherer Minister.
Für die Französische Republik	Alphonse Baron de Courcel, ausserordentlicher und bevollmächtigter Botschafter.
Für das Vereinigte Königreich von Grossbritannien und Irland	Sir Edward Baldwin Malet, ausserordentlicher und bevollmächtigter Botschafter.
Für das Königreich Italien	Eduard Graf von Launay, ausserordentlicher und bevollmächtigter Botschafter.
Für das Königreich der Niederlande	Friedrich Philipp Yonkheer van der Hoeven, ausserordentlicher Gesandter und bevollmächtigter Minister.
Für das Königreich Portugal	Da Serra Gomes, Marquis von Penafiel, Pair des Königreichs, ausserordentlicher Gesandter und bevollmächtigter Minister; Anton von Serpa Pimentel, Staatsrath und Pair des Königreichs.
Für das Kaiserreich Russland	Peter Graf Kapnist, Geheimer Rath, ausserordentlicher Gesandter und bevollmächtigter Minister.

Achtunddreissigstes Kapitel.

Für das Königreich Schweden und Norwegen	Gillis Baron Bildt, Generallieutenant, ausserordentlicher Gesandter und bevollmächtigter Minister.
Für die Türkei	Mehemed Saïd Pascha, Vezir und Grosswürdenträger, ordentlicher und bevollmächtigter Botschafter.

Diesen hohen und mächtigen Functionären waren verschiedene Delegirte und Fachleute beigegeben, die entweder von ihren betreffenden Regierungen oder von den Bevollmächtigen selbst ernannt waren:

Bei den deutschen Vertretern	Adolph Woermann.
„ dem französischen Botschafter	Dubuisson.
	Engelhardt.
	Dr. Ballay.
„ „ englischen Botschafter	Robert H. Meade.
	Henry Percy Anderson.
	Hemming.
	W. E. Crowe.
„ „ italienischen Botschafter	Graf Christoforo Negri.
	Senator Montegazza.
„ spanischen Botschafter	Oberst Coello y Dusada, Präsident der spanischen Afrikanischen Gesellschaft.
„ holländischen Botschafter	A. D. Bloeme, aus Banana-Point am Kongo.
„ den portugiesischen Vertretern	Luciano Cordeiro.
	Kapitän Carlos du Bocage.
„ dem belgischen Botschafter	Oberst Strauch.
	Emile Banning.
„ den amerikanischen Bevollmächtigten	der Verfasser, als technischer Rathgeber.

Als Sekretäre der Conferenz fungirten die Herren Raindre, von der französischen Botschaft, Graf Wilhelm von Bismarck und Viceconsul Dr. Schmidt.

Die Sitzungen fanden im Palais des Deutschen Reichskanzlers in der Wilhelmstrasse in demselben Saal statt, wo der Berliner Congress 1878 getagt hatte.

Nachdem die Mitglieder der Conferenz sich am Nachmittag des 15. November versammelt hatten, eröffnete Fürst Bismarck die Sitzung, wobei er in seiner kurzen Ansprache hervorhob, dass die Conferenz zur Lösung von drei Hauptfragen zusammengetreten sei, nämlich:

1) Freie Schifffahrt nebst Handelsfreiheit auf dem Kongo.

2) Freie Schifffahrt auf dem Niger.

3) Die zu beobachtenden Formalitäten behufs zukünftiger gültiger Gebietsannexionen auf dem afrikanischen Continent.

Sir Edward Malet erwiderte: Er stimme der philanthropischen Gesinnung des Fürsten zu und acceptire die drei Punkte zur Discussion. Seine Regierung wolle die Principien der Handelsfreiheit auf den Niger ausgedehnt wissen, bedinge sich jedoch aus, dass die Ueberwachung der Ausführung dieser Grundsätze nicht einer internationalen Körperschaft übertragen werde, weil dies Pflicht und Privilegium Grossbritanniens sei, das die wichtigste, wenn nicht einzige Macht sei, welche am untern Niger Besitzthum habe.

Um eine fortlaufende Schilderung der wichtigsten Ereignisse der Sitzungen zu geben, füge ich ein kurzes Tagebuch über die Vorkommnisse an, welche zur Schlussakte führten.*

19. November. Portugal erklärt, dass es das Princip der Handelsfreiheit acceptire.

Graf de Launay erklärt seine Zustimmung zu den Grundsätzen des freien Handels und der freien Schifffahrt.

---

* Vgl. den Anhang.

Der amerikanische Gesandte hält eine Rede in Uebereinstimmung mit den Principien, bezüglich welcher die Conferenz berufen ist; er sagt Schmeichelhaftes für den Verfasser und theilt seinen Collegen mit, dass derselbe zum technischen Delegirten für die Vereinigten Staaten ernannt worden sei.

Eine Commission soll ernannt werden zur Feststellung der Grenzen und der Ausdehnung des Gebiets im westlichen Afrika, wo der Freihandel zugelassen werden soll.

Die Bevollmächtigten sind beim Staatssekretär des Auswärtigen, Grafen Hatzfeldt, zum Diner eingeladen.

20. November. Eine Commission, bestehend aus Bevollmächtigten und Delegirten, berieth über die Definition des Kongobeckens. Es herrschte ein seltsames Widerstreben zu reden, gerade als wenn es sich um einen grossartigen staatspolitischen Plan handele. Schliesslich setzte Herr Banning kurz auseinander, dass das Kongobecken das Areal bedeute, welches von dem genannten Fluss entwässert werde. Oberst Strauch stimmte den Bemerkungen des Herrn Banning zu. Dann wurde ich als Nächster auf der Liste der Delegirten gefragt, und ich antwortete in längerer Rede (siehe Anhang), indem ich für ein 380 engl. Meilen breites commerzielles Delta für ein freies Handelsbecken, von der Mündung des Flusses Loge bis 2° 30′ südl. Br., sprach und, den Mitgliedern ganz unerwartet, auch andeutete, dass es weise sein würde, dieselbe Freiheit des Handels quer über Afrika bis 1 Grad von der Seeküste von 5° nördl. Br. bis einschliesslich des untern Sambesi auszudehnen. Herr Anderson vom englischen Auswärtigen Amt bekräftigte meine Bemerkungen über die Breite des freien Zugangs zum Handelsbecken des Kongo. Auch Herr de Bloeme unterstützte im Namen Hollands den Vorschlag warm. Die portu-

giesischen Delegirten wollten den Zugang bis auf die Flussmündung verengern. Dr. Ballay argumentirte, dass der Ausgang des Handelsbeckens auf die unterhalb des Stanley-Pool in den Kongo mündenden Nebenflüsse beschränkt werden solle, sodass derselbe an der Mündung nur 20 Meilen breit sein würde.

24. November. Die Commission acceptirt schliesslich die Definition des freien Litorale oder der Ausmündung des Handelsbeckens, wie Herr Anderson, Herr de Bloeme und ich sie vorgeschlagen haben, und beschliesst, dass dieselbe Handelsfreiheit unter gehöriger Berücksichtigung der gegenwärtig bestehenden Suzeränetätsrechte an der Ostküste ostwärts bis zum Indischen Ocean ausgedehnt werden solle.

Herr de Bloeme hielt eine interessante Rede über den Handel der Holländer am Kongo, und Herr Woermann theilte Näheres über Charakter und Umfang des Handels an der Westküste mit.

Abends war ich beim Fürsten Bismarck zum Diner. Ich freue mich, den grossen Mann gesehen zu haben, freue mich aber noch mehr, dass er seine Grösse einzig und allein seiner Ehrenhaftigkeit, Entschlossenheit und seinem klaren Menschenverstand verdankt, der auch nicht durch die geringste Spur schiefer oder falscher Gesinnung getrübt wird.

30. November. Einstimmig wurde ein Beschluss zu Gunsten der Handelsfreiheit im ganzen neudefinirten Kongobecken gefasst. (Siehe die Erklärung im Anhang.)

Ich hielt eine Rede über die religiösen und Missionsunternehmungen im Kongobecken.

3. December. Die besondere Untercommission setzte die Berathungen über die Schifffahrtsacte fort. Tags zuvor erklärte Sir Edward Malet im Namen Englands: „Grossbritannien verpflichtet sich, die Kaufleute und Ausländer

jeder Nation, welche in denjenigen Theilen des Nigerlaufes Handel treiben, die unter seiner Souveränetät oder seinem Protectorat stehen oder stehen werden, in derselben Weise zu schützen, als wenn sie seine eigenen Unterthanen wären, stets vorausgesetzt, dass diese Kaufleute sich den Bestimmungen fügen, welche diesbezüglich erlassen sind oder werden."

Herr Wm. H. Tisdel ist im Auftrage der Vereinigten Staaten-Regierung nach dem Kongo abgereist, um über die etwaigen Vortheile für den amerikanischen Handel zu berichten.

13. December. Die Grosse Commission der Conferenz genehmigte die Kongo- und Niger-Schifffahrtsakte.

17. December. Am 8. November hat Deutschland die Internationale Association anerkannt, und heute ist Sir Edward Malet im Namen Grossbritanniens diesem Beispiele unter fast gleichen Bedingungen wie Deutschland gefolgt. Die Frage der Begrenzung wird selbstverständlich nicht berührt, bis mit Frankreich und Portugal eine Vereinbarung getroffen worden ist.

18. December. Heute fand eine Versammlung der sämmtlichen Bevollmächtigten statt, in welcher die Schifffahrtsakte sowol für den Kongo als für den Niger genehmigt wurde.

19. December. Italien hat heute die Convention mit Oberst Strauch unterzeichnet und die Internationale Association anerkannt.

Italien trat in der Conferenz mit einem Vorschlage zur zwangsweisen Einführung der Mässigkeit am Kongo hervor, doch wurde demselben auf das kräftigste von Deutschland und Holland widersprochen. Baron de Courcel brachte einen Gegenantrag ein, der mehr Aussicht auf Annahme haben dürfte.

22. December. Die Commission discutirte und nahm den Antrag bezüglich des Spirituosenhandels an.

23. December. Die Conferenz genehmigte den Beschluss der Commission bezüglich des Spirituosenhandels, fügte aber hinzu, dass zur Verhinderung des Misbrauches desselben getroffene Maassregeln nicht als ein Bruch der bereits angenommenen Freihandelsprincipien angesehen werden sollten. Dann wurde die Vertagung bis zum 5. Januar beschlossen.

24. December. Oesterreich erkennt die Flagge der Internationalen Association als die eines befreundeten Staates unter ähnlichen Bedingungen wie Deutschland und mit einer Reserve bezüglich der Consulargerichtsbarkeit wie England und Italien an.

Die diplomatischen Vertreter der Association verhandeln in Paris über einen Vertrag mit Frankreich.

5. Januar 1885. Die Conferenz nahm heute ihre Arbeiten wieder auf und berieth über die von Sir E. B. Malet und John A. Kasson gemachten Vorschläge bezüglich des Sklavenhandels. Beide Vorschläge wurden zusammengestellt und werden eine besondere Erklärung bilden.

6. Januar. Die Bevollmächtigten erhielten in der heutigen Sitzung einen Entwurf der Erklärung über die Formalitäten, welche bei Besitzergreifung neuer Gebiete an den afrikanischen Küsten zu beobachten sind. Um die Anerkennung zu erhalten und den Erwerb gültig zu machen, ist eine gleichzeitige Notificirung an alle andern Signatärmächte erforderlich, auch erkennt die Erklärung die Verpflichtung der annectirenden Macht an, eine Jurisdiction einzuführen und zu erhalten, ausreichend, um nicht nur den Frieden, sondern auch die Achtung vor erworbenen Rechten und je nach den Umständen des einzelnen Falles vor den Bedingungen zu

sichern, unter denen die Freiheit des Handels und Durchgangsverkehrs gewährleistet worden ist.

7. Januar. Die Erklärung, welche den Sklavenhandel im Kongobecken verbietet, wurde von der Conferenz angenommen. Dieselbe sagt: „Die Mächte, welche in den das conventionelle Kongobecken bildenden Gebieten Souveränetätsrechte oder einen Einfluss ausüben oder ausüben werden, erklären, dass diese Gebiete weder als Markt noch als Durchgangsstrasse für den Handel mit Sklaven, gleichviel welcher Rasse, benutzt werden sollen. Jede dieser Mächte verpflichtet sich zur Anwendung aller ihr zu Gebote stehenden Mittel, um diesem Handel ein Ende zu machen, und diejenigen, welche ihm obliegen, zu bestrafen."

Eine grosse Versammlung von Herren aus der Rheinprovinz und Westfalen gaben mir zu Ehren ein Festmahl in Köln und hörten einen Vortrag von mir über die sich dem Handel bietenden Vortheile im Kongobecken.

8. Januar. Ich hielt heute Abend in Frankfurt vor einem ausserordentlich enthusiastischen Publikum einen Vortrag über Centralafrika und die Europa aus den Arbeiten der Conferenz wahrscheinlich erwachsenden Vortheile. Von der ältesten Geographischen Gesellschaft in Deutschland wurde mir ein Diplom und ein zweites durch den Fürsten Hohenlohe-Langenburg im Namen der Deutschen Colonial-Gesellschaft überreicht.

9. Januar. Heute hielt ich einen Vortrag in Wiesbaden, wo man mir zu Ehren ein Festmahl gab.

Die Bevollmächtigten berathen die Erklärung über die Formalitäten, und es tritt eine mehrtägige Verzögerung ein, hauptsächlich dadurch veranlasst, dass Sir E. Malet über die erwähnten Punkte keine definitiven Instructionen vom britischen Auswärtigen Amt erhalten hat.

19. Januar. Fürst Bismarck hatte die Bevollmächtigten und Delegirten zu einem Festmahl in seinem Palais eingeladen. Interessant bei diesen Banketten sind die in Mode gekommenen mit grossem Fleiss ausgearbeiteten Menus, welche Kongo- und afrikanische Landschaften illustriren.

28. Januar. Nach langer Verzögerung wurde der dritte Punkt des Programms der westafrikanischen Conferenz erledigt, welcher sich auf die bei Besitznahme eines Theils der afrikanischen Küste erforderlichen Grundbedingungen bezieht.

31. Januar. Der officielle Bericht über die bezüglich späterer Annexionen zu beobachtenden Bestimmungen wurde in einer Plenarsitzung der Conferenz genehmigt.

5. Februar. Frankreich schloss heute in Paris mit der Internationalen Association einen Vertrag, laut welchem die Grenzen zwischen ihren respectiven Gebieten wie folgt festgestellt worden sind: Im Norden der Lauf des Tschiloango, dann von dessen Quelle bis in die Nähe von Manjanga, darauf den Kongostrom aufwärts durch die Mitte des Stanley-Pool und dem obern Kongo entlang bis einschliesslich des Bassins des Likona. Die Flagge der Association wird von Frankreich als die eines befreundeten Staates angesehen, und die Regierung der Republik wird ihre guten Dienste leisten, um eine freundliche Verständigung zwischen Portugal und der Association herbeizuführen.

6. Februar. Russland erkannte heute die Association Internationale du Congo formell an und unterzeichnete einen Vertrag mit ihrem Präsidenten.

10. Februar. Schweden erkannte die Association an und unterzeichnete eine Convention mit ihr.

13. Februar. Die Generalakte wurde in der heutigen Sitzung der Conferenz discutirt. Herr Kasson sprach namens

der Vereinigten Staaten gegen den Vorschlag, derselben die Form eines Vertrags zu geben.

14. Februar. Die Commission trat heute zur Berathung der Neutralitätsfrage zusammen.

15. Februar. Endlich ist zwischen Portugal und der Association eine Grenzconvention unterzeichnet worden, laut welcher ersteres das ganze südliche oder linke Ufer des Kongo von der See bis zu dem Flüsschen Uango-Ango erhält. Die Grenzlinie zwischen den Gebieten läuft südlich durch die Mündung dieses Flüsschens bis zur Breite von Nokki und dann östlich bis zum Kwa oder Kuango. Im Litorale nördlich vom Kongo beginnt das portugiesische Gebiet bei einem kleinen Fluss in der Nähe von Cabo-Lombo oder Red-Point und läuft dann der Küste entlang nach Massabe. Nach dem Innern dehnt sich das Gebiet, das von dem der Association cedirten umschlossen ist, etwa 52 km weit aus.

Die Internationale Association hat durch diese neuerlichen Conventionen mit Frankreich und Portugal einen Streifen Seeküste erhalten, welcher sich in einer Länge von 33 km von Banana-Point bis Cabo-Lombo erstreckt, sowie das ganze nördliche oder rechte Ufer des Kongo bis hinauf zum Katarakt von Ntombo-Mataka, 4½ km oberhalb der Station Manjanga, mit dem Hinterlande bis zum Tschiloango-Flusse. Am südlichen oder linken Ufer beginnt das Gebiet der Association am Uango-Ango-Flüsschen und endet am Bangweolo-See. Nach dem Innern geht die Grenze von der Mündung des Uango-Ango-Baches südlich bis zur Breite von Nokki, darauf ostwärts parallel mit dem Kwa oder Kuango, um dann den Kwa aufwärts bis 6° südl. Br. zu laufen, von wo sie den Fluss Lubilasch verfolgt. An letzterm aufwärts laufend, geht sie südlich bis zur Wasserscheide zwischen dem Sambesi und dem Kongo, welche sie dann bis zum Bangweolo-See verfolgt. Vom östlichen Ende des Sees führt die Linie nach dem Tanganjika-See, läuft an dessen Westküste entlang bis zum Einfluss des Rusisi, an dessen Lauf sie aufwärts geht, bis sie 30° östl. L. erreicht, die Wasserscheide zwischen dem Nil und dem Kongo, von wo sie sich westwärts bis 17° östl. L. und dann längs dieses Meridians südwärts bis zum Likona-Becken wendet.

19. Februar. Die Commission beschäftigte sich heute Nachmittag mit der Berathung des französischen Neutralitätsvorschlags.

21. Februar. Die Neutralitätsfrage wurde angenommen und Baron Lambermont's Bericht über die Schlussakte gelesen.

23. Februar. Belgien hat die Internationale Association formell anerkannt und heute den Vertrag unterzeichnet; auch Dänemark hat durch Vertrag die Anerkennung des neuen Kongostaates ausgesprochen.

Dr. Busch, der fungirende Vicepräsident, theilte der Conferenz mit, dass fast alle versammelten Mächte Conventionen bezüglich der Anerkennung der Internationalen Association abgeschlossen hätten, und hob nicht nur seine persönliche Befriedigung über diese Thatsache hervor, sondern auch, dass die deutsche Regierung die wärmsten Sympathien für die hochherzigen Bemühungen König Leopold's II. hege, welche in so ausgezeichneter Weise mit Erfolg gekrönt seien. Die anwesenden Delegirten drückten ihre herzliche Zustimmung aus und trugen im Protokoll ein ähnliches Zeugniss der Anerkennung für das grosse Werk des Königs der Belgier ein. (Siehe Anhang.)

26. Februar. Heute fand die Schluss-Plenarsitzung der Conferenz statt. Fürst Bismarck führte den Vorsitz und

schloss die Versammlung der zur Berathung über die jetzt erledigten wichtigen Fragen eingeladenen Vertreter der Mächte in formeller Weise.

Die auf Pergament geschriebene Schlussakte wurde von den 14 europäische Mächte vertretenden 19 Bevollmächtigten unterzeichnet. Dann erhob sich Fürst Bismarck, stellte den Mitgliedern den Präsidenten der Internationalen Association, Oberst Strauch, vor und bemerkte, dass derselbe im Namen der Association in ihrer anerkannten Eigenschaft als Kongostaat deren Zustimmung zur Generalakte der Westafrikanischen Conferenz ausgesprochen und unterzeichnet habe. Nachdem der Fürst dann die Arbeiten der hohen diplomatischen Körperschaft nochmals resumirt hatte, schloss er die Versammlung im Namen des Kaisers mit einem Dank an die Bevollmächtigten.

Graf de Launay, als Doyen der Bevollmächtigten, erwiderte den Dank seiner geschätzten Collegen, indem er bemerkte, der Erfolg der Conferenz sei in grossem Maasse den Bemühungen des Deutschen Reichskanzlers zuzuschreiben.

Meine eigenen Bemerkungen über die Arbeiten der Conferenz müssen kurz sein. Zwei europäische Mächte gehen, hauptsächlich durch die Gewandtheit und Geschicklichkeit des Barons de Courcel und die Mitwirkung des Fürsten Bismarck, mit ganz enorm vergrösserten Colonialbesitzungen aus den langen, fleissigen Verhandlungen hervor.

Frankreich ist jetzt Herrscher über ein durch seine grosse Ausdehnung hervorragendes westafrikanisches Gebiet, das in Bezug auf vegetabilische Producte den besten tropischen Ländern gleichkommt, an mineralischen Hülfsquellen reich ist und betreffs der zukünftigen commerciellen Bedeutung das Beste verspricht.

Sein Areal bedeckt eine Oberfläche von 257000 Quadratmeilen, so gross wie England und Frankreich zusammen, und hat im Osten Zugang zu über 8000 km Flusslänge und im Westen eine vom Atlantischen Ocean bespülte Küstenlinie von fast 1200 km. Dasselbe enthält innerhalb seiner Grenzen acht ausgedehnte Flussbecken, und in dem ganzen weiten Areal von 90 Millionen Hektar ist keine vollständig werthlose Stelle zu finden.

Portugal ging aus der Conferenz hervor mit einer Küstenlinie von mehr als 1500 km und einem Gebiet von 351 500 Quadratmeilen, grösser als Frankreich, Belgien, Holland und Grossbritannien zusammen. Seine Flussufer am untern Kongo haben eine Länge von 157 km; es kann sich gesunder Weideländereien im Süden, Oel und Kautschuk producirender Wälder im Norden, mineralischer Gebiete im Nordosten und für den Ackerbau werthvoller Regionen an den östlichen Grenzen rühmen. Zählt man die eigene Bevölkerung Portugals zu der eingeborenen seines afrikanischen Colonialgebiets und vertheilt die ganze Ziffer über dieses Areal, so würde jeder portugiesische Unterthan, weisser und schwarzer, noch $32^{3}/_{4}$ Acker erhalten. Portugals eingeborene und coloniale Bevölkerung aller Farben zählt jetzt 8 300 000 Seelen; das Areal seiner Besitzungen in Afrika, Asien und den Meeren misst 741 343 Quadratmeilen oder 474 500 000 Acker, genügend um jedem Unterthan 57 Acker zu geben. Dagegen könnte Grossbritannien mit seinem ungeheuern Areal von 5056 Millionen Ackern jedem seiner 249 Millionen Unterthanen nur den kleinen Antheil von $20^{1}/_{4}$ Ackern zukommen lassen.

Die Internationale Association überlieferte von ihr beanspruchte 60 366 Quadratmeilen an Frankreich und 45 400 Quadratmeilen an Portugal und erhielt als Entschädigung dafür 600 Quadratmeilen am nördlichen Ufer zwischen

Boma und dem Meere, sowie ausserdem die aufrichtige Anerkennung ihrer übrigen Territorialrechte durch zwei mächtige Nachbarn.

Auch auf die Welt im allgemeinen haben die beiden genannten Mächte in gehöriger Weise Rücksicht genommen, denn die denselben von der Association abgetretenen Gebiete sind dem Freihandel gewidmet; diese Territorien nebst den als der Association gehörend anerkannten, die von vornherein für den Freihandel bestimmt waren, und den bisjetzt noch von keiner Macht beanspruchten, aber für dieselben Privilegien reservirten Regionen bilden eine Domäne von 1 600 000 Quadratmeilen, in welcher durch die völlige Einstimmigkeit der Vereinigten Staaten und der am Flusse ansässigen europäischen Mächte überall die ausserordentlichsten Freiheiten für den Handel gesichert sind. Unter gehöriger Berücksichtigung der souveränen Rechte Portugals und Sansibars dehnt sich dieses Freihandelsgebiet quer durch Afrika bis 1 Grad von der Ostküste aus, wodurch das privilegirte Handelsgebiet bis auf 2 400 000 Quadratmeilen vergrössert wird.

Zweifler werden von dem grossen Areal, von welchem so stolz behauptet wird, dass dasselbe der freien Entwickelung und dem freien Handel reservirt sei, vielleicht sagen, dass die Vortheile nur der Zukunft angehören, dass es innerhalb der Grenzen des Gebiets keine Händler gebe, denen diese liberalen Gaben zugute kommen. Das ist wahr genug, allein die Occupirung Afrikas durch die europäischen Mächte machte so rasche Fortschritte, dass es in Anbetracht des wenigen, was an den Küsten noch unbesetzt war, sicherlich doch etwas ist, einen so grossen Theil von Afrika vor der gänzlichen Abschliessung gegen jedes mögliche commerzielle Unternehmen bewahrt zu haben.

Die Philanthropen argumentiren sehr vernünftig in folgender Weise: „Afrika wird bereits allgemein als der ungesundeste Continent der Welt bezeichnet; bei den Leuten herrscht eine allgemeine Furcht vor seinem Klima. Erst in neuerer Zeit ist das Innere des Landes erforscht, das, einige wenige Geographen ausgenommen, verhältnissmässig unbekannt ist. Wenn es europäischen Mächten gestattet ist, die Küsten rund um den Continent herum zu nehmen und die üblichen Differenzialzölle und hohen Tarife einzuführen, dann werden sie auf ewige Zeiten verhindern, dass commerzielle Unternehmungen den Versuch machen, irgendeinen Theil des Landes auszubeuten. Wenn wir diesen fruchtbaren und von Natur aus productiven Gebieten grössere Privilegien und absolute Freiheit von Unterdrückung garantiren können, dann werden einige kühne und unternehmende Geister sich vielleicht versucht fühlen, sich ins Innere hineinzuwagen, und ihr Erfolg wird andere zur Nachahmung anspornen, bis der Continent der Barbarei und der Unproductivität so gut wie abgewonnen ist."

Diese philanthropischen Ansichten haben sich verwirklicht. Der das Abenteuer wagende Kaufmann ist rundherum mit Garantien gegen Beraubung, Unterdrückung, Quälerei und Aergerniss umgeben, und sein Consul, der Vertreter seiner Regierung, mit der Jurisdiction über seine Person und sein Eigenthum beauftragt. Am Eingange zu dem freien Handelsreiche wird der Commissar mit seinen Collegen Aufstellung nehmen und dort stets zur Hand bleiben, um die Interessen des Kaufmanns zu schützen. Diese Beamten werden unter dem Namen der Internationalen Commission einen Gerichtshof bilden, an welchen jener sich stets wegen Abhülfe und Schutz wenden kann. Nur für den Export der von ihm gesammelten Producte kann als Abgabe eine mässige

Summe erhoben werden, die ausreicht, um die Regierung am Flusse für ihre Unkosten zu entschädigen. Mit dem Spirituosenhandel darf kein Misbrauch getrieben werden, der Sklavenhandel ist verboten, die Missionare haben Anspruch auf besondern Schutz, wissenschaftliche Expeditionen auf besondere Privilegien. Allen diesen zahlreichen Vortheilen zu Gunsten des Handels und der Humanität haben die europäischen Mächte und die Vereinigten Staaten, sowie die Internationale Association oder der Kongostaat einstimmig ihre Billigung zutheil werden lassen und jede politische Macht hat die Conferenz mit ungewöhnlicher Befriedigung verlassen.

Der Verfasser dieses Berichtes fühlt sich ebenfalls berufen, seine unbegrenzte Befriedigung über alles das auszusprechen, was durch die Beschlüsse der Vertreter Europas unwiderruflich festgestellt worden ist. Er spricht auch Sr. Durchlaucht dem Fürsten Bismarck und den deutschen Vertretern Dr. Busch und Herrn von Kusserow persönlich seinen Dank aus für die ausserordentliche Geduld, die sie während der lange andauernden Sitzungen bewiesen haben, welche den fortgeschrittensten Ideen, die durch die geringste Ungeduld gefährdet worden sein würden, Zeit zur Reife und zum Fruchttragen liess; dem Baron de Courcel für den ausgezeichneten Takt, welchen er als Vorsitzender der Commission stets bewies und der alle in seinen Bereich Kommenden entzückte, sowie allen und jedem der versammelten Bevollmächtigten für ihre oft bewiesene Freundlichkeit und scharfsichtige Mitwirkung. Alle, die mit guten und edeln Werken sympathisiren — und dies ist ein solches von unvergleichlichem Umfange und grossartigster Auffassung — werden mit dem Verfasser hoffen, dass König Leopold II., der königliche Gründer dieses einzigen humanitären und

politischen Unternehmens, dessen Weisheit es auf den richtigen
Weg führte und dessen moralischer Muth es unter den mannichfachsten Widrigkeiten zu einem glücklichen und erfolgreichen Ende förderte, lange genug leben möge, um seinen
Freistaat sich ausdehnen und blühen zu sehen, als einen
fruchtbaren Segen für eine Region, welche bis vor kurzem
so dunkel war wie ihre eigenen tiefen, lichtlosen Wald-
schatten.

FINIS CORONAT OPUS.

ANHANG.

I.

Das Handelsbecken des Kongo, wie es von dem Verfasser der Berliner Conferenz beschrieben worden ist.

Die Definition des geographischen Beckens des Kongo, gleichviel ob erforscht oder unerforscht, ist sehr leicht, da jeder Schüler weiss, dass ein Flussbecken — geographisch gesprochen — alles einschliesst, was von dem Flusse und seinen grossen und kleinen Nebenströmen entwässert wird. Der Kongo besitzt, ungleich vielen andern grossen Strömen, kein Flussdelta; zwischen Shark's-Point im Süden und Banana-Point im Norden ergiesst er sich in den Atlantischen Ocean als ein einziger Strom in einer Breite von $10^{1}/_{2}$ km und von unbekannter Tiefe; Lothungen haben mehr als 1300 Fuss ergeben. Der Niger besitzt ein Flussdelta von mehr als 270 km Küstenlinie, der Nil und der Mississippi haben ebenfalls Deltas, welche sich über eine beträchtliche Länge der Küstenlinie ausdehnen. Wenn Sie mich aber fragen, was ich als das Handelsbecken betrachte, so muss ich antworten, dass der Hauptstrom mit den von Nord und Süd, von Nordost und Nordwest, von Ost und West, von Südost und Südwest in denselben einmündenden Nebenflüssen das Mittel bildet, mit dem der den Strom und seine Nebenflüsse hinaufgehende Handel ein sehr erheblich grösseres Gebiet beeinflussen kann als das des geographischen Beckens.

Zu allen praktischen Zwecken könnte man das geographische Becken an Stelle des Handelsbeckens des Kongo setzen. Betrachtet man aber die Ausgänge für den Handel aus diesem Kongobecken, so darf man nicht ausser Acht lassen, dass dieselben sich wie ein commerzielles Delta für ein Handelsbecken von San Paolo de Loanda südlich von der Kongomündung nach Norden bis zum Ogowe-Fluss, diesen eingeschlossen, ausdehnt. Da ein grosser Theil der Küstengebiete, durch welche das commerzielle Delta ausmündet, bereits occupirt ist, so ergibt sich, dass die Breite des als frei zu betrachtenden commerziellen Deltas des Handelsbeckens des Kongo sich der Küstenlinie entlang von 1° 25′ südl. Br. bis fast 7° 50′ südl. Br., eine Entfernung von 620 km erstreckt. Denn im Stanley-Pool, 500 km vom Meere den Kongo aufwärts, treffen wir ganze Flotten von Handelscanoes, welche den Hauptstrom bis ganz vom Aequator her, die Nebenflüsse Mohindu oder Schwarzer Fluss und Kuango oder Kwa herabgekommen sind und geduldig oft monatelang auf die vom Loango, dem Knilu, Landana, Kabinda, Sombo, Funta, Kinsao, Kinsembo, Ambrisette und andern Plätzen an der Küste eintreffenden Karavanen warten, welche europäische Waaren von der Küste zum Stanley-Pool bringen, um dieselben dort gegen die Producte des obern Kongo, namentlich Elfenbein, Kautschuk und Angolaholzpulver, umzutauschen und dann, wenn sie ihre Waaren umgesetzt haben, mit den den Transport bezahlt machenden Producten des obern Kongo zu den europäischen Ansiedelungen zurückkehren, welche längs der obenerwähnten 500 km langen Küstenlinie sich angesiedelt haben. Diese von dem unwissenden Barbarenthum geschaffenen verschiedenen Kanäle des Handels können deshalb wol mit einem commerziellen Delta verglichen werden. Die Definition des Handelsbeckens des Kongo im Hinblick auf die Grenzen ist nach den obigen Bemerkungen sehr einfach; die Grenzen beschreibe ich wie folgt: Beim Atlantischen Ocean beginnend, würde ich von 1° 25′ südl. Br. der geraden Linie östlich bis 13° 13′ östl. L. von Greenwich folgen, dann dem Meridian nördlich bis zur Wasserscheide des Niger-Binuë, von da östlich der Wasserscheide entlang, welche die in den Kongo strömenden von den dem Schari zufliessenden Gewässern trennt, und weiter östlich längs der Wasserscheide zwischen den Gewässern des Kongo und des Nil, darauf südlich und östlich längs der Wasserscheide zwischen den Wassern des Tanganjika und den Zuflüssen des Victoria-Sees, weiter der Wasserscheide im Osten des Tanganjika-Sees entlang nach Süden bis zur Wasserscheide zwischen den Gewässern, welche in den Sambesi, und denen, welche in den Kongo strömen; von dort längs der Wasserscheide nach Westen bis zu den Quellen des Haupttributär-Flusses des Kuango oder Kwa, dann dem linken Ufer dieses Flusses entlang bis 7° 50' südl. Br., von wo die Linie in gerader Richtung nach dem Lodje-Fluss und dessen linkem Ufer entlang westlich bis zum Atlantischen Ocean läuft. Innerhalb dieser Linien ist das geographische oder Handelsbecken und sein jetziges commerzielles Delta eingeschlossen.

Baron de Courcel erkundigte sich, wie hoch der Werth des Handels im Kongobecken geschätzt werden könne, worauf Herr Stanley erwiderte: „Der untere Kongo und das unmittelbare freie Litorale besitzen eine Küstenlänge von 388 engl. Meilen oder 591 km. Dieses Gebiet bringt gegenwärtig einen Handel von jährlich 2800000 Pfd. St. hervor. Der obere Kongo ist weit fruchtbarer, und da derselbe eine Flussfronte von 15000 km hat, so sollte derselbe, wenn das Land in der gleichen Weise entwickelt wäre, einen Handelswerth von jährlich 70 Millionen Pfd. St. hervorbringen. Ferner sind an der 4420 km langen Küstenstrecke vom Gambia-Flusse bis Loanda jährlich 45 Dampfer und 80 Segelschiffe beschäftigt; das Kongobecken, dessen Flussufer mehr als dreimal so lang sind, müsste also, in derselben Weise berechnet, wenn es in gleichem Maasse entwickelt und ausgebeutet würde, der dreifachen Zahl von Schiffen, d. h. 135 Dampfern und 240 Segelschiffen, Beschäftigung geben."

Mr. Kasson, Gesandter der Vereinigten Staaten, bat Herrn Stanley um die Gefälligkeit, Ihren Excellenzen zu erklären, ob eine weitere Ausdehnung des Freihandelsgebietes nach Osten dem Handel von Vortheil sein würde, worauf Herr Stanley entgegnete: „Ich reiste in den Jahren 1874, 1875, 1876 und 1877 von Ost nach West quer durch Afrika, d. h. von Bagamojo, Sansibar gegenüber, nach dem Victoria-See. Dann umschiffte ich diesen See, zog darauf westwärts und entdeckte den Muta-Nsige-See. Meine Schritte nach dem Victoria-See zurückwendend, marschirte ich nach dem Tanganjika-See, den ich ebenfalls umschiffte, um dann nach Njangwe zu ziehen und den Kongo-Fluss abwärts bis zum Atlantischen Ocean zu verfolgen. Die Reise führte mich über 25 Längengrade und 11 Breitengrade auf und nieder; und ich erkläre Ihnen aufs feierlichste, dass ich auf

dem Wege von 15 km von Bagamojo, meinem Ausgangspunkte
an der Ostküste Afrikas, bis ich eine englische Flagge an der
Mastspitze eines Handels-Flussdampfers auf dem Kongo sah, auf
der ganzen gegen 12000 km langen Strecke weder eine Flagge, noch
ein Emblem oder Symbol, einen Flaggenstock, ein Bauwerk aus
Holz, Stein oder Eisen bemerkt habe, welches darauf hindeutete,
dass ich mich bei einer civilisirten oder halbcivilisirten Macht
oder Autorität befände. Die Autorität, der ich überall begegnet
bin, war die der unabhängigen eingeborenen Häuptlinge, die auf
der östlichen Hälfte Tribut einforderten und auf der westlichen
uns Gewalt entgegensetzten. In Udjidji und Njangwe habe ich
wirklich je eine daselbst angesiedelte Arabergemeinde getroffen,
allein sie waren isolirt und durch den Mangel an Verbindungen
von ihrem Mutterlande abgeschlossen; alle dorthin Kommenden
waren gezwungen, den Wagogo, Waha, Wavinsa und Wakaranga
Tribut zu zahlen, eingeborenen unabhängigen Stämmen, welche
letztern als Anerkennung ihrer Rechte auf den Grund und Boden,
auf welchem die Karavanen zogen, forderten. Unter diesen Umständen würde ich deshalb vorschlagen, dass das Freihandelsgebiet quer durch Centralafrika von folgenden Linien begrenzt
sein sollte: Am Atlantischen Ocean auf 1° 25′ südl. Br. beginnend, sollte die Linie auf dem Breitenparallel ostwärts bis
13° 30′ östl. L. von Greenwich, dann nördlich dem Meridian von
13° 30′ entlang bis 5° nördl. Br., darauf längs dieses Breiten-
parallels beständig ostwärts bis zur Entfernung von einem geographischen Grad vom Indischen Ocean führen. Von hier sollte
die Linie in der Entfernung von einem geographischen Grad der
ostafrikanischen Küste parallel laufen bis zum rechten Ufer des
Sambesi; die folgenden, diese östliche Grenze durchbrechenden
und in den Indischen Ocean mündenden Flüsse, nämlich Jub, Tana,
Pangani, Wami, Rufidji oder Lufidji, Rovuma und Sambesi, der
letztere bis 7½ km oberhalb seiner Vereinigung mit dem Schire,
müssten für die Schiffahrt frei erklärt werden. Von dem genannten Punkte am rechten Ufer des Sambesi sollte die Linie
quer über den Fluss und längs der Wasserscheide zwischen den
dem Njassa-See zuströmenden und den direct in den Sambesi
oder in seine Nebenflüsse sich ergiessenden Gewässern nördlich
führen bis zur Wasserscheide des Kongo und Sambesi, dann westlich der letztern entlang bis zu den Quellen des Kuango oder

Kwa, von wo die Grenze dem linken Ufer des Hauptnebenflusses bis 7° 50′ südl. Br. folgt, um sich dann westwärts zum Lodje-Fluss zu wenden und dessen linkes Ufer weiter westlich bis zum Atlantischen Ocean zu verfolgen. Innerhalb dieser Grenzen liegt das Kongobecken nebst den seeartigen Becken des Victoria-, Albert- und Njassa-Sees, sowie den Flussbecken des untern Jub, Tana, Pangani, Wami, Lufu, Rufidji und Rovuma; und ich bemerke unterthänigst, dass je unbeschränkter diese ausgedehnte Handelsdomäne sein würde, sie desto eher den Einflüssen des Christenthums, der Civilisation und des Handels unterworfen sein wird. Sie producirt auf dem eigenen Gebiete fast die sämmtlichen Producte, welche Europa bedarf, und besitzt alle Elemente, welche für ihre Umwandlung aus dem Zustande der unproductiven Vergeudung in den eines wesentlichen und moralischen Nutzens für die Menschheit erforderlich sind. Das Gebiet enthält fast 80 000 Quadratmeilen (185 800 qkm) Seeareal, das zweitgrösste Flussbecken der Welt, eine Fruchtbarkeit, wie sie keine andere äquatoriale oder tropische Gegend aufzuweisen hat, eine Bevölkerung, die ich auf 90 Millionen Seelen schätzen würde, grosse unabhängige eingeborene Kaiserreiche, Königreiche und Republiken, wie Uganda, Ruanda, Unjoro, ebene Weidegegenden, wie das Massai-Land; ferner Gold- und Silberlager, reiche Kupfer- und Eisenminen, werthvolle Wälder mit kostbarem Bauholz, unerschöpfliche Vorräthe von Kautschuk, unschätzbare Harze und Gewürze, Pfeffer und Kaffee, Vieh in unzähligen Heerden, und Menschen, welche der Civilisation des Lebens zugänglich sind, vorausgesetzt, dass sie vor den Angriffen der gesetzlosen Freibeuter und den mörderischen Ueberfällen der Sklavenhändler geschützt sind. Diese Thatsachen genügen, wie ich ergebenst bemerke, um mich zu dem Vorschlage zu berechtigen, dass die soeben von mir beschriebenen umfassendern, aber doch einfachen Linien die Grenzen des Freihandelsgebiets im äquatorialen Afrika bilden, und dass freie ungehinderte Zugänge zu demselben sowol von Osten als auch von Westen her gesichert werden sollten."

Baron de Courcel fragte Herrn Stanley bezüglich des gegenwärtigen wirklichen Handels am obern Kongo, um daraus zu erfahren, welcher Anlass für den Bau einer Eisenbahn vorhanden sei. Herr Stanley erwiderte, dass die den am obern Kongo gegenwärtig befindlichen französischen Ansiedelungen, den beiden englischen Missionsgesellschaften, der Internationalen Association und den Eingeborenen-Karavanen erforderlichen Waaren und Güter, wenn dieselben der Eisenbahn die gleiche Fracht zu bezahlen hätten, die der jetzige Transport mit Trägern kostet, nach seinen Berechnungen genügen würden, um ein Kapital von 860 000 Pfd. St. mit 5 Procent zu verzinsen. Ein solches Kapital würde vollständig ausreichen für den Bau einer leichten Eisenbahn von Vivi nach Isangila, ferner für vier Dampfer im Werthe von je 10 000 Pfd. St. für die Fahrt zwischen Isangila und Manjanga, sowie für Herstellung einer 145 km langen Eisenbahnstrecke von Manjanga nach Leopoldville. Wäre es indess nothwendig, eine directe Eisenbahn von Vivi nach Leopoldville zu bauen, dann würden die Kosten sich, einschliesslich aller Nebenausgaben und einer Flotille für die Fahrt zwischen Vivi und dem Meere, auf $1^1/_2$ Millionen Pfd. St. stellen.

Sir Edward Malet erkundigte sich bei Herrn Stanley, ob seiner Meinung nach die Eisenbahnlinie von Vivi nach dem Stanley-Pool als commerzieller Ausfluss für den Handel des Kongobeckens genügen würde. Herr Stanley erwiderte: „Sicherlich nicht. Sie würde als Ausfluss für den Hauptkanal des Stroms und die untern Theile der in denselben mündenden Nebenflüsse ausreichen, aber nicht für die obern Läufe der südlichen Zuflüsse, da diese ihren Ausgang vermittelst der Karavanenroute über Bihe nach Benguella und Angola und von Cassange nach Angola finden während die nördlichen Theile der aus Nordwesten in den Kongo mündenden Flüsse naturgemäss die Karavanenrouten nach dem Gabun, Ogowe und Kuilu-Niadi suchen. Ich halte daher streng an meiner Begrenzung des Handelsbeckens fest, welche ich Ew. Excellenz darzulegen bereits die Ehre gehabt habe."

Se. Excellenz der Bevollmächtigte der Regierung der Niederlande bemerkte, dass Herr Cameron in seinem Werk von der vortheilhaften Anlage von Kanälen gesprochen habe. Er werde Herrn Stanley sehr dankbar sein, wenn derselbe ihm mittheilen wolle, ob er irgendwelche Gegenden gesehen habe, wo Kanäle vortheilhaft anzulegen seien. Herr Stanley erwiderte, er kenne nur einen Ort, und zwar zwischen dem Mantumba- und dem Leopold II.-See, wo leicht ein Kanal von 38 km Länge zu bauen sei, der die beiden Seen einer Vertiefung entlang verbinde, welche darauf hindeute, dass dieselben bei hohem Wasserstande möglicherweise schon jetzt miteinander in Verbindung ständen.

Baron de Courcel fragte, ob die Anlage von Tunnels auf der projectirten Eisenbahnstrecke von Vivi nach Stanley-Pool erforderlich sei. Herr Stanley beantwortete die Frage in verneinendem Sinne.

Auf einige Bemerkungen Dr. Ballay's, welcher den Werth der Producte des Kongobeckens geringer annimmt und sich gegen den Nutzen des Ogowe-Flusses für den Transport der Waaren vom obern Kongo zum Meere ausspricht, entgegnete Herr Stanley: „Da Herr Dr. Ballay den Ogowe-Fluss hinaufgegangen ist, die Wasserscheide gekreuzt hat und mit einer Menge Waaren auf einem Dampfer den Alima-Fluss zum obern Kongo hinabgefahren ist, und da Herr de Brazza ebenfalls den Ogowe hinaufgegangen, den Alima herabgekommen und bei einer frühern Gelegenheit über den Stanley-Pool gegangen ist, muss der Ogowe offenbar als ein Strom des commerciellen Deltas des Handelsbeckens des Kongo betrachtet werden. Und da ich im Jahre 1881 von Herrn de Brazza ein Schreiben erhalten habe, in welchem er mir dringend empfiehlt, Briefe und durch Krankheit unfähig gewordene Offiziere auf der Ogowe-Route zum Meere zu schicken, weil dieselbe nach seiner Erfahrung kürzer und besser sei, als die Kongoroute, muss ich Herrn de Brazza's eigene schriftliche Behauptungen und seine sowie die Erfolge des Herrn Dr. Ballay auf der Ogowe-Alima- und der Ogowe-Stanley-Pool-Route als unwiderlegbare Beweise anführen für die Correctheit meiner Annahme, dass wenn das Handelsbecken des Kongo mit seinen verschiedenen Ausgängen nach dem Meere für den Handel frei erklärt wird, sodass derselbe unbesteuert gehen und kommen kann, das freie Litorale seine nördliche Grenze auf 1° 25′ südl. Br. bis 13° 30′ östl. L. von Greenwich und von der nördlich dem Meridian entlang bis zur Wasserscheide zwischen den dem Niger-Binuë und den dem Kongo zuströmenden Gewässern haben müsste, während die südliche Grenze gerechterweise von der Mündung des Lodje-Flusses ostwärts dem Flusse entlang bis zum linken Ufer des Kuango oder Kwa-Flusses auf 7° 50′ südl. Br. festgesetzt werden sollte."

II.
PROTOKOLL Nr. 9.

23. Februar 1885.

Die Sitzung wurde um $3^1/_2$ Uhr unter dem Vorsitz des Herrn Busch eröffnet.

Der Vorsitzende theilt vor Eintritt in die Tagesordnung der hohen Versammlung ein Schreiben folgenden Wortlauts mit, welches der Präsident der Internationalen Kongo-Gesellschaft an Se. Durchlaucht den Fürsten Bismarck gerichtet hat:

„Mein Fürst! Die Internationale Gesellschaft des Kongo hat nacheinander mit allen auf der Berliner Conferenz vertretenen Mächten (mit Ausnahme einer) Verträge abgeschlossen, welche unter den übrigen Paragraphen eine Bestimmung enthält, wonach ihre Flagge als diejenige eines befreundeten Staates oder einer befreundeten Regierung anerkannt wird. Die mit der noch rückständig bleibenden Macht im Gange befindlichen Verhandlungen werden, wie mit Grund zu hoffen steht, zu einem baldigen und günstigen Abschlusse gelangen. Gemäss den Wünschen Sr. Maj. des Königs der Belgier in seiner Eigenschaft als Gründer der Association bringe ich diese Thatsache Ew. Durchlaucht zur Kenntniss.

Der Zusammentritt und die Berathung der gegenwärtig in Berlin unter Vorsitz Ew. Durchlaucht tagenden Hohen Versammlung haben wesentlich dazu beigetragen, dies glückliche Resultat zu beschleunigen. Wie ich zu hoffen wage, wird die Conferenz, der ich meine unterthänigste Huldigung darbringe, den Beitritt einer Macht, deren ausschliessliche Mission die Einführung der Civilisation und des Handels in das Innere von Afrika ist, als ein weiteres Zeichen der ihren wichtigen Arbeiten zu verdankenden Resultate zu betrachten geneigt sein.

Ich bin
mit der grössten Ehrerbietung
Ew. Durchlaucht unterthänigster und gehorsamster Diener
STRAUCH.

Berlin, 23. Februar 1885.
Sr. Durchlaucht dem Fürsten Bismarck,
Vorsitzenden der Berliner Conferenz."

Nachdem Herr Busch dieses Schreiben verlesen, bemerkte er: "Meine Herren! Ich glaube im einstimmigen Sinne der Versammlung zu sprechen, wenn ich die uns gemachte Mittheilung von der fast einstimmigen Anerkennung der Internationalen Kongo-Gesellschaft als ein glückliches Ereigniss willkommen heisse. Wir alle werden dem erhabenen Zwecke des Werkes, dem Se. Maj. der König der Belgier seinen Namen geliehen hat, gerecht, wir alle erkennen die Bemühungen und Opfer an, durch welche derselbe es bis zu dem Punkte geführt, welchen es heute erreicht hat, und wir alle wünschen, dass ein Unternehmen, welches die in Aussicht genommenen Zwecke der Conferenz so wirksam zu unterstützen vermag, mit dem vollständigsten Erfolge gekrönt werden möge."

Dann sprach Baron DE COURCEL:

"Als Vertreter einer Macht, deren Besitzungen an diejenigen der Internationalen Kongo-Gesellschaft grenzen, nehme ich mit Befriedigung Notiz von dem von der Association gethanen Schritt, indem sie uns Mittheilung macht von ihrem Eintritt ins internationale Leben. Im Namen meiner Regierung erlaube ich mir den Wunsch auszusprechen, dass der Kongostaat, wie er jetzt territoriell innerhalb bestimmter Grenzen gebildet ist, bald eine regelmässige Regierungsorganisation für die ausgedehnte Domäne schaffen werde, deren Prosperität ihm anvertraut ist. Seine Nachbarn sind die ersten, welche sich über seine Fortschritte freuen, weil sie die ersten sein werden, die von der Entwickelung seiner Prosperität und von allen den Garantien für Ordnung, Sicherheit und gute Verwaltung Nutzen ziehen werden, welche er dem Innern Afrikas zu geben unternommen hat.

"Der neue Staat verdankt seine Geburt dem edelmüthigen Streben und der aufgeklärten Initiative eines in ganz Europa geachteten Fürsten und ist von seiner Wiege an der Ausübung jeglicher Freiheit geweiht worden. Da er des einstimmigen Wohlwollens der hier vertretenen Mächte sicher ist, so lassen Sie uns die Hoffnung aussprechen, dass derselbe unter der weisen Leitung seines erhabenen Gründers, dessen controlirender Einfluss die beste Gewähr für seine Zukunft ist, das für ihn in Aussicht gestellte Geschick erfüllen möge."

Graf KAPNIST hat, gemäss seinen Instructionen, der von seinen Collegen ausgesprochenen Huldigung der aufgeklärten und fruchtbaren Initiative Sr. Maj. des Königs der Belgier sich anschliessen zu dürfen.

Darauf sprach Sir EDWARD MALET:

„Die Betheiligung Ihrer Maj. Regierung an der Anerkennung der Flagge der Association als der einer befreundeten Regierung setzt mich in den Stand, die Befriedigung auszusprechen, mit welcher wir die der Initiative Sr. Maj. des Königs der Belgier zu verdankende Gründung dieses neuen Staates betrachten. Seit vielen Jahren hat der König aus rein philanthropischen Gründen weder persönliche Bemühungen, noch pecuniäre Opfer gescheut, welche zur Verwirklichung seines Zweckes beitragen konnten. Die Welt im allgemeinen betrachtete seine Bestrebungen mit Gleichgültigkeit. Hier und dort fand Se. Majestät etwas Sympathie, jedoch war dies mehr die Sympathie des Beileids als die der Ermuthigung. Man meinte, dass das Unternehmen über seine Kräfte hinausginge, dass es zu gross sei, um Erfolg zu haben. Jetzt sieht man, dass der König recht hatte und dass seine Idee keine Utopie war. Er hat sie zu einem erfolgreichen Ende gebracht, nicht ohne Schwierigkeiten, aber gerade diese Schwierigkeiten haben den Erfolg um so überraschender gemacht. Indem wir die Hindernisse, mit denen Se. Majestät zu kämpfen hatte, anerkennen, begrüssen wir den neugeborenen Staat auf das herzlichste und verleihen unserm aufrichtigen Wunsche Ausdruck, dass er unter seinem Schutze blühen und wachsen möge.

„Möge es mir bei dieser Gelegenheit auch gestattet sein, der Regierung von Portugal und dem portugiesischen Gesandten in Berlin unsere Anerkennung auszusprechen für die freundliche Aufnahme, welche sie den Vorschlägen haben zutheil werden lassen, die wir die Ehre hatten, ihnen bezüglich eines Arrangements zwischen Portugal und der Association zu unterbreiten, sowie für den versöhnlichen Geist, in welchem sie diese Verhandlungen zu einem gedeihlichen Ende gebracht haben."

Der Marquis von PEÑAFIEL, als Vertreter einer an den Kongostaat grenzenden Macht, erklärt, dass er sich den vom Baron de Courcel in seiner Bewillkommnungsadresse an den neuen Staat ausgesprochenen Gefühlen anschliesse.

Graf DE LAUNAY stimmt in herzlichster Weise dem zu, was der Vorsitzende, Baron de Courcel und Sir Edward Malet gesagt haben. Die hier vertretenen Staaten hätten bereits einstimmig den neuen Staat anerkannt, welcher soeben unter dem erhabenen Protectorat eines Souveräns gegründet worden sei, der während acht Jahren mit seltener und des grössten Lobes würdiger Beharrlichkeit weder Mühe noch persönliche Opfer für den Erfolg eines edeln und philanthropischen Unternehmens gescheut habe. Die ganze Welt bezeuge ihre Sympathie und Unterstützung diesem Werke der Civilisation und Humanität, das eine Ehre für das 19. Jahrhundert sei und von dem der Menschheit im allgemeinen für alle Zeit Vortheil erwachsen werde.

Der italienische Botschafter schloss sich ebenfalls mit Vergnügen den Aeusserungen des britischen Botschafters bezüglich der portugiesischen Regierung und ihrer Bevollmächtigten auf der Conferenz an.

Graf Széchényi sprach in demselben Sinne wie seine Collegen, deren Ansichten er in jeder Beziehung theile.

Graf Benomar sagte, Spanien sei im Besitz von Territorien in der Nachbarschaft der unter der Controle der Internationalen Gesellschaft des Kongo stehenden. Als Vertreter eines Nachbarstaates unterstütze er im Namen seiner Regierung vollständig alles, was der Präsident zu Gunsten des von Sr. Maj. dem König der Belgier geschaffenen Werkes der Humanität und Civilisation gesagt habe.

Herr von Vind war glücklich, sich den guten Wünschen anzuschliessen, welche für das Glück und Gedeihen des neuen Kongostaates bereits ausgesprochen seien. Der menschenfreundliche und civilisatorische Zweck seiner Gründer werde von der dänischen Regierung hoch geschätzt.

Der Bevollmächtigte von Schweden und Norwegen schloss sich den guten Wünschen über die Geburt des neuen Staates und für seine Entwickelung gleichfalls an.

Herr Sanford erklärte, die Regierung der Vereinigten Staaten von Amerika habe das grosse civilisatorische Werk König Leopold's II. durch Anerkennung der Flagge der Internationalen Kongo-Gesellschaft als die einer befreundeten Regierung zuerst öffentlich anerkannt. Zu seinem Vergnügen finde er, dass dieses Beispiel von den Mächten der Alten Welt nachgeahmt worden sei, und es erübrige ihm nur noch, die Hoffnung auszusprechen, das Werk mit der Theilnahme der Association an den Acten der Conferenz gekrönt zu sehen.

Saïd Pascha bedauerte, noch nicht im Stande zu sein, officiell sich den sympathischen Erklärungen seiner Collegen anzuschliessen. Es seien erst einige wenige Tage vergangen, seitdem die Frage bezüglich der Anerkennung der Flagge der Internationalen Association entstanden sei. Es sei noch nicht genügend Zeit für den Empfang seiner Instructionen über diese Frage verflossen; in Erwartung derselben könne er aber sagen, dass er persönlich gegen die Gründung des neuen Staates nichts einzuwenden habe.

Graf van der Straten Ponthoz dankte dem Präsidenten für die Art und Weise, wie er sich über Se. Maj. den König der Belgier geäussert habe. Der König und die belgische Nation würden dankbar die solcherweise ausgesprochenen Gefühle entgegennehmen, und er, Graf van der Straten Ponthoz, werde diese Gefühle ihnen ohne Verzug übermitteln. Er halte sich auch verpflichtet, den Mitgliedern der Hohen Versammlung zu sagen, wie tief er die sympathische und einstimmige Billigung empfinde, welche sie den Worten des Herrn Busch hätten zutheil werden lassen. Das Lob, welches man der vom König der Belgier trotz so vieler Hindernisse verfolgten Initiative ertheilt habe, sei ein wohlverdientes. Die Akte der Conferenz gäben den kühnen und hochherzigen Ideen Sr. Majestät praktischen Ausdruck. Die Regierung und die belgische Nation würden dankbar sich dem von der Hohen Versammlung mit solcher Mühe ausgearbeiteten Werke anschliessen, dank welchem die Existenz des neuen Staates gleichzeitig mit der Feststellung von Bestimmungen im allgemeinen Interesse der Menschheit fortan gesichert sei.

Baron Lambermont sprach folgendermaassen:

„Hätte der Präsident der Internationalen Kongo-Gesellschaft die Ehre, in Ihrer Mitte zu sitzen, dann würde es ihm zukommen, die anerkennenden Worte über den König der Belgier und sein Werk, welche wir heute hier gehört haben, zu beantworten. In seiner Abwesenheit, und obwol wir Se. Majestät unter einem andern Titel vertreten, glaubten mein College und ich, dass es uns gestattet sein werde zu bezeugen, wie tief wir die dem Gründer der Association ausgesprochenen Glückwünsche empfinden.

„Graf van der Straten hat seinen Gefühlen Ausdruck gegeben, und ich schliesse mich denselben von Herzen an. Wir wissen sehr wohl, dass wir im Ausdruck unserer Dankbarkeit nicht zu weit gehen können, da wir dies im Namen Sr. Majestät thun in

Anerkennung der Unterstützung, die seinem Unternehmen von Ihnen zutheil geworden, und welche nicht die geringste wichtige Bürgschaft für seinen Erfolg ist."

Der Vorsitzende erklärte, der Brief des Präsidenten der Internationalen Kongo-Gesellschaft und die verschiedenen Erklärungen, zu denen derselbe Veranlassung gegeben habe, würden dem Protokoll der Sitzung angefügt werden. Von vielen Bevollmächtigten werde es für angebracht erachtet, dass zur Vervollständigung der Mittheilung des Oberst Strauch Copien der verschiedenen Verträge, mittels welcher die Internationale Association die Anerkennung der verschiedenen Regierungen erhalten habe, zusammengebunden und dem Protokoll beigefügt würden.

ERKLÄRUNGEN,

AUSGETAUSCHT ZWISCHEN DEN VEREINIGTEN STAATEN VON AMERIKA UND DER INTERNATIONALEN GESELLSCHAFT DES KONGO.

Die Internationale Gesellschaft des Kongo erklärt hiermit, dass ihr kraft der mit den legitimen Souveränen in den Becken des Kongo und des Niadi-Kwilu, sowie den an den Atlantic grenzenden Territorien ein Gebiet zum Gebrauch und Vortheil der Freistaaten cedirt worden ist, die unter dem Schutze und der Oberaufsicht der genannten Gesellschaft in den genannten Becken und anliegenden Territorien bereits gebildet oder in der Bildung begriffen sind, sowie dass die genannten Freistaaten in die vollen Rechte dieser Cession getreten sind.

Dass die genannte Internationale Gesellschaft als Flagge sowol für sich als auch für die genannten Freistaaten die Flagge der Internationalen Afrikanischen Association, das heisst eine blaue Flagge mit goldenem Stern in der Mitte, angenommen hat.

Dass die genannte Gesellschaft und die genannten Staaten beschlossen haben, keine Zölle auf Waaren oder Producte zu erheben, welche in ihre Territorien eingeführt oder auf den Strassen befördert werden, welche um die Katarakte des Kongo herum hergestellt worden sind; dieser Beschluss ist gefasst worden, um den Handel zu ermuthigen, in das äquatoriale Afrika einzudringen.

Dass sie Fremden, welche sich in ihren Gebieten ansiedeln, das Recht sichern, die in denselben gelegenen Ländereien und Gebäude zu kaufen, zu verkaufen und zu vermiethen, Geschäftshäuser zu etabliren und Handel zu treiben, unter der einzigen Bedingung, dass sie den Gesetzen gehorchen. Sie verpflichten sich ausserdem, niemals den Angehörigen einer Nation einen Vortheil zu gewähren, ohne denselben zugleich auf alle andern Nationen auszudehnen, und verpflichten sich ferner, alles in ihrer Macht Stehende zu thun, um dem Sklavenhandel ein Ende zu machen.

Urkundlich dessen hat Henry S. Sanford, der zu diesem Zwecke von der genannten Gesellschaft in gehöriger Weise autorisirt worden ist, in Vertretung derselben und im Namen der genannten Staaten Gegenwärtigem seine Unterschrift und sein Siegel angefügt am 22. April 1884 in der Stadt Washington.

(Gez.) H. S. SANFORD.
(L. S.)

Frederic T. Frelinghuysen, Staatssecretär, zu diesem Zwecke von dem Präsidenten der Vereinigten Staaten von Amerika gemäss dem Rathe und der zu diesem Zwecke gegebenen Zustimmung des Senats in gehöriger Weise autorisirt, bezeugt, die vorstehende Erklärung von der Gesellschaft des Kongo empfangen zu haben, und erklärt, dass die Regierung der Vereinigten Staaten in Uebereinstimmung mit der traditionellen Politik der Vereinigten Staaten, welche ihr sorgfältige Aufmerksamkeit für die commerciellen Interessen amerikanischer Bürger vorschreibt, gleichzeitig aber jede Einmischung in die zwischen andern Mächten schwebenden Streitfragen, sowie den Abschluss von Bündnissen mit fremden Nationen vermeidet, ihre Sympathie und ihre Billigung ausspricht des humanen und edeln Zweckes der im Interesse der in jener Gegend errichteten Freistaaten handelnden Gesellschaft des Kongo, und allen Offizieren der Vereinigten Staaten, zu Land und zur See, befiehlt, die Flagge der Internationalen Gesellschaft als die einer befreundeten Regierung anzuerkennen.

Urkundlich dessen hat er seine Unterschrift und sein Siegel hierunter gesetzt am 22. April 1884 in der Stadt Washington.

(Gez.) FRED. T. FRELINGHUYSEN.
(L. S.)

UEBEREINKUNFT

ZWISCHEN DEM DEUTSCHEN REICH UND DER INTERNATIONALEN GESELLSCHAFT DES KONGO.

ARTIKEL I.

Die Internationale Gesellschaft des Kongo verpflichtet sich, in ihren gegenwärtigen und zukünftigen Besitzungen in dem Becken des Kongo und des Niadi-Kwilu-Flusses, sowie in den angrenzenden Küstenländern des Atlantischen Ozeans von den eingehenden oder durchgehenden Waaren und Handelsartikeln keinerlei Zölle zu erheben. Diese Zollfreiheit erstreckt sich insbesondere auch auf diejenigen Waaren oder Handelsartikel, welche auf der um die Kongokatarakte gebauten Strasse befördert werden.

ARTIKEL II.

Die Angehörigen des Deutschen Reichs sollen befugt sein, sich in dem Gebiete der Gesellschaft aufzuhalten und niederzulassen.

Dieselben sollen hinsichtlich des Schutzes ihrer Person und ihres Eigenthums, der freien Ausübung ihrer Religion, der Verfolgung und Vertheidigung ihrer Rechte, sowie in Bezug auf Schiffahrt, Handel und Gewerbebetrieb den Angehörigen der meistbegünstigten Nation, einschliesslich der Inländer, gleichgestellt sein.

Insbesondere sollen sie das Recht haben, in dem Gebiete der Gesellschaft belegene Grundstücke und Gebäude zu kaufen, zu verkaufen und zu vermiethen, Handelshäuser zu errichten und daselbst Handel sowie die Küstenschiffahrt unter deutscher Flagge zu treiben.

ARTIKEL III.

Die Gesellschaft verpflichtet sich, den Angehörigen einer anderen Nation niemals irgend einen Vortheil zu gewähren, der nicht zugleich auch auf die Angehörigen des Deutschen Reichs erstreckt würde.

Artikel IV.

Bei Abtretung des gegenwärtigen oder zukünftigen Gebiets der Gesellschaft oder eines Theiles desselben gehen alle von der Gesellschaft dem Deutschen Reich gegenüber eingegangenen Verpflichtungen auf den Erwerber über. Diese Verpflichtungen und die dem Deutschen Reich und seinen Angehörigen von der Gesellschaft eingeräumten Rechte bleiben auch nach der Abtretung einem jeden neuen Erwerber gegenüber in Gültigkeit.

Artikel V.

Das Deutsche Reich erkennt die Flagge der Gesellschaft — blaue Flagge mit goldenem Stern in der Mitte — als diejenige eines befreundeten Staates an.

Artikel VI.

Das Deutsche Reich ist bereit, diejenige Grenze des Gebiets der Gesellschaft und des zu errichtenden Staates, welche auf der anliegenden Karte verzeichnet ist, seinerseits anzuerkennen.

Artikel VII.

Diese Uebereinkunft soll ratifizirt und es sollen die Ratifikationsurkunden in möglichst kurzer Frist zu Brüssel ausgetauscht werden. Diese Uebereinkunft soll unmittelbar nach Austausch der Ratifikationen in Kraft treten.

So geschehen in Brüssel, den 8. November 1884.

(Gez.) Graf Brandenburg.
Strauch.

ERKLÄRUNGEN,

AUSGETAUSCHT ZWISCHEN DER REGIERUNG IHRER BRITANNISCHEN MAJESTÄT UND DER INTERNATIONALEN GESELLSCHAFT DES KONGO.

Erklärung der Gesellschaft.

Die Internationale Gesellschaft des Kongo, gegründet von Sr. Maj. dem König der Belgier in der Absicht, die Civilisation und den Handel Afrikas zu ermuthigen, sowie auch zu humanitären und philanthropischen Zwecken, erklärt hiermit Folgendes:

1) Dass ihr durch Verträge mit den legitimen Souveränen, deren Staaten in den Becken des Kongo und des Niadi-Kwilu und in den an den Atlantic grenzenden Gebieten gelegen sind, gewisse Territorien zum Gebrauch und zum Vortheil der Freistaaten cedirt worden sind, die in den genannten Becken und anliegenden Gebieten errichtet sind oder errichtet werden sollen.

2) Dass die Gesellschaft kraft dieser Verträge mit der Verwaltung der Interessen der genannten Freistaaten betraut worden ist.

3) Dass die Gesellschaft als ihre und als Flagge der Freistaaten eine blaue Flagge mit goldenem Stern in der Mitte angenommen hat.

4) Dass die Gesellschaft und die genannten Freistaaten, um dem Handel das Vordringen in das äquatoriale Afrika zu gestatten, beschlossen haben, keine Zölle von Handelsartikeln oder Waaren zu erheben, welche direct in ihre Territorien importirt oder auf den Strassen eingeführt werden, welche um die Kongokatarakte gebaut worden sind.

5) Dass die Gesellschaft und die genannten Freistaaten in ihren Territorien angesiedelten Fremden die freie Ausübung ihrer Religion, die Rechte der Schiffahrt, des Handels und der Industrie, sowie auch das Recht, Land, Gebäude, Bergwerke und Wälder zu kaufen, zu verkaufen und zu vermiethen, garantiren unter der Bedingung, dass sie den Gesetzen Gehorsam leisten.

6) Dass die Gesellschaft und die genannten Freistaaten alles thun werden, was in ihrer Macht steht, um dem Sklavenhandel ein Ende zu machen und die Sklaverei zu unterdrücken.

Geschehen in Berlin, den 16. December 1884.

(Gez.) STRAUCH.
Im Namen der Association.

ERKLÄRUNG DER REGIERUNG IHRER BRITANNISCHEN MAJESTÄT.

Die Regierung Ihrer Britannischen Majestät erklärt, dass sie mit den humanitären und philanthropischen Zwecken der Gesellschaft sympathisirt und sie billigt, und erkennt hierdurch die Flagge der Gesellschaft und der Freistaaten unter ihrer Verwaltung als die Flagge einer befreundeten Macht an.

(Gez.) EDWARD MALET.
Im Namen der Regierung Ihrer Majestät.

UEBEREINKUNFT

ZWISCHEN DER REGIERUNG IHRER BRITANNISCHEN MAJESTÄT UND DER INTERNATIONALEN GESELLSCHAFT DES KONGO.

In Anbetracht, dass die Regierung Ihrer Britannischen Majestät die Flagge der Internationalen Gesellschaft des Kongo und der Freistaaten unter ihrer Verwaltung als die Flagge einer befreundeten Regierung anerkannt hat;

In der Meinung, dass es rathsam sei, die Rechte britischer Unterthanen in den Gebieten der genannten Freistaaten zu reguliren und definiren, und Bestimmungen für solche Angelegenheiten zu treffen, welche sich auf die Ausübung der Civil- und Criminalgerichtsbarkeit, wie nachstehend angegeben, beziehen, bis die Gesellschaft in ausreichender Weise für die Verwaltung der Justiz in Bezug auf Fremde gesorgt haben wird,

Ist vereinbart worden:

Artikel I.

Die Internationale Gesellschaft des Kongo verpflichtet sich, keine Import- oder Durchgangszölle auf Handelsartikel oder Waaren zu erheben, welche von britischen Unterthanen in die genannten Territorien oder in die Territorien eingeführt werden, welche später vielleicht unter ihre Regierung gestellt werden. Diese Zollfreiheit soll sich auch auf Waaren und Handelsartikel erstrecken, welche auf den Strassen und Kanälen transportirt werden, die um die Kongokatarakte angelegt sind oder angelegt werden.

Artikel II.

Britische Unterthanen sollen zu allen Zeiten das Recht haben, in den Gebieten, welche unter der Regierung der Gesellschaft stehen oder stehen werden, sich aufzuhalten und niederzulassen.

Sie sollen denselben Schutz geniessen, wie die Unterthanen und Angehörigen der meistbegünstigten Nation in allen Angelegenheiten, welche sich auf ihre Person und ihr Eigenthum, die freie Ausübung ihrer Religion und die Rechte der Schifffahrt, des Handels und der Industrie beziehen. Insbesondere sollen sie das Recht haben, Ländereien, Gebäude, Bergwerke und Wälder in den genannten Gebieten zu kaufen, zu verkaufen und zu vermiethen, in denselben Handelshäuser zu gründen und daselbst Handel sowie die Küstenschifffahrt unter britischer Flagge zu treiben.

Artikel III.

Die Gesellschaft verpflichtet sich, den Angehörigen einer andern Nation keinen Vortheil, wie unbedeutend auch immer, zu gewähren, der nicht zugleich auch auf britische Unterthanen erstreckt würde.

Artikel IV.

Ihre Maj. die Königin von Grossbritannien und Irland kann in den Häfen oder auf den Stationen in den genannten Gebieten Consuln oder andere Consularagenten ernennen, und die Gesellschaft verpflichtet sich, dieselben dort zu schützen.

Artikel V.

Jeder britische Consul oder Consularagent, welcher von der Regierung Ihrer Britannischen Majestät in gehöriger Weise autorisirt worden sein wird, soll die Befugniss haben, ein Consulargericht für den ihm zugewiesenen District zu errichten, und die einzige und ausschliessliche Gerichtsbarkeit, civile sowol als criminale, gemäss den britischen Gesetzen ausüben in Bezug auf die Person und das Eigenthum britischer Unterthanen in dem genannten District.

Artikel VI.

Nichts in dem vorstehenden Artikel Gesagte soll einen britischen Unterthan von der Verpflichtung befreien, die für Fremde erlassenen Gesetze der genannten Freistaaten zu befolgen, doch soll jede Verletzung dieser Gesetze von seiten eines britischen Unterthans dem britischen Consulargericht vorgelegt werden.

Artikel VII.

Wenn die Bewohner der genannten Territorien, welche der Regierung der Gesellschaft unterthän sind, der Person oder dem Eigenthum eines britischen Unterthans Schaden zufügen, sollen dieselben von den Behörden der Gesellschaft verhaftet und den Gesetzen der genannten Freistaaten entsprechend bestraft werden. Auf beiden Seiten soll in billiger und unparteiischer Weise Gerechtigkeit geübt werden.

Artikel VIII.

Ein britischer Unterthan, der Grund zu Klagen über einen Bewohner der genannten Territorien unter der Regierung der Gesellschaft hat, soll sich an das britische Consulat wenden und dort seine Beschwerden im einzelnen darlegen.

Der Consul soll eine Untersuchung einleiten, um festzustellen, ob die Beschwerde wohlbegründet ist, und wird sein Aeusserstes thun, um die Angelegenheit freundschaftlich zu arrangiren. In der-

selben Weise soll der britische Consul, wenn irgendein Bewohner
Ursache zu Klagen über einen britischen Unterthan hat, dessen
Beschwerde anhören und sein Aeusserstes thun, um die Angelegenheit zu erledigen. Wenn Differenzen solcher Art entstehen, dass
der britische Consul sie nicht freundschaftlich arrangiren kann,
soll er Recurs an die Behörden der Gesellschaft nehmen, damit
dieselben die Sache prüfen und in gerechter Weise beendigen.

Artikel IX.

Wenn ein Bewohner der genannten Territorien unter der
Regierung der Gesellschaft ermangeln sollte, eine bei einem britischen Unterthan contrahirte Schuld zu bezahlen, sollen die Behörden der Gesellschaft alles thun, was in ihrer Macht steht, um
ihn der Gerechtigkeit zu überantworten und die Wiedererlangung
der genannten Schuld zu erwirken; und wenn ein britischer Unterthan es an der Zahlung einer bei einem der Bewohner contrahirten Schuld fehlen lässt, sollen die britischen Behörden in
derselben Weise ihr Aeusserstes thun, um ihn der Gerechtigkeit
zu überantworten und die Wiedererlangung der Schuld zu erwirken. Kein britischer Consul und keine Behörde der Gesellschaft
soll für eine von einem britischen Unterthan oder von einem
Bewohner der genannten Gebiete, welcher der Regierung der Gesellschaft unterthan ist, contrahirte Schuld verantwortlich gemacht werden.

Artikel X.

Im Falle der Cession irgendeines Gebiets, welches jetzt oder
in Zukunft unter der Regierung der Gesellschaft stehen wird,
sollen die von der Gesellschaft in dieser Uebereinkunft übernommenen Verpflichtungen auf den Concessionar Anwendung finden.
Die Verbindlichkeiten und britischen Unterthanen zugestandenen
Rechte sollen nach jeder Cession in Bezug auf jeden neuen Besitzer eines jeden Theils des genannten Territoriums in Kraft
bleiben.

Diese Uebereinkunft soll ratifizirt und es sollen die Ratifikationsurkunden mit möglichst kurzer Frist ausgetauscht werden.

Diese Uebereinkunft soll unmittelbar nach Austausch der Ratifikationen in Kraft treten.

So geschehen in Berlin, den 16. December 1884.

(Gez.) EDWARD MALET.
STRAUCH.

UEBEREINKUNFT

ZWISCHEN DEN NIEDERLANDEN UND DER INTERNATIONALEN GESELLSCHAFT DES KONGO.

ARTIKEL I.

Die Internationale Gesellschaft des Kongo verpflichtet sich, keine Einfuhr- oder Durchgangszölle zu erheben auf Waaren oder Handelsartikel, welche von holländischen Unterthanen in die gegenwärtigen oder zukünftigen Besitzungen der Gesellschaft eingeführt werden. Die Zollfreiheit soll sich auch auf Waaren und Handelsartikel erstrecken, welche auf den Strassen oder Kanälen transportirt werden, die um die Kongokatarakte angelegt sind oder angelegt werden.

ARTIKEL II.

Holländische Unterthanen sollen zu allen Zeiten das Recht haben, in den Gebieten, welche der Gesellschaft unterthan sind oder sein werden, sich aufzuhalten und niederzulassen. Sie sollen denselben Schutz geniessen, welcher den Unterthanen und Angehörigen der meistbegünstigten Nation zugestanden ist, in allen Angelegenheiten, welche ihre Person, ihr Eigenthum, die freie Ausübung ihrer Religion und die Rechte der Schifffahrt, des Handels und der Industrie betreffen; sie sollen insbesondere das Recht haben, Land, Bergwerke, Wälder und Gebäude in den genannten Territorien zu kaufen und zu verkaufen, zu miethen und zu vermiethen und unter der holländischen Flagge Handel und Küstenschifffahrt zu treiben.

Artikel III.

Die Gesellschaft verpflichtet sich, keinerlei Vortheile den Unterthanen einer andern Nation zu gewähren, wenn solche Vortheile nicht unmittelbar auch auf holländische Unterthanen ausgedehnt werden.

Artikel IV.

Se. Maj. der König der Niederlande hat das Recht, Consuln oder Consularagenten in den Häfen oder auf den Stationen der genannten Territorien zu ernennen, und die Gesellschaft verpflichtet sich, dieselben zu schützen.

Artikel V.

Bis die Verwaltung der Justiz in den Freistaaten des Kongo organisirt und diese Organisation von der Gesellschaft zur Kenntniss gebracht sein wird, kann jeder holländische Consul oder Consularagent, der von der Regierung Sr. Majestät des Königs der Niederlande gehörig autorisirt ist, ein Consulargericht für das Gebiet des ihm überwiesenen Districts errichten, und wird in diesem Falle die einzige und ausschliessliche Gerichtsbarkeit, civile sowol als criminale, entsprechend den Gesetzen der Niederlande ausüben in Bezug auf die Person und das Eigenthum holländischer Unterthanen in dem genannten District.

Artikel VI.

Nichts in dem vorstehenden Artikel Gesagte soll irgendeinen holländischen Unterthan von der Verpflichtung befreien, die von den Freistaaten für Fremde erlassenen Gesetze zu befolgen, doch sollen alle Verletzungen derselben von seiten eines holländischen Unterthans einem holländischen Consulargerichtshofe vorgelegt werden.

Artikel VII.

Wenn die Bewohner der genannten Länder, die der Regierung der Gesellschaft unterthan sind, der Person oder dem Eigenthum eines holländischen Unterthans irgendwelchen Schaden zufügen, sollen sie von den Behörden der Gesellschaft verhaftet und gemäss den Gesetzen der genannten Freistaaten bestraft werden. Auf beiden Seiten soll in billiger und unparteiischer Weise Gerechtigkeit geübt werden.

Artikel VIII.

Ein holländischer Unterthan, der Grund zu Klagen über einen Bewohner der genannten Territorien unter der Regierung der Gesellschaft hat, soll sich an das holländische Consulat wenden und dort seine Beschwerden im einzelnen darlegen. Der Consul soll eine Untersuchung einleiten, ob dieselben wohlbegründet sind, und alles thun, was in seiner Macht steht, um die Angelegenheit freundschaftlich zu arrangiren. In gleicher Weise soll der holländische Consul, wenn irgendein Bewohner der genannten Gebiete eine Klage über einen holländischen Unterthan hat, die Beschwerde anhören und sein Aeusserstes thun, um die Schwierigkeit in freundschaftlicher Weise zu arrangiren. Wenn Differenzen solcher Art entstehen, dass der Consul sie nicht freundschaftlich arrangiren kann, soll er Recurs an die Behörden der Gesellschaft nehmen, damit dieselben die Sache prüfen und in gerechter Weise beendigen.

Artikel IX.

Wenn ein Bewohner der genannten Territorien unter der Regierung der Gesellschaft es an der Bezahlung einer bei einem holländischen Unterthan contrahirten Schuld fehlen lässt, sollen die Behörden der Gesellschaft alles thun, was in ihrer Macht steht, um ihn der Gerechtigkeit zu überantworten und die Wiedererlangung der Schuld zu erwirken, und wenn ein holländischer Unterthan es an der Bezahlung einer bei einem der Bewohner contrahirten Schuld fehlen lässt, sollen die holländischen Behörden alles thun, was in ihrer Macht steht, um ihn der Gerechtigkeit zu überantworten und die Wiedererlangung der Schuld zu erwirken.

Kein holländischer Consul und keine Behörde der Gesellschaft soll für die Bezahlung einer Schuld, welche von einem Bewohner irgendeines der der Regierung der Gesellschaft unterworfenen Territorien oder von einem holländischen Unterthan contrahirt worden ist, verantwortlich gemacht werden.

Artikel X.

Im Fall der Cession des jetzt oder zu irgendeiner zukünftigen Zeit unter der Regierung der Gesellschaft stehenden Gebiets oder irgendeines Theils des genannten Gebiets sollen die von der Gesellschaft in dieser Uebereinkunft eingegangenen Verpflichtungen für den Concessionar bindend sein. Die holländischen Unterthanen zugestandenen Arrangements und Rechte sollen nach der Cession mit Bezug auf irgendwelchen neuen Besitzer irgendwelchen Theiles des genannten Gebiets in Kraft bleiben.

Artikel XI.

Die Gesellschaft und die Freistaaten verpflichten sich, alles zu thun, was in ihrer Macht steht, um dem Sklavenhandel ein Ende zu machen und die Sklaverei zu unterdrücken.

Artikel XII.

Das Königreich der Niederlande erkennt, entsprechend seiner Sympathie mit dem humanitären und civilisatorischen Zwecke der Gesellschaft, die Flagge der Association und der unter ihrer Verwaltung gestellten Freistaaten, eine blaue Flagge mit goldenem Stern in der Mitte, als die Flagge einer befreundeten Regierung an.

Artikel XIII.

Diese Uebereinkunft soll ratifizirt und es sollen die Ratifikationsurkunden in möglichst kurzer Frist ausgetauscht werden. Sie soll unmittelbar nach dem Austausch der Ratifikationen in Kraft treten.

Urkundlich dessen haben die betreffenden Bevollmächtigten

Gegenwärtiges unterzeichnet und demselben ihre Wappensiegel beigefügt.

So geschehen in Brüssel, den 27. December 1884.

(Gez.) L. GERICKE.
STRAUCH.

UEBEREINKUNFT

ZWISCHEN DER REGIERUNG DER FRANZÖSISCHEN REPUBLIK UND DER INTERNATIONALEN GESELLSCHAFT DES KONGO.

ARTIKEL I.

Die Internationale Gesellschaft des Kongo erklärt, dass sie auf Frankreich die Vortheile ausdehnt, welche sie den Vereinigten Staaten von Amerika, dem Deutschen Reich, England, Italien, Oesterreich-Ungarn, den Niederlanden und Spanien concedirt hat kraft der Uebereinkünfte, welche sie mit den verschiedenen Mächten an den resp. Daten des 22. April, 8. November, 16., 19., 24. und 29. December 1884 und 7. Januar 1885 abgeschlossen hat, und deren Text dieser Uebereinkunft beigefügt ist.

ARTIKEL II.

Die Gesellschaft verpflichtet sich ausserdem, keine Vortheile irgendwelcher Art den Unterthanen einer andern Nation zu gewähren, ohne diese Vortheile unmittelbar auch auf französische Bürger auszudehnen.

ARTIKEL III.

Die Regierung der Französischen Republik und die Gesellschaft nehmen als Grenzen zwischen ihren Besitzungen an:

Den Tschiloango-Fluss vom Ocean bis zu seiner nördlichsten Quelle;

Den Rücken der Wasserscheide des Niadi-Kwilu und des Kongo bis zum Meridian von Manjanga;

Eine noch festzustellende Linie, welche soviel wie möglich

einer natürlichen Theilung des Bodens folgt und zwischen der Station Manjanga und dem Katarakt von Ntombo-Mataka bei einem Punkte an dem schiffbaren Theile des Flusses endet;

Den Kongo bis Stanley-Pool;

Die Mittellinie des Stanley-Pool;

Den Kongo bis zu einem noch festzustellenden Punkte den Licona-Nkundja-Fluss aufwärts;

Eine noch festzustellende Linie von diesem Punkte bis zum 17. Grade östlicher Länge von Greenwich, die soviel wie möglich der Linie der Wasserscheide des einen Theil der französischen Besitzungen bildenden Licona-Nkundja folgt;

Den 17. Grad östlicher Länge von Greenwich.

Artikel IV.

Eine Commission, bestehend aus einer auf beiden Seiten gleichen Zahl von Vertretern der contrahirenden Parteien, soll mit der an Ort und Stelle vorzunehmenden Feststellung der Grenzen entsprechend den vorstehenden Abmachungen betraut werden. Im Falle einer Meinungsverschiedenheit soll die Angelegenheit den von der Internationalen Commission des Kongo zu ernennenden Delegirten vorgelegt werden.

Artikel V.

Unter Vorbehalt der Arrangements, welche zwischen der Internationalen Gesellschaft des Kongo und Portugal bezüglich der südlich vom Tschiloango gelegenen Territorien getroffen zu werden im Begriff stehen, ist die Regierung der Französischen Regierung geneigt, die Neutralität der Besitzungen der Internationalen Gesellschaft innerhalb der auf beigefügter Karte bezeichneten Grenzen anzuerkennen, vorbehältlich der Discussion und Regulirung der Bedingungen dieser Neutralität in Uebereinstimmung mit den andern auf der Berliner Conferenz vertretenen Mächten.

Artikel VI.

Die Regierung der Französischen Republik erkennt die Flagge der Internationalen Gesellschaft des Kongo, eine blaue Flagge mit goldenem Stern in der Mitte, als die einer befreundeten Regierung an.

Urkundlich dessen haben die respectiven Bevollmächtigten die gegenwärtige Uebereinkunft unterzeichnet und derselben ihre Siegel beigefügt.

So geschehen in Paris, den 5. Februar 1885.

JULES FERRY.
Graf PAUL DE BORCHGRAVE D'ALTENA.

UEBEREINKUNFT

ZWISCHEN PORTUGAL UND DER INTERNATIONALEN GESELLSCHAFT DES KONGO.

ARTIKEL I.

Die Internationale Gesellschaft des Kongo erklärt, dass sie auf Portugal die Vortheile ausdehnt, welche sie den Vereinigten Staaten von Amerika, dem Deutschen Reich, England, Italien, Oesterreich-Ungarn, den Niederlanden, Spanien, Frankreich und den Vereinigten Königreichen Schweden und Norwegen concedirt hat kraft der Uebereinkünfte, welche sie mit den verschiedenen Mächten unter den respectiven Daten des 22. April, 8. November, 16., 19., 24. und 29. December 1884, des 7. Januar, 5. und 10. Februar 1885 abgeschlossen hat und von denen die Gesellschaft authentische Abschriften der Regierung Sr. Allertreuesten Majestät zu übermitteln übernimmt.

ARTIKEL II.

Die Internationale Gesellschaft des Kongo verpflichtet sich ferner, keine Vortheile irgendwelcher Art den Unterthanen einer andern Nation zu gewähren, ohne diese Vortheile unmittelbar auch auf die Unterthanen Sr. Allertreuesten Majestät auszudehnen.

Artikel III.

Die Internationale Gesellschaft des Kongo und Se. Allertreueste Majestät der König von Portugal und Algarvien nehmen als Grenzen zwischen ihren Besitzungen in Westafrika die folgenden an:

Nördlich vom Kongo-(Zaire-)Fluss das rechte Ufer der Mündung des Flusses, welcher sich südlich von der Bai von Kabinda, nahe bei Ponto Vermelha auf Cabo-Lombo in den Ocean ergiesst;

Den Breitenparallel dieses letztern Punktes bis zu seinem Schnittpunkt mit dem Meridian der Vereinigung des Culacalla mit dem Luculla;

Den auf diese Weise bestimmten Meridian bis zu seiner Kreuzung mit dem Luculla-Fluss;

Den Lauf des Luculla bis zu seiner Vereinigung mit dem Tschiloango (Luango Luce);

Den Lauf des Kongo (Zaire) von der Mündung bis zur Vereinigung mit dem kleinen Uango-Uango-Fluss;

Den Meridian, welcher durch die Mündung des kleinen Uango-Uango-Flusses zwischen der holländischen und der portugiesischen Factorei führt, sodass die letztere bis zu dem Kreuzungspunkte des Meridians mit dem Breitenparallel von Nokki auf portugiesischem Gebiet verbleibt;

Den Breitenparallel von Nokki bis zu seiner Kreuzung mit dem Kuango (Cuango-) Flusse;

Von diesem Punkte südlich den Lauf des Kuango (Cuango).

Artikel IV.

Eine Commission, bestehend aus einer auf beiden Seiten gleichen Zahl von Vertretern der contrahirenden Parteien, soll mit der an Ort und Stelle vorzunehmenden Feststellung der Grenzen entsprechend den vorstehenden Abmachungen betraut werden. Im Fall einer Meinungsverschiedenheit soll die Angelegenheit den von der Internationalen Commission des Kongo zu ernennenden Delegirten vorgelegt werden.

Artikel V.

Seine Allertreueste Majestät der König von Portugal und Algarvien ist geneigt, die Neutralität der Besitzungen der Internationalen Gesellschaft des Kongo anzuerkennen, vorbehaltlich der Discussion und Regulirung dieser Neutralität in Uebereinstimmung mit den andern auf der Berliner Conferenz vertretenen Mächten.

Artikel VI.

Seine Allertreueste Majestät der König von Portugal und Algarvien erkennt die Flagge der Internationalen Gesellschaft des Kongo, eine blaue Flagge mit goldenem Stern in der Mitte, als die Flagge einer befreundeten Regierung an.

Artikel VII.

Die gegenwärtige Uebereinkunft soll ratifizirt und es sollen die Ratifikationsurkunden in Paris innerhalb drei Monaten oder früher, wenn dies möglich ist, ausgetauscht werden.

Urkundlich dessen haben die Bevollmächtigten der beiden contrahirenden Parteien und Se. Excellenz Baron de Courcel, Ausserordentlicher Botschafter und Bevollmächtigter Frankreichs in Berlin, als Vertreter der vermittelnden Macht die gegenwärtige Uebereinkunft unterzeichnet und derselben ihre Siegel beigefügt.

So geschehen in Triplikat zu Berlin, den vierzehnten Februar achtzehnhundertfünfundachtzig.

(Gez.) Marquis de Penafiel.
Strauch.
Alph. de Courcel.

ERKLÄRUNGEN,

AUSGETAUSCHT ZWISCHEN DER BELGISCHEN REGIERUNG UND DER INTERNATIONALEN GESELLSCHAFT DES KONGO.

Die Internationale Gesellschaft des Kongo erklärt durch Gegenwärtiges, dass ihr kraft der mit den legitimen Souveränen im Becken des Kongo und seiner Nebenflüsse abgeschlossenen Verträge die Souveränetät über ausgedehnte Gebiete zum Zwecke der Gründung eines freien und unabhängigen Staates cedirt worden ist; dass Uebereinkünfte die Grenze der Territorien der Gesellschaft in Bezug auf diejenigen Frankreichs und Portugals definiren, und dass die Grenzen der Gesellschaft auf beigefügter Karte bezeichnet sind.

Dass die genannte Gesellschaft als Flagge des von ihr verwalteten Staates eine blaue Flagge mit goldenem Stern in der Mitte angenommen hat.

Dass die genannte Gesellschaft beschlossen hat, keine Zollabgaben auf Waaren oder Producte zu erheben, welche in ihr Gebiet eingeführt oder auf den um die Kongokatarakte herum gebauten Strassen transportirt werden; dieser Entschluss ist gefasst worden, um den Handel zu ermuthigen, in das äquatoriale Afrika einzudringen.

Dass sie Fremden, welche sich in ihrem Gebiete ansiedeln, das Recht zusichert, Grund und Gebäude auf demselben zu kaufen, zu verkaufen und zu vermiethen, Geschäftshäuser zu etabliren und Handel zu treiben unter der einzigen Bedingung, dass sie den Gesetzen Gehorsam leisten. Sie verpflichtet sich ausserdem, den Angehörigen der einen Nation keine Vortheile zu gewähren, ohne sie unmittelbar auf die Angehörigen aller andern Nationen auszudehnen, und verpflichtet sich ferner, alles zu thun, was in ihrer Macht steht, um den Sklavenhandel zu unterdrücken.

Urkundlich dessen hat der Präsident der Gesellschaft in Vertretung derselben seine Unterschrift und sein Siegel hierunter gesetzt.

Berlin, den dreiundzwanzigsten Februar eintausendachthundertfünfundachtzig.

(Gez.) STRAUCH.

Die Belgische Regierung nimmt Akt von der Erklärung der Internationalen Gesellschaft des Kongo und erkennt durch Gegenwärtiges die Gesellschaft innerhalb der angegebenen Grenzen und ihre Flagge als die eines befreundeten Staates an.

Urkundlich dessen haben die Unterzeichneten, in gehöriger Weise autorisirt, ihre Unterschrift und ihre Siegel beigefügt.

Berlin, den dreiundzwanzigsten Februar eintausendachthundertfünfundachtzig.

(Gez.) Cte. AUG. VAN DER STRATEN PONTHOZ.
Baron LAMBERMONT.

III.
PROTOKOLL Nr. 10.
Sitzung vom 26. Februar 1885.

Anwesend:
Für Deutschland: Fürst Bismarck, Herr Busch, Herr von Kusserow.
Für Oesterreich-Ungarn: Graf Széchényi.
Für Belgien: Graf van der Straten Ponthoz, Baron Lambermont.
Für Dänemark: Herr von Vind.
Für Spanien: Graf von Benomar.
Für die Vereinigten Staaten von Amerika: Herr John A. Kasson, Herr Henry S. Sanford.
Für Frankreich: Baron de Courcel.
Für Grossbritannien: Sir Edward Malet.
Für Italien: Graf de Launay.
Für die Niederlande: Jonkheer van der Hoeven.
Für Portugal: Marquis de Penafiel, Herr de Serpa Pimentel.
Für Russland: Graf Kapnist.
Für Schweden und Norwegen: General Baron Bildt.
Für die Türkei: Saïd Pascha.

Die Sitzung wurde um 2½ Uhr unter dem Vorsitze Sr. Durchlaucht des Fürsten Bismarck eröffnet.

Der Vorsitzende sprach sein Bedauern darüber aus, dass er durch den Zustand seiner Gesundheit und die Last der Geschäfte verhindert gewesen sei, sich an den sämmtlichen Arbeiten der Hohen Versammlung zu betheiligen, denen er jedoch mit vielem Interesse gefolgt sei.

Se. Durchlaucht hielt dann folgende Ansprache:

„Meine Herren! Unsere Conferenz hat nach langen und schwierigen Berathungen das Ende ihrer Arbeit erreicht, und zu meiner Freude kann ich sagen, dass dank Ihren Bemühungen und dem versöhnlichen Geiste, welcher bei unsern Verhandlungen geherrscht hat, vollständige Uebereinstimmung über jeden einzelnen Punkt des uns vorgelegten Programms erzielt worden ist.

„Die Beschlüsse, welche wir in formeller Weise zu sanctioniren im Begriffe stehen, sichern dem Handel aller Nationen den freien Zugang zum Innern des afrikanischen Continents. Die Garantien, durch welche die Handelsfreiheit im Kongobecken gesichert werden wird, und die gesammten in den Bestimmungen für die Schiffahrt auf dem Kongo und dem Niger vereinigten Arrangements sind derart, dass dem Handel und der Industrie aller Nationen die allergünstigsten Bedingungen für ihre Entwickelung und Sicherheit geboten werden.

„In einer andern Reihe von Bestimmungen haben Sie Ihre Sorge für die moralische und materielle Wohlfahrt der eingeborenen Bevölkerung bewiesen, und wir dürfen die Hoffnung hegen, dass die im Geiste weiser Mässigung angenommenen Grundsätze Früchte tragen und helfen werden, jene Bevölkerung mit den Segnungen der Civilisation vertrauter zu machen.

„Die eigenthümlichen Verhältnisse der soeben von Ihnen dem kaufmännischen Unternehmungsgeist eröffneten ausgedehnten Regionen schienen besondere Garantien für die Erhaltung des Friedens und der öffentlichen Ordnung nothwendig zu machen. In der That würde die Geisel des Kriegs besonders unglückliche Folgen haben, wenn die Eingeborenen veranlasst würden, in den Streitigkeiten zwischen den civilisirten Mächten Partei zu nehmen. In berechtigter Besorgniss vor den Gefahren, welche ein solches Ereigniss für die Civilisation haben könnte, haben Sie nach Mitteln gesucht, um einen grossen Theil des afrikanischen Continents den Wechselfällen der allgemeinen Politik zu entziehen, indem Sie die Rivalität der Nationen auf den friedlichen Wetteifer in Handel und Industrie beschränkt haben.

„In gleicher Weise haben Sie sich bemüht, alle Misverständnisse und Streitigkeiten zu beseitigen, zu denen neue Annexionen an der afrikanischen Küste Veranlassung geben könnten. Die Erklärung der erforderlichen Formalitäten, bevor solche Annexionen als effectiv betrachtet werden können, führt eine neue Bestimmung in das Völkerrecht ein, welche bei Gelegenheit viele Ursachen zu Meinungsverschiedenheiten und Conflicten aus unsern internationalen Beziehungen entfernen wird.

„Der Geist des gegenseitigen guten Einverständnisses, welcher Ihre Berathungen ausgezeichnet hat, herrschte auch bei den Verhandlungen, welche ausserhalb der Conferenz geführt worden sind, um die schwierige Frage der Grenzen zwischen den souveräne Rechte im Kongobecken ausübenden Parteien zu erledigen, die ihrer Position gemäss bestimmt sind, die Haupthüter des Werkes zu sein, das wir zu sanctioniren im Begriffe stehen.

„Ich kann dieses Thema nicht berühren, ohne Zeugniss abzulegen für die edeln Bestrebungen Sr. Majestät des Königs der Belgier, des Gründers eines Werks, das jetzt die Anerkennung fast aller Mächte erhalten hat und zunehmend der Sache der Humanität werthvolle Dienste leisten wird.

„Meine Herren! Se. Majestät der Kaiser und König, mein erhabener Herr, hat mir aufgetragen, Ihnen seinen wärmsten Dank zu übermitteln für das, was jeder von Ihnen zur glücklichen Vollendung des Werkes der Conferenz beigetragen hat.

„Schliesslich liegt es mir noch ob, dankbar anzuerkennen, was die Conferenz denjenigen ihrer Mitglieder verdankt, welche die schwierige Arbeit der Commission übernommen haben, insbesondere den Herren Baron de Courcel und Baron Lambermont. Ich habe auch den Delegirten zu danken für die werthvolle Hülfe, welche sie uns geleistet haben, und ich schliesse in diesen Ausdruck des Dankes die Secretäre der Conferenz ein, welche unsere Berathungen durch die Genauigkeit ihrer Arbeit erleichtert haben.

„Wie andere Arbeiten von Menschenhand kann das Werk dieser Conferenz vielleicht verbessert und vervollständigt werden, allein ich hoffe, dass dasselbe einen Fortschritt in der Entwickelung der internationalen Beziehungen bezeichnen und ein neues Band der Einigung zwischen den Nationen der civilisirten Welt bilden werde."

Dann sprach Graf DE LAUNAY:

„Meine Herren! Wir alle sind sehr erfreut, Se. Durchlaucht den Fürsten Bismarck noch einmal unter uns zu sehen.

„Wir haben die Ehre, ihm für seine Rede zu danken, welche sich durch so vollendete Höflichkeit auszeichnete, und für seine schmeichelhafte Meinung von unsern Bestrebungen, die zu unserer allgemeinen Uebereinstimmung geführt haben.

„Wie Sie soeben gehört haben, ist er, sehr gegen seinen Willen, verhindert gewesen, persönlich allen unsern Sitzungen zu präsidiren, allein sein mächtiger Geist hat über dieser Versammlung geschwebt. Wenn er gezwungen war, seine Functionen zu übertragen, so wusste er vorher, dass er sie guten Händen übergab. Thatsächlich haben die Herren Graf Hatzfeldt und Unterstaatssecretär Busch ihre Instructionen mit einem Verständniss, einem Takt und einem Geiste der Vermittelung ausgeführt, die wir alle mit Vergnügen anerkennen. Wir schulden ihnen sehr viel Dankbarkeit. Alle beide sind gründlich in die Principien eingedrungen, welche vom Anbeginn der Conferenz an mit gleicher Präcision und Erhabenheit der Ansicht uns vorgelegt worden sind.

„Was unserm Werke in der Zukunft auch vorbehalten sein mag, denn es bleibt den Schicksalen aller menschlichen Dinge unterworfen, wir können gegenwärtig wenigstens bezeugen, dass wir nichts vernachlässigt haben, was überhaupt möglich war, um in das Innere des afrikanischen Continents hinein eine breite Strasse für den moralischen und materiellen Fortschritt seiner eingeborenen Rassen und die Entwickelung der allgemeinen Wohlfahrt des Handels und der Schiffahrt zu erschliessen.

„Wir haben gleichzeitig der Sache der Religion, des Friedens, der Humanität gedient und die Domäne des internationalen Völkerrechts vergrössert.

„Das war der Zweck, den wir im Auge hatten. Wenn es uns gelungen ist, ihn zu erreichen, ist ein grosser Theil des Verdienstes unserm erlauchten Präsidenten zu verdanken, dem Befürworter des Zusammentritts der Conferenz, dem Verfasser des Programms, welches die Grundlage unserer Berathungen gebildet hat.

„Ich bin deshalb der einstimmigen Billigung der Mitglieder dieser Hohen Versammlung sicher, wenn ich Sr. Durchlaucht dem Fürsten Bismarck unsere herzliche Anerkennung dafür ausspreche, dass er, mag er anwesend oder abwesend gewesen sein, unsere Arbeiten auf den besten Weg geleitet hat.

„Da wir im Begriffe stehen, uns zu trennen, so glaube ich, meine Herren, dass ich Ihr getreuer Dolmetsch bin, wenn ich die Huldigung unserer ehrfurchtsvollen Dankbarkeit darbringe für das freundliche Willkommen, welches uns von Sr. Majestät dem Kaiser von Deutschland, König von Preussen, sowie von seiner erhabenen Familie zutheil geworden ist."

Auf den Vorschlag des Grafen DE LAUNAY erhoben sich die Mitglieder der Hohen Versammlung von ihren Sitzen, um ihre herzliche Zustimmung zu bezeugen zu dem, was der Vertreter Italiens über Se. Majestät den Kaiser gesagt hatte.

Fürst BISMARCK dankt dem Grafen de Launay für seine anerkennenden Worte. Er spricht den Wunsch aus, dass die Bevollmächtigten und er im Laufe ihres politischen Lebens häufiger Gelegenheit haben möchten, in so einmüthig freundschaftlicher Gesinnung, wie sie die Berliner Conferenz ausgezeichnet habe, sich zu begegnen. Se. Durchlaucht spricht seine Befriedigung über die vortrefflichen Beziehungen aus, zu denen die Conferenz Veranlassung gegeben hat.

Der Präsident befragt die Hohe Versammlung, ob es gewünscht werde, bevor zur Unterzeichnung der Generalakte geschritten werde, das Document verlesen zu lassen. Die in ihrer Gesammtheit von der Conferenz bereits angenommene Generalakte sei gedruckt und unter die Bevollmächtigten behufs deren reiflicher Erwägung vertheilt worden. Die Hohe Versammlung möge es unter diesen Umständen vielleicht für gut halten, die übliche Formalität der Verlesung zu unterlassen. Falls dies die allgemeine Ansicht sei, würde es mit der Meinung des Präsidenten übereinstimmen.

SAÏD PASCHA hält die Verlesung für überflüssig.

Die Hohe Versammlung stimmt einmüthig dem Vorschlag des Fürsten Bismarck zu.

Der Präsident kündigt formell an, dass die Hohe Versammlung, da sie der Generalakte ihre definitive Sanction gegeben habe, ohne zum letzten mal die Verlesung derselben zu wünschen, wol unmittelbar zur Unterzeichnung der Documente übergehen werde.

Ehe Fürst BISMARCK die Bevollmächtigten jedoch zur Vornahme dieser Formalität auffordert, wünscht er zur Vereinfachung der Geschäftsordnung der Conferenz eine Mittheilung zu machen, welche, streng genommen, der Unterzeichnung des Vertrages folgen sollte und dahin lautet:

„Unter Bezugnahme auf Artikel XXXVII der soeben von Ihnen angenommenen Akte habe ich die Ehre, Ihnen eine Mittheilung zu machen, welche mir soeben zugegangen ist. Es ist das die Annahme der Resolutionen der Conferenz seitens der Internationalen Gesellschaft des Kongo. Ich werde mir erlauben, dieses Document, sowie einen Brief des Herrn Oberst Strauch, Präsidenten der Gesellschaft, Ihnen vorzulesen."

Der Präsident verliest diese Documente, welche folgenden Wortlaut haben:

1. Zustimmungsakte der Internationalen Gesellschaft des Kongo zu der Generalakte der Berliner Conferenz, datirt den 26. Februar 1885.

„Die Internationale Gesellschaft des Kongo erklärt kraft Artikel XXXVII der Generalakte der Berliner Conferenz durch Gegenwärtiges, dass sie den Bestimmungen der genannten Generalakte sich anschliessen wird.

„Urkundlich dessen hat der Präsident der Internationalen Gesellschaft des Kongo die gegenwärtige Erklärung unterschrieben und derselben sein Siegel beigefügt.

„Gegeben zu Berlin, den sechsundzwanzigsten Februar eintausendachthundertfünfundachtzig.

(Gez.) OBERST STRAUCH." (L. S.)

2. Schreiben des Oberst Strauch an Se. Durchlaucht den Fürsten Bismarck.

„Herr Fürst! Kraft der Befugnisse, welche mir von Sr. Majestät dem König der Belgier, als Gründer der Internationalen Gesellschaft des Kongo, Befugnisse beifolgend, übertragen worden sind, und gemäss Artikel XXXVII der Generalakte der Berliner Conferenz habe ich die Ehre, der Regierung des Deutschen Reiches die Akte zu übermitteln, durch welche die Internationale Gesellschaft des Kongo die genannte Generalakte annimmt.

„Ich hoffe zuversichtlich, dass Ew. Durchlaucht gemäss der Bestimmung, welche der Paragraph 2 desselben Artikels enthält, den Staaten, welche die Generalakte unterzeichnet haben oder sich an dieselbe gebunden halten werden, von dieser Annahme Kenntniss geben werden.

„Die Internationale Gesellschaft des Kongo wird die wohlwollende Beachtung ihrer Bitte als einen weitern Beweis der Freundlichkeit der Mächte betrachten gegen ein Werk, das durch seinen Ursprung, seine Existenzbedingungen und seinen Zweck bestimmt ist, bei der Ausführung der hochherzigen Gedanken der Conferenz Hülfe zu leisten.

Ich bin in tiefster Ergebenheit

Ew. Durchlaucht unterthänigster und gehorsamster Diener

OBERST STRAUCH
Präsident der Internationalen Gesellschaft des Kongo.

Berlin, 26. Februar 1885."

3. Herrn Oberst Strauch übertragene Befugnisse.

„Wir, Leopold II., König der Belgier, als Gründer der Internationalen Gesellschaft des Kongo, geben hiermit Herrn Oberst Strauch, dem Präsidenten dieser Gesellschaft, die volle Befugniss, die Beitrittsakte zu dem von der Berliner Conferenz angenommenen Generalvertrage zu unterzeichnen.

(Gez.) LEOPOLD. (L. S.)

Brüssel, 15. Februar 1885."

Se. Durchlaucht Fürst BISMARCK spricht dann folgendermaassen:

„Meine Herren! Ich glaube die Meinung der Versammlung auszudrücken, wenn ich mit Befriedigung den Schritt begrüsse, den die Internationale Gesellschaft des Kongo gethan hat, indem sie ihren Beitritt zu unsern Beschlüssen erklärt. Der neue Kongostaat ist zu einem der Hauptbeschützer des Werkes bestimmt, das wir im Auge haben, und ich hoffe, dass derselbe eine gedeihliche Entwickelung haben werde und die edeln Bestrebungen seines erhabenen Gründers sich erfüllen mögen."

Auf Aufforderung des Präsidenten schreiten die Bevollmächtigten dann zur Unterzeichnung der Schlussakte.

Nachdem der Präsident angekündigt, dass die Sitzung geschlossen sei, trennt sich die Hohe Versammlung um 4½ Uhr.

(Unterzeichnet)

Széchényi.	F. P. van der Hoeven.
Cte Augte. Van der Straten	Marquis de Penafiel.
Ponthoz.	A. de Serpa Pimentel.
Bⁿ Lambermont.	Cte P. Kapnist.
E. Vind.	Gillis Bildt.
Comte de Benomar.	Saïd.
John A. Kasson.	v. Bismarck.
Alph. de Courcel.	Busch.
Edward B. Malet.	v. Kusserow.
Launay.	

Mit dem Original übereinstimmend befunden

Raindre.
Graf W. Bismarck.
Schmidt.

IV.
GENERAL-AKTE DER BERLINER KONFERENZ.

(Uebersetzung.)

Im Namen des Allmächtigen Gottes,

Seine Majestät der Deutsche Kaiser, König von Preussen, Seine Majestät der Kaiser von Oesterreich, König von Böhmen etc. und Apostolischer König von Ungarn, Seine Majestät der König der Belgier, Seine Majestät der König von Dänemark, Seine Majestät der König von Spanien, der Präsident der Vereinigten Staaten von Amerika, der Präsident der Französischen Republik, Ihre Majestät die Königin des Vereinigten Königreichs von Grossbritannien und Irland, Kaiserin von Indien, Seine Majestät der

König von Italien, Seine Majestät der König der Niederlande, Grossherzog von Luxemburg etc., Seine Majestät der König von Portugal und Algarvien etc. etc. etc., Seine Majestät der Kaiser Aller Reussen, Seine Majestät der König von Schweden und Norwegen etc. etc. und Seine Majestät der Kaiser der Ottomanen,

in der Absicht, die für die Entwickelung des Handels und der Civilisation in gewissen Gegenden Afrikas günstigsten Bedingungen im Geiste guten gegenseitigen Einvernehmens zu regeln und allen Völkern die Vortheile der freien Schifffahrt auf den beiden hauptsächlichsten, in den Atlantischen Ocean mündenden afrikanischen Strömen zu sichern; andererseits von dem Wunsche geleitet, Missverständnissen und Streitigkeiten vorzubeugen, welche in Zukunft durch neue Besitzergreifungen an den afrikanischen Küsten entstehen könnten, und zugleich auf Mittel zur Hebung der sittlichen und materiellen Wohlfahrt der eingeborenen Völkerschaften bedacht, haben in Folge der von der Kaiserlich deutschen Regierung im Einverständniss mit der Regierung der Französischen Republik an Sie ergangenen Einladung beschlossen, zu diesem Zweck eine Konferenz in Berlin zu versammeln und haben zu ihren Bevollmächtigten ernannt, nämlich:

SEINE MAJESTÄT DER DEUTSCHE KAISER, König von Preussen:
    den Herrn OTTO Fürsten VON BISMARCK, Ihren Präsidenten des preussischen Staatsministeriums, Kanzler des Reichs,
    den Herrn PAUL Grafen VON HATZFELDT, Ihren Staatsminister und Staatssekretär des Auswärtigen Amts,
    den Herrn AUGUST BUSCH, Ihren Wirklichen Geheimen Legationsrath und Unterstaatssekretär im Auswärtigen Amt,
    und
    den Herrn HEINRICH VON KUSSEROW, Ihren Geheimen Legationsrath im Auswärtigen Amt;

SEINE MAJESTÄT DER KAISER VON OESTERREICH, König von Böhmen etc. und Apostolischer König von Ungarn:
    den Herrn EMERICH Grafen SZÉCHÉNYI VON SÁRVÁRI FELSÖ-VIDÉK, Kammerherrn und Wirklichen Geheimen Rath, Ihren ausserordentlichen und bevollmächtigten Bot-

schafter bei Seiner Majestät dem Deutschen Kaiser, König von Preussen;

Seine Majestät der König der Belgier:
den Herrn Gabriel August Grafen van der Straten Ponthoz, Ihren ausserordentlichen Gesandten und bevollmächtigten Minister bei Seiner Majestät dem Deutschen Kaiser, König von Preussen,
und
den Herrn August Baron Lambermont, Staatsminister, Ihren ausserordentlichen Gesandten und bevollmächtigten Minister;

Seine Majestät der König von Dänemark:
den Herrn Emil von Vind, Kammerherrn, Ihren ausserordentlichen Gesandten und bevollmächtigten Minister bei Seiner Majestät dem Deutschen Kaiser, König von Preussen;

Seine Majestät der König von Spanien:
Don Francisco Merry y Colom, Grafen von Benomar, Ihren ausserordentlichen Gesandten und bevollmächtigten Minister bei Seiner Majestät dem Deutschen Kaiser, König von Preussen;

Der Präsident der Vereinigten Staaten von Amerika:
den Herrn John A. Kasson, ausserordentlichen Gesandten und bevollmächtigten Minister der Vereinigten Staaten von Amerika bei Seiner Majestät dem Deutschen Kaiser, König von Preussen,
und
den Herrn Henry S. Sanford, früheren Minister;

Der Präsident der Französischen Republik:
den Herrn Alphonse Baron de Courcel, ausserordentlichen und bevollmächtigten Botschafter Frankreichs bei Seiner Majestät dem Deutschen Kaiser, König von Preussen;

Ihre Majestät die Königin des Vereinigten Königreiches von Grossbritannien und Irland, Kaiserin von Indien:
Sir Edward Baldwin Malet, Ihren ausserordentlichen und bevollmächtigten Botschafter bei Seiner Majestät dem Deutschen Kaiser, König von Preussen;

Seine Majestät der König von Italien:
: den Herrn Eduard Grafen von Launay, Ihren ausserordentlichen und bevollmächtigten Botschafter bei Seiner Majestät dem Deutschen Kaiser, König von Preussen;

Seine Majestät der König der Niederlande, Grossherzog von Luxemburg etc.:
: den Herrn Friedrich Philipp Yonkheer van der Hoeven, Ihren ausserordentlichen Gesandten und bevollmächtigten Minister bei Seiner Majestät dem Deutschen Kaiser, König von Preussen;

Seine Majestät der König von Portugal und Algarvien etc. etc. etc.:
: den Herrn Da Serra Gomes, Marquis von Penafiel, Pair des Königreichs, Ihren ausserordentlichen Gesandten und bevollmächtigten Minister bei Seiner Majestät dem Deutschen Kaiser, König von Preussen,
: und
: den Herrn Anton von Serpa Pimentel, Staatsrath und Pair des Königreichs;

Seine Majestät der Kaiser aller Reussen:
: den Herrn Peter Grafen Kapnist, Geheimen Rath, Ihren ausserordentlichen Gesandten und bevollmächtigten Minister bei Seiner Majestät dem König der Niederlande;

Seine Majestät der König von Schweden und Norwegen etc. etc.:
: den Herrn Gillis Baron Bildt, Generallieutenant, Ihren ausserordentlichen Gesandten und bevollmächtigten Minister bei Seiner Majestät dem Deutschen Kaiser, König von Preussen;

Seine Majestät der Kaiser der Ottomanen:
: Mehemed Saïd Pascha, Vezir und Grosswürdenträger, Ihren ausserordentlichen und bevollmächtigten Botschafter bei Seiner Majestät dem Deutschen Kaiser, König von Preussen,

welche, versehen mit Vollmachten, die in guter und gehöriger Form befunden worden sind, nach einander berathen und angenommen haben:

1. eine Erklärung, betreffend die Freiheit des Handels in dem Becken des Kongo, seinen Mündungen und den angrenzenden Ländern, nebst einigen damit zusammenhängenden Bestimmungen;
2. eine Erklärung, betreffend den Sklavenhandel und die Operationen, welche zu Lande oder zur See diesem Handel Sklaven zuführen;
3. eine Erklärung, betreffend die Neutralität der in dem konventionellen Kongobecken einbegriffenen Gebiete;
4. eine Kongo-Schiffahrtsakte, welche, unter Berücksichtigung der örtlichen Verhältnisse, auf diesen Strom, seine Nebenflüsse und auf die denselben gleichgestellten Gewässer die in den Artikeln 108 bis 116 der Schlussakte des Wiener Kongresses enthaltenen allgemeinen Grundsätze ausdehnt, welche zum Zweck haben, zwischen den Signatärmächten jener Akte die freie Schiffahrt auf den mehrere Staaten trennenden oder durchschneidenden schiffbaren Wasserläufen zu regeln und welche seitdem vertragsmässig auf Flüsse Europas und Amerikas, und namentlich auf die Donau, mit den durch die Verträge von Paris 1856, von Berlin 1878 und London 1871 und 1883 vorgesehenen Veränderungen angewendet worden sind;
5. eine Niger-Schiffahrtsakte, welche gleichfalls unter Berücksichtigung der örtlichen Verhältnisse auf diesen Strom und seine Nebenflüsse die in den Artikeln 108 bis 116 der Schlussakte des Wiener Kongresses enthaltenen Grundsätze ausdehnt;
6. eine Erklärung, welche in die internationalen Beziehungen einheitliche Regeln für zukünftige Besitzergreifungen an den Küsten des afrikanischen Festlandes einführt;

und, von der Ansicht ausgehend, dass diese verschiedenen Dokumente nützlicherweise in einer einzigen Urkunde miteinander zu verbinden seien, dieselben zu einer aus folgenden Artikeln bestehenden Generalakte vereinigt haben.

KAPITEL I.

ERKLÄRUNG, BETREFFEND DIE FREIHEIT DES HANDELS IN DEM BECKEN DES KONGO, SEINEN MÜNDUNGEN UND DEN ANGRENZENDEN LÄNDERN, NEBST EINIGEN DAMIT ZUSAMMENHÄNGENDEN BESTIMMUNGEN.

Artikel I.

Der Handel aller Nationen soll vollständige Freiheit geniessen:
1. In allen Gebieten, welche das Becken des Kongo und seiner Nebenflüsse bilden. Dieses Becken wird begrenzt durch die Höhenzüge der daran grenzenden Becken, nämlich insbesondere die Becken des Niari, des Ogowe, des Schari und des Nils im Norden, durch die östliche Wasserscheide der Zuflüsse des Tanganyka-Sees im Osten, durch die Höhenzüge der Becken des Zambese und des Loge im Süden. Es umfasst demnach alle Gebiete, welche von dem Kongo und seinen Nebenflüssen durchströmt werden, einschliesslich des Tanganyka-Sees und seiner östlichen Zuflüsse.
2. In dem Seegebiete, welches sich an dem Atlantischen Ocean von dem unter 2° 30′ südlicher Breite belegenen Breitengrade bis zu der Mündung des Loge erstreckt.

    Die nördliche Grenze folgt dem unter 2° 30′ belegenen Breitengrade von der Küste bis zu dem Punkte, wo er mit dem geographischen Becken des Kongo zusammentrifft, ohne indess das Becken des Ogowe, auf welchen die Bestimmungen des gegenwärtigen Aktes keine Anwendung finden, zu berühren.

    Die südliche Grenze folgt dem Laufe des Loge bis zu der Quelle dieses Flusses und wendet sich von dort nach Osten bis zur Vereinigung mit dem geographischen Becken des Kongo.
3. In dem Gebiete, welches sich östlich von dem Kongo-Becken in seinen oben beschriebenen Grenzen bis zu dem Indischen Ocean erstreckt, von dem fünften Grad nördlicher Breite bis zu der Mündung des Zambese im Süden;

von letzterem Punkte aus folgt die Grenzlinie dem Zambese bis fünf Meilen aufwärts von der Mündung des Schire und findet ihre Fortsetzung in der Wasserscheide zwischen den Zuflüssen des Nyassa-Sees und den Nebenflüssen des Zambese, um endlich die Wasserscheidelinie zwischen dem Zambese und Kongo zu erreichen. Man ist ausdrücklich darüber einig, dass bei Ausdehnung des Grundsatzes der Handelsfreiheit auf dieses östliche Gebiet die auf der Konferenz vertretenen Mächte sich nur für sich selbst verpflichten, und dass dieser Grundsatz auf Gebiete, welche zur Zeit irgend einem unabhängigen und souveränen Staate gehören, nur insoweit Anwendung findet, als der letztere seine Zustimmung ertheilt. Die Mächte beschliessen, ihre guten Dienste bei den an der afrikanischen Küste des Indischen Oceans bestehenden Regierungen einzulegen, um die fragliche Zustimmung zu erhalten und für alle Fälle der Durchfuhr aller Nationen die günstigsten Bedingungen zu sichern.

Artikel II.

Alle Flaggen, ohne Unterschied der Nationalität, haben freien Zutritt zu der gesammten Küste der oben aufgeführten Gebiete, zu den Flüssen, die daselbst in das Meer einmünden, zu allen Gewässern des Kongo und seiner Nebenflüsse, einschliesslich der Seen, zu allen Häfen an diesen Gewässern, sowie zu allen Kanälen, welche etwa in Zukunft zu dem Zwecke angelegt werden, um die Wasserstrassen oder Seen innerhalb der in dem Artikel 1 beschriebenen Gebiete zu verbinden. Sie dürfen jede Art von Beförderung unternehmen und Küsten-, Fluss- und Kahnschifffahrt unter den gleichen Bedingungen wie die Landesangehörigen ausüben.

Artikel III.

Waaren jeder Herkunft, welche in diese Gebiete unter irgend einer Flagge auf dem See-, Fluss- oder Landwege eingeführt werden, sollen keine anderen Abgaben zu entrichten haben als solche, welche etwa als billiger Entgelt für zum Nutzen des Handels gemachte Ausgaben erhoben werden und in dieser ihrer Eigenschaft gleichmässig von den Landesangehörigen und den Fremden jeder Nationalität zu tragen sind.

Jede ungleiche Behandlung, sowohl bezüglich der Schiffe wie der Waaren, ist untersagt.

Artikel IV.

Die in diese Gebiete eingeführten Waaren bleiben von Eingangs- und Durchgangszöllen befreit.

Die Mächte behalten sich vor, nach Ablauf einer Periode von zwanzig Jahren zu bestimmen, ob die Zollfreiheit der Einfuhr beizubehalten ist oder nicht.

Artikel V.

Keine der Mächte, welche in den oben bezeichneten Gebieten Souveränitätsrechte ausübt oder ausüben wird, kann daselbst Monopole oder Privilegien irgend einer Art, die sich auf den Handel beziehen, verleihen.

Die Fremden sollen daselbst mit Bezug auf den Schutz ihrer Personen und ihres Vermögens, den Erwerb und die Uebertragung beweglichen und unbeweglichen Eigenthums und die Ausübung ihres Gewerbes, ohne Unterschied die gleiche Behandlung und dieselben Rechte wie die Landesangehörigen geniessen.

Artikel VI.

Bestimmungen hinsichtlich des Schutzes der Eingeborenen, der Missionare und Reisenden, sowie hinsichtlich der religiösen Freiheit.

Alle Mächte, welche in den gedachten Gebieten Souveränitätsrechte oder einen Einfluss ausüben, verpflichten sich, die Erhaltung der eingeborenen Bevölkerung und die Verbesserung ihrer sittlichen und materiellen Lebenslage zu überwachen und an der Unterdrückung der Sklaverei und insbesondere des Negerhandels mitzuwirken; sie werden ohne Unterschied der Nationalität oder des Kultus alle religiösen, wissenschaftlichen und wohlthätigen Einrichtungen und Unternehmungen schützen und begünstigen, welche zu jenem Zwecke geschaffen und organisirt sind, oder dahin zielen, die Eingeborenen zu unterrichten und ihnen die Vortheile der Civilisation verständlich und werth zu machen.

Christliche Missionare, Gelehrte, Forscher, sowie ihr Gefolge, ihre Habe und ihre Sammlungen bilden gleichfalls den Gegenstand eines besonderen Schutzes.

Gewissensfreiheit und religiöse Duldung werden sowohl den Eingeborenen wie den Landesangehörigen und Fremden ausdrücklich gewährleistet. Die freie und öffentliche Ausübung aller Kulte, das Recht der Erbauung gottesdienstlicher Gebäude und der Einrichtung von Missionen, welcher Art Kultus dieselben angehören mögen, soll keinerlei Beschränkung noch Hinderung unterliegen.

Artikel VII.

Regelung des Postwesens.

Die am 1. Juni 1878 zu Paris revidirte Uebereinkunft, betreffend den Welt-Postverein, soll auf das konventionelle Kongobecken Anwendung finden.

Die Mächte, welche daselbst Souveränitäts- oder Protektoratsrechte ausüben oder ausüben werden, verpflichten sich, sobald die Umstände es gestatten, die erforderlichen Massnahmen zur Ausführung der vorstehenden Bestimmung zu treffen.

Artikel VIII.

Aufsichtsrecht der Internationalen Schiffahrts-Kommission des Kongo.

In allen denjenigen Theilen des in der gegenwärtigen Erklärung ins Auge gefassten Gebietes, wo von keiner Macht Souveränitäts- oder Protektoratsrechte ausgeübt werden sollten, ist es Aufgabe der gemäss Artikel 17 eingesetzten Internationalen Schiffahrts-Kommission des Kongo, über die Anwendung der in dieser Erklärung aufgestellten und gebilligten Grundsätze zu wachen.

In allen Fällen, wo bezüglich der Anwendung der in der gegenwärtigen Erklärung aufgestellten Grundsätze Schwierigkeiten entstehen, können die interessirten Regierungen dahin übereinkommen, die guten Dienste der Internationalen Kommission in Anspruch zu nehmen, indem sie dieselbe mit Prüfung der Umstände beauftragen, welche zu jenen Schwierigkeiten Anlass gegeben haben.

KAPITEL II.
Erklärung, betreffend den Sklavenhandel.

Artikel IX.

Da nach den Grundsätzen des Völkerrechts, wie solche von den Signatärmächten anerkannt werden, der Sklavenhandel verboten ist, und die Operationen, welche zu Lande oder zur See diesem Handel Sklaven zuführen, ebenfalls als verboten anzusehen sind, so erklären die Mächte, welche in den das konventionelle Kongobecken bildenden Gebieten Souveränitätsrechte oder einen Einfluss ausüben oder ausüben werden, dass diese Gebiete weder als Markt noch als Durchgangsstrasse für den Handel mit Sklaven, gleichviel welcher Race, benutzt werden sollen. Jede dieser Mächte verpflichtet sich zur Anwendung aller ihr zu Gebote stehenden Mittel, um diesem Handel ein Ende zu machen und diejenigen, welche ihm obliegen, zu bestrafen.

KAPITEL III.
Erklärung, betreffend die Neutralität der in dem konventionellen Kongobecken einbegriffenen Gebiete.

Artikel X.

Um dem Handel und der Industrie eine neue Bürgschaft der Sicherheit zu geben und durch die Aufrechterhaltung des Friedens die Entwickelung der Civilisation in denjenigen Ländern zu sichern, welche im Artikel 1 erwähnt und dem System der Handelsfreiheit unterstellt sind, verpflichten sich die Hohen Theile, welche die gegenwärtige Akte unterzeichnen, und diejenigen, welche ihr in der Folge beitreten, die Neutralität der Gebiete oder Theile von Gebieten, welche den erwähnten Ländern angehören, einschliesslich der territorialen Gewässer, zu achten, so lange die Mächte, welche Souveränitäts- oder Protektoratsrechte über diese Gebiete ausüben oder ausüben werden, von dem Rechte, sich für neutral zu erklären, Gebrauch machen und den durch die Neutralität bedingten Pflichten nachkommen.

Artikel XI.

Falls eine Macht, welche Souveränitäts- oder Protektoratsrechte in den im Artikel 1 erwähnten und dem Freihandelssystem unterstellten Ländern ausübt, in einen Krieg verwickelt werden sollte, verpflichten sich die Hohen Theile, welche die gegenwärtige Akte unterzeichnen, sowie diejenigen, welche ihr in der Folge beitreten, ihre guten Dienste zu leihen, damit die dieser Macht gehörigen und in der konventionellen Freihandelszone einbegriffenen Gebiete, im gemeinsamen Einverständniss dieser Macht und des anderen oder der anderen der kriegführenden Theile, für die Dauer des Krieges den Gesetzen der Neutralität unterstellt und so betrachtet werden, als ob sie einem nicht kriegführenden Staate angehörten. Die kriegführenden Theile würden von dem Zeitpunkt an darauf Verzicht zu leisten haben, ihre Feindseligkeiten auf die also neutralisirten Gebiete zu erstrecken oder dieselben als Basis für kriegerische Operationen zu benutzen.

Artikel XII.

Falls sich zwischen den Mächten, welche die gegenwärtige Akte unterzeichnen oder denjenigen, welche etwa in der Folge derselben beitreten, ernste Meinungsverschiedenheiten mit Bezug auf die Grenzen oder innerhalb der Grenzen der im Artikel 1 erwähnten und dem Freihandelssystem unterstellten Gebiete ergeben, so verpflichten sich jene Mächte, bevor sie zur Waffengewalt schreiten, die Vermittelung einer oder mehrerer der befreundeten Mächte in Anspruch zu nehmen.

Für den gleichen Fall behalten sich die gleichen Mächte vor, nach ihrem Ermessen auf ein schiedsrichterliches Verfahren zurückzugreifen.

KAPITEL IV.

Kongo-Schifffahrtsakte.

Artikel XIII.

Die Schiffahrt auf dem Kongo, ohne Ausnahme irgend einer der Verzweigungen oder Ausläufe dieses Flusses, soll für die Kauffahrteischiffe aller Nationen, mögen sie mit Ladung oder Ballast fahren, vollkommen frei sein und bleiben, sowohl bezüglich der Beförderung von Waaren, wie von Reisenden. Sie hat sich zu richten nach den Bestimmungen der gegenwärtigen Schifffahrtsakte und den in Ausführung derselben zu erlassenden Vorschriften.

Bei Ausübung dieser Schiffahrt sollen die Angehörigen und Flaggen aller Nationen in jeder Hinsicht auf dem Fusse einer vollkommenen Gleichheit behandelt werden, sowohl für die direkte Schiffahrt vom offenen Meer nach den inneren Häfen des Kongo und umgekehrt, als für die grosse und kleine Küstenschiffahrt und für die Kahnschiffahrt auf dem ganzen Laufe des Flusses.

Demgemäss soll auf dem ganzen Laufe und an den Mündungen des Kongo keinerlei Unterschied zwischen den Angehörigen der Uferstaaten und der Nichtuferstaaten gemacht und keine ausschliessliche Schiffahrtsvergünstigung weder an irgend welche Gesellschaften oder Körperschaften noch an Privatpersonen verliehen werden.

Diese Bestimmungen werden von den Signatärmächten als künftig einen Bestandtheil des internationalen öffentlichen Rechts bildend anerkannt.

Artikel XIV.

Die Schiffahrt auf dem Kongo soll keinerlei Beschränkung oder Abgabe unterliegen, die nicht ausdrücklich in der gegenwärtigen Akte vereinbart ist. Dieselbe soll keinerlei Stations-, Stapel-, Niederlage-, Umschlags- oder Aufenthaltsverpflichtung unterworfen sein.

In der ganzen Ausdehnung des Kongo sind die den Strom

passirenden Schiffe und Waaren, ohne Rücksicht auf ihre Herkunft oder Bestimmung, von jeder Art Durchgangszoll befreit.

Es soll keinerlei See- oder Flussabgabe erhoben werden, welche sich einzig und allein auf die Thatsache der Schiffahrt gründet, noch auch irgend ein Zoll von Waaren, die sich an Bord der Schiffe befinden. Vielmehr sollen nur solche Gebühren oder Abgaben zur Erhebung gelangen, die den Karakter eines Entgeltes für der Schiffahrt selbst geleistete Dienste tragen, nämlich:
1. Hafengebühren für die thatsächliche Benutzung gewisser örtlicher Einrichtungen, wie Quais, Lagerhäuser u. s. w.

Der Tarif für diese Gebühren soll nach den Kosten der Herstellung und der Unterhaltung der bezüglichen örtlichen Einrichtungen berechnet und ohne Rücksicht auf die Herkunft der Schiffe und auf ihre Ladung angewendet werden.
2. Lootsengebühren auf denjenigen Flussstrecken, wo die Einrichtung von Stationen geprüfter Lootsen nothwendig erscheint.

Der Tarif für diese Abgaben soll fest und dem geleisteten Dienste angemessen sein.
3. Gebühren zur Bestreitung der technischen und Verwaltungsausgaben, die im allgemeinen Interesse der Schiffahrt gemacht worden sind, einschliesslich der Gebühren für Leuchtthürme, Leuchtfeuer und Baken.

Die Gebühren der letzteren Art sollen nach dem Tonnengehalte der Schiffe, wie sich derselbe aus den Schiffspapieren ergiebt, nach Massgabe der für die untere Donau eingeführten Vorschriften berechnet werden.

Die Tarife, nach denen die in den vorhergehenden drei Absätzen aufgezählten Gebühren und Abgaben erhoben werden, dürfen keinerlei differentielle Behandlung enthalten und sind in jedem Hafenplatze amtlich zu veröffentlichen.

Die Mächte behalten sich vor, nach Ablauf eines Zeitraums von fünf Jahren zu prüfen, ob eine Revision der oben erwähnten Tarife, auf Grund gemeinschaftlichen Einverständnisses, angezeigt erscheint.

Artikel XV.

Die Nebenflüsse des Kongo sollen in jeder Hinsicht denselben Gesetzen wie der Strom selbst unterworfen sein.

Die gleichen Gesetze gelten auch für die grössern und kleinern Flüsse, sowie für die Seen und Kanäle in den durch Artikel I Absatz 2 und 3 näher bezeichneten Gebieten. Doch sollen sich die Befugnisse der Internationalen Gesellschaft des Kongo auf die gedachten grösseren und kleineren Flüsse, Seen und Kanäle nur dann erstrecken, wenn die Staaten, unter deren Souveränität jene Gewässer stehen, ihre Zustimmung ertheilen. Auch bleibt wohlverstanden für die in Artikel I Absatz 3 erwähnten Gebiete die Zustimmung der souveränen Staaten, zu denen diese Gebiete gehören, vorbehalten.

Artikel XVI.

Strassen, Eisenbahnen oder Seitenkanäle, welche zu dem besonderen Zweck erbaut werden, um der Nichtschiffbarkeit oder den Mängeln der Wasserstrasse auf gewissen Strecken des Kongo, seiner Nebenflüsse, und den anderen, durch Artikel XV letzteren gleichgestellten Wasserläufen abzuhelfen, sollen in ihrer Eigenschaft als Verkehrsmittel als zu diesem Strome gehörig angesehen werden und gleichfalls dem Handel aller Nationen geöffnet sein.

Ebenso wie auf dem Strome können auch auf diesen Strassen, Eisenbahnen und Kanälen nur solche Abgaben erhoben werden, welche nach Massgabe der Aufwendungen für Herstellung, Unterhaltung und Betrieb, einschliesslich des den Unternehmern zustehenden Gewinnes, in Ansatz zu bringen sind.

Bei Bestimmung der Höhe dieser Abgaben sollen die Fremden und die Angehörigen der betreffenden Gebiete auf dem Fusse vollständiger Gleichheit behandelt werden.

Artikel XVII.

Eine Internationale Kommission wird eingesetzt, um die Ausführung der Bestimmungen der gegenwärtigen Schiffahrtsakte zu sichern.

Die Signatärmächte dieser Akte, sowie die Mächte, welche später derselben beitreten, können sich jederzeit in der gedachten Kommission, jede durch einen Abgesandten, vertreten lassen. Kein Abgesandter kann über mehr als eine Stimme verfügen, selbst dann nicht, wenn er mehrere Regierungen vertritt.

Der Abgesandte wird direkt von seiner Regierung besoldet.

Die Gehälter und Bezüge der Agenten und Angestellten der Internationalen Kommission werden auf den Ertrag der gemäss Artikel XIV Absatz 2 und 3 zu erhebenden Abgaben verrechnet.

Die Höhe der fraglichen Gehälter und Bezüge, sowie die Anzahl, der Grad und die Amtsbefugnisse der einzelnen Agenten und Angestellten sind in den Rechenschaftsbericht aufzunehmen, welcher jedes Jahr an die in der Internationalen Kommission vertretenen Regierungen zu erstatten ist.

Artikel XVIII.

Die Mitglieder der Internationalen Kommission, sowie die von ihr ernannten Agenten sind in der Ausübung ihrer Funktionen mit dem Privileg der Unverletzlichkeit bekleidet. Der gleiche Schutz soll sich auf die Amtsräume, Büreaus und Archive der Kommission erstrecken.

Artikel XIX.

Die Konstituirung der Internationalen Schiffahrtskommission des Kongo soll erfolgen, sobald fünf der Signatärmächte der gegenwärtigen Generalakte ihre Abgesandten ernannt haben. Bis zur Konstituirung der Kommission soll die Ernennung der Delegirten der Regierung des Deutschen Reichs angezeigt werden, welche ihrerseits die erforderlichen Schritte einleiten wird, um die Vereinigung der Kommission herbeizuführen.

Die Kommission hat unverzüglich Bestimmungen über die Schiffahrt, die Flusspolizei, das Lootsen- und Quarantänewesen auszuarbeiten.

Diese Bestimmungen, sowie die von der Kommission festzusetzenden Tarife sind vor ihrer Inkraftsetzung der Genehmigung der in der Kommission vertretenen Mächte zu unterbreiten. Die interessirten Mächte haben binnen kürzester Frist ihre Ansicht zu äussern.

Uebertretungen dieser Bestimmungen werden da, wo die Internationale Kommission ihre Machtbefugnisse unmittelbar ausübt, von den Agenten derselben, anderwärts von dem betreffenden Uferstaate geahndet.

Im Falle eines Amtsmissbrauchs oder einer Rechtsverletzung von Seiten eines Agenten oder Angestellten der Internationalen Kommission soll es dem Betreffenden, der sich in seiner Person oder in seinen Rechten verletzt fühlt, freistehen, sich an den konsularischen Agenten seiner Nation zu wenden. Letzterer hat die Beschwerde zu prüfen und kann dieselbe, sofern er sie *prima facie* begründet findet, der Kommission vortragen. Auf seinen Antrieb hat die Kommission, vertreten durch mindestens drei ihrer Mitglieder, mit ihm gemeinschaftlich eine Untersuchung über das Verfahren ihres Agenten oder Angestellten herbeizuführen. Wenn der konsularische Agent die Entscheidung der Kommission für rechtlich anfechtbar hält, so hat er darüber an seine Regierung zu berichten, welche sich mit den in der Kommission vertretenen Mächten in Verbindung setzen und dieselben einladen kann, über die der Kommission zu ertheilenden Weisungen eine Verständigung zu treffen.

Artikel XX.

Die nach Artikel XVII mit Ueberwachung der Ausführung der gegenwärtigen Schiffahrtsakte betraute Internationale Kommission des Kongo zählt namentlich zu ihren Befugnissen:

1. Die Bestimmung der Arbeiten, welche geeignet sind, die Schiffbarkeit des Kongo entsprechend den Bedürfnissen des internationalen Handels zu sichern.

    Auf denjenigen Strecken des Stromes, wo keine Macht Souveränitätsrechte ausübt, hat die Internationale Kommission selbst die erforderlichen Massnahmen zur Sicherung der Schiffbarkeit des Flusses zu treffen.

    Auf den im Besitz einer souveränen Macht befindlichen Strecken hat sich die Internationale Kommission mit der Ufer-Obrigkeit zu verständigen.

2. Die Festsetzung des Lootsentarifs, sowie des allgemeinen

Tarifs für die im zweiten und dritten Absatz des Artikels XIV vorgesehenen Schiffahrtsabgaben.

Die im ersten Absatz des Artikels XIV erwähnten Tarife werden innerhalb der durch den gedachten Artikel bestimmten Grenzen von der territorialen Obrigkeit festgesetzt.

Die Erhebung der verschiedenen Abgaben erfolgt durch die internationalen oder territorialen Obrigkeiten, für deren Rechnung sie eingeführt sind.

3. Die Verwaltung der nach obigem Absatz 2 erzielten Einkünfte.
4. Die Ueberwachung der in Gemässheit des Artikels XXIV geschaffenen Quarantäneanstalt.
5. Die Ernennung der zu dem allgemeinen Schiffahrtsdienst gehörigen Agenten, sowie ihrer eigenen Angestellten.

Die Einsetzung von Unteraufsehern erfolgt für die im Besitz einer Macht befindlichen Stromstrecken durch die Territorialgewalt, für die übrigen Stromstrecken durch die Internationale Kommission.

Der Uferstaat hat der Internationalen Kommission die Ernennung der von ihr eingesetzten Unteraufseher anzuzeigen und ihrerseits für die Besoldung der letzteren Sorge zu tragen.

In der Ausübung ihrer oben bezeichneten und abgegrenzten Befugnisse ist die Internationale Kommission von der Territorialgewalt unabhängig.

Artikel XXI.

Bei der Erfüllung ihrer Aufgabe kann die Internationale Kommission, im Nothfalle, die Kriegsschiffe der Mächte, welche diese Akte unterzeichnen, sowie derjenigen, die ihr künftig beitreten, zur Hülfe ziehen, unbeschadet der den Kommandanten dieser Schiffe von ihren betreffenden Regierungen etwa ertheilten Instruktionen.

Artikel XXII.

Die in den Kongo einlaufenden Kriegsschiffe der die gegenwärtige Akte unterzeichnenden Mächte sind von Entrichtung der im Absatz 3 des Artikels XIV vorgesehenen Schiffahrtsabgaben befreit. Sie haben indess die eventuellen Lootsen-, sowie die Hafenabgaben zu leisten, sofern nicht ihre Intervention von der Internationalen Kommission oder deren Agenten nach Massgabe des vorhergehenden Artikels nachgesucht worden ist.

Artikel XXIII.

Zur Deckung der ihr obliegenden Ausgaben für technische und Verwaltungszwecke kann die durch Artikel XVII eingesetzte Internationale Kommission im eigenen Namen Anleihen schliessen, zu deren Sicherstellung ausschliesslich die der gedachten Kommission zugewiesenen Einkünfte dienen.

Die auf den Abschluss einer Anleihe gerichteten Beschlüsse der Kommission müssen mit einer Majorität von zwei Drittel der Stimmen gefasst sein. Unter allen Umständen bleibt die Annahme ausgeschlossen, als ob von den in der Kommission vertretenen Regierungen irgend eine Garantie übernommen oder irgend eine Verbindlichkeit oder Bürgschaft bezüglich der fraglichen Anleihen eingegangen werde, es sei denn, dass sie besondere Abkommen zu diesem Zwecke getroffen hätten.

Der Ertrag der im dritten Absatz des Artikels XIV aufgeführten Abgaben soll in erster Linie zur Bezahlung der Zinsen der gedachten Anleihen und zu ihrer Tilgung, nach Massgabe der mit den Darleihern getroffenen Abkommen verwendet werden.

Artikel XXIV.

An den Mündungen des Kongo soll, sei es auf Initiative der Uferstaaten, sei es auf Dazwischentreten der Internationalen Kommission, eine Quarantäneanstalt geschaffen werden, deren Aufgabe es ist, die Kontrole über die ein- und auslaufenden Schiffe auszuüben.

Es bleibt späterer Entscheidung der Mächte vorbehalten, ob und unter welchen Bedingungen eine gesundheitliche Kontrole über die Schiffe auch im Gebiete der eigentlichen Stromschiffahrt auszuüben ist.

Artikel XXV.

Die Bestimmungen der gegenwärtigen Schiffahrtsakte sollen in Kriegszeiten in Kraft bleiben. Demgemäss soll auf dem Kongo, seinen Verzweigungen, Nebenflüssen und Mündungen, sowie auf den, letzteren gegenüberliegenden Theilen des Küstenmeeres die Schiffahrt aller Nationen, neutraler wie kriegführender, zu jeder Zeit für den Gebrauch des Handels frei sein.

Der Handel soll gleichfalls, ungeachtet des Kriegszustandes, frei bleiben auf den in den Artikeln XV und XVI erwähnten Strassen, Eisenbahnen, Seen und Kanälen.

Dieser Grundsatz erleidet eine Ausnahme nur bezüglich der Beförderung von Gegenständen, welche für einen Kriegführenden bestimmt und nach dem Völkerrecht als Kriegskontrebande anzusehen sind.

Alle in Ausführung der gegenwärtigen Akte geschaffenen Werke und Einrichtungen, namentlich die Hebestellen und ihre Kassen, sowie die bei diesen Einrichtungen dauernd angestellten Personen sollen den Gesetzen der Neutralität unterstellt sein und demgemäss von den Kriegführenden geachtet und geschützt werden.

KAPITEL V.
Niger-Schiffahrtsakte.

Artikel XXVI.

Die Schiffahrt auf dem Niger, ohne Ausnahme irgend einer der Verzweigungen oder Ausläufe dieses Flusses, soll für die Kauffahrteischiffe aller Nationen, mögen sie mit Ladung oder Ballast fahren, vollkommen frei sein und bleiben, sowohl bezüglich der Beförderung von Waaren wie von Reisenden. Sie hat sich zu richten nach den Bestimmungen der gegenwärtigen Schifffahrtsakte und den in Ausführung derselben zu erlassenden Vorschriften.

Bei Ausübung dieser Schiffahrt sollen die Angehörigen und Flaggen aller Nationen in jeder Hinsicht auf dem Fusse vollkommener Gleichheit behandelt werden, sowohl für die direkte Schiffahrt vom offenen Meere nach den inneren Häfen des Niger und umgekehrt, als für die grosse und kleine Küstenschiffahrt und für die Kahnschiffahrt auf dem ganzen Laufe des Flusses.

Demgemäss soll auf dem ganzen Laufe und an den Mündungen des Niger keinerlei Unterschied zwischen den Angehörigen der Uferstaaten und der Nicht-Uferstaaten gemacht und keine ausschliessliche Schiffahrtsvergünstigung weder an irgend welche Gesellschaften oder Körperschaften, noch an Privatpersonen verliehen werden.

Diese Bestimmungen werden von den Signatärmächten, als künftig einen Bestandtheil des internationalen öffentlichen Rechts bildend, anerkannt.

Artikel XXVII.

Die Schiffahrt auf dem Niger soll keinerlei Beschränkung oder Abgabe unterliegen, welche sich einzig und allein auf die Thatsache der Schiffahrt gründet.

Dieselbe soll keinerlei Stations-, Stapel-, Niederlage-, Umschlags- oder Aufenthaltsverpflichtung unterworfen sein.

In der ganzen Ausdehnung des Niger sind die den Strom passirenden Schiffe und Waaren, ohne Rücksicht auf ihre Herkunft und Bestimmung, von jeder Art Durchgangszoll befreit.

Es soll keinerlei See- oder Flussabgabe erhoben werden, welche sich einzig und allein auf die Thatsache der Schiffahrt gründet, noch auch irgend ein Zoll von Waaren, die sich an Bord der Schiffe befinden. Vielmehr sollen nur solche Gebühren oder Abgaben zur Erhebung gelangen, die den Karakter eines Entgeltes für der Schiffahrt selbst geleistete Dienste tragen. Die Tarife für diese Gebühren oder Abgaben sollen keinerlei differentielle Behandlung enthalten.

Artikel XXVIII.

Die Nebenflüsse des Niger sollen in jeder Hinsicht denselben Gesetzen wie der Strom selbst unterworfen sein.

Artikel XXIX.

Strassen, Eisenbahnen oder Seitenkanäle, welche zu dem besonderen Zweck erbaut werden, um der Nichtschiffbarkeit oder den Mängeln der Wasserstrasse auf gewissen Strecken des Niger, seiner Nebenflüsse, Verzweigungen und Ausflüsse abzuhelfen, sollen in ihrer Eigenschaft als Verkehrsmittel als zu diesem Strome gehörig angesehen werden und gleichfalls dem Handel aller Nationen geöffnet sein.

Ebenso wie auf dem Strome können auch auf diesen Strassen Eisenbahnen und Kanälen nur solche Abgaben erhoben werden, welche nach Massgabe der Aufwendungen für Herstellung, Unterhaltung und Betrieb, einschliesslich des den Unternehmern zustehenden Gewinnes, in Ansatz zu bringen sind.

Bei Bestimmung der Höhe dieser Abgaben sollen die Fremden und die Angehörigen der betreffenden Gebiete auf dem Fusse vollständiger Gleichheit behandelt werden.

Artikel XXX.

Grossbritannien verpflichtet sich, die in den Artikeln XXVI, XXVII, XXVIII, XXIX mit Bezug auf die Freiheit der Schiffahrt aufgestellten Grundsätze zur Anwendung zu bringen, insoweit die Gewässer des Niger, seiner Nebenflüsse, Verzweigungen und Ausflüsse sich unter britischer Souveränität oder britischem Protektorat befinden oder befinden werden.

Die Bestimmungen, welche es zur Sicherung und Kontrole der Schiffahrt erlassen wird, werden so abgefasst sein, dass der freie Verkehr der Handelsschiffe soviel wie möglich erleichtert wird.

Es versteht sich, dass keine der so übernommenen Verpflichtungen in dem Sinne ausgelegt werden kann, als wenn in Folge derselben Grossbritannien verhindert wäre oder sein könnte, beliebige Bestimmungen für die Schiffahrt zu treffen, welche nicht mit dem Geiste dieser Verpflichtungen im Widerspruch stehen.

Grossbritannien verpflichtet sich, den fremden Kaufleuten aller Nationen, welche in den jetzt oder zukünftig seiner Souveränität oder seinem Protektorat unterstehenden Strecken des Niger Handel treiben, Schutz zu gewähren, als wären sie seine eigenen

Unterthanen, vorausgesetzt jedoch, dass die betreffenden Kaufleute den auf Grund des Vorstehenden ergangenen oder in Zukunft ergehenden Bestimmungen nachkommen.

Artikel XXXI.

Frankreich übernimmt, insoweit die Gewässer des Niger, seiner Nebenflüsse, Verzweigungen und Ausläufe sich unter seiner Souveränität oder seinem Protektorat befinden oder befinden werden, die in dem vorhergehenden Artikel bezeichneten Verpflichtungen unter denselben Vorbehalten und in dem gleichen Wortlaut.

Artikel XXXII.

Jede der übrigen Signatärmächte verpflichtet sich in gleichem Sinne für den Fall, dass sie in Zukunft Souveränitäts- oder Protektoratsrechte über irgend einen Theil des Niger, seine Nebenflüsse, Verzweigungen und Ausflüsse ausüben sollte.

Artikel XXXIII.

Die Bestimmungen der gegenwärtigen Schiffahrtsakte sollen in Kriegszeiten in Kraft bleiben.

Demgemäss soll auf dem Niger, seinen Verzweigungen und Nebenflüssen, seinen Mündungen und Ausflüssen, sowie auf den, den Mündungen und Ausflüssen dieses Stromes gegenüberliegenden Theilen des Küstenmeeres die Schiffahrt aller Nationen, neutraler wie kriegführender, zu jeder Zeit für den Gebrauch des Handels frei sein.

Der Handel soll gleichfalls, ungeachtet des Kriegszustandes, frei bleiben auf den in Artikel XXIX erwähnten Strassen, Eisenbahnen und Kanälen.

Dieser Grundsatz erleidet eine Ausnahme nur bezüglich der Beförderung von Gegenständen, welche für einen Kriegführenden bestimmt und nach dem Völkerrecht als Kriegskontrebande anzusehen sind.

KAPITEL VI.

ERKLÄRUNG, BETREFFEND DIE WESENTLICHEN BEDINGUNGEN, WELCHE ZU ERFÜLLEN SIND, DAMIT NEUE BESITZERGREIFUNGEN AN DEN KÜSTEN DES AFRIKANISCHEN FESTLANDES ALS EFFEKTIVE BETRACHTET WERDEN.

Artikel XXXIV.

Diejenige Macht, welche in Zukunft von einem Gebiete an der Küste des afrikanischen Festlandes, welches ausserhalb ihrer gegenwärtigen Besitzungen liegt, Besitz ergreift, oder welche, bisher ohne dergleichen Besitzungen, solche erwerben sollte, desgleichen auch die Macht, welche dort eine Schutzherrschaft übernimmt, wird den betreffenden Akt mit einer an die übrigen Signatärmächte der gegenwärtigen Akte gerichteten Anzeige begleiten, um dieselben in den Stand zu setzen, gegebenenfalls ihre Reklamationen geltend zu machen.

Artikel XXXV.

Die Signatärmächte der gegenwärtigen Akte anerkennen die Verpflichtung, in den von ihnen an den Küsten des afrikanischen Kontinents besetzten Gebieten das Vorhandensein einer Obrigkeit zu sichern, welche hinreicht, um erworbene Rechte und, gegebenenfalls, die Handels- und Durchgangsfreiheit unter den Bedingungen, welche für letztere vereinbart worden, zu schützen.

KAPITEL VII.

Allgemeine Bestimmungen.

Artikel XXXVI.

Die Signatärmächte der gegenwärtigen Generalakte behalten sich vor, in dieselbe nachträglich und auf Grund gemeinsamen Einverständnisses diejenigen Abänderungen oder Verbesserungen aufzunehmen, deren Nützlichkeit durch die Erfahrung dargethan werden sollte.

Artikel XXXVII.

Die die gegenwärtige Generalakte nicht unterzeichnenden Mächte können ihren Bestimmungen durch einen besonderen Akt beitreten.

Der Beitritt jeder Macht wird auf diplomatischem Wege zur Kenntniss der Regierung des Deutschen Reichs und von dieser zur Kenntniss aller der Staaten gebracht, welche diese Generalakte unterzeichnen oder derselben nachträglich beitreten.

Er bringt zu vollem Recht die Annahme aller Verpflichtungen und die Zulassung zu allen Vortheilen mit sich, welche durch die gegenwärtige Generalakte vereinbart worden sind.

Artikel XXXVIII.

Gegenwärtige Generalakte soll binnen kürzester und keinenfalls den Zeitraum eines Jahres überschreitender Frist ratifizirt werden.

Sie tritt für jede Macht von dem Tage ab in Kraft, an welchem letztere die Ratifikation vollzogen hat.

Inzwischen verpflichten sich die diese Generalakte unterzeichnenden Mächte, keinerlei Massnahmen zu treffen, welche den Bestimmungen dieser Akte zuwiderlaufen würden.

Jede Macht wird ihre Ratifikation der Regierung des Deutschen Reichs zugehen lassen, durch deren Vermittelung allen andern Signatärmächten der gegenwärtigen Generalakte davon Kenntniss gegeben werden wird.

Die Ratifikationen aller Mächte bleiben in den Archiven der Regierung des Deutschen Reichs aufbewahrt. Wenn alle Ratifikationen beigebracht sind, so wird über den Hinterlegungsakt ein Protokoll errichtet, welches von den Vertretern aller Mächte, die an der Berliner Konferenz theilgenommen haben, unterzeichnet und wovon eine beglaubigte Abschrift allen diesen Mächten mitgetheilt wird.

Zur Beglaubigung dessen haben die betreffenden Bevollmächtigten gegenwärtige Generalakte unterzeichnet und ihre Siegel beigesetzt.

Geschehen zu Berlin am sechsundzwanzigsten Februar achtzehnhundert fünfundachtzig.

(L. S.) gez. von Bismarck.
(L. S.) „ Busch.
(L. S.) „ von Kusserow.
(L. S.) „ Széchényi.
(L. S.) „ Cte Aug. van der Straten Ponthoz.
(L. S.) „ Bⁿ Lambermont.
(L. S.) „ E. Vind.
(L. S.) „ Comte de Benomar.
(L. S.) „ John A. Kasson.
(L. S.) „ H. S. Sanford.
(L. S.) „ Alph. de Courcel.
(L. S.) „ Edward B. Malet.
(L. S.) „ Launay.
(L. S.) „ E. P. van der Hoeven.
(L. S.) „ Marquis de Penafiel.
(L. S.) „ A. de Serpa Pimentel.
(L. S.) „ Cte P. Kapnist.
(L. S.) „ Gillis Bildt.
(L. S.) „ Saïd.

REGISTER.

Abed bin Salim's Sklave II, 146.
Abenteuer mit einem Büffel I, 194; ein nautisches I, 514.
Aberglaube I, 330.
Abkühlung, schnelle, zu vermeiden II, 325.
Abrechnungen der Chefs I, 214.
Abschied, ein in Verlegenheit setzender II, 40.
Abschiedstrunk, ein unterwegs gereichter II, 193.
Abschlachten der Eingeborenen II, 152, 373; am Grabe von Häuptlingen II, 64.
Adansonia II, 367.
Aden, Ankunft in I, 60.
Adriatic, die Hulk II, 241.
Affen I, 423, 487.
Affenbrotbaum, s. Baobab.
Afrika, das mörderische II, 11.
Afrika ungerecht angeklagt I, 77.
Afrikaansche Handelsvenootschap I, 30, 60, 478; Handelsvereeniging I, 30, 60.
Afrikaexpedition, eine neue, geplant I, 28.
Afrikanische Producte, Preise in Liverpool II, 381.
Aehnlichkeit zwischen den Wenja, Bakumu und Basoko II, 160.
A. I. A., Dampfer I, 504; II, 58, 60, 117, 166.
Ajakkas oder Djaggas, Einfall in das Kongoreich I, 12.
Akazien I, 425.
Akrobaten, gelenkig wie, II, 36.

Akropolitanische Station, eine I, 165.
A'kumbi (Boot) I, 277.
Alarmirende Wildheit bei den Eingeborenen I, 438.
Albert, s. Christopherson.
Albert-Berg, der, im Kamerungebirge II, 238.
Albert-See, der II, 371.
Albion, Dampfer I, 30; Beschädigung I, 67; Heimkehr I, 121.
Alima I, 255.
Alkoholhaltige Getränke II, 261.
Allard, Dr. II, 235, 268, 279.
Alluvialablagerungen I, 93, 269, 470.
Alluvialbank, eine I, 227.
Alluvialboden I, 419.
Alluvialerde, schwarze, für den Garten I, 161.
Aloëpflanzen II, 367.
Alt-Calabar II, 239.
Alt-Vivi I, 159.
Amazonenstrom, Vergleiche mit dem II, 8.
Ambaka I, 480.
Ambassi, Ambese oder San Salvador I, 12.
Ambris I, 483; II, 237.
Ambrisette-Fluss, der I, 18.
Ameisenhügel I, 460; II, 72.
Amelot, Lieutenant II, 52, 57.
Amour-propre II, 247, 285.
Ananas I, 116, 213, 406.
Anderson, Kapitän I, 261; II, 54, 264, 272.
Anderson, Mitglied des engl. Auswärtigen Amts II, 410, 412, 413.

Angola I, 17, 478.
Angolaholz, Handel mit II, 49.
Angolaholzpulver I, 410, 471.
Animalische Speisen, Mannichfaltigkeit empfehlenswerth II, 302.
Animalisches Leben, fehlendes I, 93.
Ankoli, der Führer I, 443.
Ansichten, europäische, über afrikanisches Leben II, 244.
Ansiedelungen, zerstörte II, 153.
Anstrengung, Spuren der II, 259.
Antilopen I, 194, 536.
Anwerbung von Eingeborenen I, 222; II, 232; Trägern I, 369.
Anzichi, das Königreich von I, 1.
Apathie II, 256.
Apfelsinen I, 116.
Aequator II, 36.
Aequator-Station II, 39, 71, 74, 179, 182; Klima der II, 75, 298; Producte der II, 75.
Araber, Verwüstung der II, 146; Lager der II, 147; Raub der II, 148; Sklaven der II, 147; Bewaffnung der II, 146; Politik der II, 156; von der Ostküste II, 134; von Njangwe eingeholt II, 144; Handelsniederlassungen der II, 476.
Arabern, Begegnung mit II, 145; wieder bei den II, 169.
Arabische Passagiere II, 170.
Arachiden I, 156.
Arachis hypogea II, 366.
Arbeit, beschwerliche I, 249; regelmässige I, 394.
Arbeiten oder Sterben! II, 248.
Arbeiter I, 216; Typen unserer I, 160, 395; farbige I, 371, 549; von der Westküste I, 511; jeder — ist seines Lohnes werth II, 287; gewöhnliche werden nicht gebraucht II, 324; am Bau II, 394.
Arbeitersoldaten I, 367; II, 227.
Arbeitskräfte, Mangel I, 211; Verstärkung I, 213.
Arbeitszeit, tägliche I, 162; II, 334.
Areal des Kongogebiets II, 379.
Arglosigkeit, scheinbare II, 89.
Argwohn der Eingeborenen I, 323, 438; II, 136.
Arm, ein todter, des Kongo I, 193.
Arme, verschiedene, des Kongo II, 4.
Armspangen I, 388.

Arntz, Professor II, 396.
Arthington-Mission der Baptistenkirche I, 523.
Aruwimi-Fluss, der II, 76, 116, 131; Inseln im II, 125; Richtung des II, 127.
Arzneien für tropische Regionen II, 335, 337.
Asama-Bach, der II, 156.
Assistent, ein tüchtiger versprochen I, 493.
Association, finanzielle Lage der I, 39; Anerkennung der II, 414, 415, 417, 419; Verträge mit der II, 395.
—— Internationale du Congo I, 60.
Atmosphäre, dumpfige I, 262.
Augias-Station, eine II, 189.
Ausdünstungen, ungesunde I, 489.
Ausfuhr, Wahrscheinlichkeitsberechnung der II, 383.
Ausfuhrartikel II, 381.
Ausrufer, öffentliche I, 323.
Ausrüstung der Expedition I, 30; nach dem obern Kongo I, 530.
Ausschweifungen II, 339.
Aussichten, düstere I, 344; entmuthigende II, 57.
Austernschalen, ein Zeichen früherer Bewohner II, 106.
Avantgarde der Europäer, die, am obern Kongo II, 297.
Avocadobirnen-Schösslinge I, 162.

Bacillus, Malaria II, 329.
Babangi, Eingeborene I, 319.
Babari oder Flussleute I, 533.
Bachstelzen I, 463.
Baden II, 337, 339.
Baftas, blauer und weisser II, 23.
Bagamojo I, 52.
Bahamba-Dörfer I, 114.
Bahamba, Eingeborene II, 171.
Bahunga, Eingeborene II, 134, 171.
Bahunga-Marodeure II, 134; beutesüchtige II, 136.
Bakanga, Eingeborene II, 38.
Baker, Sir Samuel II, 371, 402.
Bakongo, Eingeborene I, 328.
Bakumira, Eingeborene II, 357.
Bakumu, Eingeborene II, 161.
Bakuti-District, der II, 38.
Bakuti, Eingeborene II, 72, 182.

Balken I, 399.
Ballay, Dr. I, 252; II, 187, 358, 432.
Balui-Fluss, der II, 71, 358.
Balui-Piraten II, 69.
Bamfumu oder Wambundu, Eingeborene I, 348.
Bamu, die Insel I, 421, 532.
Banana-Creek I, 88.
Banana, Europäer in I, 84; farbige Arbeiter in I, 85; Vorräthe in I, 86; behagliche Einrichtungen in I, 88; Ableitung des Namens I, 89; Abfahrt von I, 91.
Banana-Point I, 71, 72; II, 235.
Bananen I, 183, 213, 280, 399; II, 370; gepflanzt I, 406.
Bananenallee II, 179.
Bananenhaine I, 527; II, 137.
Bananensprösslinge, Gedeihen der II, 53.
Banditenhorde, eine arabische II, 146.
Bangala, Eingeborene II, 21.
Bangala, Eingeborene II, 80–85; im Lande der kriegerischen II, 89; Gebräuche der II, 181; in Frieden mit den II, 182.
Bangweolo- oder Bemba-See I, 8; II, 353, 370.
Banket nach der Vollendung von Vivi I, 168.
Banning, Herr II, 412.
Bansa-Sombo I, 179, 181; Uvana I, 179, 181, 217; Lungu I, 180, 181, 240; Nsanda I, 182; Kinlele I, 183; Kulu I, 179, 181; Kimpusu I, 180; Tschionso I, 181; Mgangila I, 183; Tchibueta I, 183; Manteka II, 219, 307; Nkosi II, 219.
Banunu, Eingeborene I, 546.
Baobab-Bäume I, 106, 379, 531.
Baptistenmissionare I, 246.
Baptisten-Missionsgesellschaft in San Salvador I, 14.
Barbaren II, 23.
Barbaren, Charakteristik der I, 188.
Barbarische Sitten II, 184.
Barga, Dampfer I, 30, 79.
Barometer, Jahresschwankungen in Vivi II, 341.
Bart, der schönste I, 183.
Barth, Dr. II, 132; II, 402.
Barnu-Dörfer II, 115.

Basoko, Eingeborene am Aruwimi als Freunde II, 119, 124.
Basassa, Eingeborene I, 456; Sprache der I, 457.
Basombo, Eingeborene I, 328.
Bastian, Dr., über San Salvador I, 14; II, 403.
Basua, Eingeborene II, 156.
Basua-Katarakt II, 372.
Basundi-Arbeiter I, 85; Eingeborene I, 192.
Bateke-Arbeiter I, 85.
Bateke-Elfenbeinhändler I, 318; Eingeborene I, 320, 354, 362.
Bau des Hauses, Regel für den II, 333.
Bauholz I, 302, 439; prächtigstes II, 17.
Bäume, Stämme der II, 68; bester Schutz gegen Fieber II, 319.
Bäume, werthvolle II, 388.
Baumkronen, zerrissene II, 97.
Baumstamm, ein versunkener II, 50.
Baumwolle, II, 371.
Baumwollenbäume I, 138, 285, 451, 458.
Baumwuchs, herrlicher II, 12.
Bauranga, Eingeborene II, 357.
Bay Beach II, 242.
Bayneston-Spitze, die I, 276.
Bedrohungen I, 328.
Beerdigung eines Häuptlings II, 183.
Begräbnissplatz der Boma-Häuptlinge I, 123; Wabuma-Könige I, 446.
Begrüssung, ceremonielle I, 185.
Behaim, Martin I, 1.
Beijansi, Eingeborene I, 319, 555; II, 182; Handel der I, 372; Name der II, 1.
Belgique, Dampfer I, 79, 116, 197.
Bemba- oder Bangweolo-See I, 8; II, 353, 370.
Benguella I, 484.
Benin, Bucht von II, 241.
Ben-Kassim, Sultan von Udjidji I, 48.
Benomar, Graf II, 436.
Bensani-Kongo aus Vivi I, 143, 179.
Bentley, Missionar I, 273.
Bequemlichkeiten, Mangel an II, 246.
Berechtigung einzelner Individuen zur Gründung von Staaten II, 395.
Berge, hohe I, 281.
Bergregion des Kongo II, 354.

Beri oder Meri II. 131.
Beri-Berg II, 215.
Berichterstattung I, 490.
Berlin II, 68.
Berliner Conferenz, II, 394—488.
Beschwörung des Gewitters II, 69.
Beschwörungsformel H, 108.
Beschwörungslitanei II, 24.
Bestrafung von Gewaltthätigkeiten I, 393.
Bevölkerung, spärliche I, 184.
Bevölkerung der Seeregion II, 356; des obern Kongogebiets II, 361, 362; Bijerre-Gebiets II, 363; der Webb-Lualaba-Region II, 373; des Tanganjika-Gebiets II, 375; des Kongobeckens II, 379.
Bewölkung, Einfluss auf die Temperatur II, 342.
Biafra-Bai II, 238.
Biangala bei Bolobo II, 58.
Bienenkorb, ein menschlicher I, 418.
Bienenwachs II, 367.
Bier I, 434; Märkte von Ujansi I, 448; Production I, 539; zur Feier des langen Friedens II, 65; nicht zu empfehlen II, 303.
Bijerre-Fluss, der II, 76, 125; Länge des II, 131; und Uëlle derselbe Fluss II, 131.
Binnie, Maschinist II, 166, 281, 283.
Binsen II, 47, 67.
Bisamenten II, 19.
Bischofsstadt, San Salvador als I, 12.
Bismarck, Fürst II, 400, 403, 404, 457, 461; Schreiben an Baron de Courcel II, 405.
Black-Point II, 235.
Blechteller als Geld I, 213.
Blindschleichen I, 225.
Blitzstein, der I, 103.
Blockhaus, Bau I, 399.
Bloeme, Herr de II, 412.
Blutbäder mit Blei und Eisen II, 150.
Blutdürstige Gebräuche II, 182, 213.
Blutgeld I, 553.
Blutsbrüderschaft I, 328; II, 24, 38, 49, 69, 80, 90, 106, 110, 133, 171, 173, 178.
Blutvergiessen I, 499.
Bockbrücke, cisterne I, 205.
Bodenbeschaffenheit II, 49; bei Kissanga I, 94.
Bodencultur, geringe I, 180.

Bodenfruchtbarkeit II, 218.
Bodenreichthum, unvergleichlicher I, 542.
Bogaart, Major von I, 261.
Bohnen I, 116, 179, 180.
Boleko von Iboko II, 82, 84, 174.
Bolobo, nach I, 525; die Ansiedelung von I, 544; die Station I, 545; ein Handelscentrum II, 2; ein unglückseliger Ort II, 54, 60; niedergebrannt II, 57; in Trümmern II, 58; zum zweiten mal niedergebrannt II, 185; Wiederaufbau der Station II, 187.
Bolombo II, 80.
Boma I, 103, 110; II, 253; Einsamkeit bei I, 105; grausame Geschichte I, 108; Sklavenhandel I, 108, 111; von — nach Vivi I, 122.
Bombaxbäume II, 97.
Bomben, Explodiren der II, 186.
Bondeh am Aruwimi II, 127.
Bonny-Fluss, der II, 240.
Boote, Reinigung I, 260; Sicherheit I, 378.
Bootexpedition, eine I, 503.
Borneo II, 395.
Bossi, Station II, 187.
Boycottiren der Weissen I, 112.
Braconnier, Lieutenant I, 265, 296; Unfall I, 342.
Brandfackel, an Bula-Matari's Haus gelegt II, 185.
Brandung I, 465.
Branntwein, die Häuptlinge erhalten I, 146; Trinken I, 182, 214; II, 316; als Geschenk I, 203; als Geld I, 214; übermässig I, 222; II, 261.
Brazza, Graf de I, 252, 255, 316; II, 402; zukünftige Ansiedelungen I, 532.
Breite des Kongo I, 428; II, 135.
Bremen II, 403.
Brennmaterial I, 415; durchnässtes I, 423; spärlich I, 450; für eine Eisenbahn II, 384.
Briefe an Albert Jung I, 31; Oberst Strauch I, 61, 67, 70, 164, 167, 208; II, 228; Sir Samuel Baker I, 68; das Comité I, 217, 306.
Bronzefarbige Eingeborene II, 12.
Brot aus Hirse I, 458; II, 370; Stangen II, 130.

Bruce II, 402.
Bruch, absichtlicher I, 323.
Brücke über den Nkusu I, 169, 201; II, 228; Bundi I, 205; Loa I, 221; Inkissi I, 341.
Bruderkrieg, vom — errettet II, 46.
Brüderschaft mit den Häuptlingen von Ntamo I, 330; getreue I, 368; mit Ngaljema I, 410.
Brustaffectionen II, 294.
Bruthennen I, 225.
Buabua-Ndjali I, 315, 324, 344; II, 55.
Buchner, Dr. II, 403.
Büffelheerden I, 193, 274.
Büffelpfad I, 200, 243.
Buguku von Ubuma I, 19; Sohn Gankabi's I, 449.
Buka- oder Krokodilinsel I, 123.
Bukala I, 340.
Bula-Fluss I, 198, 245.
Bula-Matari, der „Felsenbrecher" I, 161, 187, 258, 353; II, 14, 26, 28, 65, 81, 88, 178, 181; 's Söhne I, 368; der Frieden stiftende II, 90; und Mata Bwyki II, 91.
Bulama I, 483.
Bulambemba-Point I, 76.
Bulangungu, Gründung von I, 504.
Bum, bum, bum! II, 121.
Bumba, Stadt II, 106.
Bundi-Fluss I, 183, 191, 205, 234.
Bunga-District II, 171.
Bunga-Fluss, der II, 67.
Bungata II, 32.
Bungata, der volkreiche District II, 178.
Bungungu II, 171.
Burgberg oder Castle-Hill I, 137.
Bürgen, Zurücklassen von II, 39.
Burns, Herr Spencer II, 216, 231, 281.
Burroughs & Welcome, Apotheker in London II, 335.
Burton, Kapitän R. Fr. I, 115; II, 402.
Buruki- oder Ikelemba-Fluss II, 32.
Busaka II, 67.
Busanga, Insel II, 154.
Busch, Unterstaatssecretär II, 434.
Butter I, 307.
Butumu II, 19.

Cacao II, 332.
Cacaoplantagen I, 484.
Cadenhead's Ermordung I, 236.
Cadix, Abreise I, 495.
Caillie, René II, 402.
Calamus indicus II, 367.
Calavauga-Insel I, 128.
Callewart, Herr, angeblich ermordet I, 515.
Cam, Diego, Entdeckung des Kongo I, 1.
Cambier I, 46, 48.
Cameron II, 402.
Caunetone-Perlen als Geld II, 103.
Canoe, ein fliehendes I, 467.
Canoebauer, geschickte II, 126.
Canoefähre I, 312.
Canoes I, 285; Schnelligkeit der II, 13; Schiffbruch eines II, 50; unter Wasser aufbewahrt II, 86; zahlreiche in Jambinga II, 111; eine lange Colonne von II, 138; aufrechtstehende II, 140.
Carter's Ermordung I, 236.
Cassave I, 278; II, 370.
Cassavebrote I, 399; II, 15.
Cassavepflanzungen I, 441.
Cassavemehl II, 15, 77.
Cassavetümpel II, 86.
Castle-Hill I, 128, 137.
Cautionsstellung, Nothwendigkeit der II, 254.
Centraldepot, Manjanga als I, 307.
Centralregion, die fruchtbare I, 542.
Cerealien, das Hauptnahrungsmittel II, 376.
Cession I, 557.
Charakteristik der Eingeborenen I, 270.
Charlatanerie II, 29.
Chaussee, Anlegung der I, 236.
Chignonfrisur der Bateke I, 388.
China, Dampfer I, 483.
Chinin I, 296; das beste tonische Mittel II, 335.
Chorgesang der Eingeborenen II, 9.
Christopherson, Albert I, 120, 245, 257, 259, 441, 472, 477; II, 263.
Chronikenschreiber, Unzuverlässigkeit der alten I, 5.
Citronen I, 116.
Civilisirung der Gegend I, 276.
Clapperton II, 402.

Clarence-Bai II, 238.
Cognac I, 77; II, 77.
Colanüsse I, 410.
Comber, Missionar I, 472.
Comité der Association Internationale du Congo I, 490.
Comité d'Études du Haut-Congo I, 28, 59, 60, 215.
Commune, Herr del II, 229.
Compeigne, Herr de I, 252; II, 402.
Complot, angebliches II, 55.
Concession der Rechte I, 492.
Conferenz, wichtige I, 185.
———, s. Berlin.
Conglomerat von Eisen II, 68.
Congo-la-Lemba I, 180.
Conserven II, 77, 332.
Coquilhat, Lieutenant II, 39, 73, 179, 268; seine Leistungen II, 273.
Cordier, Kapitän I, 502.
Courcel, Baron de II, 406, 428, 430, 434.
Creek-Town am Alt-Calabar-Fluss II, 239.
Crudgington, Missionar I, 273.
Cultivirung, der Boden zur — geeignet I, 138.
Curven, grosse I, 464.

Dämonen, eine Horde I, 365.
Dampfer der Association I, 79; Mängel der I, 80; und Segelschiffe I, 102; Thätigkeit der I, 117; Transport der I, 206; Demontirung I, 243; der erste auf dem obern Kongo I, 399; seltsames Geräusch II, 107.
Dampferbucht, Arbeiten an der I, 404.
Dampferfahrt, unangenehme I, 486.
Dampfsägemühle II, 68.
Danckelman, Dr. von II, 319; Werk über die Klimatologie der Kongoregion II, 321; meteorologische Beobachtungen II, 341.
Dapper, der holländische Geograph I, 13.
Dar-es-Salaam, Hafen von I, 51.
Dattelpalmen, wilde II, 5.
Daumas, Beraud & Co. in Banana I, 88.
De-de-de, Häuptling von Nsanda I, 129, 182, 184.

Debatten, heisse I, 186.
Deficit, jährliches I, 479.
Deliriumähnlicher Zustand I, 232.
Delta II, 35.
Demonstrationen, kriegerische I, 469; feindselige II, 115.
Denham II, 402.
Dennis, Tod des Herrn I, 230.
Destrain, Lieutenant II, 231, 268, 280.
Deutsche, zwei I, 306.
Deutsche Afrikanische Gesellschaft I, 37.
Deutsche Geographische Gesellschaften II, 403.
Deutschland am Kongo vertreten II, 285.
Dialekte, afrikanische I, 216; unbekannte II, 114.
Diamantfelsen, der I, 125.
Diät I, 262.
Dieb, ein gefangener II, 175.
Diebstahl I, 396; II, 85, 174.
Dija, Dorf II, 100.
Diplome der Frankfurter Geographischen Gesellschaft und der Deutschen Colonial-Gesellschaft II, 416.
Disciplin, Mangel an I, 486; Lauheit der I, 551; musterhafte II, 227.
Districte, Liste der II, 200.
Djaggas oder Ajakkas I, 12.
Donau, Vergleiche mit der II, 8.
Dover-Klippen I, 348, 376.
Drees, Friedrich II, 285.
Dreizipfeliger Berg I, 276.
Drohung, eine fürchterliche II, 63.
Dschungeln, tropische I, 269, 318, 485.
Dualla, mein Diener I, 236; II, 41.
Düfte, giftige II, 86.
Duke-Town am Alt-Calabar-Flusse II, 239.
Dünkel der Europäer II, 249.
Dürre I, 106.
Dutalis, Lieutenant I, 51.
Duveyrier II, 402.
Dysenterie I, 258.

Ebbe und Flut I, 99.
Ebene, eine ausgedehnte I, 204.

Ebenen: von Khonso I, 206; von Nkenge I, 206; von Loa I, 212; von Kintamo oder Kintambu I, 370; von Manabisa I, 440; von Ndunga II, 217; von Muluangu II, 218; prairieartige II, 17.
Edwin-Arnold-Fluss, der I, 311.
Einöde I, 89.
Ehrenescorte von Canoes II, 84.
Ehrenliste II, 286.
Ehrenvolle Dienste II, 262.
Ehrgeiz, dünkelhafter II, 73.
Eidechsen II, 2; vergoldete I, 550.
Eier II, 15.
Eigenthumsrecht, übertragen II, 163.
Eilboten I, 506.
Einbildungskraft der Europäer II, 248.
Eingeborenen-Gruppe I, 112; -haus I, 136; die zum Arbeiten gewonnenen I, 157; Besuch der I, 166; -pfad I, 181, 192, 208, 212; beim Strassenbau I, 218; Charakteristik der I, 338; Täuschung der II, 41; -dörfer, Lage der II, 311.
Einigkeit macht stark II, 141.
Ein-Palmen-Spitze, die I, 462.
Einschüchterungsversuche I, 470.
Einsiedelei, eine I, 194.
Einwanderung I, 213.
Eisen, Vorkommen von II, 369.
Eisenabfällen, Kronen aus I, 220.
Eisenbahn I, 191, 204, 205, 492; schmalspurige II, 380; Kosten und Einnahmen II, 384; zum Nutzen der Kaufleute II, 391.
Eisenstein II, 48, 49.
Eisenwaaren, Geschicklichkeit in Anfertigung von II, 113.
Eiserne Häuser für die afrikanischen Häuptlinge II, 240.
Elaëis guineensis oder Oelpalme I, 425; II, 355.
Elefanten I, 194, 195, 234; II, 367; Elefantendünger, alter I, 226; Elefantenzähne I, 319; II, 96, 101, 114; Elefantenzähne lächerlich billig II, 101.
Elfenbein I, 305, 334, 405, 408; II, 67, 367—369; Gesammtwerth des II, 369; Elfenbeinhändler I, 318, 344; II, 101; Elfenbeinträger I, 312, 318; Elfenbeinhandel I, 346;

Elfenbeinmakler I, 372; Elfenbeinhörner I, 433.
Elliott, Kapitän Grant I, 497, 502; II, 231.
Ellritzenfischer I, 285.
Eloby II, 238.
Elstern I, 227, 463.
Embo-Embo I, 444.
„Empfänger aller Flüsse" I, 8, 280.
Empfehlungsbrief I, 473.
Empfindlichkeiten II, 27, 247, 248, 285.
Emporium des Handels I, 131.
En Avant, Dampfer I, 80, 528; II, 58, 59, 61, 81, 107, 117; liefert den Beweis seiner Fähigkeiten I, 146; Transport I, 229; unbrauchbar I, 496.
„Ende des Flusses" I, 458.
Endjeli von Ntamo I, 363, 407; II, 192.
Energie, Verlust der II, 324.
Englische Kaufleute in Westafrika II, 402.
Engpass, Strömung im I, 272.
Enten I, 116, 444.
Entvölkerung der untern Kongoufer I, 109; durch die Araber II, 154; infolge des Sklavenhandels II, 356.
Entwickelung der untern Kongogegend II, 355.
Entzündungen I, 225.
Epoche, eine neue II, 11.
Erdferkel I, 225.
Erdnüsse I, 156, 172, 213, 399; II, 219, 366.
Erdnusspflanzungen I, 179; II, 211.
Erfahrungen, schlechte I, 494; gesammelte II, 289.
Erholung in Europa nöthig II, 340.
Erinnerungen an das Jahr 1877 I, 189; II, 137.
Erkältung I, 246; die Ursache der Krankheit II, 292.
Erklärung, ausgetauscht zwischen den Vereinigten Staaten von Amerika und der Internationalen Kongo-Gesellschaft II, 437; ausgetauscht mit Grossbritannien II, 442; ausgetauscht mit Belgien II, 456; betreffend die Handelsfreiheit im Kongogebiet II, 469; betreffend den Sklavenhandel II,

473; betreffend die Neutralität der Gebiete im Kongobecken II, 473; betreffend die Formalitäten bei Besitzergreifung von neuen Gebieten an den afrikanischen Küsten II, 486.
Erkrankung infolge der kalten Winde II, 173.
Ermordung Carter's und Cadenhead's I, 236.
Ersatzmannschaften I, 306.
Erwartungen, getäuschte I, 508.
Esel I, 230, 246; bei ostafrikanischen Expeditionen nöthig I, 52.
Espérance, Dampfer I, 80.
Etablissements zwischen Jellala und Boma I, 126.
Etikette am Kongo I, 185.
Eucalyptus, Versuche mit I, 116.
Euphorbia I, 175; II, 366.
Europa, Ankunft in I, 21; Abreise von I, 495; Abreise nach I, 401.
Europäer, noch keine — auf dem Schauplatze I, 156; selbstbewusste I, 270; Unannehmlichkeiten durch die I, 494; in Vivi II, 227; in Afrika II, 245.
Expedition, des Daily Telegraph und Neuyork Herald I, 8; erste der Association I, 43; zweite nach Udjidji I, 55; französische vom Ogowe I, 176; Zusammensetzung der I, 309; nach dem Kuilu-Niadi-District I, 497.
Exponirung, plötzliche II, 293; in der Sonne zu vermeiden II, 324.
Extraarbeit I, 399.

Factoreien in Banana I, 75; in Kissanga I, 94; Dampfer der I, 104; in Bonny II, 241.
Fahrgeschwindigkeit, erhöhte I, 272.
Fahrwasser, Tiefe des I, 92.
Fahrzeuge, Preise der I, 79.
Fallen des Wassers II, 129.
Farbenreichthum, stets wechselnder II, 94.
Farbenschönheit der Landschaft II, 92.
Färbung des Wassers II, 49.
Farue I, 123.
Fathomless Point I, 93.
Federn tropischer Vögel II, 367.

Fehde zwischen Kinschassa und Kintamo I, 400; verhindert I, 405.
Feigenart, eine II, 94; -bäume II, 128.
Feinde der verschiedensten Nationalitäten I, 385.
Feindseligkeit gegen Fremde II, 79.
Feldbohnen, schwarze II, 370.
Felle, Affen-, Antilopen-, Büffel-, Leoparden-, Löwen-, Ziegen- II, 367.
Felsenbrecher, s. Bula-Matari.
Felsenmauer, Herstellung einer I, 259.
Felsenspitze, die I, 541.
Felsenvorsprünge, hässliche I, 278.
Felskegel I, 416.
Felsschluchten, verrätherische I, 266.
Fernando Po II, 238.
„Fest gebunden, fest gefunden" II, 175.
Festmahl beim Fürsten Bismarck II, 417; in Köln II, 416; in Wiesbaden II, 416.
Fetisch I, 220, 221, 330, 364, 389, 534; II, 110.
Fetischfelsen, der I, 102.
Fetischmann, von Kintamo I, 410.
Feuer, Lichtung des Terrains durch I, 131.
Feuersbrünste I, 106, 198, 217; II, 62, 140.
Feuersteine I, 307.
Feuersteingewehre I, 143.
Fibern zur Herstellung von Tauen, Papier u. s. w. II, 367.
Fieber I, 77, 472; II, 291 294, 295, 298; Ursachen des II, 295, 319; Arten des II, 338.
Fiedler's Ellenbogen I, 125.
Fiote-Gesetz, das I, 241.
First Point I, 424.
Fischadler I, 463.
Fische, geräucherte II, 161; getrocknete I, 269, 399, 456; II, 77.
Fische: Hecht II, 162; Seewölfe II, 162; Singa II, 162; Wels (Silurus) I, 456, II, 162.
Fischer I, 278, 288, 290, 466.
Fischräucherer II, 161.
Flagge der Association II, 43.
Flamingos II, 6.
Flamini, der Maschinist I, 81, 259, 407; II, 267.
Flamini-Insel, die I, 276.
Flanellkleidung I, 76.

Register. 497

Flechtwerk, Hütten aus II, 105.
Fleisch I, 116, 169, 226; II, 52; in Büchsen eingemachtes II, 332; gute Kost II, 303.
Flotille der Association, die I, 79; eine fliehende II, 12.
Flussdelta I, 450; des Itimbiri II, 112.
Flüsse: Aruwimi oder Bijerre II, 76; Balui II, 71, 358; Bere oder Meri II, 131; Bijerre II, 131, 358; Bula I, 245; Bundi I, 205, 234, 248; Buuga II, 67; Edwin-Arnold I, 311; Gordon-Bennett I, 314, 376; Ikelemba II, 32, 78, 355; Ikuba oder Likuba II, 67, 187; Inkissi I, 311, 505; II, 194; Itimbiri oder Ngingiri II, 110, 112, 358; Kamolondo II, 372; Kasuku II, 372; Kiki I, 346; Kuilu oder Lucage I, 279; Kwa oder Kuango I, 437; II, 357; Lawson-Lufini I, 540; II, 358; Likuba oder Ikuba II, 67, 187; Lindi II, 155; Lira II, 371; Loa I, 346; Lowwa II, 371; Lualla I, 285; Luama II, 372; Luasasa I, 200; Lubamba I, 312; Lubi II, 357; Lubilasch II, 170, 361; Lubiransi II, 146, 170, 355, 357; Luenda I, 205, 243, 249; Luemme I, 514; Lufu II, 194, 220, 372; Lufwenkenja I, 224; Luima II, 218; Luigi II, 372; Luindi oder Lukuga II, 372; Luisi II, 222; Lukabu II, 155; Lukanga II, 27, 217, 357; Lukulusi I, 336; Lulu I, 244, 346; Lulua II, 357; Lulungu II, 78, 355, 357; Lumani II, 170, 361, 372; Luniouso II, 219; Lutess I, 375; Mbika I, 310; Mbihe I, 438; II, 357; Meri oder Bere II, 131; Mfini I, 438; Mikene I, 547; II, 66; -Alima II, 358; Mohindu oder Schwarzer Fluss II, 34, 357; Mpagassa oder Büffel-Fluss I, 222; Mukoss I, 312; Mulwassi II, 212; Ngaku II, 216; Ngala II, 358; Ngaua II, 357; Nkauke I, 312; Nkenge I, 200; Nkuku II, 114, 358; Nkusu I, 204, Schari II, 132; Schwarzer- oder Mohindu II, 34, 357; Tendelay I, 226; Tschofu II, 154, 358; Ubangi II, 358; Ubika II, 173;

Ufuvu I, 342; Ulindi II, 371; Ware oder Werre II, 131; Webb-Lualaba II, 371; s. Tschambesi Uëlle.
Flusslauf, Eintheilung II, 355.
Flusspferde I, 102, 121; II, 4, 367.
Flut und Ebbe I, 99.
Frankfurt, Vortrag in II, 416.
Franktown, Gründung von I, 503.
Frauen, fliehende II, 12; in völlig nacktem Zustande II, 101; Eintausch gegen Fische II, 161; der Siwa-Siwas II, 164; -leichen, II, 143.
Freibrief, ein, erforderlich I, 491.
„Fremde sind alle schlecht" II, 142.
Freund, ein alter I, 68; Besuch I, 182.
Freundschaftsversicherungen I, 401.
Friede, ewiger I, 368; oder Krieg I, 390.
Frieden halten I, 187; -stifter I, 396.
Friedensbruch I, 338; offener I, 373; bevorstehend I, 385, 395.
Friedensdeputation aus Itimba II, 62.
Friedenspalaver II, 45.
Friedenspfand II, 46.
Friedensschluss in Bolobo II, 63.
Friedensstörung II, 59.
Frisiren I, 419.
Fruchtbares Land II, 215.
Fruchtbarkeit des Bodens I, 419.
Früchte I, 116; II, 370; Genuss von II, 337.
Führer I, 200, 437; aus Nsanda I, 182; erstaunliche Geschichten der I, 202; die Expedition ohne I, 496.
Fumu-Ntaba I, 534.
Furcht der Eingeborenen II, 16, 104; vor dem Klima verschwindend II, 241.

Gabelweihen I, 227.
Gabun II, 236.
Gallenfieber I, 232, 246; II, 310.
Gamankono, Häuptling I, 319.
Gambiele von Kimpoko I, 322, 533.
Gandelay, Häuptling der Banfunu I, 432.
Ganga, Häuptling I, 332.
Gankabi, Königin I, 448, 452.
Ganto, das Dorf I, 457.

STANLEY, Kongo. II. 32

Gantschu, Häuptling I, 322; der grosse I, 328.
Gantschu-Spitze, die I, 438.
Gärten bei Boma I, 115; in Vivi I, 159; Leopoldville I, 404.
Gartenbau, Fortschritte II, 266.
Gastfreundschaft I, 478; II, 106.
Gatula, Häuptling I, 544, 550.
Gauklerische Kunst II, 254.
Gazellen I, 486.
Gebiet, ein noch unberührtes II, 51.
Gebirgskanzel, eine II, 220.
Gebirgsregion des Kongo II, 353.
Gebühren, I, 552.
Gedankenlosigkeit, strafbare I, 513.
Gefahr vorhanden II, 90.
Gefährten, alte I, 301.
Gefangene II, 25, 181.
Gefangener, ein wichtiger II, 176; ein Häuptling I, 240.
Gefangennahme eines Offiziers II, 56.
Gefechtsbereit I, 390.
Geflügel I, 116; das „ewige" II, 10.
Geflügelhändler, eingeborene I, 144.
Gegner, ein thätiger I, 344.
Geheimniss, ein II, 29.
Geheimnisse, aufgeklärte II, 144, 305.
Geiseln verlangt I, 519.
Geister, böse I, 245.
Geld, Waaren als I, 213.
Geldes, Wechsel des II, 103.
Geldverschwendung I, 188.
Gelehrigkeit der Eingeborenen II, 356.
Gelenkspangen I, 388.
Gemetzel, gegenseitiges II, 26.
Gemüse I, 115, 116, 162, 180, 213, 307; II, 370; europäische II, 73.
Gemüsecultur I, 204, 406.
Genever- und Whisky-Zecher II, 258.
Geographische Fragen II, 131.
Geologische Geschichte des Kongo II, 213.
Gerettet I, 298; mit genauer Noth I, 514.
Gericht, ein I, 552.
Gerücht von einem Morde I, 498; ein falsches I, 515.
Geschäft, ein blühendes I, 506.
Geschenke I, 183, 188, 203, 312, 433; reiche I, 355; Sortiren der I, 182; Werth der I, 188.
Geschichte, meine I, 353; eine seltsame II, 55; des Jammers II, 141.

Geschossen auf den provisorischen Chef I, 496; auf die Dampfer II, 58, 59.
Geschwür am Fuss I, 233.
Gesetzesstrenge I, 499.
Gestrüpp, undurchdringliches I, 202.
Gesundheit, gute I, 236; kein Interesse für die II, 255; das ungeschriebene Gesetz der II, 289; der Europäer II, 314.
Gesundheitszustand I, 399.
Getränke II, 331; hitzige I, 76; stärkere, der Fluch Afrikas I, 96.
Gewaltthätigkeiten I, 304.
Gewandtheit des Kongonegers beim Handeln I, 150.
Gewebe aus Grasfibern II, 32.
Gewehr, das grosse, vom Stanley-Pool II, 62.
Gewehrfeuer II, 43, 62.
Gewehrsalve, von einer, begrüsst II, 61.
Gewicht der Materialien I, 264.
Gewitter I, 221, 248, 445; II, 139.
Gewittersturm I, 465.
Gewürze II, 371.
Gillis, Albert II, 239.
Glasfenster als Schutz erforderlich II, 174.
Glasperlen I, 307; blaue als Geld II, 103.
Glave, Herr II, 67, 184, 296.
Gleichgültigkeit, stupide II, 141; selbstmörderische II, 317.
Glimmerfelsen I, 164.
Glocken I, 386.
Glut, röstende II, 308.
Gobila von Msuata I, 432.
Gold II, 370.
Goldsmith, Sir Frederick II, 189.
Gong, ein chinesischer I, 364.
Gordon, General II, 230, 232.
Gordon-Bennett-Fluss I, 314, 376; II, 55.
Gorée I, 67.
Gorilla II, 236.
Götzenbilder I, 220.
Grang, Lieutenant I, 407, 515; II, 268, 278; Tod II, 279.
Granville, Earl II, 397.
Graphit II, 370.
Gras I, 107; II, 310; zum Hausbau I, 400; überall I, 509.
Grasebenen I, 102, 319.

Grasflächen, ausgedehnte II, 4.
Grashütten I, 318.
Graswald, ein dichter II, 218.
Grefulhe, Herr, in Sansibar I, 51, 52, 58.
Guajakbäume I, 242; -holz I, 341; II, 68.
Guaven I, 116. 213.
Guiburtia-Arten II, 366.
Gummi I, 410; -arten II, 366; -Kopalbäume II, 98.
Gurken II, 73.
Güssfeldt, Dr. II, 403.
Guyot, Abbé II, 51, 56, 277.

Haarfrisur der Bateke I, 358.
Hafen von Banana I, 75; bei Boleko's Dorf II, 84; für die Boote I, 204; ein geschützter I, 291.
Hahnenfedern I, 433.
Haifische, Gefrässigkeit der I, 485.
Hamadi's Rettung aus der Sklaverei, I, 283.
Hämatithaufen I, 231.
Hamburg II, 403.
Handel als Civilisator II, 240.
Handel ohne Rum unmöglich I, 175.
Handel Westafrikas II, 379.
Handeln, Neigung zum II, 19.
Handelsartikel I, 104, II, 367.
Handelsbecken, ein freies II, 412; Beschreibung des II 426.
Handelscanoes I, 442, II, 13, 80, 96.
Handelsemporium, ein II, 4.
Handelsexpedition, verunglückte II, 25.
Handelsfreiheit II, 411; Beschluss zu Gunsten der II, 413.
Handelskammern, britische, gegen den englisch-portugiesischen Vertrag II. 399.
Handelsniederlassungen der Araber II, 376.
Handelsreservegebiet des Bakuti-Stammes II, 357.
Handelsrouten II, 355.
Handelsvortheile I, 492.
Händler, die hervorragendsten II, 21.
Handwerker II, 324; farbige I, 511.
Handwerkszeug I, 530.
Hannsens, Kapitän I, 407, 503; II, 168, 189, 231, 234, 268, 272.

Harkaway, Dampfer I, 495.
Harou, Lieutenant I, 265, 308.
Hartebeest's I. 225, 243.
Harz, fossiles II, 388; wundervoller Duft II, 94.
Hatzfeld, Graf II, 412.
Häuptling, ein triefäugiger I, 222.
Häuptlinge oder Aelteste I, 18; Macht der I, 19; von Vivi I, 142; Besuch der I, 222; Besuch der — aus der Region der untern Katarakte I, 183; zwei mächtige II, 88; Liste der II, 200.
Häuptlings, Bild eines alten II, 109.
Hauptquartier in Vivi I, 163.
Hausthiere I, 184.
Hautfarbe der Bangala II, 83.
Hechte II, 162.
Heide, ein armer I, 390.
Heimweh I, 246; II, 248.
Heisser Tag, ein ausserordentlich I, 424.
Heisshunger I, 299.
Heizmaterial, trauriges I, 446; Ankauf von I, 456.
Helden I, 528; der Arbeit II, 247.
Heldenthat, eine II, 19.
Heliwa, Ikongo's Hauptsklave II, 74.
Heroen der alten Zeit I, 482.
Heron, Dampfer I, 478, 502.
Herrscher, eingeborene I, 18.
Hertwig, Herr I, 309.
Herzfrucht, indische II, 371.
Heuvel, Dr. van den II, 55, 192.
Hinrichtung von Sklaven II, 182.
Hinterhalt II, 59, 212.
Hippopotamus, s. Flusspferd.
Hirse I, 458.
Hitze am Kongo I, 76; erstickende I, 263; zunehmende II, 289, 290; nachtheilige II, 302; Definitionen der II, 322, 323.
Hochzeitsfeier I, 402.
Hodister, Herr II, 280.
Höhenunterschied I, 171.
Höhepunkt des Kongo bei den Stanley-Fällen II, 356.
Holländer am Kongo II, 411.
Holländische Factoreien I, 84, 95.
Holländische Kaufleute, Bankrott I, 60.
Holz zu Möbeln, Schiffen, Gebäuden II, 68.

Hölzer, harte I, 244, 458; Reichthum an werthvollen II, 116.
Holzspitze, die I, 95.
Honig, I, 433; aus Ukawendi II, 377.
Hopkins, englischer Konsul I, 110.
Hospital I, 113; ein neues I, 481.
Hôtel, ein äquatoriales II, 72.
Huard-Point an der Kongomündung I, 76.
Hühner I, 183, 420.
Hühnerställe I, 404; kegelförmige II, 140.
Humus I, 470; keine Spur von I, 137; fortspülen des II, 354.
Humusschicht, dünne I, 288.
Hunger I, 470; II, 80.
Hungersnoth I, 326; in Leopoldville I, 505.
Hütten, kegelförmige II, 129.
Hydrobromsäure I, 296.
Hyphaenepalmen I, 532, 544.
Hypochondrie II, 248.

Ibaka von Bolobo I, 546, 547.
Ibansa II, 81, 82; der gefürchtete II, 90, 106.
Ibari-Nkutu oder Kwa I, 440.
Ibisse II, 6.
Iboko II, 80, 179; Ausdehnung von II, 82; das Gebiet der II, 174; Vertrag mit II, 182.
Ibunda II, 105.
Ifwe, Häuptling der Mulaka I, 456.
Ijensi II, 213.
Ijumbi, Felsen von II, 11; Berg I, 346, 416; II, 193, 354.
Ikassa II, 104, 170.
Ikelemba-Fluss II, 32, 78, 357.
Ikenge, Häuptling II, 73; gestorben II, 179.
Ikengo II, 30.
Ikinga-Eingeborene II, 100.
Ikiraismus II, 113.
Ikuba- oder Likuba-Fluss II, 67.
Ikulu, Dorf II, 12, 48.
Ila, die Frau Kibibi's I. 394, 448.
Imeme, 1877 in Schlachtordnung gegen uns II, 98.
Impali I, 455.
Impango in der Gabun-Kolonie II, 236.
Impila I. 316.
Inga-Fälle I, 178, 248; Plateau I, 191, 242.
Inganda II, 30; Eingeborene II, 31.
Ingham, Herr und Frau II, 217, 368.
Ingja, Häuptling I, 319.
Ingwer II, 371.
Inkissi-Fluss I, 311, 505; II, 194; Brücke über den I, 341.
Insekten: Tsetsefliege I, 446; Viehfliege I, 446; Wasserjungfern I, 446.
Inselchen, geisterhafte I, 513.
Inselgruppen im untern Kongo I, 94.
Inseln I, 544; Bamu I, 421, 532; Busanga II, 154; Kemeh I, 444; Kimbansa I, 283; Nsambana II, 38; Wane-Busari II, 163; Wane-Mikunga II, 162; im untern Kongo I, 121; felsige I, 278; mit Palmen bewachsene II, 80.
Instincte, wölfische, eines alten Arabers II, 152.
Instructionen für Lieutenant Cambier I, 44; für Kapitän Popelin I, 51; letzte I, 61.
Intelligente Züge II, 22.
Internationale Afrikanische Association I, 36, 38, 43; Fonds der I, 59; das Hospital der — in Boma I, 113.
Internationale Gesellschaft des Kongo, Anerkennung durch Belgien II, 419; Dänemark II, 419; Frankreich II, 417; Italien II, 414; Oesterreich II, 415; Russland II, 417; Schweden II, 417.
Irebu, Händler II, 21; Krieg in II, 27; Beschreibung von II, 46.
Iringi verlassen II, 100.
Iruba, Blutsbrüderschaft in II, 170.
Irugu II, 128, 133.
Isakissimus II, 113.
Isanga- oder Bunga-Fluss II, 358.
Isangi II, 171.
Isangila I, 200; II, 219; Fälle I, 178, 199; Häuptlinge I, 202; Ankunft in I, 262; Landschaft bei I, 265; Nettigkeit der Station I, 434.
Islam, vergebliche Bemühungen des II, 386.
Itamba, Häuptling II, 59.
Itimba bei Bolobo I, 544.

Itimbiri- und Ngingiri-Fluss II, 110, 112, 358.
Itschimpi I. 179; District I, 128.
Itsi oder Ngaljema I, 373.
Itunsima-Schnellen I, 273.
Iuka, Häuptling von Lukolela II, 15.
Iuka von Usindi II. 20; Eifersucht II, 69.
Iunga von Mpa II, 100.

Ja Mariwa II. 143.
Jahreszeiten. nasse und trockene I, 98.
Jakongo II, 104.
Jakui, Fischer aus II. 126.
Jakusu-Eingeborene II, 161.
Jalulima, Eingeborene II, 113; Blutsbrüderschaft in II, 171.
Jambinga, die Stadt II, 109.
Jambula bei Bolobo II, 58.
Jambumba, die Hauptstadt II, 128, 129.
Jamu I, 459.
Jamu-Ningiri II. 12.
Jangambi II. 147.
Jangassa von Nsabi I, 340.
Jankau II, 112.
Jaussen, Lieutenant I, 306, 434; II, 168; ertrunken II, 56, 276.
Japoro II. 143, 170.
Jasmin II, 93.
Javunga II, 143.
Jellala-Berg II, 222.
Jellala-Fälle I. 178, 223; Districte, Häuptlinge I, 183.
Jesuiten. Chronik der I, 5.
Jeune Africaine, Barkasse I, 79, 158.
Johnston, H. II. I, 115.
Jolly, Kapitän II. 239.
Jumbila, der Führer II, 82, 88, 99, 106, 117, 129, 184.
Junker's Nepoko-Fluss II, 132.

Kabenda II, 374.
Kabinda I, 15; Dampfer I, 127.
Kabindas, arbeiten nicht ohne Rum I, 175.
Kaffee, Plantagen I, 484; wilder II, 367.
Kaischandi I, 181.
Kajütenjungen, Scherz eines II, 108.

Kakongo I. 17.
Kalkformation II. 218.
Kallina, Lieutenant I, 512; Tod I, 513.
Kallina-Point I. 377.
Kalte Lager, das I. 233.
Kälte, nachtheilig II, 302.
Kaltes Fieber II. 338.
Kalubu, das Dorf I. 284.
Kalulu-Fälle II, 215.
Kamerungebirge II. 238.
Kamolondo, Bateke-Häuptling I, 540.
Kamolondo-Fluss II, 372.
Kanäle I, 456; II, 12.
Kanalsystem, ein labyrinthisches II, 79.
Kannibalische Gelüste I, 400.
Kanone, eine Krupp'sche II, 60, 63.
Kapita von Vivi I. 143.
Kapnist. Graf II. 434.
Kapuziner-Expedition I. 10.
Karavane, Aufbruch der II, 190.
Karavanenverkehr I. 312; Karavanengruppe I, 313; nach Manjanga I, 399; regelmässiger I. 410; Karavanenbuch, das I. 510.
Karavanserai, ein II, 222.
Karema I. 48.
Karema, der Araber II. 146, 153.
Kartoffeln I, 116; süsse I, 180, 212; II, 73.
Kassali-See II, 372.
Kasson, Herr John A. II, 417, 428.
Katarakten-Regionen, in den I, 264.
Katarrh, langwieriger II. 294.
Kathedralstadt, die I, 483.
Kaufleute, belgische I, 230.
Kauris I, 469; II, 103, 124.
Kautschuk I, 410.
Kautschukpflanzen I, 201; II. 91, 355, 366.
Kemeh, die heilige Insel I. 445, 446.
Kerdyck und Pincoffs I, 83.
Kerzenbeerbaum II. 371.
Kesselartige Vertiefungen II, 308.
Khamis, Sergeant I, 517.
Khonso, Lager bei I. 259; Ebene I, 206; Ikulu- oder Leopold-Berg I. 378.
Kibonda I, 283.
Kiesel, abgerundete II, 48.
Kijansi-Bier I, 434.

Kiki-Fluss I. 346.
Kikongo-Dialekt, der I, 155, 360.
Kilanga I. 340.
Kilolo-Point I, 271.
Kimbansa, die Insel I, 283.
Kimpalampala, Häuptling I, 347, 371.
Kimpemba II, 212.
Kimpoko. Station I, 531; II, 52.
Kinduta. Dorf I, 313, 342.
Kinkela-Nku aus Mpuelele I, 183; Ndunga I, 183.
Kinschassa I, 273, 400; Gründung von I, 522; Station II, 53, 187.
Kinsembo, Dampfer II, 235, 239.
Kinsende I, 342.
Kinsila, Bananenhaine von II, 194.
Kinsoro I. 340.
Kinsuangi's Dorf I, 395.
Kintambu-Ebene I, 370.
Kintamo oder Ntamo I, 331, 345, 391; die Häuptlinge von I, 359, 396; Bucht von I, 377.
Kintari-Berg I. 376.
Kintompe I, 350.
Kirkbright, Herr John I, 158, 177, 216, 229.
Kirkhoven, Herr II, 231.
Kisalu, Bergkegel von II, 211.
Kissanga, Factoreien von I, 94.
Kitabi, Elliott in I, 502.
Kiteke-Häuptling Gobila I, 432.
Kiubi von Singa I, 339.
Kleidung der Vivi-Häuptlinge I, 142; der Häuptlinge und des Gefolges I, 184; auf dem Marsche II, 336.
Kleidungsstücke, abgelegte — hoch im Werth II, 104.
Klima I, 97, 218; II, 257, 288; Ungleichmässigkeit des II, 326; Beseitigung der Furcht vor dem II, 340.
Klippen, unzugängliche I, 209.
Knebelbart, ein langer I, 352.
Knütteldamm I, 221.
Kohl I, 116, 213.
Kokoro, Mata-Bwyki's Sohn II, 87, 174; sein Entsetzen II, 176.
Kondo, Fähre von II, 218.
Kongo, frühere Geschichte des I, 1; Namen des I, 2, 222; Missionsexpedition nach dem I. 4; Ausdehnung des alten I, 12; König von I, 12, 18; Grenzen des alten I, 18; auf dem Wege zum I, 59; Ankunft am I, 71; Beerdigungen am I, 87; und centralafrikanische Gesellschaft in Banana I, 88; den mächtigen aufwärts I, 91; Kraftwirkung des I, 95; Kriegsschiffe im I, 97; Barre im I, 97; Wassermenge des I, 98; Steigen und Fallen des I, 99, 245; Lauf des I, 101; Breite des I, 101, 123; II, 113; Charakterisirung der Mulde des I, 272; Wasser des I, 280; wieder auf dem I, 342; erste Expedition nach dem obern Kongo I, 420; die Mulde des I, 541; Richtung des II, 104; unregelmässige Schlucht des II, 220; la Lemba II, 222; Länge des — und der einzelnen Flussstrecken II, 352; Nebenflüsse des II, 357.
Kongobecken, Werth des I, 491; ein productiver Garten II, 95; physische Beschaffenheit II, 353; unsere Kenntnisse vom II. 377; Eintheilung nach den Beschlüssen der Berliner Conferenz II, 378; Areal und Bevölkerung II, 379; im Stadium der Unentwickelung II, 388; kein Feld für arme Einwanderer II, 389; Vortheile des II, 389.
Kongogebiet, das obere II, 353, 356, 364; das untere II, 353, 355.
Kongolandes, politische Geschichte des I, 10.
Kongolandschaft, Schönheit der I, 425.
Kongo-Schifffahrtsakte II, 414, 475.
Kongostaates, Gründung mit dem Bau eines Hauses verglichen II, 394.
Königskronen, Ersatz der I, 389.
Königstiger, ein bengalischer II, 108.
Konko, der Häuptling I, 396.
Kopalbäume II, 97.
Kopalharz II, 355; Ablagerung von II, 366.
Kopfbedeckung I, 76; II, 336; mannichfaltige I, 184.
Kopfschmuck der Basoko II, 124.
Kost, abscheuliche I, 487; unschmackhafte II, 10; reiche I, 282.

Register.

Kranken, Zahl der I, 243; Liste, I, 237; ausserordentlich grosse II, 227; Durchsicht der Liste II, 295.
Krankheiten I, 259, 403; in Lukolela II, 185; Umsichgreifen der II, 259: Ursachen der II, 300, 307, 313; Art der II, 338.
Krebse I, 89.
Kreide, weisse I, 389.
Krieg I, 373; II, 27, 60; Gerüchte I, 395; Folgen eines I, 554; oder Bezahlen II, 3; Geheul II, 4; im II, 23; erklärt II, 36; Spiel II, 36; Ausrüstung II, 37; Wiederbeginn II, 43; der begrabene II, 46; provocirt II, 74; Fahrzeuge mit Krokodilbugen II, 82; Canoes II, 114, 116; Trommeln II, 114 167; Malerei II, 117.
Kriegsfetisch I, 364.
Krokodilbach, der I, 113.
Krokodile I, 230, 267, 285; Züchtung II, 18.
Kronen aus altem Eisen I, 220.
Kruneger I, 85.
Kuango, s. Kwa.
„Küchelchen, das weisse" I, 436.
Kudu-Antilope I, 226.
Kuh-Antilope I, 226.
Kuilu-Fluss I, 279; -Niadi, directe Expedition nach dem I, 501; Stationen am I, 502.
Kulu-Plateau, das I, 140.
Kundschafter II, 17.
Kunsu-Insel, die I, 282.
Kupfer, Ringe aus I, 388; Minen bei Philippeville II, 369.
Kürbisflasche mit Palmwein I, 339.
Kürbisse II, 73.
Küste, Aussehen der I, 73.
Kutumpuku am Mikene I 547.
Kuvoko-Point I, 272.
Kwa- oder Kuangofluss I. 437, 440; II, 357; Färbung des Wassers I, 447.
Kwa-Mündung I, 539; Station an der II, 187.

Lady Alice-Stromschnellen I, 342.
Lager, ein altes I, 192.
Lagos II, 242.
Lagunen I, 460.
Laird Macregor II, 402.

Lama-Laukori-Berg I, 375.
Lambermont, Baron II, 437.
Landana II, 235.
Landana, Neophiten von I, 332.
Landesmünze I, 399.
Landessitte I, 304; II, 51.
Landessprache, Unkenntniss der II, 274.
Landolphia I, 212; II, 355, 366.
Landschaft, fesselnde I, 268.
Landschaften, tropische II, 92.
Langa-Langa II, 23, 90, 101; Weiber von II, 102; Eingeborene von II, 103.
Lange Strecke, die I, 262. 267.
„Lappländische Nacht", eine II, 291.
Lattich I, 116.
Laubwerk, dunkles I, 212; glänzendes I, 270.
Launay, Graf de II, 411, 420, 435, 460.
Lawson-Lufini-Fluss I, 536, 540; II, 358.
Lebensmittel, reichlich I, 280; Mangel I, 463; Ueberfluss II, 10, 16.
Lehm, fetter rother I, 204.
Lehmhütten I, 414.
Lehrmann, Herr I, 498; II, 216, 285.
Leibesübungen II, 336.
Leichterschiff I, 116, 232, 284.
Leitern am Flussufer II, 105.
Leopardenfell I, 320, 352.
Leopold II.-See I, 412, 437, 461, 464, 470.
Leopold-Berg I, 378, 415.
Leopold, König der Belgier I, 22, 23; II, 400, 419, 425.
Leopoldville, Gründung von I, 369, 379, 381, 412; Rückkehr nach I, 435, 472; II. 52, 187; Häuptlinge von I, 517; Verbesserungen in I, 525; eine blühende Station II, 188; Abschied von II, 192; die drittungesundeste Station II, 296; Klima in II, 298; moralische Atmosphäre in II, 299.
Leviathan von Canoe II, 125.
Levy-Berge II, 11.
Lianen II, 92.
Liberia II, 395, 398.
Liebrechts, Lieutenant II, 186, 286, 299.

Limbu li Nsambi, der Finger Gottes I. 103.
Limonen I. 116, 213.
Lindi-Fluss II, 155.
Lindner, Herr I, 300, 309, 475.
Lingendji bei Bolobo II. 58.
Lingendji, ein schlauer Knabe beim Handeln I, 150.
Lingster oder Dolmetscher I, 498.
Lira-Fluss II, 371.
Lissabon I, 484.
Liverpool, Preise afrikanischer Producte in II, 381.
—— und Glasgow durch Hamburg und Bremen ausgestochen II, 403.
Livingstone, Dr. I, 8; II, 11, 372, 374, 402: -Katarakte I, 178; -Inland Kongo-Mission I, 523; II, 219.
Livini I, 444.
Loa-Ebene I, 212.
Loango II, 236; Expedition nach I, 476.
Loa-Thal, das I, 139, 179, 205.
Loch Fyne, Fahrt auf dem I, 426.
Löcher, höhlenartige II, 48.
Lodje-Fluss I, 483.
Lohn der Arbeiter I, 213; der Träger I, 370.
Lokinge-Berge II, 374.
Lokulu-Fluss II, 374.
Londoner Geographische Gesellschaft I, 36.
Lootse, ein gesunder I, 74.
Lootsen, Andeutungen für I, 429.
Lopez, Duarte I, 3, 20.
Losauswe-Kette II, 374.
Lösegeld I. 241.
Lotus II, 47.
Löwen I, 536; II, 62.
Lowwa-Fluss II, 371.
Lualaba, der I, 8.
Lualla-Fluss I, 285.
Luama-Fluss II, 372.
Luamba von Manjanga I. 292.
Luapula, der I, 8.
Lubamba-Fluss I, 312.
Lubanseusi-Fluss II, 374.
Lubi II, 357.
Lubilasch-Fluss II, 170, 360.
Lubiransi-Fluss II, 146, 170, 357.
Lucage- oder Kuilu-Fluss I, 279.
Luemba, Häuptling I, 342.
Luemme-Fluss I, 514.
Luenda-Fluss I, 198, 205, 243.
Luftröhrenentzündung II, 294.
Lufu-Fluss I, 128, 180; II, 194.
Lufu-Thal I, 205; II, 220.
Lufwenkenja-Bach I, 224.
Lugumbila, der Vezier von Bolobo I. 556; II, 2, 65.
Luigi-Fluss II, 372.
Luima-Thal, das II, 218.
Luiudi- oder Lukuga-Fluss II, 372.
Luisi-Fluss II, 222.
Lukanga-Fluss II, 27, 47.
Lukebu-Fluss II, 155.
Lukolela II, 13, 67, 184; Fahrt nach II, 66; Ankunft in II, 67; die Station II, 67: sehr gesund II, 296.
Lukouga-Fluss II, 217; Station, ungesunde Lage II, 308.
Luksič, Selbstmord I, 516.
Lukulusi-Fluss I, 336.
Lulu-Fluss I, 244.
Lulua-Fluss II, 357.
Lulungu-Fluss II, 78, 357.
Lumani-Fluss II, 170, 360.
Lungenentzündungen, Zunahme der II, 293.
Lunionso-Schlucht, die II, 219.
Lusalla, Häuptling I, 220.
Lusalla-Kindunga I, 183.
Lusengo II. 174.
Lutess-Fluss I, 375.
Lutete, Plateau von II, 299.
Lutete von Bansa-Lungu I, 239.
Lutete von Ngombe II, 212.
Luxusartikel I, 546.
Lynchjustiz II, 195.

Mabengo-Berg I, 417.
Maboko, Dorf II, 47.
Mabruki, mein Pfleger I, 296.
Mabruki's Unfall I, 196.
Mabua I, 443.
Mabula I, 444.
Machtbefugnisse der Häuptlinge I, 535.
Mackenzie, Dr. II, 239.
Madeira I, 484, 488.
Mafia, die Insel I, 51.
Magazin, ein feuer- und schussfestes I, 303.
Magenentzündung I, 473.

Maguale-Muaka aus Mkimbuete I, 183.
Mahagoni I, 242; II, 68.
Mahoney, Frank I, 177, 309.
Mais II, 72.
Maisanpflanzungen II, 370.
Maismehl II, 77.
Majumba-Bai I, 127.
Makabi, der Elfenbeinhändler I, 319.
Makanga von Singa I, 339.
Makeja-Manguba I, 226, 234.
Makoko I, 316, 322, 347, 350.
Makoko von Lema I, 396.
Makoko von Usansi I, 19.
Makoko's Schwert I, 356.
Makuba-Spitze I, 124.
Makueta I, 183.
Makukuru von Neu-Ngansa II, 100.
Makuta I, 246.
Malafu-Abgabe, die II, 45.
Malafu oder Palmwein I, 319.
Malamine, Sergeant I, 273, 316, 323.
Malamu (gut) II, 19.
Malaria II, 295, 313.
Malaria-Bacillus II, 329.
Malele I, 183.
Malet, Sir Edward II, 411, 431, 435.
Malima I, 319, 376.
Mambwe, das Land I, 8.
Mambwe-Plateau, das II, 375.
Mammuthknollen I, 441.
Manabisa-Ebene I, 440.
Manchester, die praktischen Leute von II, 379; die Handelskammer von II, 380.
Manga bei Bolobo II, 58.
Mangombo von Irebu II, 21, 25; sein Stab II, 22; Hartnäckigkeit II, 45.
Mangoschösslinge I, 162.
Mangrove-Dickichte I, 76, 88.
Manguru von Bolobo II, 2.
Maniokstauden II, 370.
Manipambu, Seniorhäuptling I, 502.
Manipambu von Loango I, 19.
Manjanga I, 209, 306; II, 216; Terrasse von I, 291; Ankunft in I, 293; Fieberkrank in I, 294; Häuptlinge von I, 302; Ausrüstung von I, 306; als Centraldepot I, 307; Aufbruch I, 309; der ungesundeste Ort II, 296.
Manjema I, 8, 49.
Mankoneh oder Gamankono I, 320.
Mantu in Ujansi I, 539.

Mantumba-See II, 28, 47.
Mariatta aus Bansa-Lungu I, 183.
Markt bei Manjanga I, 305; ein öffentlicher I, 392.
Markt für alte Kleider I, 144.
Märkte I, 223.
Marktleute, Flucht der I, 305.
Marktplatz, ein eigener I, 526; ein verlassener II, 136.
Marktwaaren I, 305, 307; II, 2.
Martin, der Däne I, 120; Tod I, 232.
Martin's, Dr., Werk II, 339.
Masanda I. 183.
Masaro oder Sofi als Geld II, 103.
Masikamba am Tanganjika-See I, 48.
Masiku aus Masanda I, 183.
Massabe, Gründung von I, 514.
Massacre II, 122.
Massalla, der Dolmetscher I, 135, 145, 179; verwundet I, 498.
Massari, Signor II, 232.
Massassa I, 340.
Mässiges Leben erforderlich II, 304.
Mata-Bwyki, der Herr vieler Gewehre II, 81, 86, 174, 179.
Mataddi-Point I, 128.
Mataddi-Usassi, der Blitzstein I, 103.
Matako oder Messingstangen als Geld II, 103.
Matanga aus Bansa-Lungu I, 183.
Matari I, 441.
Matten, geflochtene II, 72.
Maulthiere I, 170, 230, 261.
Mavambu I, 183.
Mawembe zerstört II, 139.
Maxwell, Kapitän, Vermessungen I, 94.
Mbama-Berg I, 371.
Mbari-Eingeborene I, 328.
Mbe II, 193.
Mbe-District I, 534.
Mbelo I, 340.
Mbembe von Iboko II, 174.
Mbembe-Kissa-Spitze I, 270.
Mbihe-Fluss I, 438, 448.
Mbika-Fluss I, 310.
Mbimbi, ein Trägerdorf II, 195.
Mbundi-Afunda-Schnellen I, 275.
Mbungu, Blutsbrüderschaft in II, 171.
Mburra (Kongo) II, 136.
Mbutschi I, 450.

Medicin II, 24; zum Wachsen des Reichthums II, 29; für die Treue der Frauen II, 70.
Medicinmann I, 220, II, 106.
Melonen I, 116, 162.
Menschenopfer, grausame II, 182.
Meri- oder Bere-Fluss II, 131.
Merolla, Pater I, 2, 4, 20.
Messer II, 124.
Messingbeinspangen I, 386.
Messingdraht I, 307.
Messingringe I, 388.
Messingstäbe I, 318, 398, 456.
Meteorologische Beobachtungen von Dr. von Danckelman II, 341; Tabelle II, 351.
Mfini-Fluss I, 438.
Mfwa I, 273, 318.
Mgangaismus II, 113.
Mgangila I, 221.
Miani II, 131.
Miasmen, die Ursache des Fiebers II, 295; das kleinste Uebel II, 329.
Mijougo aus Usindi II, 51, 59, 66, 69, 81, 184.
Mikene-Alima-Fluss, der II, 358.
Mikene-Fluss, der I, 547, II, 66.
Milch I, 307; II, 332.
Mimosen II, 93.
Mineralien: Eisen, Gold, Graphit, Kupfer II, 369.
Mirambo, der Esel I, 203.
Mirambo von Unjamwesi I, 43.
Missionare I, 273.
Missionen, englische I, 522; französische, katholische in Boma I, 113.
Missionen in Westafrika I, 17.
Missionsdampfer I, 523.
Missionskinder II, 217.
Missionsstation, am Kwa II, 52; von Misongo II, 187; von Lukanga II, 217; in Landana II, 235.
Missionsthätigkeit II, 187.
Missionsunternehmungen, Vortrag über II, 413.
Missionswerk in San Salvador I, 14.
Mississippi, Vergleiche mit dem II, 7, 388, 389.
Mjombi, Häuptling II, 106.
Mjumba oder Majamba II, 236.
Moero-See, der I, 8; II, 358. 372.
Moffat's Philo-Afrikanismus II, 402.

Mohindu oder Schwarzer Fluss II, 34, 357.
Möhren I, 116.
Mokulu am Aruwimi II, 117; Niederbrennen der Stadt II, 122.
Mompara I, 48.
Mompurengi I, 543.
Monanga von Singa I, 339, 340.
Monet, Herr II, 229, 286.
Mongo bei Bolobo II, 58.
Monteiro, Joachim I, 115.
Montes Quemados I, 18.
Moore, Herr A. H. I, 158, 177, 216, 229.
Moral, niedrigste I, 341.
Moräste, tiefe I, 319.
Mord I, 373; kaltblütiger, vorbedachter II, 144.
Mordmanie bei einem Offizier II, 56.
Morian, Dampfer I, 127.
Moskitos I, 450.
Mowa I, 311, 340.
Möwe, deutsches Kriegsschiff II, 242.
Mpa II, 101.
Mpagassa- oder Büffel-Fluss I, 222.
Mpagassa-Schlucht I, 182.
Mpakambendi I, 310; Lager in I, 473.
Mpakiwana, die verlassene Ansiedelung II, 99.
Mpalanga-Schlucht I, 346.
Mpamba-Ngulu, Ebene I, 193.
Mpika von Mittel-Irebu II, 25.
Mpissa II, 101.
Mposo, Station II, 223.
Mpuelele I, 183.
Mpumbu, das Marktdorf II, 2.
Mpumu-Ntaba I, 433.
Mputu-Creek I, 75.
Msampala I, 312; Stromenge von I, 342, 345.
Mseune aus Msuata II, 3, 42.
Msuata, I, 424, 432, 534.
Mtesa von Uganda I, 315.
Mubiri-Rücken I, 281.
Muidjuba, der Bateke-Häuptling I, 540.
Mukana I, 459.
Mukansi-Point I, 277.
Mukoss-Fluss I, 312.
Mukuku's Kühnheit II, 110.
Muleke-District I, 455.

Muluangu, Ebene von II, 218.
Mulwassi-Fluss II, 112.
Mundele, Begrüssung des I, 145; der erste II, 28; der — von Vivi I, 148.
Mundele-Masuna I, 417.
Mungala I, 310.
Mungawa von Lukolela II, 15.
Mungolo I, 546; II, 58.
Muni-Kheri von Udjidji I, 48.
Munition I, 362.
Munroe, James II, 239.
Munsa, die Residenz des Monbuttu-Königs II, 364.
Munsa's Dorf am Uëlle II, 133.
Münster, Graf II, 400.
Musije, Ansiedelung von I, 447, 449.
Musije-Munono I, 458.
Musik I, 359; II, 117.
Musikinstrumente I, 432.
Muskatnüsse II, 371.
Musketen I, 307.
Musketenträger I, 534.
Musonsila-Schlucht I, 180, 190.
Mussiko I, 118.
Muta-Nsige-See II, 371.
Mutemba II, 96, 112.
Mutemba, 1877 in Schlachtordnung II, 98.
Mutumba I, 460.
Mütze, einheimische I, 321; aus Thierfellen II, 32; aus Antilopenhaut II, 110.
Mwembe II, 218
Mwula von Singa I, 339, 340.
Mwusi-Bach I, 190.
Myrrhen II, 367.

Nabob, ein schwarzer II, 3.
Nachtigal, Dr. I, 37; II, 402.
Nahrung, beste in den Tropen II, 331.
Nahrung, gute erforderlich I, 219; II, 302.
Nahrungsmittel, Verbrauch II, 13; vegetabilische II, 101.
Nakussa von Manjanga I, 292.
Ndambo-Mbongo aus Isangila I, 183, 198, 212.
Ndjadi oder Kongo I, 222.
Ndjugu von Iboko II, 180.
Ndobo II, 105.
Ndua I, 457.
Ndu-Kumbi I, 458.
Ndunga-Berge I, 284.
Ndunga, Bewohner von I, 288; Tanz I, 288; Ebenen von II, 217.
Nebel II, 106, 115, 129.
Nebelschleier, aus der Hitze entstehende II, 137.
Nebenflüsse des Kongo II, 357—361.
Negermatrosen I, 316.
Nempambu I, 183.
Neophiten I, 332.
Nepoko-Fluss, Junker's II, 132.
Nervenfieber I, 232.
Nesau, der Elefant I, 183.
Neujahrstag I, 399.
Nevangu I, 183.
Neve, Herr I, 247, 259; Tod I, 306.
New-Hampshire, die Kolonisten von II, 395.
Ngako, der alte I, 328; von Kinschassa I, 374.
Ngaku-Fluss II, 216.
Ngala-Fluss II, 358.
Ngaljema von Ntamo I, 273, 324, 326, 343; und Bula-Matari, I, 381; wüthend I, 407; aus der Bevormundung entlassen II, 190.
Ngaljema's Charakteristik I, 345, 353, 413; ernste Absichten I, 357; Empfang im Lager I, 359; Falschheit I, 360; Lebenslauf I, 372; Macht I, 374; Abrechnung I, 383; politische Stellung I, 384; Bettelei I, 386; Klage I, 518; Lebewohl II, 191.
Ngambe aus Jellala I, 183.
Ngamberengi I, 347, 371.
Ngana I, 461.
Ngandu, das Krokodil I, 183; Lage des Grenzdorfes I, 190.
Ngansa, das Dorf II, 100.
Ngete I, 454.
Ngojo-Spitze I, 285.
Ngoma I, 200; die Bewohner von I, 312; -Berg I, 197, 250; Strassenbau bei I, 257.
Ngoma's Dorf I, 358.
Ngombe II, 17.
Ngombe, der Ochse I, 183.
Ngowa's Dorf II, 193.
Ngufu-Mpanda aus Bansa-Sombo I, 142.
Nieman, Herr, in San Paolo I, 478.
Niger II, 242; -Schiffahrtsakte II, 482.

Nil, Vergleiche mit dem II, 8.
Nilis, Lieutenant I, 407.
Njamnjam-Land II, 365.
Njangwe in Manjuema I, 8; die Araber von II, 144; Mischlinge von II, 161.
Njassa-See I, 8.
Njongena-Spitze I, 197, 244, 248; -Hügel I, 205.
Nkamampu aus Bansa-Kinlele I, 183.
Nkenge-Fluss I, 200; -Ebene I, 206; das Dorf I, 283.
Nkenke-Fluss I, 312.
Nkingi aus Bansa-Lungu I, 183.
Nkongolo I, 125.
Nkuku-District II, 19.
Nkuku-Fluss (?) II, 114, 358.
Nkusu-Schlucht I, 133, 178; Brücke I, 169, 204; II, 228.
Nokki I, 123, 125; II, 220; Blick auf die Berge von I, 180.
Nomasa-Cove I, 128.
Noso, Häuptling II, 222.
Nsabi, Dorf I, 311.
Nsabu von Singa I, 339.
Nsaka von Singa I, 339.
Nsakala, Dolmetscher I, 129; unser Freund vom Jahre 1877 I, 146.
Nsakala-Mpuassa I, 183.
Nsali oder Kongo I, 222.
Nsambana, Insel II, 38.
Nsambi (Gott) ist böse II, 46.
Nsambi-Stromschnellen I, 278.
Nsanda-Dörfer I, 179; -District I, 181; -Eingeborene I, 241.
Nsangu, Fähre von I, 505.
Nsekelelo-Kette I, 190; Eingeborene I, 243.
Nselo-Fähre II, 194.
Nsona-Mamba I, 281.
Nsungi, ein Trägerdorf II, 111.
Nsusu-Mpembe, das weisse Küchelchen II, 277.
Ntaba von Malima I, 323.
Ntamo, Stadt I, 327.
Ntete aus Jellala I, 183.
Ntolulu aus Bausa-Mgangila I, 183.
Ntomba-Bucht I, 272.
Ntombi-Schlucht I, 267.
Ntombo a Lungu I, 220.
Ntombo-Lukuti, Hain von II, 219.
Ntombo-Mataka-Katarakt I, 290.
Ntschuvila, Häuptling I, 273, 322, 374, 400.

Nuamposo-Fluss I, 133; Bucht I, 142.
Nun-Mündung II, 242.

Observatorium, ein II, 72.
Ocher zum Bemalen I, 389, 419.
Oel liefernde Pflanzen II, 371.
Oelbeere II, 366.
Oelfluss, der II, 239.
Oelkuchen II, 365.
Oelpalmen, Ertrag der II, 365; Verschwinden der II, 376.
Offizier, ein unglücklicher, entlassen II, 56.
Offiziere der Dampfer I, 216; portugiesische I, 246; belgische I, 247; II, 268.
Ogowe I, 252, 254.
Oliviera, Dr. I, 478.
Onkel Tom, ein wahrhafter I, 142.
Opfer des afrikanischen Fiebers I, 219; der bösen Winde I, 287; Afrikas, wieder ein II, 292.
Orban, Lieutenant I, 514.
Orkan, ein II, 97.
Orseille II, 94, 98, 355, 366; Reichthum an II, 98.
Oryceteropus I, 225.
Ostende, Ankunft in II, 243.
Ostindische Compagnie, die II, 395.

Padrão, Rio de, oder Pfeiler-Fluss I, 1; Ponta do I, 11.
Padron-Point I, 11.
Pagasi oder Träger I, 52.
Pagels, Lieutenant II, 57.
Paladin, ein, an Stärke II, 264.
Palaver mit den Häuptlingen von Vivi I, 145; wichtige I, 148, 204, 333, 396; Rum vor dem — vertheilt I, 214; mit den Wenja II, 162.
Palissaden I, 509; von Leopoldville I, 390.
Pallaballa, die riesige Bergmasse von I, 133; Blick auf die Berge von I, 180; Berg II, 220, 222; Plateau II, 222.
Palmbutter I, 156; II, 365.
Palmen I, 123, 138; II, 93, 355, 365; Wein und Oel liefernde I, 180; Saft und Nüsse der II, 93.

Palmkerne I. 85.
Palmöl I, 85, 212; II, 365; Verschiffung von — am Alt-Calabar-Fluss II, 239.
Palmsaft, erfrischender II, 193.
Palmwein I, 183, 212, 319; gefährliche Wirkung II, 332.
Palmyra-Strecke, die I, 125.
Papa Gobila I, 534, 537.
Papagaien I. 446, 463.
Papyrus I, 438; II, 6, 47, 67; antiquorum II, 367.
Pará, Temperatur und Klima in II, 326.
Parfoury, Lieutenant I, 504; II, 268, 277.
Park, der Reisende II, 402.
Parmenter, Major II, 229, 281.
Passagiere nach Europa I, 486; Beförderung von II, 170.
Pastinaken I, 162.
Pechuel-Loesche, Dr. I, 401, 475, 496; II, 403.
Peilungen der Wassertiefe I, 130, 280.
Pelikane I, 444.
Pelikanfedern I, 433.
Penafiel, Marquis von II, 435.
Perlen, Werth der II, 23.
Pestartige Krankheit in Sierra Leone II, 242.
Petit, Tod des Maschinisten I, 229.
Pfauenschwanz II, 6.
Pfeifenthon I. 397.
Pflanzen und Bäume: Adansonia II, 367; Acajou II, 371; Affenbrotbäume (Baobab) I, 531; II, 5; Amomum II, 371; Ananas I, 213, 307; II, 370; Aloëpflanzen II, 367; Bananen I, 213, 307; II, 107, 128, 370; Baumwollbäume I, 451, 458; II, 371; Binsen II, 47; Calamus indicus II, 5, 6, 367; Cassave (Maniok) I, 441; II, 370; Dattelpalmen, wilde II, 5; Elaëis guineensis II, 5, 355, 365; Erdnüsse (Arachis hypogea) I, 213; II, 355, 366; Euphorbia II, 366; Feigenbäume II, 128; Guajakbäume II, 30; Guaven I, 213; II, 370; Guiburtia II, 366; Gelbholz II, 30; Hyphaenepalmen I, 532, 544; Jatropha purgans II, 371; Kerzenbeerbäume II, 371; Ingwer II, 371; Landolphia florida oder Kautschukpflanze I, 212, II, 5, 355, 366; Limonen I, 213; Lotus II, 47; Mahagonibäume II, 30; Muskatnüsse II, 371; Oelbeere II, 366; Oelpalmen II, 365; Orseille II, 355, 366; Palmen I, 464; II, 5, 355, 365; Papyrus I. 438; II, 6, 47, 67, 367; Pistia stratiotis I, 438; II, 6; Pisang II, 15, 30, 370; Raphia vinifera II, 365, 367; Rispengras I, 450; Ricinuspflanze II, 366; Rohr I, 447; Rothholz II, 5, 30, 367; Schilf I, 438; Semecarpus anacardium II, 371; Stipa tenacissima II, 367; Stinkbaum II, 5; Strychnaus II, 371; Taback I, 213; II, 107; Tamarinden II, 5; Teakbäume I, 212, II, 30; Trachylobium II, 366; Wasserlilien I, 438; II, 47; Wollbäume II, 5, 30, 128; Zuckerrohr I, 213, 441; II, 107, 153, 370.
Philippeville, Gründung von I, 504; die Station II, 216.
Phoenix spinosa II, 367.
Pionnierleben, rauhes II, 246.
Piqafetta's „Königreich Kongo" I, 11.
Pirate-Creek bei Banana I, 75.
Pisang II, 15, 30, 370.
Pistia stratiotis I, 438; II, 6.
Platanen I, 213; II, 68.
Plateaus I, 346; von Mgangila, Sadika-Bansi und Kionso II, 220.
Plymouth, Ankunft in II, 243.
Pocken, decimirt durch II, 15.
Pocock, Francis I, 337; II, 256.
Pogge, Dr. II, 364, 403.
Ponta da Lenha I, 89, 94, 96, 97.
Poplin, Kapitän I, 50.
Portugal leistet dem König von Kongo Hülfe I, 13.
— Vertrag mit England II, 397, 400.
Portugiesen als Sklavenhändler I, 15, 16.
Portugiesische Dampfer I, 486.
Portugiesisches Gebiet II, 397, 418.
Posse, Graf II, 286.
Preise der Zeuge I, 398; billige II, 84.
Priester, ein katholischer I, 332.
Prinzeninsel I. 483, 485; im Kongo I, 123.

Privilegien, keine zu vergeben I, 393.
Prophezeiungen I, 206, 385.
Prophylaktische Vorsichtsmaassregel II, 294.
Protestantische Missionen II, 51.
Protokoll der Berliner Conferenz Nr. 9 II, 433; Protokoll der Berliner Conferenz Nr. 10 II, 457.
Proviant, in Büchsen eingesetzter I, 164; -vorräthe der Pionniercolonne I, 216; verzehrter I, 235; -colonnen I, 242; -regale, leere I, 510; -schuppen, verfallener II, 219.
Pulver I, 307; säurehaltiges gegen den Durst II, 335.
Purchas, Beschreibung des Kongo I, 4.
Puritaner, die englischen der „Mayflower" II, 395.

Quarantänemaassregeln, strenge I, 488.
Quartiermeister, ein französischer I, 434.
Quarz I, 198; -blöcke I, 124, 200, 267.
Quetta II, 242.

Raddampfer, ein kleiner I, 286.
Raphia vinifera II, 365, 367.
Rath, Grosser I, 405.
Rathschläge für Reisende in Ostafrika I, 51; zur Erhaltung der Gesundheit I, 78; gute II, 167, 328.
Rationen I, 399, 405; Ankauf von I, 508.
Regen I, 106, 248, 423; -zauber, ein den Weissen fehlender II, 69; -schwall II, 98; -zeit die gesundeste Jahreszeit II, 308.
Regenfall in Vivi II, 345; am Kongo II, 346.
Regenzone auf dem Aequator II, 361.
Regis & Co., Factorei I, 89.
Reichthum des äquatorialen Afrika II, 225, 361.
Reis, Bedarf an I, 242; Hochland- II, 370.
Reiseerfahrungen II, 22.

Reparaturen an den Dampfern I, 284, 528; des „Royal" II, 172.
Reptilien I, 225.
Requiescat in pace! I, 482.
Rhein, Vergleiche mit dem II, 7.
Ricinuspflanze II, 366.
Riedgras II, 67.
Riffe I, 276.
Rinderheerden der Babisa II, 375.
Rindfleisch I, 219.
Rindviehzucht II, 376.
Ringe aus Kupfer I, 388.
Rispengras I, 450.
Robinson Crusoe, ein schwarzer II, 110.
Rohlfs. Dr. II, 402.
Rohr I, 447.
Rothholz II, 68; ein allgemeiner Handelsartikel II, 367; Rothholzbäume I, 268; Rothholzwälder II, 48.
Rothschild, der, von Bolobo II, 3.
Rothwein, portugiesischer II, 77.
Rowe, Sir Samuel, Gouverneur von Sierra Leone I, 68.
„Royal", Dampfer I, 116, 266; II, 58, 117; Transport des I, 228, 501; Unfall des II, 172.
Ruanda, Hochlande von II, 376.
Rubunga von Ngansa II, 100.
Rüben I, 116.
Rudern, Kunst des I, 421; verzweifeltes I, 514.
Ruderschafte, verzierte II, 117.
Rudolfstadt, Gründung von I, 502.
Ruga-Ruga von Unjamwesi I, 358.
Ruine einer Station II, 252; schwarze II, 141.
Rum mit Wasser verdünnt I, 175; als Arbeitslohn I, 214.

Sabuka, Gründung von I, 504.
Sabuka, Häuptling I, 372.
Sadika-Bansi, der Häuptling I, 182.
„Sagittaire", französisches Kriegsschiff I, 502.
Saïd Pascha II, 437, 461.
Salzgewinnung I, 451.
Samuna von Nsanda I, 19, 182.
San Paolo de Loanda I, 335, 478, 482.
San Salvador oder Ambassi I, 12, 279.

Sanatorium in Boma II, 235.
Sand, weisser I, 270.
Sanda-Kongo I, 125.
Sandstein I, 124, 164; Sandsteinmassen I, 244, 290.
Sanford, General H. S. I, 40; II, 398, 436.
Sansibar I, 44; Vorbereitungen in I, 52; Sultan von I, 57; Abfahrt von I, 58; Polizisten von I, 161.
Sansibarer II, 98, 146, 264.
Sarawak II, 395.
Sardinen verursachen galligen Geschmack II, 332.
Saulez, Kapitän Seymour II, 192, 281.
Schafe I, 116; II, 101; haarige II, 24.
Schari, Dr. Barth's II, 132.
Schauspieler, ein afrikanischer II, 42; vollendete II, 130.
Scherbet gegen Durst II, 335.
Schieferfelsen I, 267, 271; Formation II, 218.
Schiffbarkeit auf dem obern Kongo I, 310; des Kongo II, 354; der Nebenflüsse II, 358.
Schiffbruch eines Canoe II, 50.
Schildkrötenschalen II, 367.
Schilfgras I, 268.
Schilfgräser, Verwendung der II, 93.
Schirm erforderlich II, 324.
Schlamm, schwarzer I, 319.
Schlangen I, 224, 225.
Schlinggewächse I, 269; II, 5; Verwendung der II, 93.
Schlucht des Kongo I, 123.
Schluchten, tiefe I, 208.
Schmelzwerke in Uvira II, 377.
Schmiedearbeiten I, 302.
Schmuck der Häuptlinge I, 143, 388; der Frauen I, 456; aus Messingdraht I, 321.
Schnecken II, 2.
Schnitzereien II, 124.
Schnoor, Zimmermann II, 192.
Schöne-Aussicht-Station I, 532.
Schumann, Herr von I, 498.
Schüsse gewechselt II, 57; Wirkung unserer II, 61.
Schwarzer Fluss oder Mohindu II, 34.
Schwarzes Wasser II, 78.
Schwefelgelbe Oberfläche des Wassers I, 462.
Schweine I, 241; schwarze II, 211.

Schweinfurth, Dr. II, 131, 364, 402.
Schweiz, drei Wochen in der I, 24.
Schwerterschmieden II, 369.
Scotsman-Head I, 94.
Seehafen des Kongo II, 353.
Seeregion des Kongo II, 353—356.
Seewölfe II, 162.
Segelboot I, 275.
Seidene Gewänder I, 389.
Seidenholzbäume I, 268.
Selbstmord I, 516; vorbedachter II, 320.
Selbstmordversuche, leichtfertige II, 221.
Sette Camma II, 236.
Sharks Point an der Kongomündung I, 73.
Shaw, E. Massey, II, 229; Chef von Vivi II, 281.
Sierra Leone I, 67; II, 242.
Silberreiher I, 444.
Silurus (Wels) I, 456; II, 162.
Sims, Dr., Missionar I, 523.
Singa I, 311, 337; II, 162; Häuptlinge von I, 339.
Singen I, 402.
Siwa-Siwa, Häuptling der Bakumu II, 164.
Skamander, ein zweiter zorniger II, 368.
Sklaven I, 305; grausame Bestrafung der I, 110; der Araber II, 147, 149; Ankauf von II, 182.
Sklavenbesitzer, frühere I, 18.
Sklavenfänger I, 469.
Sklavenhalter ohne Land I, 414.
Sklavenhandel am Kongo I, 15; Aufhebung des I, 16; kein, bei Vivi I, 166.
Sklavenhändler, sudanesische II, 123.
Sklavenkinder, Umtausch gegen Fische II, 161.
Sklavenraubzüge, verderblicher Einfluss der II, 373.
Sklavenschiffe I, 108.
Sklaventransporte nach Njangwe II, 150.
Sklaverei in Kibonda I, 283.
Soldatenarbeiter II, 73.
Sombo, Händler aus I, 343.
Sonho, Rebellion des Districts I, 14.
Sonne I, 226; Beobachtung der I, 225; II, 127; der einzige Feind des Europäers II, 325.

Sonnenglut I, 424; II. 322; tödliche Folgen der II, 322.
Sonnenschein, afrikanischer I, 107.
Sonnenstich I, 77; II, 317; und Sonnenfieber infolge Genusses alkoholhaltiger Getränke II, 331.
Sonnenvogel II, 6.
Soto, de II, 388.
Soudi's Tod I, 274.
Souveränetätsrechte, Abtretung der I, 500; II, 49, 231.
Spanischer Pfeffer II, 41.
Sparhawk, August I, 158, 177, 216.
Sparsamkeit der Eingeborenen II, 2.
Speere, hübsche I, 456.
Speerspitzen II, 369.
Speerwerfer des Aruwimi II, 115.
Speisen, nahrhafte erforderlich I, 219.
Speke II, 402.
Spekulation, eine gewinnbringende II, 385.
Spirituosen, mässiger Genuss von II, 262.
St.-Jago I, 483.
St.-Thomas I, 483.
St.-Vincent I, 483.
Standpredigt, eine II, 230.
Stanley und Bula-Matari II, 28.
„Stanley", Dampfer I, 286; II, 231, 235, 272.
Stanley-Fälle II, 155; Beschreibung II, 156; Fischer an den II, 159, 161; gefährliche Fahrt und Unglücksfälle bei den II, 159; Chef der Station II, 166; Ausrüstung der Station II, 167.
Stanley-Pool, Ansiedelung I, 337; Schönheit I, 415; aus der Vogelschau I, 416; Beschreibung I, 422.
Starrkrampf II, 317.
Stationen, Anlage von I, 28, 497; was sie sein sollen I, 41; in Ostafrika I, 49; Kette der I, 290; am Kuilu I, 502; eine der unglücklichsten II, 52; Gesundheitszustand II, 329.
Steckrüben I, 116.
Steinpfeiler der Portugiesen I, 11.
Steinschlossgewehre II, 23.
Stellvertreter, nöthig II, 189.
Stephanieville, Gründung von I, 503.

Stipa tenacissima II, 367.
Stoffe I, 307.
Strafe I, 387, 555; für Blutvergiessen I, 499.
Strandläufer I, 463.
Strasse, Todtmachen der I, 338.
Strassenbau I, 169, 215, 260, 371.
Strata, horizontale I, 269.
Straten Ponthoz, Graf von der II, 437.
Strauch, Oberst I, 29; II, 394, 412, 463; Berichte an I, 207.
Strom, der II, 211; wilder I, 282.
Stromgeschwindigkeit, Messungen der II, 133.
Stromschnellen I, 193, 342; II, 100, 170; die kleinen I, 273; des Bijerre II, 129, 130.
Strömung in der Kongomündung I, 74; in der wüthenden — mit dem „Royal" I, 118; des Kongo I, 123, 271, 424; des Kwa I, 459; träge II, 12.
Strudel I, 268, 279.
Sturzbäche I, 106.
Styx, ein afrikanischer II, 35.
Suaheli-Sprache II, 145.
Suki I, 340.
Susi, Livingstone's Oberaufseher I, 333, 343.
Swinburne, A. B. I, 158, 216, 233, 239, 261; II, 265, 297.
Széchényi, Graf II, 436.

Taback I, 180; der beste in Usansi II, 377.
Tabora I, 48.
Tafelberge I, 285, 416.
Tagebuch, Auszug aus meinem I, 151; Notizen I, 259, 386, 470, 514; II, 74, 255.
Tamarindeu II, 5.
Tandelay II, 88.
Tanganjika-See I, 8; das Becken des II, 353, 375.
Tanley I, 324.
Tanz I, 320; der Ndunga I, 288.
Tanzwuth II, 36.
Taucher I, 463.
Taue, Anfertigung II, 94.
Tauschhandel I, 111; II, 84.
Tauschhandel, Chancen des II, 22.

Tauschhandelsartikel, Liste der I. 173; Mannichfaltigkeit der I. 175.
Waaren I. 404.
Teakbäume I, 212. 242; -holz II. 68.
Tembo. der Elefant I. 518.
Temperatur I, 221; im Freien II. 290; Veränderungen II. 302; Beobachtungen II, 322; Schwankungen II. 325; in Vivi II, 311; Einfluss der Bewölkung auf die II, 342.
Terrainschwierigkeiten I, 200, 209, 242.
Thee I, 307.
Thermometerstand I, 223, 233.
Thiere. Aufenthalt wilder I. 191, 422; vierfüssige: Affen I, 423; II, 6; Antilopen I. 194. 226, 536; Büffel I. 193, 243, 422, 536; Elefanten I. 194, 234, 422, 536; II, 368; Flusspferde I. 102, 422. 424; II, 6; Hartebeest I. 225. 226, 243; Krokodile I. 267, 285, 424. 463; II, 6; Kudu-Antilope I. 226; Löwen I, 536; Orycteropus I, 225; Schafe I. 116; Ziegen I, 116; II, 104, 107; Spuren I, 257.
Thompson. Kapitän George I. 118.
Thon. backsteinrother I, 138; unfruchtbarer II. 215.
Thonerde, rothe I. 124, 543.
Thys. Kapitan II. 394.
Tiefenmessungen im Kongo bei Vivi I, 141.
Tigerfell, ein harmloses II, 109.
Tippu-Tib II, 156, 364.
Tisdell. Herr, Abreise nach dem Kongo II, 414.
Toaste, drei I. 169.
Tod von Europäern und Eingeborenen I, 263; und Vernichtung II. 26.
Todesfälle, Statistik der II. 315.
Todesursachen II. 315.
Todtenfeier I. 418; stille II. 35.
Tomaten I. 116, 162, 180.
Tonische Mittel, das beste II, 355.
Topf. der grosse II, 29.
Töpferwaaren II, 49; aus Ujansi I. 442.
Trachylobiumarten II, 366.
Träger, eingeborene I, 264, 370; II, 356, 385.

Traglasten I, 261, 264; Inhalt der I, 308.
Transpiration I. 97; ungeheuere II. 309.
Transport, der Waaren I, 118, 212, 228, 235; durch Anwerbung von Eingeborenen II. 232; der Gebäude I, 158; der Wagen und Kessel I, 209, 210; der Gerätschaften I, 217.
Transportdienst, regelmässiger I. 401.
Traum, ein wilder I, 467.
Trichterförmige Schlucht des unteru Kongo II, 300.
Tricolore, die französische I, 316.
Triukens. Folgen des II, 259.
Trinkgelage I 338.
Trockenheit des Bodens I. 231.
Trommeln, fürchterlicher Lärm der II. 129.
Trommelsignale II, 160.
Trommelvogel I. 227.
Troup, John Rose. Polizeichef von Vivi II, 229, 283.
Trunkenheit I. 339.
Tschambesi-Fluss I, 8.
Tschambesi-Section II, 353, 374; Bevölkerung II. 375.
Tschibale-Berge I, 8; II, 353, 374, 375.
Tschikwanga, gerösteter II, 10.
Tschilungu I, 502.
Tschinsalla I, 179; Bach I, 123; Eingeborene I, 132.
Tschionso I. 179; District I, 128; Plateau I, 138.
Tschofu, Doppelmündung des II. 154.
Tschumbiri I. 513.
Tsetse-Fliege I, 446.
Tuckey's Expedition nach dem Kongo I, 6; über den Sklavenhandel I, 15; fernster Punkt I. 202; Tagemärsche II. 326.
Tugurambusa-Kette II, 143, 153.
Tunduwa-Point I. 127.
Turteltauben I. 446.
Twiss, Sir Travers II, 396.

Ubangi II, 1, 21, 369.
Ubangi-Fluss, der II. 358.
Ubengo-District, der II. 177.

Ueberfall eines Dorfes II, 141.
Ueberreste früherer Bewohner II, 164.
Ueberschwemmung I, 470; II, 80, 374, 574.
Ubika, die kriegerischen II, 99.
Ubika-Fluss, der II, 173.
Udjidji I, 48, 55; die Märkte von II, 376.
Uélle-Makua-Fluss II, 112, 128.
Uélle und Bijerre derselbe Fluss II, 132.
Ufuvu-Fluss, der I, 312.
Ugangi II, 48.
Ugogo, Lagerplätze in I, 5.
Ujansi I, 440, 539.
Ukatakura II, 99.
Ukere-Fluss, der II, 101.
Ukumbi, die reiche Ansiedelung II, 96.
Ukumira, Empfang in II, 177.
Uledi I, 274.
Ulindi-Fluss II, 371.
Ulungu-Kegel, der I, 193, 226.
Umaneh II, 125.
Umangi II, 101.
Unbewohntes Gebiet II, 99.
Unfruchtbarkeit I, 224.
Ungende II, 11.
Ungethüm, ein wunderbares I, 466.
Uniformen, alte, von den Häuptlingen sehr begehrt I, 184; goldbordirte I, 203.
Unkuri I, 459.
Unmässigkeit I, 246.
Unreinlichkeit I, 487.
Unruhen I, 551; II, 55, 58.
Unterholz I, 269, 451.
Unterschiede zwischen den Schwarzen I, 354.
Unwetter, ohne Schutz im II, 96.
Unwissenheit, alter Schriftsteller I, 3; crasseste I, 341; der Eingeborenen II, 63.
Upoto, ein Führer aus II, 71; die hübschen Berge von II, 100; Landkauf in II, 173.
Uranga am Lulungi II, 78; Felsgestade von II, 178; Vertrag mit II, 179.
Urtheilsspruch I, 499.
Usimbi, District II, 177.
Usindi, District II, 19; Aufenthalt in II, 69; Rückkehr nach II, 184.

Valcke, Lieutenant I, 258, 260, 261, 306; II, 54, 188, 228, 268.
Van de Velde, Lieutenant I, 501; II, 231.
Vangelé, Lieutenant II, 39, 73, 179, 182, 268, 273.
Vegetabilische Erzeugnisse des obern Kongogebiets II, 365.
Vegetation, mangelnde, eine Folge der Feuersbrünste I, 106; üppige I, 201; II, 92; 365.
Veitstanz, wilder II, 36.
Venedig, ein, des Kongo II, 21.
Verbannt, aus dem Lande I, 500.
Vereinigte Staaten, Congressbericht II, 396.
Verhandlungen, langwierige I, 456; mit den Häuptlingen von Kinschassa I, 522.
Verhungert, fast I, 471.
Verirrt I, 195.
Verluste des Feindes II, 62.
Vermisste I, 407.
Vernichtung ganzer Gemeinden II, 373.
Verschwendung I, 419.
Vertrag, der englisch-portugiesische II, 397; Protest gegen denselben II, 398, 399; Fürst Bismarck gegen denselben II, 400.
Verträge der Association II, 395.
Verträge mit den Häuptlingen I, 19, 500, 504; II, 173, 179, 232.
Vertrags-Formulare II, 196.
Vetch, Major Francis II, 281, 368.
Veteranen des obern Kongo II, 227.
Victoria-Njansa-See I, 20.
Vieh von Usiga u. s. w. II, 373.
Viehfliegen I, 446.
„Ville d'Anvers", Dampfer II, 231.
Vind, Herr von II, 436.
Vinda-la-Nsaddi oder Vinda am Flusse I, 124.
Vinja-Ndjara II, 146.
Vivi, kleinere Fälle von I, 128; Plateau von I, 131; scheinbar gesunde Lage von I, 134; Zugänglichkeit von I, 134; Häuptlinge von I, 135, 142; Bergrücken von I, 139, 212; der höchste Punkt der Schiffahrt I, 151; Landungsplatz in I, 152; Abschüssigkeit der Bergabhänge in I, 152; Umfang des Plateaus von I, 152;

Register.   515

Gründung von I, 153; die Arbeit begonnen in I. 154; Bau des Hauptquartiers I. 166; Vollendung der Station I, 166; Arbeiten in I, 168; Europäer in I. 177; Musterrolle der Station I, 177; von — nach Isangila I, 178; Abzugsschleuse I. 205; Ansicht von I. 207; Rückkehr nach I, 475, 495; II. 190; Zustände in I, 476; dreifache Verunreinigung in II, 54; Verfall in II. 226; ausserordentlich grosse Krankenliste in II, 227; Musterung in II. 227; Heilung der angeblichen Kranken in II, 228; Verlegung der Station II. 228; Reorganisation des Stabes in II, 228; Gemüthszustand der Europäer in II, 230; die neue Station II. 235; ein sehr ungesunder Ort II. 296, 300; Ursachen der Krankheiten in II. 300; ungesunde Lage von II, 306; Temperatur in II. 341; Höhe der Station II, 342; Windrichtung in II. 343; Windstärke in II, 343; Windgeschwindigkeit in II, 343; Regenfall in II, 345.
Vivi-Mavungu aus Bansa-Vivi I. 142.
Vivi-Nku I, 142.
Vögel: Bachstelzen I. 463; II, 6; Elstern I, 227. 463; II. 6; Enten I, 116, 144; Fischadler I. 423, 463; II. 6; Flamingos II. 6; Gabelweihen I, 227; Hühner II. 104, 107, 114; Ibisse II. 6; Königsfischer I, 423; II. 6; Papagaien I. 446, 463; II. 6; Pelikan I, 444; Strandläufer I. 463; Silberreiher I. 444; Taucher I. 423. 463; II. 6; Trommelvogel I. 227; Turteltauben I. 446; Waldtauben I, 227; Webervögel I. 463; II, 6.
Vögel, wenig I, 227; kleine II. 17.
Volumen des Kongo I. 98. 428; des Schari II. 133.
Vombo II, 218.
Voonda I. 272; II. 213.
Vorlesungen über Afrika I. 27; in Deutschland II, 399.
Vorrathsgebäude, feuerfestes I. 232; -speicher I, 308.

Wabuka, die Dörfer der II, 174.
Wabuma-Dialekt I, 457.
Wachsthum, rasches I, 217, II. 68.
Wachthürme, hölzerne I. 380.
Wadi-Behani I, 260.
Wadjidji-Matrosen I. 48.
Wagen, Mangel an I. 210; für die Maschinen etc. I. 218, 256; neue, aus Europa I, 260; Umgestaltung der I, 261.
Wagenbauer, ehrliche I, 341.
Wagenstrasse I, 139, 178. 206, 302.
Wahnsinn eines Kranken II, 185; Symptome des II, 259.
Wahrheitsliebe I. 397.
Wälder, ausgedehnte I, 212, 313; II, 13.
Waldlandschaft, tropische II, 114.
Waldrebe, gemeine I. 425.
Waldtauben I. 227.
Walfischboot I, 79, 306.
Wambundu, die 329, 348; Häuptlinge I, 375.
Wane-Kirundu II. 146.
Wane-Mikunga II. 158; die Insel II. 162.
Wane-Rukura II. 156.
Wane-Rusari II. 158; die Insel als Station II. 163, 164.
Wane-Sironga II. 158.
Wangata, die II. 38, 75.
Wangwana, die I. 51.
Wanjamwesi-Träger I. 51.
Wanunu-Eingeborene II, 4.
Ware, Werre oder Uëlle II, 131.
Wasco-County, ein Auswanderer in II, 321.
Wasser, klares I. 244; ohne Ende II. 2; heiliges II. 108; Trinken kalten II. 221.
Wasserkühler, ein tropischer II. 290.
Wasserstand I. 268. 470.
Wassertiefe bei Ponta-da-Lenha I. 98; Messungen der II. 133.
Watwa-Zwerge II. 49.
Webb-Lualaba-Region II. 353. 371; Gesammtlänge der II, 372; Stämme der II. 373; Producte der II, 374.
Webervögel I. 463; II. 6.
Wegerecht I. 186, 188.
Weiden, fette I. 451.
Weihnachten I, 398; II. 174.

Weijansi-Eingeborene I, 456; Gebräuche I, 553; II, 65; zu sehr Kaufleute II, 61; Gier der II, 66.
Weintrinken am Kongo I, 78; II, 190, 262, 303, 320.
Weisse Mann, der böse I, 112; seine Stadt I, 202; mit vielen Canoes I, 290.
Wellenförmiges Land I, 311, 406.
Wellington, Herzog von II, 304.
Wels I, 456; II, 162.
Wenja-Fischer II, 155; keine Ackerbauer II, 160; Inseln der II, 161; seltsame Sitte der II, 163.
Westafrika, Handel II, 379.
Whisky, Lob des II, 258.
Widerstandsfähigkeit der Bewohner I, 485.
Wiesbaden, Vortrag in II, 416.
Wild I, 225.
Wildheit der Eingeborenen I, 438, 456; II, 4, 118.
Wildniss, unbewohnte I, 183.
Wind, heftiger I, 248; II, 80, 301; kalter, trockener I, 263; II, 173; Folgen II, 304, 306; vorherrschender II, 319; stärke II, 343.
Windstille I, 543.
Winton, Oberst de II, 233.
Wirbelströmung I, 119, 268, 279, 282.
Wissmann, Lieutenant II, 364, 403.
Wochenlohn der Eingeborenen I, 224.

Wolga, Vergleiche mit der II, 8.
Wolkenbildung II, 7.
Wolkenschichten, dunkle I, 248.
Wollbäume I, 242.
Woermann, Herr II, 402, 413.
Wüsten vertrockneten Grases II, 355.

Zahlungsmodus, ein willkommener I, 403.
Zaire oder Kongo I, 2, 222.
Zauberei, Anklage auf I, 405.
Zaubermittel I, 406; II, 29; II, 70.
Zelte, Transport der I, 211; Anfertigung neuer I, 301.
Zerkratzen des Gesichts bei den Langa-Langa eine Schönheit II, 102.
Zerstörte Ortschaften II, 194.
Zeug, „Längen" I, 213; als Geld I, 213; Preise I, 398.
Zeugmärkte von Irebu, Usindi, Lukolela und Bolobo II, 178.
Ziegen I, 116, 241; II, 101.
Ziegenställe I, 404.
Zucker I, 307.
Zuckerrohr I, 213, 441; II, 72, 370.
Zuflüsse des Kongo I, 428.
Zuuga-chya-Idi I, 118.
Zweikampf, ein religiöser I, 523.
Zwei-Palmen-Spitze, die I, 541.
Zwiebeln I, 116.
Zwillingsspitzen von Nsangu I, 349.

Berichtigung.

Bd. I, Seite XXI, Zeile 14, statt 7 Pfennig lies 14 Pfennig.